U0509114

“985工程”哲学社会科学创新基地
教育部人文社会科学重点研究基地 资助
中国海洋大学海洋发展研究院

中国环境资源法学评论

CHINA ENVIRONMENT AND RESOURCES LAW REVIEW

（2006年卷）

徐祥民 主编

中国法学会环境资源法学研究会主办
中国海洋大学法政学院承办

人民出版社

《中国环境资源法学评论》学术委员会名单

《中国环境资源法学评论》编辑部成员

目　录

卷首语……………………………………………………………… / 1

环境法学基础理论研究

自然资本投资及其在中国的法律实现 …………………… 肖国兴 / 3
环境与环境法的重构 ………………………………………… 张　锋 / 71
——从环境概念的批判谈起
环境伦理学"真理化"批判及其对环境法学的启示 ………… 巩　固 / 84
论环境法的价值 ……………………………………………… 陈海嵩 / 98
——以"法的价值"为起点和基础

环境立法与环境政策研究

新农村建设:环保立法与执法模式的合理选择……………… 汪　劲 / 115
中国的环境公益诉讼及其立法设想 ………………………… 别　涛 / 135
我国生态综合管理的政策与实践 …………………………… 杜　群 / 154
——生态功能区划制度探索
我国沙尘灾害的法律防治问题及其对策 …………………… 常纪文 / 171

海洋生态与海洋环境法制研究

海洋生态保护中环境经济手段初探 ………………… 彭晋平　傅崐成 / 187

海洋生态退化与恢复的法律问题研究
…………………………………… 田其云 阳露昭 陈书全 董 跃 / 206
赤潮预警、监控的立法进程 …………………………………………… 姜国建 / 223
关于制定渤海环境保护单行法必要性的思考 …… 周 珂 吕 霞 / 233
海域国家所有权的生成及其合理性 ……………… 徐祥民 梅 宏 / 247

国外环境法研究

日本环境侵权民事责任因果关系论的创新 ………………… 罗 丽 / 261
欧洲国家环境法典化运动评述 …………………………………… 李挚萍 / 279
欧盟气候变化政策和立法及其对我国的启示 …… 杨 兴 张式军 / 297
美国环境影响评价制度中的替代方案研究 ………………… 于 铭 / 312
徐祥民起草《无居民海岛管理条例》…………………………………… / 337

环境资源法学研究年度综述

积极推进环境法治，全面开展学术研究 … 梅 宏 孟庆垒 陈 阳 / 347
——2005 年度环境法学研究综述

卷 首 语

一

本卷首先向尊敬的读者提供几篇关于环境法基本理论的文章。它们涉及自然资本投资、环境的基本概念、环境伦理学在环境法制建设以及我国环境法学理论发展中的地位、环境法的价值等。

可持续发展是当今世界各国政治和社会科学领域中最响亮的口号。这个口号所指向的是一个伟大的目标,是当今人类渴求的目标,然而却不是一个轻易可以实现的目标。政治家和学者们为实现这个目标各显其能,提出了种种的方案,设计了种种的制度。本卷收录的肖国兴教授的论文《自然资本投资及其在中国的法律实现》对自然资本投资制度抱有极大的希望。文章认为,"自然资本存量的可持续保持是可持续发展的根本性制约因素",而"自然资本投资是可持续发展在中国成为现实的物质基础"。然而,要想吸引自然资本投资,就必须改变现行制度忽视自然资本的状况,"从制度结构上安排出投资的激励机制,使自然资本也能同股票一样进行交易"。根据这样的判断,作者主张把"自然资本投资产权""上升为宪法性权利和民法性权利",也就是"进行现行财产权制度的革命"。按照作者的设想,解决自然资本投资的问题,从而也就是解决可持续发展问题,"远非几部环境资源法所能选择与安排"。它"需要相关法律制度如财政法、税法、金融法等法律部门的配合,还需要与其他相关正式制度衔接,甚至包括与非正式制度相吻合"。作者列举了"自然资本从投资到回报"全过程涉及的包括"自然资本产权制度"、"自然资本投资管制制度"、"自然资源用途管制制度"、"自然资本价值评估制度"在内的 13 项制度。

这些制度设计或许并不十分完美，自然资本投资甚至自然资本的提法也很难让全社会普遍接受，但作者的论证至少可以让我们接受这样一个朴素的道理，即：自然资源的一定规模的赋存不仅向人类直接提供资源保障，而且也是人类生产、生活所必需的生态条件；对可持续发展所需要的自然资源的储备、养护，可以也应该采取法律手段。

人们从立法目的的角度看问题，把环境法理解为保护环境的法，就像知识产权法是保护知识产权的法律一样。然而环境法实施后所产生的保护环境的效果却远不如知识产权法在保护知识产权方面的作用那样明显。不仅中国如此，即使环保先进的国家也是这样。面对环境法不能有效保护环境的困局，人们对环境法，对环保政策、环保理念做了并且还在继续做着深刻的检讨。张锋的论文《环境与环境法的重构——从环境概念的批判谈起》也属于这种检讨之列。作者认为，以往的环境概念是存在缺陷的，而正是概念的错误导致了在人与自然关系的处理上的错误，造成了有生命的自然在缩小或消失，无生命的自然如沙漠在扩大等后果。在批判的基础上，文章对环境概念做了新的界定，提出环境乃是生命体之间及其与非生命体之间基于生存的安全与持续而形成的关系状态。人的环境是人类与所有的生命体以及非生命体之间基于生存的安全与持续而建立的关系状态。这样界定的科学性尚需进一步的论证，但这样的认识角度对正确理解人与自然的关系、恰当处理人与自然的关系具有一定的启发意义。

如果说张锋的论文是批判的，那么，巩固的论文《环境伦理学"真理化"批判及其对环境法学的启示》则是对批判的批判。近年来，用生态伦理观点批判现行环境法和以往环境法理论的论著不断涌现，诸如"非人类中心主义法律观"、"生态价值目的论"、"自然体权利说"以批判者的角色登上环境法学论坛，给法学领域带来了新的气象。巩固没有简单地肯定这种新气象。他注意到，作为一种新兴思潮，环境伦理学要想成为法的理论基础，至少应经受两种不同层面的检验：伦理层面，作为伦理理论的正当性与合理性，其原因在于环境伦理学的新兴与"革命"；法律层面，在前者成立的基础上，其与法律实践接轨的可能性和必要性，原因在于伦理与法的本质区别。出于审视环境伦理学能否作为一种当然真理加以建构的需要,他从伦理学角度对整体的环境伦理学做了探讨与分析。

从环境伦理学的发生发展来看,这种学说曾经发挥了积极的作用,但在与其他哲学思想、政治理论等的交锋中,它的许多基本观点(比如非人类中心主义)都经不起论辩的洗礼;在与环境保护的实践,包括制定和实施相关法律的实践相结合的过程中,它的空洞、实践意义不足的弊端更是日益明显地暴露出来。在这种情况下,人们不仅应注意对造成环境问题的传统哲学、伦理、生活方式等进行批判,而且也不应忽视对这种批判的但却并不成熟的伦理学的批判。巩固认为,环境伦理学在具体内容上争议繁杂,在哲学立场、思维方式、论证逻辑、现实意义方面存在重大缺陷,不仅远没到足以代替传统伦理的地步,甚至连自身的逻辑自给性和存在必要性都未能证明。这种学说在本质上是一种具有西方中心主义和知识精英视角的信仰,反映的是西方文化传统下的知识阶层对环境问题的特定理解,不具有普适性。正是根据这样的判断,作者认为"全面移植西方的话语体系与思维方式,对尚处于起步阶段的中国环境法制实践,并无助益"。根据这样的判断,我们完全可以说,把环境伦理作为环境法学的理论基础为时尚早,即使这种理论在将来被证明是科学的。

环境法的价值问题看起来是环境法理论中的一个静态的论题,但陈海嵩的论文《论环境法的价值——以"法的价值"为起点和基础》所开展的探讨却也具有批判的时代特点。通过批判以往人们对价值概念的理解,作者把价值界定为"客体中所存在的、能满足主体需要和欲望的属性和性质";通过批判"忽视""环境法价值与一般性的'价值'、'法的价值'概念的共同性"的研究倾向,作者强调"环境法价值的研究必须建立在价值和法的价值之一般原理的基础上"。环境法的价值必须建立在法律价值的法理研究之上,同一般性的"法的价值"概念相吻合。在解决了这样一些基本问题之后,作者进一步明确:环境法价值的主体只包括人类,环境法价值的内容由秩序和正义构成,而环境法的秩序价值是生态秩序和社会秩序的统一。虽然作者也承认了人之外的动物、植物等生命体是价值主体,这看起来有接受环境伦理学观点的嫌疑,但他最终的结论,一个服从"法的价值"基本概念要求的判断却是,"环境法价值的主体只包括人类"。在仅仅以人为价值主体的环境法的价值中的秩序价值是生态秩序和社会秩序的统一。在这个统一中，生态秩序进入环境法的调整范围之内。按照作者的理解，生态秩序作为一种新的秩序形式，是连接社会秩序和自然秩序的桥梁，同时也是联结人与自然的中介。生态秩序的稳定与有序，也就意味着人与自然关系的和谐。由于作者坚持了法的价值的一般原理，所以，在关照了生态秩序的同时，避免了如一些学者所主张的将法律权利赋予动物、森林、海洋、河流或整个自然界所带来的法学理论的混乱。

二

环境立法及其完善是近年来学界和政界普遍关注的话题。本卷收录汪劲教授、别涛先生等在环境立法和环境政策方面的心得。我们希望它们对指导今天的环境法制建设和环境政策制定、引导学界开展相关研究发挥应有的作用。

自 2006 年以来，“新农村建设”已经成为全国普遍关注的一项建设工程。在我国农村普遍面临着贫困落后、资源与环境破坏严重以及急于谋求开发致富等多重压力面前，如何通过法律手段使农村的经济建设、社会发展和环境相协调，不再重蹈我国城市发展中付出严重环境代价的覆辙，亟待研究并提出解决办法。汪劲教授通过总结我国“农村环境保护立法的冲突与缺位”和“农村环境保护执法的冲突与缺位”，就重新整合现有农村环境保护的法律规范，提高农村环境保护执法能力并改变执法方式的现状做了深入的思考。在立法方面，他建议在明确农村界限的前提下“制定综合性农村环境保护法规，规范农村地区各类与环境与资源保护相关的开发利用行为与农村生活活动”。在执法方面，他主张明确地方各级人民政府首长的环境责任，明确环境保护管理的职能与分工，建立农村环境保护执法的联合执行机制。

近年来，关于建立环境公益诉讼制度的呼声不绝于耳，仁智之见频繁见诸报端。别涛先生集学界理论研究成果和诉讼实践取得的新进展之大成，不仅重申了建立我国的环境公益诉讼制度的理由，而且提出了如何建立这项制度的设想。别涛先生主张，当有侵害环境公益的行为发生时，除直接受害人可以起诉外，其他公民或者依法登记的环境保护民间组织，为了保护环境公共利益,应当有权向法院提起环境民事公益诉讼,请求法院判令侵害环境公益的行为人停止侵害行为,排除危害;也可以向环保部门举报,如果环保部门逾期不予查处,则可以提起环境行政公益诉讼,请求法院判令环保主管部门履行监管职责。在特殊情形下,人民检察院可以提起公益性质的环境民事或者行政诉讼。

环境保护实践展示的成果和所暴露的缺陷不断地提醒人们,污染、破坏之后的治和污染、破坏进程中的防不管多么有力,都不能根本解决环境问题,无法从根本上削减人类越来越强大的污染和破坏能力对环境带来的不利影响。我们必须寻找并采取在污染和破坏之前发挥作用的环境保护方法和路径。我在澳门的一次学术会议上向澳门官员和学者提出"环境规划前置"的环境保护思路,目的是想通过确保对环境无害的规划规范人们的生产和生活活动,实现环境问题的根本解决。我所说的环境规划是以全国人民代表大会通过的"十一五"发展规划纲要为参照的。杜群女士的论文《我国生态综合管理的政策与实践——生态功能区划制度探索》对我国的"生态功能区划"的由来和发展做了系统的总结,阐述了这项制度所具有的保障对环境无害的功能等。

杜群的这篇论文表达了作者对环境保护和生态保护工作的新思路,即以生态系统服务功能价值理论为理论根据的生态综合管理。正如作者所言,我国现行常规的环境与自然资源保护和管理不外乎采取两种模式:一种是借助自然资源管理的手段——而且是单因子自然资源管理和保护的方式;另一种是建立自然保护区和其他生态系统保护区的圈地(土地利用禁止)方式。这两种模式中的圈地模式虽可以产生确保无害的效果,却不具有普遍意义,无法普遍应用。生态综合管理才是我国环境与资源保护政策和制度改革的方向。按杜教授的思想,"我国生态功能区划是目前最能反映生态综合管理的理念和原则的、尚处于发展阶段的新制度和政策"。而生态功能区划的基本思路是根据区域生态环境要素、生态环境敏感性与生态服务功能空间分异规律,将区域划分成不同生态功能区,以生态功能区规范区域生态环境保护与建设规划、资源利用、工农业生产布局、区域生态环境保育等活动。这样理解的生态功能区划已经不再是一个简单的国土分区,而是"一项新的管理手段",管理者和公众可以(依据我国的"十一五"发展规划纲要的规定也应该)把生态功能区划当成反映生态服务功能现状、要求和土地利用效果的技术性手段，当成进行生态保护规划、水土资源规划、经济社会发展计划的科学依据。

杜群教授的论文系统探讨了生态功能区划的管理作用。比如，能够识别和确认国家级生态功能保护区，并建立保护制度，对生态环境敏感性高和生态服务功能重要性强的区域实行特别的管理和保护；再如，为资源开发利用项目设定生态保护目标，也就是资源开发不得造成生态功能的改变；又如，可以明确区域生态保护管理目标和保护目标，明确生态功能区生态环境监测、检查和考核的目标。尽管生态功能区划和生态综合管理正在形成与发展之中，其政策和制度的实践效果还需要实践的检验，但杜群教授相信这种制度和管理模式的法制化推进和实践的加强将大大促进我国生态综合管理朝着科学化、规范化和民主化方向迈进。对此，我们应同杜教授一样充满信心。

荒漠化既是摆在身处土地沙化环境下的居民和当地政府面前，摆在遭受与沙漠化有直接关系的沙尘灾害带来痛苦的人们面前的一个严重的环境问题，也是全人类共同面临的环境问题。《联合国防治荒漠化公约》的签订和生效反映了世界各国对荒漠化问题的高度重视。我国作为沙尘灾害较严重的国家，从政府到学者和广大居民都对防治荒漠化表示了极大的关切。常纪文博士的论文《我国沙尘灾害的法律防治问题及其对策》就表达了这种关切。常博士的这篇论文虽名为“沙尘灾害法律防治”，而其所关注和要解决的问题却都集中在土地沙化上。正如作者所言，“我国沙尘灾害产生是由西北部干旱生态系统退化引发的”，所以，要想防治沙尘灾害，只有对症下药，解决“西北部干旱生态系统退化”的问题。

常博士分析了引发“西北部干旱生态系统退化”的原因，并认为他所总结出的若干方面的原因“是相互影响的”，因而，“预防和治理沙尘灾害”，“必须采用干旱生态系统的综合管理思路”。常博士在提出了这样的思路之后对我国立法“在干旱生态系统的综合管理方面”的不足做了认真的分析，并针对他所发现的不足提出了如何加以完善的办法。他总的想法还是遵循“干旱生态系统综合管理”的思路，认为无论是综合性环境立法，还是单行环境立法，都需要在干旱生态系统综合管理的思想下做进一步的整合和协调，即平衡各种利益，协调各种机制和方法，在管理体制、监管机制、文化建设、公众参与、市场机制和责任机制等方面进一步创新和完善。

三

在人类面临的带有全球性的诸多环境问题中,海洋环境污染和生态破坏可以说是“名列前茅”。如果说 1982 年签订《联合国海洋法公约》时签约各国就对海洋环境保护给予了高度的重视,我国在同年制定《海洋环境保护法》也是适应了保护我国海洋环境的迫切需要,那么,我们今天面对的保护海洋环境的任务却比那时显得更加急迫。本卷收录的周珂、吕霞关于“制定渤海环境保护单行法”的论文,田其云等关于“海洋生态退化与恢复”的论文,姜国建关于“赤潮预警、监控”的论文等,在一定程度上反映了摆在我国政府和人民面前的防治海洋环境污染和生态破坏任务的艰巨性。我们遭遇的海洋环境污染和生态破坏问题是严重的和亟待解决的,我们的学者们为解决这个问题所做的思考也是深刻的和有价值的。

本卷共收录海洋环境法方面的或与海洋环境保护有关的论文 5 篇。彭晋平、傅崐成的《海洋生态保护中环境经济手段初探》是以环境经济学为理论基础探讨海洋生态保护中的法律制度建设的佳作。作者以环境经济学的一般原理和厦门海域生态价值评估技术研究成果为依据,对与海洋生态补偿有关的几个问题做了系统的研究。他们认为环境经济政策的目标是建立海洋生态补偿制度,开发海洋生态价值评估技术是建立海洋生态补偿制度的前提,制定海洋生态价值评估规程是建立海洋生态补偿制度的基础。作者按照他们对海洋生态价值所做的判断,认为我国虽然实行了海域有偿使用制度,但这项制度却不能有效维护海域的生态价值,原因在于海域使用金标准“只是以海洋的空间资源和其中的自然资源价值为依据”的,“没有反映海域环境资源的生态服务价值”,“无法补偿”海域“提供的生态服务价值”。此外,作者还注意到,在海域有偿使用制度中,我国“没有对从陆地向海域排污的行为征收海域使用金”,这也是不妥的。他们认为,利用海域的自净功能,从陆地向海域排放人类生产和生活所产生的污染物,是人类使用海域的重要方式之一。向海域排污占用海域的环境容量获得了海域给予的生态服务,因而,应“对直接向海域排污的排污者征收海域使用金”。他们还进一步强调，“海域使用金的征收标准应依据海域的废物处理服务价值确定”。

田其云、阳露昭等的《海洋生态退化与恢复的法律问题研究》没有一般地讨论海域的生态价值，而是从海洋生态退化这个事实出发做如何恢复生态的思考。在充分肯定我国海洋环境保护法制建设取得的成就、明确恢复已经退化的海洋生态的必要性的前提下，他们做了一个人们虽不太乐于接受但却符合实际的判断，即“现行法律制度设计未能有效遏制海洋生态系统退化的趋势”，也“不足以恢复退化海洋生态系统”。正是依据这样一个明确的否定判断，作者提出建立海洋生态恢复法律制度的设想。

如果说海洋环境保护是摆在我们面前艰巨的和不容再延搁的任务，那么，海洋生态恢复也是我们面对的长期和不会轻易就完成的任务。因此，我们所需要的海洋生态恢复法律制度不应该仅仅表现为在某个法律文件中将生态恢复列入某个管理机关的职责范围，或者一般地把生态恢复宣布为环境行为实施者的某种不知如何履行的职责或义务。田其云博士等认为，海洋生态恢复不仅要进入法律制度行列，而且应当上升为“基本法律制度”。按照作者的想法，在制度设计中应注重“过程导向的海洋生态恢复模式”，而不是目标导向的模式。这种模式的明显特征就是按照恢复生态的需要设计法律规范、管理制度、评介体系等，就是在海洋环境保护法律体系的各个环节上都体现生态恢复的要求。我们应该按照这样的要求做进一步完善海洋环境保护法的思考。

姜国建的论文《赤潮预警、监控的立法进程》既是对以往“立法进程”的总结，也是对完善我国相关立法的一个思考，而且是针对海洋环境保护中具体的赤潮防治的思考。

赤潮究竟会给人类的生产和生活等带来怎样的危害，非专业人员一般都说不清楚，至于如何防治就更难以给出答案。姜国建博士发挥自己的专业特长，对“全球有害藻华海洋生态学计划”做了简要介绍，分析了《联合国海洋法公约》框架下的赤潮防控机制，总结了美国的赤潮预警、监控的立法进程，为我国赤潮防治立法和制度建设提供了有益的借鉴。作者认为，我国应该建立“赤潮监控、预警制度”，也有条件建立这样的制度。不仅如此，作者还为我国设计了“赤潮预警、监控立法”的“框架”。姜博士的设计在我国应该是首例，可能并不完善，但它的开创价值也是不容忽视的。希望这个“框架”能对我国将来的相关立法活动产生应有的影响。

赤潮是一种特殊的“生态异常现象”，我们需要用法律手段对付这种现象。渤海是广大的海洋中属于中国内海的一个特定区域，对这个特定区域的环境保护，我们也需要使用法律武器，而且需要专门定制的武器。周珂、吕霞的论文《关于制定渤海环境保护单行法必要性的思考》告诉我们，我国环渤海经济区的建设要求加强渤海的环境保护，而我国现行的环境保护一般法（包括姜国建博士设计的专门防治赤潮的立法）和为治理渤海环境所实施的多种专门行动计划等不足以有效地解决渤海环境污染问题。要有效保护渤海环境，要解决渤海环境保护这个预计将会变得越来越难以解决的问题，必须建立专门的渤海环境保护法。

周珂教授等对渤海环境的担忧并非杞人忧天。环渤海经济区的建设将给国家和社会带来巨大的经济成就，同时也必然给已经不堪重负的渤海带来新的更大的环境压力。首钢东迁河北曹妃甸，对渤海环境绝非佳音；可预见的将来还会有被称为“首铜”、“首铁”等的企业落户渤海之滨，它们对渤海环境治理都是挑战。

周珂教授等对以往立法和环保工程的效果的评价是有根有据的。在从1999年到2005年的六年时间里，不管是从未达到清洁海域水质标准的面积，还是从赤潮发生情况的比较来看，渤海环境状况总的发展走向是逐步恶化，尽管这期间也间或有一些好转。这是对一般海洋环境立法在渤海这个特定海域的实施效果的检验结果，是对围绕渤海实施的种种“行动计划”的“回报率”的最好说明。

周珂教授等提出的为渤海环境制定专门法律的建议有成功经验可资借鉴。国外和国际上大都通过建立专门法的办法治理闭海、半闭海环境，且取得了良好的效果。当然，周教授等的建议并不是对国外经验的简单模仿。提议为渤海环境保护制定专门法主要还是基于对渤海自身特点和环保需要的考虑。渤海的自然状况、渤海在我国经济和社会发展中所处的地位以及渤海环境治理的特殊需要，要求为治理渤海环境建立专门法。我们希望周珂、吕霞的建议能早日被我国的立法机关采纳。

我国《海域使用管理法》把海域宣布为国家所有，在物权法的起草过程中海域的权属问题再次被提了出来，学者们和立法者也基本上都接受海域归国家所有的基本定性。然而，对海域国家所有权并非没有任何疑问，海域归国家所有的合理性更远非不证自明。为了给我国有关法律确定的海域国家所有权奠定坚实的基础，我们有必要破解有关的疑问，理出这种法律设定的合理性。我和梅宏共同完成的论文《海域国家所有权的生成及其合理性》就做了这样一项工作，尽管这个题目对我们来说有一定的难度。

我们认为，从来源上说，海域国家所有权是由法律创设的而非先法律而存在的权利。不管是中国《海域使用管理法》中的国家海域所有权，还是外国法宣布的海域归国家所有，它们都不是对社会生活中的实际占有或习惯占有状况的法律确认，而是国家法律的强行规定。从发生过程上看，这种权利显然不是随同所有权制度一起产生的。即使很早就有以海为生的民族，或者利用海洋从事生产、生活活动的民族，即使在这些民族已经建立了比较完整的所有权制度之后，他们也依然没有在民法或物权法中给海洋以权利客体的地位。对海洋设定所有权是近代沿海国家的法律中才出现的现象。与近代这个时间概念相伴随的是人类大范围、高频率的海洋利用，是近代工业和由此带来的各种海洋产业的大踏步前进，是各种用海需求之间这样那样冲突的发生。这告诉我们，是用海冲突，是不同主体在海域使用中的利益冲突催生了海域所有权，而这种所有权从一开始就以国家所有权为基本形态。

产生于用海冲突的海域国家所有权的价值不是一般财产所有权所追求的占有、使用、收益等。海域国家所有权的实质是国家对海域这一有限资源、稀缺资源的垄断。法律上设定这种垄断，目的是借助于国家的垄断为海域的公共利用提供方便，为更有效地进行海域资源的配置提供制度基础。

海域国家所有权的价值取向是合理的，在我国设定海域国家所有权也有其现实的合理性。不管是出于对海域自然属性的顺从，是追求海域价值的全面实现，还是考虑对海域行使主权的便利以及海域国家所有权制度与我国现行的海域使用权制度之间关系的处理，在我国实行海域国家所有的制度都是合理的。

四

环境法不是一个历史悠久的法律部门,它的年龄只有大约半个世纪。这个判断既适用于我国,也适用于世界。然而,在环境法这仅历的半个世纪的旅程中,它却每每都是先把足迹留在西方世界,然后才光顾我国和世界的其他角落。这种状况要求急于让我国不完备的环境法趋于完备、迫切希望不成熟的环境法学理论走向成熟的我国立法者和环境法学者向西方学习,学习人家先进的环境立法和相对发达的环境法学理论。

我本人和《中国环境资源法学评论》(以下简称《评论》)编辑部的同仁都十分重视对先进国家的学习和研究。在第一卷发表陈冬的《美国联邦环境法律层面的公民诉讼——一种静态的考察》、柯坚的《日本循环型社会立法的历史源流与理性架构》、徐伟敏的《德国废物管理法律制度研究》等几篇研究外国环境法律制度的论文的基础上,本卷又收录了罗丽的《日本环境侵权民事责任因果关系论的创新》、李挚萍的《欧洲国家环境法典化运动评述》、杨兴和张式军的《欧盟气候变化政策和立法及其对我国的启示》、于铭的《美国环境影响评价制度中的替代方案研究》等几篇论文。

从日本留学归来的罗丽博士在对日本环境侵权理论和实践的研究方面多有心得。这次她向《评论》提供了《日本环境侵权民事责任因果关系论的创新》一文。文章系统梳理了日本环境侵权诉讼中判例和学说关于因果关系的阐述,总结了日本在环境侵权因果关系上取得的创新成果。作者认为,1960年代以来,在以"四大公害"诉讼判决为代表的环境侵权诉讼中,因果关系理论得到了极大创新。高度盖然性因果关系、疫学因果关系、间接反证、因果关系推定等因果关系证明方法,对于减轻受害人因果关系举证责任,发挥了积极作用。正如作者所期盼的那样,她的这些总结对解决我国环境法制建设中的有关问题具有一定的"借鉴"意义。

我国学者对欧洲国家和欧盟的环境法已经做过许多研究,有关研究成果对帮助学界认识欧洲环境法、启迪环境法学基本理论思考、推进我国环境法制建设等发挥了巨大的作用。近年来,对欧洲的研究不断深化,在分析视角、研究方法、关注领域、资料占有丰度等方面都有明显的变化。本卷收录的李挚萍教授的《欧洲国家环境法典化运动评述》对欧洲各国的环境法作为一类事物来对待，发现了“法典化”这个“突出”的类特征，从而发现了环境法发展的某些具有规律性的特点。

作者认为，促成部分欧洲国家20世纪90年代以来的环境法典化运动的主要动因是可持续发展战略在各国的实施。这个基本结论告诉我们，坚持可持续发展战略必然要求完善环境法，坚持可持续发展战略也必将迎来环境法的完善。

李教授注意到欧洲环境法典化运动中存在的一个带有共性的现象，即环境法典结构“尚无定式”。李教授发现了导致这种现象发生的原因，比如与环境保护相关的立法种类太多，立法者难以确定把哪些立法纳入环境法典。从法典编纂的本来意义上来看，法典的内容应当保持严格的领域界限，而欧洲各国环境法典化运动的实践所显示的却是，严格意义上的法典化“在环境法领域恐怕永远做不到”。这是为什么？除了李教授所说的“人们对环境法典结构的认识”还“不像对民法典、刑法典”那样“统一”之外，更重要的原因或许是作为李教授笔下的“新生事物”的环境法所具有的“新”还没有被人们充分注意，甚至其所应有的“新”还没有充分展现。我们既应保持高度的警觉追踪先进国家的环境法的发展，以便及时发现立法司法实践暴露的环境法的“新”特质，也应注意发挥学术的前瞻能力，为环境法新质的降生“助产”。

需要注意的是，李教授认为“环境权的构建”也是欧洲国家环境法典化诸多原因之一。作者指出，“20世纪90年代以来，公民环境权已被确立为许多国家的基本人权”。这种权利的实现“要求改善政府管制和更多的公众参与”，而“基本法和法典化方式”最有利于达到这样的目的。作者所说的公民环境权是指以《奥胡斯公约》为代表的法律文件所指称的与环境有关的“利益和权利”，其核心内容是“环境知情权、参与环境决策权和诉诸司法权”等“公众在环境保护领域的三项支柱性权利”。这些权利在以往的权利分类体系中都早有“名分”，不是什么环境权。对此，我在以往的著述中已经阐明。但有一点是需要肯定的，那就是，在法律上确认或进一步明确公民在环境方面的知情权、参与权、诉讼权等，的确是推动环境法法典化的动力之一。

气候变化问题是目前世界上最严重的全球环境问题之一,应对气候变化是全人类共同的责任。国际社会为遏制气候的不利变化已经采取了一些措施。欧盟在这方面所做的工作值得肯定,也需要我们在学术上加以总结。杨兴、张式军两位博士的《欧盟气候变化政策和立法及其对我国的启示》通过考察"欧盟温室气体排放控制的代表性政策"、"欧盟温室气体排放控制的代表性立法"等,获得若干启示。他们的结论是有见地的,对我国气候变化政策和立法的完善也是有借鉴意义的。比如,作者主张,"气候变化政策和立法应当大力推进可再生能源的开发和利用",这是既咬定降低温室气体排放、遏制气候不利变化这个目标,又充分考虑发展需要,促进能源开发的"双赢"战略构思。遵循欧盟的实践所给予我们的启示,我国应加快"可再生能源立法的进程"。在这样的战略构思下,能源法与环保法真正统一起来了,而这个统一再一次证明了李挚萍教授所说的环境法典的领域界限的确定是个难题。

目前国内学界和环保实务界以及公众对环境影响评价制度的实施效果评价不高。为环评制度寻找出路也许是必要的。于铭对美国环境影响评价制度中的替代方案的研究对我们探索完善我国环评制度的方案具有重要的参考价值。

美国环境质量委员会为实施《环境政策法》颁布的《关于实施国家环境政策法程序的条例》要求环境影响报告书"必须让决策者和公众知道可避免或可将有害影响减至最低程度的或可提高人类环境质量的合理的替代方案",这是美国环评制度取得良好实施效果的"关键一环",也揭示了我国环评制度实施效果不能令人满意的重要原因之所在。通过对美国制度及其实践的研究,于铭告诉读者,确立环境影响评价法律制度最主要的目的是通过优化国家政策的决策过程来确保国家环境政策和目标的实现。环境影响评价的目的绝不仅仅是评价一两项行动会给环境带来怎样的影响,或对一两项行动做否定性的评价这么简单,它所追求的是通过对各种方案之间的优势和劣势进行比较,综合考虑环境、经济和社会效益,选择对环境损害最小而对经济和社会发展最有益的行动。所以替代方案是达成环境影响评价制度设计目的的根本。这个简单的结论足以让我们对我国的环境评价法和有关制度设计做认真的检讨。

在于铭的论文中，读者可以读到关于基本替代方案、二等替代方案和推迟行动方案的阐述，可以看到不行动方案、环境首选方案、行政机关首选方案和其他方案的划分，而这些不同的名目不过是对已然存在的替代方案的归纳，是美国有关法律规定的“一切可供选择方案”所可能包容的替代方案的部分表现形式。我们应该对这些方案做充分的研究，以便发现可供我们学习的方案形式；我们也应该探讨这些方案的不足，因为它们毕竟不等于“一切可供选择方案”。我国环评法的建设完全可以向世界贡献可供别的国家选择学习的方案形式。

五

2005 年到 2006 年，接受青岛市人大的委托，我和几位同志开展了建立无居民海岛管理条例的课题研究。在这个过程中，有幸参加了全国人大组织的关于海岛立法的讨论。在这两项活动中，让我最费心思的不是具体法律制度的设计，不是海岛法与其他法律之间关系的处理，也不是海岛立法难以避免地涉及不同部门、不同地方之间的利益分配，而是这一立法的基本目的或曰基本原则。具体来说，建立海岛法究竟应当以海岛的开发利用为基本出发点，还是以海岛保护为大原则。我和课题组的部分同志思考的结果是，海岛立法应当贯彻生态保护优先原则。在草案的第六条我们写的是：“本市对无居民海岛实行立足保护、严格条件使用的原则。”

我们的思考可能是肤浅的，我们编制的草案也许过于简括，但我们还是想把它拿出来让更多的读者点评，即使它被判为错误百出，我们也愿意让它发挥警醒以后的立法者的作用。

徐祥民

2007 年 2 月 12 日于青岛海滨寓所

环境法学基础理论研究

HUANJING FAXUE JICHU LILUN YANJIU

自然资本投资及其在中国的法律实现

肖 国 兴*

摘要:经济持续的高速增长在给中国带来财富的同时,并没有使可持续发展在中国成为现实。一个重要的原因在于包括自然资源和环境容量在内的自然资本非但没有成为投资对象,反而成为无偿消费的对象。自然资本投资是可持续发展在中国成为现实的物质基础。然而只有当法律从制度结构上安排出投资的激励机制,使自然资本也能同股票一样进行交易时,自然资本投资在中国才会成为现实。建构有效率的自然资本投资法律制度既是中国可持续发展的必由之路,也是中国加快市场经济进程的必由之路。为此,中国必须进行可持续发展法的整体制度创新。只是这种制度创新不单是法律革命,也将伴随民主政治的完善。

关键词:可持续发展,自然资本投资,法律制度创新

Abstract: The fast growing economy brings alone wealth, but it never makes the sustainable development come to be realized. One of the key reasons is that nature capital including nature resource and environment capacity is not taken as the project of investment, by contrast, it is just consumed for free. Investment to nature capital will lay solid material foundation to the sustainable development in China. Only when some legislative encouraging arrangement about institutional structure has been done, thus making nature capital like stocks, which can be ex-

---

* 肖国兴:博士,华东理工大学法学院教授。

changed in the market, can the investment to nature capital be realized. Efficient legal institution about nature capital investment is the only way to sustainable development in China, and the only way to accelerate market reform process. So China has to focus on the whole institutional innovation in sustainable development, which is not only the law revolution but also the development in democratic politics.

keywords: Sustainable development in China, investment of nature resource, legal institutional innovation

可持续发展无论是代内公平，还是代际公平，无论是弱可持续，还是强可持续，无论是贫困的迅速消除，还是财富的持续增加，无论是持续的经济增长和发展，还是物质文明与生态文明，无论是资源节约、环境友好，还是循环经济与循环型社会建设，一切都将归根到底依赖于可持续的资本投资。从理论上看，可持续发展既需要人造资本投资，也需要自然资本投资。但从其发展的秉性看，自然资本投资是可持续发展的根本性投资，只有当自然资本投资成为行动时，可持续发展才能有可靠的物质基础。同时自然资本投资只有成为商业投资，只有成为企业投资为主体的投资，才可能为可持续发展提供坚实的物质基础。本文认为，对中国现行法律结构进行诊断与评估的基础上，打造企业自然资本投资的法律制度结构是自然资本投资在中国法律实现的契机。本文将就自然资本投资及其在中国法律实现的制度安排、制度时序等进行讨论，以期为中国可持续发展法的制度建设提供选择。

一、可持续发展投资主要是自然资本投资

可持续发展无论是作为“为将来保存机会”①，还是“防止地球超越

① ［英］罗杰·珀曼等著，侯元兆等译：《自然资源与环境经济学》，中国经济出版社 2002 年版，第 61 页。

极限"[①]定位都必须以一定的资本存量作为其物质基础。这是因为,"人类福利并非是一个消费流的函数,而是资本存量的函数"。[②] 而"福利指由资本存量提供的满足需求的服务,包括人造的与自然的"。[③] 从理论上看,一国资本类型及其存量划分为四种:"以劳动和智力、文化和组织形式出现的人力资本;由现金、投资和货币手段构成的金融资本;包括基础设施、机器、工具和工厂在内的加工资本;由资源、生命系统和生态系统构成的自然资本。"[④]从资本的功能看,前三者主要是将自然资本转化为人造资本,而后者即自然资本则是人造资本之源及生命之源。有人直接将前三者概括为人造资本的总和,人类社会资本存量就是由人造资本和自然资本构成的,[⑤]于是可持续发展就成为可持续保持人造资本和自然资本存量的发展。

自然资本存量的可持续保持是可持续发展的根本性制约因素。人类社会发展史就是一部自然资本的开发史,"与天斗其乐无穷,与地斗其乐无穷",在同大自然的斗争中人类社会得以生存与发展,积累了今天这样以人造资本为主体的高度发达的物质文明与雄厚的社会物质财富。然而,人类财富积聚递增之日,正是自然资本递减之时。"世界最初仅仅是由自然资本组成的——我们最初的财富。我们把其中的一些转变成人造资本,为的是更好地满足我们的需求。"[⑥]人类需求越多,大自然奉献就越多。在今天,资源大国与经济强国无缘,资源优势与经济优势无关,自然资源的富饶与辽阔经常成为经济落后的象征,甚至成为愚昧的表现。人造资本已经取代自然资本成为人类财富的

① [美]唐奈勒·H·梅多斯等著,赵旭等译:《超越极限》,上海译文出版社2001年版,第7页。

② [美]赫尔曼·E·戴利著,诸大建等译:《超越增长》,上海译文出版社2001年版,第98页。

③ [美]赫尔曼·E·戴利著,诸大建等译:《超越增长》,上海译文出版社2001年版,第97页。

④ [美]保罗·霍肯等著,王乃粒等译:《自然资本论》,上海科学技术出版社2000年版,第4页。

⑤ [英]罗杰·珀曼等著,侯元兆等译:《自然资源与环境经济学》,中国经济出版社2002年版,第61页。

⑥ [美]赫尔曼·E·戴利著,诸大建等译:《超越增长》,上海译文出版社2001年版,第121页。

代表。人们并没有意识到，正是“在工业体系达到极高的水平，集聚和累积人造资本的成就达到巅峰之时，人类文明赖以创造经济繁荣的自然资本正在急剧减少，而这种损失的速率正与物质福利成比例地增长”。① 在古典经济学里“自然资源通常被看作是国家财富及其增长的决定性因素”，②“国民收入被视为由资源提供的生产性服务产生的收入流。这些由资源存量构成，而这些存量的增加是经济增长过程的重要组成部分。”③现代经济学虽然并不认为自然禀赋对经济增长和发展起直接决定作用，甚至认为“自然资源的边际贡献率并没有随着时间的推移而上升”，国民收入“对自然资源的依赖减少”，经济社会的发展“使得人均收入随时间的推移而提高时，自然资源在所有用来产生收入的资源中所占的比例会不断下降”。④ 1993 年西奥多·W·舒尔茨根据经验支持统计证明，国民收入中自然资源产生的收入，穷国大约在 20%—25%，富国只占到 5%。随着工业化及技术进步为核心内容的经济增长的实现，作为生产要素，自然资源的边际贡献并没有随时间的推移而上升，反而在不断下跌。经济越发达，人造资本的价值越高，自然资本的价值越低。为此他警告，要向自然资本投资。⑤ 值得沉思的是，根据时间推算，自然资本在市场经济国家国民收入中价值地位逐步减少的时候，在中国的国民账户上自然资本产生的收入为零，更不要讲构成国民生产总值的成本投入。

自然资本何以遭此厄运呢？一个直接的答案是自然资本交换价值属性难以确定，即使在承认自然资本为资本的国度里也是如此。如果说人造资本是社会平均生产价格很容易决定的价值水平，自然资本价值水平则必须通过专门的机构进行评估，进行制度拟制，形成所谓“影子价格”，不仅市场交易存在

---

① ［美］保罗·霍肯等著，王乃粒等译：《自然资本论》，上海科学技术出版社 2000 年版，第 3 页。

② ［英］罗杰·珀曼等著，侯元兆等译：《自然资源与环境经济学》，中国经济出版社 2002 年版，第 3 页。

③ ［美］西奥多·W·舒尔茨著，姚志勇等译：《报酬递增的源泉》，北京大学出版社 2001 年版，第 116 页。

④ ［美］西奥多·W·舒尔茨著，姚志勇等译：《报酬递增的源泉》，北京大学出版社 2001 年版，第 116 页。

⑤ ［美］西奥多·W·舒尔茨著，姚志勇等译：《报酬递增的源泉》，北京大学出版社 2001 年版，第 116 页。

诸多障碍，也远离财富的通行观念。而人造资本交换价值和使用价值明确，在相对价格与市场交易的牵引下成就了人类社会的繁荣昌盛。人们之间的竞争与博弈均以人造资本为标的进行，有关制度也以实现人造资本的价值安排为己任。长期以来，人造资本在经济生活中地位逐步加强，即使有人关注到自然资本存量减少的事实，也是因为担心影响到人造资本存量的减少。“人造资本的存量是分析的中心。一方面，是存量产生了服务；另一方面，是存量在令人遗憾地被人消费并因此需要新生产的维持，而新的生产需要新的流量和新的自然资本的牺牲，自然资本的服务也就因此而减少。”①总体上看，人们的注意力主要集中在人造资本的存量，而较少关注自然资本存量，一直到自然资本存量成为人类社会可持续发展的桎梏为止。时迄今日，所谓投资仅限于人造资本投资，以至于投资成为人造资本存量增加和自然资本存量减少的资本使用和投放，这显然与人类的发展目标相悖。可持续保持自然资本存量是可持续保持人造资本存量的前提。向自然资本投资不仅是保持自然资本存量，也是保持人造资本存量的资本使用与投放，因而是根本性投资，对可持续发展具有决定性意义。在人类既有的制度安排造成人造资本积聚、自然资本耗损的情况下，向自然资本投资已经成为增强国家竞争力的重要途径。由于现存的制度是围绕实现人造资本的价值建构的，选择和建构以实现自然资本价值为目标的制度就成为必要。中国自然资本无价值更无资本可言。尽管政府及其部门付出了极大努力，缓解和改善了浪费和污染的状况，却无法扼制浪费和污染的势头。中国正处于重化工阶段，区域经济发展不平衡。为了弥补计划经济的不足，有些地方正在拼命发展，如从西部到中部的开发，对资源与环境的大规模的消耗仿佛成为生产力发展的客观要求，因此在中国进行自然资本法律投资制度研究更有意义。

中国主流经济学上没有自然资本的概念。西方经济学虽承认自然资本(Natural Capital)，却无统一定义。应该说有关自然资本的理念正在形成之中，学者一般从某一角度进行讨论。如赫尔曼·E·戴利从内涵上给出了自

① [美]赫尔曼·E·戴利著，诸大建等译：《超越增长》，上海译文出版社 2001 年版，第 99 页。

然资本的定义。“自然资本是指产出自然资源流的存量——大洋中能为市场再生捕鱼流量的鱼量；能再生出伐木流量的现存森林；能产生原油的流量的石油储量。自然资本产生的自然收入是由自然服务以及自然资源组成的。自然资本可以分为两种，就如在例子中所列举的：可再生的（鱼、树）以及不可再生的（石油）。”①保罗·霍肯给出自然资本的外延上定义。“自然资本包括常见的为人类所利用的资源——水、矿物、石油、森林、鱼类、土壤、空气等，也还包括草原、大平原、沼泽地、港湾、海洋、珊瑚礁、河岸走廊、苔原和雨林在内的生命系统。”“它们在全世界都以一种前所未有的速度不断衰退。……而正是它们使生命成为可能并且在这颗星球上获得生存价值（值得在这颗星球上生活）。”②罗杰·珀曼则从外延上直接明确自然资本是“由自然提供的全部资本，如含水层和水系、沃土、原油和天然气、森林、渔场及其他生物资源、基因物质和地球大气圈本身”。③ 当然，自然资本并不是自然界存在的一切资源，而是对人有效用的资源。因此，不妨将对其外延进行适当限制。埃里克·诺伊迈耶强调，“自然资本是自然的总体——资源、植物、物种和生态系统——能够提供人类物质和非物质的丰富服务。”④据此，笔者认为，自然资本是自然赋存的，作为形成人造资本价值与使用价值基础的自然物，包括自然资源与环境容量。这样的内涵定义即肯定了自然资本的自然属性，又强调了它为人类服务的社会属性。

有关自然资本内涵与外延的讨论之所以众说纷纭，一方面是学术研究的百家争鸣，另一方面则是存在技术上无法实证的问题。实际上，有关自然资本的内涵与外延的讨论并不是严格按学术范式进行的。根据传统的学术范式，资本是带来剩余价值的价值。而自然资本的诠注者们则是在此基础上进行创新，借资本之名对自然资本进行诠注。如赫尔曼·戴利承认，“首先，资本传

---

① ［美］赫尔曼·E·戴利著，诸大建等译：《超越增长》，上海译文出版社 2001 年版，第 116 页。

② ［美］保罗·霍肯等著，王乃粒等译：《自然资本论》，上海科学技术出版社 2000 年版，第 3—4 页。

③ ［英］罗杰·珀曼等著，侯元兆等译：《自然资源与环境经济学》，中国经济出版社 2002 年版，第 61 页。

④ ［英］埃里克·诺伊迈耶著，王寅通译：《强与弱》，上海译文出版社 2002 年版，第 14 页。

统意义上被定义为‘（人造的）生产资料’，然而自然资本不是也不能由人所生产。资本的一个更有用的定义是‘能为未来产生有用商品和服务流的存量’，自然资本也更适用于这个概念，就如耐用消费品。当然，可再生资源可以开发直至灭绝和不可再生——如果我们作好准备长期等下去的话，不可再生资源就可以成为可再生资源。遵循这些条件的话，这些术语就很好定义了，并且适用于当今。”①显然，将资本的外延从人造资本直接圈定为自然资本本身就是一种跨越，再将价值转化为存量，进而确定为自然资本的自然资源首先是那些能够带来更多自然资源的自然资源。应该说这种解释回避了自然资本之所以构成资本的价值属性，并不一定科学。但是其将价值转化为存量以后，又突出了存量洐生存量的自然资本特征，从而揭示出自然资本是能够带来自然资本存量的资本属性，即使回避了价值矛盾，仍然不失为一个经典的诠注。按这个诠注，只有可再生自然资源构成自然资本，而不可再生自然资源不能构成自然资本。同时，赫尔曼·戴利又从人类社会发展的实际出发，将自然资本进一步扩大诠注为人工形成的自然物。“有一个重要的种类重叠着那些自然和人造资本——如森林种植、鱼塘、特种牛群的饲养等等，这些都是真正自然的，但是它们的自然状态却受到人类行为的巨大改变。我们可以把这些东西称为‘培养的（cultivated）自然资本’。”②既然人造资本也能促成部分自然资本的形成，并且同样可以起到自然资本的作用。于是可以得出逻辑结论：“在培养的自然资本的自然和人造部分之间似乎有着强烈的互补性关系。而且，培养的自然资本的确可以替代自然资本的某些功能——它是为此而培养的，如原木生产——但不可能替代种植森林中的野生动物栖息地或生物多样性。”③从而将人造资本引入自然资本的形成，为自然资本投资的理论的形成奠定了技术基础。

---

① ［美］赫尔曼·E·戴利著，诸大建等译：《超越增长》，上海译文出版社2001年版，第116页。

② ［美］赫尔曼·E·戴利著，诸大建等译：《超越增长》，上海译文出版社2001年版，第116页。

③ ［美］赫尔曼·E·戴利著，诸大建等译：《超越增长》，上海译文出版社2001年版，第116—117页。

如果说可持续发展是财富的可持续增加，则无论是人造资本的增加，还是自然资本的增加都是必须的。但是二者的功能与作用是不同的。自然资本具有原生性，属“元资本”的母物，而人造资本则是派生的子物。“人造资本（与劳动力一起）是从原材料输入到产品输出的资源流的转换因素。自然资源流（以及产生它的自然资本存量）是生产的物质原因。……很明显，人造资本和自然资本的基本关系就是互补性的而非替代性的。当然，我们可以用砖来代替原木，但是那只是一种资源代替另一种资源，而不是用资本来代替资源。在建造一幢砖房时，我们会面临一个类似的‘不可能’，即用铲子和泥瓦匠来代替砖头。”①实际上自然资本之所以重要，正在于它具有人造资本所不具有的功能：“某些形式的自然资本提供了极其基本的和根本的生命支持功能，而任何别的资源不能这样做，这是使人类生命在地球上成为可能的那种功能。它们所表现出来的生态系统和生物多样性在某种程度上是多功能的，也是其他资本所没有的。它们是所有生命——人类和非人类——的基础。是世界生态系统包含了经济，而不是经济包含了世界系统。人类能够在没有人造资本的或其他形式资本的条件下生存下去，而且从很大程度上来看，过去就是如此；但没有生态系统的作用，人类就难以生存。自然资本的突出价值不是（比方说）让人类使用化石燃料，而是自然界让人类生命得以生存下来：它提供了粮食、水、新鲜空气和能够忍受的气温等生态条件。”②更进一步讲，“某些形式的自然资本是独一无二的，一旦遭到破坏就很难恢复了，也就是说，对某些形式的自然资本的破坏是不可逆的至少是准不可逆的。一般来说，其他资本不是这样的情况。人造资本总是可以重新建造的，如果它被破坏了的话。”③因此二者是不可替代的。人造资本无论怎样凝结人类劳动，毕竟是人与自然的结合物，没有自然物便不会有人造物本身。遗憾的是，世界上人造资本常常是在

① [美]赫尔曼·E·戴利著，诸大建等译：《超越增长》，上海译文出版社 2001 年版，第 109—110 页。

② [英]埃里克·诺伊迈耶著，王寅通译：《强与弱》，上海译文出版社 2002 年版，第 126 页。

③ [英]埃里克·诺伊迈耶著，王寅通译：《强与弱》，上海译文出版社 2002 年版，第 126 页。

消费自然资本的基础上产生的,以至于人造资本的存量与自然资本的存量成反比例关系。问题是我们只顾倾情享受人造资本增加带来的快感,却全然不顾自然资本减少可能带来的危害。作为人类生存"质量之源"自然资本是我们安身立命之根本,它的减少将会引发不可逆转的社会性灾难。人类失去的不单是商业社会聚富敛财的社会基础,也同样失去了人类生命与生物生存的自然基础。正如赫尔曼·戴利所言,"从环境中被消费的不是某种物质的质量,而是次序和质量——物质的结构、浓度或纯度。这是一个极端重要的概念,因为商业活动创造经济价值的基础正是'质量'。……如果工业过快地从生态系统中取走集中度和结构性较佳的物质,超过了它们能被替代的速度,并同时损害了它再生的途径,即各个生态系统和栖息地,它就会导致'生产'中的重大困难。"①这是因为"自然资本可以被看作支持生命的生态系统的总和。它不同于人造资本之处,在于自然资本是无法通过人类活动创造出来的。这点很容易被忽视,因为自然资本就如同池塘,我们在其中像鱼儿一样游泳,却不会意识到我们是在水里。"②自然资本这种物的功能及其物理和化学属性决定了人类对自然资本的决策必须慎之又慎,而不是不负责任地盲目开发。"开弓没有回头箭",已经失去的自然资本无法再行追回,好在自然资本——我们用于保底的财富还未枯竭之前,我们已经认识到其重要性,"亡羊补牢,为时未晚",现在采取行动并不迟。

有关人造资本与自然资本是否存在可替代性,学者也是有争议的。上述主张二者具有互补性而不具备替代性的观点被称为"强可持续性范式"。而弱可持续性范式,即"索洛-哈特威克可持续性"主张二者具有替代性,要求"保持'总的净投资',它被适当地界定为包括所有大于或等于零的有关形式的资本"即可。③ 按照这种观点,人造资本与自然资本之间,自然资本之间都存在一定的可替代性,但是替代性的实现必须满足两个条件:第一,这些资本

---

① [美]保罗·霍肯等著,王乃粒等译:《自然资本论》,上海科学技术出版社 2000 年版,第 177 页。

② [美]保罗·霍肯等著,王乃粒等译:《自然资本论》,上海科学技术出版社 2000 年版,第 180 页。

③ [英]埃里克·诺伊迈耶著,王寅通译:《强与弱》,上海译文出版社 2002 年版,第 33 页。

的效用功能可以互相替代；第二，资源极其丰富；或者在生产功能上替代弹性等于或大于1；或者“技术进步能够克服任何资源限制”。① 这些条件要求很高，一般来说不会出现或者很难出现，甚至不可能出现，如同完全竞争出现的条件一样。这个观点只能是坐而论道的假说。当然，“某些形式的自然资本看来在其整体上不可替代的情况并不意味着它们在边际上也不可替代。”②

从总体上来看，“人造资本和自然资本基本上是互补性的，只有部分是替代性的。”③可持续发展要求人造资本和自然资本都要保持一定的存量，强调自然资本的重要性并不排斥人造资本的意义。人造资本是人类的物质文明和社会财富的总和，排斥人造资本，人类社会同样不能可持续发展。“在某个总价值意义上各自保持自己的资本，但是这一次的总和不变是通过各自的不变来达到的而非两者连在一起达到的。……每一个补充物都必须保持自己的资本，因为每一个补充物的产品都要依赖另一个补充物的存在。”④这是因为“互补性意味着二者都需要，并且受到的限制取决于哪个供应最短缺”。根据物质和能量守恒定律，人造资本是自然资本的另一种转化形态。“人造资本本身就是自然资源（来自自然资本）的一种物质转换。因此，生产越多的替代物（人造资本），物质上就需要越多的被替代物（自然资本）——互补性条件的精确定义！”⑤可持续发展既然以人造资本存量的可持续保持为其发展的形态，当然不会拒绝自然资本向人造资本的转化。只是目前这种转化已经妨碍了人造资本存量的可持续保持。自然资本已经取代人造资本成为人类社会发展的“限制因素”，而“所谓限制因素是指一旦少了它就会阻碍某个系统的生存或发展”的因素。⑥ 为此，保罗・霍肯呼吁，“为了使人民生活年复一年的富足，

---

① ［英］埃里克・诺伊迈耶著，王寅通译：《强与弱》，上海译文出版社 2002 年版，第 35 页。

② ［英］埃里克・诺伊迈耶著，王寅通译：《强与弱》，上海译文出版社 2002 年版，第 35 页。

③ ［美］赫尔曼・E・戴利著，诸大建等译：《超越增长》，上海译文出版社 2001 年版，第 109 页。

④ ［美］赫尔曼・E・戴利著，诸大建等译：《超越增长》，上海译文出版社 2001 年版，第 109 页。

⑤ ［美］赫尔曼・E・戴利著，诸大建等译：《超越增长》，上海译文出版社 2001 年版，第 109 页。

⑥ ［美］保罗・霍肯等著，王乃粒等译：《自然资本论》，上海科学技术出版社 2000 年版，第 187 页。

那份资本必须要么增值,要么保留原有的价值。过去,收入这一定义仅应用于人造资本,因为自然资本是充裕的。今天,相同的这一定义应该应用于自然资本。这意味着,为了保持我们收入水平的稳定而远非提高,两种类型资本的原有储备我们都必须维持。我们愈是不能用人造资本替代自然资本,这两种形式的资本就必须愈加维护以免遭耗竭。"①人类现在这种以牺牲自然资本换取人造资本的做法无疑是杀鸡取卵之举。

赫尔曼·戴利警告说,"世界是从一个人造资本是限制性要素的时代进入到剩余自然资本是限制性要素的时代。……我们已经从一个相对充满自然资本而短缺人造资本(以及人)的世界来到了一个相对充满人造资本(以及人)而短缺自然资本的世界了。"②事实上,"越来越多的人造资本远不是代替自然资本,而是对自然资本有越来越大的互补性要求,快速地消耗自然资本以暂时地支撑人造资本的价值,在不远的将来就会使整个自然资本变得更加具有限制性。"③根据经济学逻辑,人造资本与自然资本存在互补性表明二者的存量是相互影响的,对于一个既定的资本存量来说,其中一个要素的价格的上升将导致两种要素存量的减少。为了保持二者都达到一定存量,就必须增加另一个限制性存量。这就"要求我们在短期内最大限度地提高限制性要素的生产能力,从长远来看要投资于加大其供应。当限制性要素发生改变时,过去的经济行为就变成了非经济行为。……总之,由于自然资本已经代替人造资本成为限制性要素了,因此我们应该采取政策最大限度地提高它现在的生产率和它未来的供应量。这一结论并非不重要的或者不相关的,因为它意味着最大限度提高人造资本的生产率和累积的现行政策已不再是'经济的',即使是在传统意义上"。④ 自然资本存量减少已经限制了可持续发展资本存量的

---

① [美]保罗·霍肯等著,王乃粒等译:《自然资本论》,上海科学技术出版社2000年版,第189页。

② [美]赫尔曼·E·戴利著,诸大建等译:《超越增长》,上海译文出版社2001年版,第112—113页。

③ [美]赫尔曼·E·戴利著,诸大建等译:《超越增长》,上海译文出版社2001年版,第114页。

④ [美]赫尔曼·E·戴利著,诸大建等译:《超越增长》,上海译文出版社2001年版,第113页。

保持，仅从这事实也可以看到二者是互补性，而不是替代性。“如果要素是互补物，那么供给最短缺的将是限制性要素。如果要素是替代物，那么由于一种要素的生产不需要依赖其他要素，因此就不可能是限制性要素。”①人造资本和自然资本构成的资本存量始终是人类社会存在与发展的物质基础。然而，既然二者的关系是此消彼长，自然资本已经制约着人造资本的存量，对于自然资本采取一定的战略，较快地恢复其资本存量，就成为人类社会的首选。有关自然资本的战略主要有：提高资源生产率、仿生学、服务和流通经济、向自然资本投资。“它们是使国家、公司和社区能够按照近乎所有的资本都能得到评价的运作方式进行运转的方法。”②然而，在这些战略中能够实实在在迅速恢复自然资本存量的方法恐怕只有向自然资本投资了。

投资是任何资本形成和积累的前提，既然自然资本成为保持可持续发展资本存量的限制性因素，向自然资本投资就成为可持续发展投资的重点。自然资本不是取之不尽、用之不竭的永恒资本。特别是存在人造资本递增与自然资本递减成正比例关系时，向自然资本投资不仅是企业之间，也成为国家之间博弈的重要内容。有学者提出 21 世纪以前人类制度几乎已经穷尽了金融、人力和设备资本的价值，21 世纪国家之间的竞争优势关键取决于在自然资本基础上这些资本的拥有量，并且把自然资本作为这些资本保值与增值的基础，预言“对未来经济发展的限制因素是自然资本的可利用性和功能性，特别是不可取代的，目前还没有市场价值的生命—支持服务。”③自然资本投资及其制度特别是法律制度建设即将成为国家可持续发展竞争优势的决定性制度安排。

向自然资本投资（Investing in Natural Capital），这是“通过不断恢复和扩大自然资本存量的再投资，使生物圈能生产出更丰富的自然资源，推动生态系

---

① ［美］赫尔曼·E·戴利著，诸大建等译：《超越增长》，上海译文出版社 2001 年版，第 112 页。

② ［美］保罗·霍肯等著，王乃粒等译：《自然资本论》，上海科学技术出版社 2000 年版，第 10—24 页。

③ ［美］保罗·霍肯等著，王乃粒等译：《自然资本论》，上海科学技术出版社 2000 年版，第 11 页。

统服务朝着使全球范围免遭巨大破坏的方向努力。”①实际上早在20世纪80年代末，考克尔(Coworkers,1989)就将自然资本存量作为可持续发展的条件。他指出：“自然资本存量的恒定，更严格地说，是要求自然资本非负变化，例如，土壤与土壤质量、地表水与地表水质、陆地生物量、水体生物量与环境对废物的消解能力。”②自然资源投资和环境容量投资构成了自然资本投资的主要部分。实际上有关自然资本投资的种类或标的是多样的，如节能设备投资、为消除垃圾“埋单”、循环利用投资等，但最终都将表现在对自然资源与环境容量的投资。自然资本投资的性质首先是保护性投资，即保持自然资源存量及其服务于环境容量的投资，其次，也是营利性投资，也就是讲，既然是投资，就必然具有一般性投资具备的性质，否则就失去了投资的意义。只因为如此，学界一般主张，自然资本投资包括维持性投资(维持与保持)和净投资(增加)。

自然资源投资可以分为可再生资源投资与不可再生资源投资。从形式上看，这是两种不同质的投资。前者是为“限制每年的消费量”而进行的投资，即“使每年的消费量等于每年的增量(可持续的产量)相当于维持性投资——也就是说，避免生产性存量的减少，相当于希克斯所说的资本保持不动的条件。可再生资源的净投资需要另外的等待——允许每年用全部的或部分的增量来增加生产性存量而不是被消费。”③如果仅仅为维持存量而进行限制消费量的投资，的确会如戴利所言，“在可再生自然资本上的投资必定只能是被动的”。但是更为重要的是增加可再生资源存量和提高开发利用效率的投资。虽然“没人知道我们能依靠培养的自然资本多久”，即能否再生成一个生物圈，但是“投资于培养的自然资本在生态系统和生物意义上对未来都是有利的”。④ 而后者则是旨在提高开发利用效率和寻求替代物进行的投资。这是

---

① [美]保罗·霍肯等著，王乃粒等译：《自然资本论》，上海科学技术出版社2000年版，第12—13页。

② [英]伊恩·莫法特著，宋国君译：《可持续发展——原则、分析和政策》，经济科学出版社2002年版，第32页。

③ [美]赫尔曼·E·戴利著，诸大建等译：《超越增长》，上海译文出版社2001年版，第117页。

④ [美]赫尔曼·E·戴利著，诸大建等译：《超越增长》，上海译文出版社2001年版，第118页。

因为无论怎样投资，不可再生资源依然无法改变其经地质年代生成的事实。“不可再生的自然资本既不能积极也不能消极地增加，它只能减少。我们只能放弃不可再生的自然资本本身，即使我们投资于人造资本装备，提高提取和放弃的比率。不可再生的自然资本就像一件已经生产出来的商品存货，而不是一部生产机器或可再生的人口。对于不可再生的自然资本来说，问题不是如何投资，而是如何最好地清理存货以及如何处理由于这些存货而实现的净财富。”①而“对于不可再生资源来说，存量的减少被认为是存货的清理而不是将来生产能力的耗费，因此，存量的减少甚至不应该是总收入的一部分……”②显然，这两种投资的着眼点是不同的。但是可再生资源与不可再生资源又是一个整体。从一定意义上说，可再生资源的投资是自然资源投资的主要方向，也必须集中有限的资金向自然资本投资。实际上，自然资本投资并一定必须是直接增加自然资本存量，如提高自然资本开发利用效率的投资，在一定意义上“能使我们减少流量的投资被认为是自然资本上的间接投资，这里的流量必须是保持一个特定的福利标准所需的”。③

环境容量是指自然环境或环境要素对污染物质的承受量或负荷量。这种承受量以人类和生物能忍受、适应和不发生危害为准则，即环境自净能力的指标，指的是自然环境可以通过大气、水流的扩散、氧化以及微生物的分解作用，将污染物化为无害物的能力。环境容量投资包括预防污染投资、治理污染投资以及购买排污权的投资。环境容量的投资首先是“防护性开支”或“恢复性开支”，即环境保护成本与污染损害治理成本。其次，也是扩容性投资，即扩大清洁环境容量的投资。自然资源投资与环境容量投资本身是一致的，二者共同构成了自然资本投资。自然资源构成了环境，而环境寓于自然资源之中。从一定意义上讲，这两种投资及其效用是相连和结合的，具有某种“互补性”。

---

① ［美］赫尔曼·E·戴利著，诸大建等译：《超越增长》，上海译文出版社 2001 年版，第 117—119 页。

② ［美］赫尔曼·E·戴利著，诸大建等译：《超越增长》，上海译文出版社 2001 年版，第 120 页。

③ ［美］赫尔曼·E·戴利著，诸大建等译：《超越增长》，上海译文出版社 2001 年版，第 121 页。

从自然的赋存看,自然资源投资是开源性投资,而环境容量投资是末端性投资,两种投资只有都有效实现,自然资本投资才能真正达到增加自然资本存量的目的。从自然的构成看,环境容量的增加也是人造资本投资的结果,是污染物质的转化,其本身就是可再生自然资源还原,如水质污染减轻、空气从混浊变清朗等。虽然环境容量的改变绝大部分是从有效治理不可再生资源污染源得到的,但是其投资能恢复的只能是可再生资源,这也正是环境容量能得以恢复的物理或化学原因。

自然资本与人造资本一同从自然经济走向市场经济,就资本投资来讲,也必然会有一个市场运作的过程和机制。向自然资本投资同样能得到本金的增值和利息的增加。同时,任何人造资本都包含了自然资本的价值(无论是交换价值还是使用价值),自然资本实际构成了人造资本价值基础。作为人类社会发展的基础,自然资本又决定着人造资本开发前景,“在一个满的世界,任何人造资本的增加都是以自然资本及其服务为代价的。”①因此,自然资本投资也是“生产性投资”,②而生产性投资恰恰是经济社会发展的源泉。

自然资本投资既是投资,也具有人造资本投资的一般属性。从人造资本投资发展的历史时序上看,自然资本投资发展也将会有一个从实质投资向金融投资发展的过程。投资是动用现有的资金进行生产性使用,旨在获得连续和长期的收入及本金增值的活动。③ 从传统意义上讲,投资的实质在于“投资是指目前投入资源以期将来得到收益”。④ 从更宽泛的观点看,投资是“基于某一个时间跨度中费用和收入的流量。……投资的目的就是要制定这些时间跨度中流量形式,使它们尽可能地合意。当花费和收入以现金来表示的时候,任何时候的净收入都称为现金流,跨越几个时期有一系列流入就是现金序列。投资的目的就是要制定这些现金流序列,使它们比其他情况下更加合意。”⑤

---

① [美]赫尔曼·E·戴利著,诸大建等译:《超越增长》,上海译文出版社2001年版,第121页。

② [英]阿瑟·刘易斯著,梁小民译:《经济增长理论》,上海三联书店1996年版,第24页。

③ [美]H·E·杜格尔等著,任怀秀译:《投资学》,中国人民大学出版社1990年版,第3页。

④ [美]戴维·G·卢恩伯格著,沈丽萍等译:《投资科学》,中国人民大学出版社2005年版,第1页。

⑤ [美]戴维·G·卢恩伯格著,沈丽萍等译:《投资科学》,中国人民大学出版社2005年版,第1—2页。

也有学者从投资的构成元素上对其内涵进行解释，如认为“投资是指将金钱用于购买有收益能力的资产以换取未来的财富，而构成投资的两项主要元素为时间与风险。时间是指资金投入特定资产后，持有该资产的期间；而风险则是指资产价值的波动性，其与所投资的资产种类有关”。① 既然存在时间和风险，任何投资就存在不确定性，不确定性程度越大，投资目的实现的障碍就越多，因而也就存在货币流入量和流出量的金融比较。“投资的本质就是从一些可相互替代的现金流中选择一笔现金流。”②说到底，投资就是现金流的金融比较。对于自然资本投资来说，为使资金的使用能符合目的，则将人造资本投资转向自然资本投资的契机是要让投资者在人造资本投资与自然资本投资的“金融比较”中，觉得自然资本投资较人造资本投资更加合算，否则想要投资者改变传统的投资理念与方式是不可能的。因为“净投资是指通过现在的资本配置来获得更高的未来收入”③，如果投资于自然资本较投资于人造资本收入要高，投资者的现金流就会向自然资本涌动。投资者的金融比较总是受相对价格牵引的，正是从这个意义上说，投资与市场密不可分。投资必须以金融市场为空间，离开金融市场就不会存在投资。因为“投资是在金融市场的框架里面执行的”，“你通过把它与其他金融市场上可获得的投资进行比较而评估这项投资。金融市场提供了比较的基础。”④显然，自然资本作为金融市场的交易标的是自然资本投资存在的根据。另一方面，自然资本只有成为现金流的标的才会有自然资本金融市场。然而，“金融市场是各种金融工具的交易中心，其功能不但能确保资金供给者所持金融工具的流动性，又能满足资金需求者的资金需求。”⑤从现代投资学的理论看，投资理应是金融市场的产物，自然资本投资当然也应该是金融市场的产物。然而，在全世界范围内严格

① 谢剑平著：《现代投资学——分析与管理》，中国人民大学出版社 2004 年版，第 4 页。

② [美]戴维·G·卢恩伯格著，沈丽萍等译：《投资科学》，中国人民大学出版社 2005 年版，第 32 页。

③ [美]戴维·G·卢恩伯格著，沈丽萍等译：《投资科学》，中国人民大学出版社 2005 年版，第 10 页。

④ [美]戴维·G·卢恩伯格著，沈丽萍等译：《投资科学》，中国人民大学出版社 2005 年版，第 6、7 页。

⑤ 谢剑平著：《现代投资学——分析与管理》，中国人民大学出版社 2004 年版，第 24 页。

意义上的自然资本投资也不过十余年的历史，远未达到人造资本投资成熟的金融市场程度。有关自然资本投资金融工具的运用的探讨也不过几年。因而自然资本投资目前主要是实质性投资，即直接用现金或实物资本的投资。但是自然资本投资终究是要发展到金融投资的。自然资本投资从实物投资发展到金融投资既需要有一个"理论实践"过程，更需要推动和培育市场经济。自然资本及自然资本投资都以市场特别是市场经济的成熟与完善为前提条件。因为无论投资对象是什么，投资的动机怎样，单从投资对象从人造资本扩大到自然资本本身就足以表示，市场经济规模在扩大，特别是纳入市场机制解决的问题在扩大。这种扩大既是市场本身所具有的包容性和适用性的表现，也是自然资源与环境容量的资本属性的要求。其实任何物品或物质从其属性上看是否为商品或资本，只要看它能否在市场上实现价值和效用最大化就足矣。"从理论上言，资本如同水从山上流下一样，这只会自动地流向风险得到调节、有最大回报率的地方。在理论上，理论和实践是一回事；但在实践中，它们却并非如此。"①因此自然资本投资及其在市场上实现不单要在理论上合理，还须在实际中践行。

按传统理论，作为对社会、经济与环境可持续发展起基础作用的自然资本似乎与市场供给是格格不入或矛盾的。然而，正是在自然经济走向市场经济的过程中随着自然资本贡献率的下降，自然资本的地位也不断降低，最后被人造资本取代而成为社会发展的附属物，人造资本最终取代自然资本成为社会财富的表现。如果说是市场经济成就了人造资本的优越地位，那么，市场经济同样会成就自然资本的优越地位。从消费与物质转换的关系来看，自然资本的"价值仍然是被劳动和资本中介加到资源上的。……价值被人类的经济行为附加于物质/能量之上，这些物质/能量完全有能力接受和体现被附加的价值。这样的接受可以被视为'由自然附加价值'"。② 然而，这种自然附加价值是一种市场表现。也正是在市场条件下，"自然补贴的越多，未来的劳动和

① [美]保罗·霍肯等著，王乃粒等译：《自然资本论》，上海科学技术出版社2000年版，第318页。

② [美]赫尔曼·E·戴利著，诸大建等译：《超越增长》，上海译文出版社2001年版，第94页。

资本成本‘附加价值’的安置需要越少。人为的附加价值越少，价格越低，使用也越迅速。”使自然资本的消耗过快，从而提升了社会人造资本的存量，“附加价值过去习惯于被劳动和资本的中介转换所限制。现在，附加价值更多的是被资源的可得性所限……”①然而，自然资本只有成为市场交易物时才会表现出价格与价值，离开市场，自然资本保护都困难，更不要讲向自然资本投资了。“当自然资本被压低价格或根本没有价格时，社会和经济决定会偏向反对保护自然资本。这在所有阶段都适用，从开始研究、开发到最后的生产消费决定都如此。”②当然，市场一定是经过选择与组织的。“如果没有一个供效率资源的买主和卖主从事交易的市场，亦即各种买卖能以公正的价格进行公平竞争、行使杠杆调节作用的地方，即使价格体系高度完善和精确也是徒劳的。”③如此看来，市场同样为自然资本投资提供了空间。“无论采取何种方式，只要能避免资源枯竭和防止污染，均应成为企业家的选择和利用浪费资源的潜在考虑对象。建立节油市场可使套汇掮客充分利用已偿付的油和节约的油价间成本与卖价间的差额获利。”“如果能建立节约资源和防止污染的市场，便支持企业家创新，将每一障碍转变为资源的生产力，将死胡同变为一种通道。无论是能源还是水源，纤维还是矿物，固定的东西还是流动的物体，均遵循问题越大，潜在的效益也就越大的规律。”④市场经济可能让自然资本存量衰减，同样可能使其存量增加。关键是建立一个有效率的市场制度。“……自然资本论的目标不是要废除市场经济，也不想抛弃其有限的、重要的原则或强有力的机制，它只是建议人们生动活泼地充分利用市场，以其特有的目的作为解决人们当前困难的工具。与此同时，也要更清楚地认识到市场的界限与局限性。……全世界范围的经历都证实了，大量使用以市场为基础的

① ［美］赫尔曼·E·戴利著，诸大建等译：《超越增长》，上海译文出版社 2001 年版，第 95 页。

② ［英］埃里克·诺伊迈耶著，王寅通译：《强与弱》，上海译文出版社 2002 年版，第 166 页。

③ ［美］保罗·霍肯等著，王乃粒等译：《自然资本论》，上海科学技术出版社 2000 年版，第 12—13 页。

④ ［美］保罗·霍肯等著，王乃粒等译：《自然资本论》，上海科学技术出版社 2000 年版，第 335 页。

工具,对环境、经济和道德带来极为有利的后果。"①世界经济与社会的发展已经证明,市场经济本身并没有成为可持续发展特别是自然资本投资的障碍,1996年戴利就提出"北方国家在资源利用水平的意义上已经达到可持续性,如果把这种可持续性推广到整个世界,就既能使世界上的人生活得优裕,同时又处于环境的承载能力之内。"②从本质上看,处于发展中的南方国家正在发生的资源破坏、环境污染等不可持续现象的制度原因正是其市场经济尚未发育或正在向市场经济渐进。培育和发展市场经济是自然资本投资和实现可持续发展的根本性制度保障,不仅意味着发展中国家要靠发展市场经济来为根本性改变不可持续的状态而采取制度措施,而且即使成熟市场经济的国家依然在通过提升市场能力实现可持续发展。据保罗·R·伯特尼分析,近10年来,"美国环境政策最明显的变化是对经济激励手段或者称之为市场政策工具和方法的应用,这些政策工具和方法通过市场信号刺激行为人的动机,而不是通过明确的环境控制标准和方法条款约束人们的行为。……都以'利用市场力量'为显著特征。"③从一定意义上说,市场经济就是可持续发展经济或生态经济。这就意味着,自然资本投资的制度选择与安排首先是市场经济的制度选择与制度安排。因为如果自然资本排除在市场供给之外,其也就无所谓资本了。因为任何物的资本属性都是在市场供给中实现的,自然资源与环境容量成为资本当然也不例外。对于自然资本投资的前提条件是使自然资本能够进行交易,而由于市场的交易总是以标的物容易成为可交易或谈判的对象时才会发生,这就使得确定作为交易标的自然资本的商业价值或交换价值成为制度构建的起点。

当然,强调经济性指标或财富在可持续发展中的作用并不是否认社会发展与环境保护在可持续发展中的作用。如果离开社会发展与环境保护,经济

① [美]保罗·霍肯等著,王乃粒等译:《自然资本论》,上海科学技术出版社2000年版,第310—311页。

② [美]赫尔曼·E·戴利著,诸大建等译:《超越增长》,上海译文出版社2001年版,第4页。

③ [美]保罗·R·伯特尼等著,穆贤清等译:《环境保护的公共政策》,上海三联书店、上海人民出版社2004年版,第2页。

或财富同样不能得到发展。因为“要使可持续发展得到保证，不仅要关心经济增长，而且还要关心环境和社会问题。除非把社会变革和对环境管理同经济增长结合起来，否则增长本身随着时间的推移将会变得岌岌可危。”①其实，既然自然资本投资包括向环境容量的投资，自然资本投资本身当然也就包括了对环境的关心。另一方面，即使对环境容量的关心也包括了对整个自然资本投资的内涵。

二、企业是自然资本投资重要主体

一国自然资本投资的数量是其实现可持续发展的基本保证。自然资本是自然资源与环境容量的集合物，自然资本投资当然包括自然资源投资与环境容量投资。从理论上分析，自然资源投资应当是自然资本投资的主体，而各国目前纳入统计数据的环保投资主要是环境容量投资。根据国际发展经验，为遏制环境恶化的趋势，必须保证环境保护的投资占当年 GDP 的 1%—1.5%，才能有效控制污染，要使环境逐步改善，须占 1.5%—2.5%。世界银行的一项研究表明，如果环保投资占 GDP 比重达到 3.0% 以上，环境质量会得到有效改善，而其减少污染代价的经济收益率高达 114%，其中治理水污染的收益率最高为 236%，治理空气污染的收益率为 117%。② 日本 1970 年为 1.3%，1972 年达到 1.8%，1975 年达到 2.1% 以上，1995 达到 3.5%；20 世纪 70 年代日本环境损失占当年 GDP 的 8.7% 左右，1995 年环境损失降为 1%。由此看来，对一国可持续发展来说，包括环境容量投资在内的自然资本投资多多益善。为了保证可持续发展，各国都在 GDP 中保证环保投资的一定数量。目前世界上发达国家一般都占 2% 以上。原联邦德国 1970—1974 年为 1.5%，1980 年达到 2.1%；美国环保投资 20 世纪 60 年代占 1%—1.5%，1994 年上

---

① 世界银行，本报告翻译组译：《2003 年世界发展报告》，中国财政经济出版社 2003 年版，第 4 页。

② 世界银行，本报告翻译组译：《1997 年世界发展报告》，中国财政经济出版社 1997 年版，第 16—18 页。

升到2.5%,2000年占3%;[①]英国1972年占1.5%,1980年达到2%以上。韩国2002年占1.98%,2003年占2.06%。作为发展中国家,在资本并不富裕的情况下,中国环保投资总额占GDP的比率正在逐年攀升,"六五"期间,我国的环保投资是150亿元,占GDP的0.5%;"七五"期间的环保投资为476.42亿元,占GDP的0.67%;"八五"期间增长至1306.57亿元,占GDP的0.8%以上;"九五"期间的环保投资为3447.52亿元,占GDP的0.93%;1999年首次突破1.0%,2004年环保投资已经占1.4%。"十五"期间环保投资达7000多亿元,占同期GDP的1.3%。国家环保总局初步测算,"十一五"期间,全社会环保投资将达到13750亿元,约占同期GDP的1.6%(同期GDP总量约为85万亿元)。[②] 一个可持续发展的社会不仅需要环境安全,发展生态政治,扩大公众参与,更要加大自然资本投资,特别是后者已经成为当今世界各国面临的发展难题。这是因为"一个社会的物资财富最终取决于该社会经济的生产动力,即为社会成员提供产品和服务的能力。这种生产能力是社会经济中的实物资本的函数",而"实物资本是创造收入的资本,而金融资本只能定义为收入或财富在投资者之间的配置"。[③] 显然,如何保证较大规模的自然资本投资已经成为可持续发展的实质性条件。中国"十一五"期间投资13750亿元,这绝对是一个大手笔的投资。问题是钱从哪儿来?环保规划也曾是国家"十五"规划的重点专项规划,竟然没有完成。从现象上看是减排指标没有完成,实质是投资没有到位。单以煤电为例,国际惯例每一千瓦小时装机功率脱硫需要投资400元。中国现有装机容量一年煤电3.6亿千瓦小时,如果全部脱硫需要400多亿元投入,而中国未来五年内新增装机容量还将增加。"十一五"规划中环保减排指标为10%,没有充足的资金保证同样难以完成既定的减排指标。在挫折与教训面前政府终于明白"建立以政府为主导的多元化环保投融资体制"[④]。环保系统人士解读说,这意味着在未来五年之内,中国环

---

① 参见吴玉萍著:"21世纪:绿色经济兴起",《管理科学》2000年第6期。

② 根据国家信息中心预测,同期GDP预计达到939850亿元,则环保投资约占同期GDP的1.46%。

③ [美]兹维·博迪等著,赵宝宪等译:《投资学》,机械工业出版社2002年版,第4页。

④ 2005年10月原国家环保局局长解振华在首届"九寨天堂国际环境论坛"的演讲。

保资金来源将摆脱以往过多依靠国家财政投入的模式，将会吸引社会资金，从而使环保工作更加具备市场化特征。① 然而，严格来说，政府并没有意识到目前的环保投入就是投资，即为自然资本存量“埋单”，而是为了履行承诺或义务；更没有意识到吸纳社会资本是政府迫不得已，而是政府对社会资金的施舍或安排。这正是中国目前可持续发展投资严重不足的原因之一。“十五”期间政府投资4000 亿元，“十一五”期间政府加大投资到6000 亿元，仍然不到总投资的一半。

无论一国国力如何，广泛动员和吸纳全社会成员甚至外资资本进行自然资本投资已经成为一国实施可持续发展战略的必由之路。问题在于既然是投资，自然资本投资也应当像其他投资一样成为投资者自愿自觉的活动，而不是国家强制性活动。这就要求法律在充分承认投资者自利性的前提下，因势利导地进行制度创新。如同把环境资源保护纳入发展中一样，将环境资源保护纳入投资，并在行为规范上有机融合或整合投资与环境资源保护。市场经济没有“免费午餐”是公认的铁律，自然资本投资也是如此。自然资源与环境容量作为物的属性来看，自然资源是公共物品化的私人物品，环境容量则是私人物品化的公共物品，虽然都有公与私的一面，但最终对它的拥有与支配都必须以利益为导向。而投资即资本的投放与使用是拥有与支配利益导向最明确的物质活动，唯有投资获得长期和连续的利益，才能使潜在的投资者对可持续发展从被动变为主动。一国的潜在投资者包括政府、个人、企业，因而自然资本投资也可能是充满利益分享或分割的竞争。这是因为，无论如何解释，这三者的目标值是不同的。然而，当三者可能投资自然资本时，无论谁直接受益，投资的总体结果必然是一国自然资本的增加和可持续发展的实现。

政府当然是自然资本投资者，在一定条件下，可能还是最大的投资者。政府无论在何种身份的情况下都是如此。首先，作为可持续发展的组织者，政府必须向自然资本投资。“为圆满实施议程，首要的是各国政府要负起的责任。

① 杨磊著：“13750 亿：‘十一五’环保投资路线图”，《21 世纪经济报道》2005 年 10 月 28 日。

各国的战略、计划、政策和进程对于议程目标的实现是至关重要的。"①这是因为无论可持续发展的内涵多么丰富,经济上可持续发展是第一位的,经济组织也因此具有决定性作用。和其他经济组织相比,"作为一经济组织的政府有两大显著特征:第一,政府是一对全体社会成员具有普遍性的组织;第二,政府拥有其他经济组织所不具备的强制力。"②可持续发展是政府主导下的可持续发展,政府是可持续发展法的实施者与组织者。离开政府,可持续发展只能是空想,而不是实践,更不能实现。联合国把各国政府政策的改变作为发展模式改变的理由正在于此。由于是政府组织实施可持续发展,政府决定或政府选择投资无疑具有决定作用。不仅如此,政府更拥有庞大的财政收入与支出。一国的 GDP 中政府的支出一般都会占到 40% 左右,在发达国家如比利时、意大利等还可达到 60% 以上。对于环保投资当然是公共投资。基于环境污染是市场失灵外在性公共物品表现的认知,政府投资曾经有过"大包大揽"的情况,如采取补贴措施。然而,补贴并没有带来积极的后果。采取补贴污染方"将较原有状况改善,而社会其他成员则更加恶化;影响到其他应交纳给政府的税收量"。同时,"当产生外在性的企业数目可变时,由政府给予补贴就意味着鼓励企业参加这一将产生外在性的生产行为。……必然有更多的企业期望进入该行业角逐利润。显然,由于行业内企业增加,行业总产出已扩展至 Qs,这意味着使用补贴措施必然会导致污染总量的增加。显然,由于可以自由进出该行业,针对外在性问题的补贴措施起了反作用。"③补贴经常成为低效率的根源,现在对环境资源开发利用取消补贴已经成为各国发展的共识。④正因为如此,才有了排污权交易等市场工具的运用,但是这并不排斥政府向自然资本投资。发达国家的投资力度明显是大的。如美国政府 2003 年向能源

---

① 联合国环境与发展大会,国家环保局译:《21 世纪议程》,中国环境科学出版社 1994 年版,第 1 页。

② [美]约瑟夫·斯蒂格利茨著,郑秉文译:《政府为什么干预经济》,中国物质出版社 1998 年版,第 45 页。

③ [美]迪德威·威迪逊著,邓力平主译:《公共部门经济学》,中国人民大学出版社 2000 年版,第 88、99 页。

④ 取消"不合理的补贴"已经成为各国发展的共识。中国目前仍然存在的补贴有许多属于"不合理的补贴"。

领域投资 4300 万美元，向可持续发展农业项目投资 9000 万美元；2002—2005 年向水与环境卫生项目投资 9.7 亿美元，向森林投资 5300 万美元。① 根据世界银行研究，发展中国家列入公共支出的项目可能涉及自然资本投资，其中经济服务支出有：燃料与能源服务、采矿业、农业、林业、渔业、供电、农业和工业的支出；社会服务支出有：供水与环境卫生。② 问题在于这些政府投资是否能用于自然资本。中国这样从计划经济向市场经济渐进的国家，自然资源与环境投资的公共性更加明确，因此政府的财政投资一般都会比较大。这种投资不由政府的是否愿意，而在于政府履行其主权者或财产权的责任，特别是政府具有庞大财政资金加上可能的国际社会发展援助资金投资肯定是大手笔的。只是由于政府为可持续发展的财政支出首先是公共支出，其投资是多方面的，是否用于自然资本投资的确也存在选择。根据公共选择理论，政府也是经济人，也有自己的利益。在可持续发展事业中，政府的官方发展援助皆属于财政资金，不仅是有来无回，也很难进行投资绩效的考虑。投资受益人又不是作为投资者的一国政府，而是其他穷国或穷地区，这里不单存在利益冲突，也存在主权冲突。在一国国内还存在中央利益与地方利益的冲突。即使基于履行国际义务的考虑，政府进行一定的官方发展援助也是无奈之举。当然，存在"利益政治"的情况下，政府还是可以进行投资的。但是不管怎样，政府的官方发展援助也有个利益的取舍过程。在不少场合，官方发展援助经常是以政治交易或经济交易为代价的。但是无论怎样，在一国自然资本投资场合，政府始终占主动地位。从 20 世纪末开始发达国家的官方援助有了更多的商业氛围。政府的官方发展援助与本国的企业资本投资结合在一起，即发展援助已经成为政府推销本国企业或企业产品与服务的援助。在这种情景下，发展援助又开始带有沙文主义色彩。③

---

① 可持续发展首脑会议，国家环保总局国际合作司等编：《重要伙伴关系倡议》，联合国环境与可持续发展系列大会重要文件选编，第 79—81 页。

② ［世界银行］普拉丹著，蒋洪等译：《公共支出分析的基本方法》，中国财政经济出版社 2000 年版，第 58 页。世界银行认为："经济服务支出，政府对商业活动进行管理，使之较为有效运营的支出"；"社会服务支出，政府直接向社会或家庭提供服务的支出。"

③ ［挪］弗里德约夫·南森研究所编，国家环保总局国际合作司译：《绿色全球年鉴 2001/2002》，中国环境科学出版社 2002 年版，第 75 页。

其次，作为一国主要自然资源与环境容量所有权的代表，无论是为维持还是为收益，政府都必须向自然资本投资。在大部分国家，政府从来都是自然资源与环境容量的拥有者与支配者，无论政府为国家和社会或者履行可持续发展的国际义务做过多少事，政府都是其利益最大的受益者。政府对国内可持续发展态度与国际可持续发展的态度截然相反本身也再次证明，政府对待自然资源与环境容量同样是以利益为导向的。只是拥有与支配自然资源与环境容量，对于个人与企业来说，必须通过投资实现，即通过产权交易来实现；而对政府来说，则可能首先通过法律或行政措施取得，在实现自然资源与环境容量的初始分配以后，为了获得更大的利益（可能既有其自身利益，也包括社会利益），再通过建立自然资源与环境容量市场，进行炒作进而形成卖方市场，政府既是卖家，也可以是买家，特别是省去了进入与退出的成本。因而，政府也常常采用交易的方式来拥有与支配自然资源与环境容量。

2005 年中华环保联合会调查表明，96.6% 公众认为中国政府应当加大环保投入，其中 24.7% 的公众建议大幅度提高。公众实际上已经将政府作为环保投资的主体，在一般理论上分析，既然自然资源与环境容量是国家的，政府不投资谁投资？97.5% 公众赞成将环保指标纳入官员政绩考核体系本身也再一次表明公众对政府在环保投资上作用的加强。从自然资源投资来看，在中国就存在令人费解的事。如媒介已经多次曝光国家珍稀濒危动物东北虎等野生动物实行计划生育的事，也有不少动物园抱怨人们道德沦丧，少有公益捐赠之善举。即使有出资之举，也多不会长久，或者“作秀”，成为一场闹剧草草收场的笑料。这种现象的存在是值得深思的。从世界发展趋势看，公共开支是属于逐步缩小的范畴，因为“直接的公共支出和直接由公共来提供物品和服务并不是促进某些社会目标的唯一方式。”①对自然资本投资恐怕也如此，对自然资本开发利用补贴的逐步减少或退出本身也表明了这一态势。“一般而言，政府实施有效或必要规制职能的能力越强，公共支出的压缩的幅度就可能

① ［美］维托·坦齐等著，胡家勇译：《20 世纪的公共支出》，商务印书馆 2005 年版，第 294 页。

越大。”①当然对自然资本投资来说，政府作为公共组织依然难逃其责，如政府可以组织社会资本进行投资嘛！但是政府作为所有权人向自然资本投资还是必须的，只是政府如何成为普通投资者是需要制度精心设计的。

公众可以成为自然资本投资主体，虽然其投资规模小，特别是表现在消费品的选择方面。从一定意义上讲，对自然资源与环境容量，作为纯粹消费者的公众个人是不需要拥有与支配就能消费的。然而，为了更好地消费，每个消费者都有拥有与支配自然资源与环境容量的动机，至少并不排斥拥有与支配，特别是在企业影响到自己消费时，拥有与支配经常成为其最优选择。② 从国外的经验看，追求效用最大化的广大一般环境消费者也会基于消费而向自然资本投资，就其投资动机来讲可能就是追求高质量的生活享受，追求美感。③ 如此公众就不是个人，而是企业了。其实作为公众对自然资本的投资主要表现在选择生产者或服务者的产品或服务的消费上，即采购清洁、无污染或少污染的产品或服务。当然这虽不是严格意义的投资，但是这种投资有时却是市场及其力量形成的表现与动力，特别是当消费者货币选票形成规模时，市场因消费者而形成，因消费者而变迁，从而对企业形成巨大的制约与影响。“环境成为左右消费者志向的重要要素，不考虑环境、不积极生产绿色产品、提供绿色服务的企业，其销售额就会减少，甚至会面临企业倒闭的风险。”④但无论怎样消费，公众消费一般也必须从其自身的消费成本考虑消费产品或服务的品种与消费水平。中国公众的消费投资主要表现在节水、节电这些与其生活成本直接相关的消费上，不仅科技含量低，对企业或产业发展的影响也较低。随着人民生活水平的提高，这种状态已经有所好转。据中华环保联合会调查，

---

① ［美］维托·坦齐等著，胡家勇译：《20 世纪的公共支出》，商务印书馆 2005 年版，第 297 页。

② 从 20 世纪末开始美国就有几所大学法学院的学生与企业竞争，购买并持有排污权，他们竞买许可证的目的“是打算让这些许可证退出流通，从而削减企业的排污量”。The New York Times，March 1，1995. Copyright@ 1995 by the New York Times.

③ 因消费者投资购买排污权，英国泰晤士河上游企业纷纷迁移，还河水清白。［英］约瑟夫·陶西格等著，王炎氧等译：《环境经济学》，广西人民出版社 1981 年版，第 9 页。

④ ［日］井上寿枝等著，贾昕等译：《环境会计的结构》，中国财政经济出版社 2004 年版，第 6 页。

49.9%的公众支持电厂为增加脱硫装置而提高电价,62.5%的公众认可提高污水处理费,94.4%会有意识地购买绿色食品或有机食品,很多家庭在日用品购买中首选绿色蔬菜、无磷洗衣粉等。① 这也算是中国公众对世界范围内正在兴起的"绿色采购"的一种回应吧。

企业是天生的投资者,因而理应成为自然资本投资的主体。然而在世界范围内,企业自然资本投资却是一个令人着急的问题。一般来说,企业对环境保护可以呐喊,却没有显示偏好的意愿。自然资源是公共物品化的私人物品,环境则是私人物品化的公共物品,决定了企业对其特别是对环境可能持有搭便车或其他机会主义态度。企业对环境资源没有显示偏好的可能,即使有也是敷衍了事。② 当然,这并不是说企业对环境资源问题的解决就完全排斥。根据发达国家的经验,"那些正在改变策略、减少污染,重新设计产品和制造方法的公司各有其不同目的:有些是为了逃避法律责任,有些是为了避免承担已经察觉到的日后可能产生的责任,而有一些则正在努力改变企业性质,使之朝着'对社会负责'的商业模式发展。"③显然,如何让企业承担社会责任无疑成为解决问题的关键。从理论上看,可持续发展是一个长期需要较大资本投资和全社会参与的物质活动,因而法律安排政府、公众和企业"合理承担各自责任"也就成为必要。然而,各种主体责任的性质、大小与内容是不同的。政府的主要责任在于规划、管理与监督,公众责任则在于民主参与,企业责任在于实施。从一定意义上讲,如何理解企业责任成为把握可持续发展法律理性与制度安排的契机。

作为社会存在与发展的基础,企业承担社会责任当然是无可厚非的,问题是如何让企业承担社会责任。在日本,基于历史原因及儒家传统理念要求,企业承担社会责任是其作为社会成员应尽的义务。在欧美也强调企业社会责任的承担,但更强调企业社会责任与企业权利实现的一致性。这是因为企业经

① 据2005年中华环保联合会的调查报告。

② 这里研究的是企业对环境资源公害等负外部性问题可能采取的态度。实际上,法学、经济学及社会学等以研究人的行为规范为对象的学科价值正表现在研究人们此类行为上。

③ [美]保罗·霍肯著,夏善晨等译:《商业生态学》,上海译文出版社2001年版,第2页。

济人性质是明显的，对于可持续发展的投资都是有利益驱使的。"缺乏利润最大化的愿望或者没有实现利润最大化的要求，企业就不是一个专业化生产单位，或者没有得到充分而完全的信息。"①即使按现代企业理论，企业在目标多元化的情况下，其商业目标也始终是左右其存在与发展的行为选择的。②企业之所以向可持续发展事业投资就是为了实现商业目标，其"在追求利润中所实现的效率"同样可以"通过竞争而扩大到更广泛的社会中"。③ 虽然，在最近的40年里，企业社会责任的观念继续发展和扩大，"现在高效率地使用资源以创造利润仍然被看作是企业的基本社会责任。但除了经济活动外，还加上了前面所述的社会责任的思想。全部社会责任的观念比单纯的经济责任的观念要宽，并且越来越令人信服，越来越被管理者接受，并比以前更多地被付诸于行动。"其实企业向自然资本投资是社会责任，更是产权博弈。实际上社会责任并不必然要企业进行自然资本投资，只有当作为可持续发展的主要投资者的企业的社会责任与权利实现具有一致性时才会有所作为。企业从未来竞争考虑也必须投资。将企业社会责任与企业的宗旨联结在一起的前提条件是企业社会责任与企业赢利一致性："关键是社会责任要变成企业行为的有机部分，而不是外加的慈善行为。只有在这种情况下，企业的经济发展才会为公众的利益所接受。只有在这种情况下，企业才能保证健康的社会环境有利于自己的未来的兴旺发达。"④企业所负的社会责任同其信誉是成正比的，不能试想一个自己的行为不对社会负责的企业会有良好的信誉或商机。实际上 20 世纪 90 年代后期，"绿色投资家"在世界范围内的兴起已经证明，"进行环保型经营、实施清洁生产的企业其发展比较有前途，就容易得到融资、投资。相反，不考虑清洁生产的企业就不容易得到融资，会被投资家等忽

---

① ［美］哈罗德·德姆塞茨著，梁小民译：《企业经济学》，中国社会科学出版社 1999 年版，第 74 页。

② ［英］温·霍恩比等著，戚自科等译：《企业经济学》，华夏出版社 2003 年版，第 96—132 页。

③ ［美］哈罗德·德姆塞茨著，梁小民译：《企业经济学》，中国社会科学出版社 1999 年版，第 75 页。

④ David Rockefeller, "The Corporation in Transition: Rede fining Its Social Charter", Washington, D. C: Chamber of Commerce of the United States, 1993, p. 23.

视，其股价很可能随之波动下跌。”[①]另一方面，由于环境资源破坏和污染治理的费用与成本总是较高的，必须有人“埋单”，只有企业有能力“埋单”。没有企业的公众参与，即使有妇女、儿童的参与，也不会有环境资源状况好转的最终结果。实际上，联合国在指出公众参与广泛性的同时，也明确强调企业的关键性作用。如何使企业真正行动起来能动和主动地，而不是被动或被迫地参与，可能成为解决公共参与制度化，甚至成为一国实现可持续发展的基点。

三、中国现行法律的自然资本制度重构

在中国，自然资本投资产权必须上升为宪法性权利和民法性权利，即进行现行财产权制度的革命，因而远非几部环境资源法所能选择与安排。同时自然资本投资制度的选择与安排不仅需要相关法律制度如财政法、税法、金融法等法律部门的配合，还需要与其他相关正式制度衔接，甚至包括与非正式制度相吻合。

自然资本产权是自然资本投资制度设计的核心，如果此项制度的设计在制度理念与制度安排上无法突破，自然资本投资制度在中国就只能是空想，而不是现实。特别是中国正在向市场经济渐进，无论在理论研究与制度选择上都必须从国情出发，符合市场经济的要求。从制度本身的联系来看，自然资本投资制度安排必须从源头上构建中国可持续发展法的制度结构，即形成可持续发展的根本法、基本法、部门法法律制度，从而构成可持续发展法律制度结构。

1. 宪法修正

中国现行宪法从 1982 年颁布施行以来已通过四次《宪法修正案》(1988、1993、1999、2004)。宪法在国体与政体不变的情况下 22 年间修正了四次，虽与法理不符，却与中国向市场经济渐进的实际相符。然而，即使按 2004 年以后的宪法制度安排，中国依然无法实行自然资本投资制度。因此，必须进一步

---

① [日]井上寿枝等著，贾昕等译：《环境会计的结构》，中国财政经济出版社 2004 年版，第 7 页。

修正。

可持续发展至今在中国尚未成为宪法原则。自然资本投资是为实现可持续发展设计的法律制度，必须有宪法的依据。尽管 1994 年中国政府有关环境资源的白皮书——《中国 21 世纪议程》向世界承诺中国实施可持续发展战略，政府首脑也多次宣布，国家实施可持续发展战略，并且为此做了不少令世人赞叹不已的事。然而，可持续发展毕竟没有成为宪法原则，更不要讲宪政制度。从法律逻辑上看，没有宪法原则和宪法制度，自然资本投资的法律安排就会破坏一国法律制度结构体系，还可能引起一系列违宪纠葛。在当今世界各国都在重视宪政制度建设的今天，法律制度的完善恐怕首先就是宪法与宪政制度的完善。如果宪法可以将已经在中国推行 12 年的关系国家发展、民族命运的可持续发展搁置一边，既不作原则也不作规则安排，则要么表明宪法形同虚设，要么表明立法者并不赞同。如此非但谈不上宪政制度建设，恐怕宪法的权威性都会遭到质疑。固然，中国有多类属于正式规则的制度安排，完全可以不通过法律安排可持续发展，但是中国既然要建设民主与法治国家，就不能置宪法与宪政制度的存在于不顾。从一定意义上讲，可持续发展入宪在中国不单是推行自然资本投资法律制度前提，更是护法护宪的前提。一个国家法律的完善，首先是宪法及宪政制度的完善。可持续发展入宪已经成为中国宪法及宪政制度完善的基本标志。①

自然资源产权发育受到宪法限制。现行宪法第 8 条、第 9 条、第 10 条、第 15 条，1988 年宪法修正案第 2 条对其第 10 条第 4 款的修正，1993 年宪法修正案第 6 条和第 7 条对其第 8 条和第 15 条的修正，1999 年宪法修正案第 14 条对其第 6 条的修正，2004 年宪法修正案第 20 条对其第 10 条第 4 款的修正，构成了中国自然资源法律制度渊源。据此作为社会主义市场经济制度基础生产资料的自然资源，实行社会主义公有制，其所有权归国家和集体所有，这是中

① 2004 年宪法修正案第 18 条对现行宪法第 7 自然段修正最后一句为“……推动物质文明、政治文明与精神文明协调发展，把我国建设成为富强、民主、文明的社会主义国家”。其中的“协调发展”是否可以算做可持续发展？在中国既往的环境法律原则的表述中有过“协调发展即为可持续发展”的解释。但是此处的“协调发展”非彼处的“协调发展”。其中并没有生态文明的表述。因此，此处再适用这种解释有些牵强附会。

国对自然资源所有权制度的最高安排，这就在宪法渊源里排除了自然资源所有权作为产权的可能性。自然资源开发利用权中只有土地使用权交易在宪法上有根据，从而使自然资源的产权发育受到宪法的限制。诚然，土地是最重要的自然资源，连土地公共产权上都能设私人产权，还有什么自然资源公共产权上不能设立私人产权？然而，这都是理论推理。如果法律特别是宪法都要通过理论推理或猜测来适用，那么法律的严肃性岂不成了游戏？自然资源的公共产权不能交易，其上的私人产权设置有限，就使中国自然资源产权安排成为横在自然资本投资制度法律安排面前的宪法屏障。撇开公有制与市场经济兼容的理论不说，仅仅为了自然资本存量的维持、保持与增加，为了国家发展与民族命运，宪法都需要在制度上进行修正。实际上中国既然已经在宪法明确规定"国家实行社会主义市场经济"①，而且已连续多次强烈要求 WTO 相关国家承认自己的"完全市场经济国家地位"，又为何苦守生产资料社会主义公有制的承诺呢？总不至于要国际贸易利益时，搞市场经济；坚持原则时，搞计划经济吧?！如果实行市场经济，自然资本产权进入市场交易是基本宪法的基本安排，宪法恐怕就会成为自然资本投资最大的制度保证了。实际上，一国是否为市场经济，自然资本产权交易制度在宪法中得到明确安排就是"试金石"。

环境容量保护受到宪法冷遇。现行宪法第 26 条是中国环境保护法律制度的渊源。应该说近二十年来，伴随着中国经济社会的增长与发展，环境保护理论发展与制度的完善可谓是天翻地覆。从百姓维权到 NGO 参与，再到生态政治建设，特别是形成了体系化的环境保护法律体系。有意思的是，期间宪法修改了四次都没有触及和反映环境保护法律制度创新，难怪即使从狭义角度理解可持续发展都没有入宪。环境保护是中国的基本国策，采用行政手段和市场手段以及公众参与进行环境保护无疑是未来宪政制度建设的重要内容。

2. 民法修正

角色倒置。民法成为中国自然资源入市的制度障碍。从传统理论看，民法只与私人利益有关，故名曰私法。然而，中国的《民法通则》从出台的开始就是为国家排忧解难的。无论是国家所有权神圣不可侵犯原则的设计，还是

① 1993 年宪法修正案第 7 条对现行宪法第 15 条的修正。

模仿前苏联民法典进行的公有制制度设计，都不能说是现代民法的表现形态。特别是对自然资源所有权国家所有与集体所有的安排以及对自然资源交易的禁止性规定，甚至比宪法规定还要严，宪法都确定了社会主义市场经济的原则，还多次修正，而阻碍中国向市场经济渐进的民法通则一定就是 20 年。它是市场经济的推进器，还是市场经济的拦截器？① 民法典的制定给《民法通则》的存在找到了理由，然而，从不负责的“法律垃圾”到民法学者处心积虑独立成编的民法典拉锯战，又为《民法通则》的存续带来机会。《物权法》的起草为民法学者施展才华提供了人生舞台，精心编制了诸多符合法学规范的“学者建议稿”，但设计的却是进一步推动自然资本转化为人造资本的产权制度。一个重要的问题在于全部权利的设计都是以维护自然资本公共所有权而进行的，②尽管如此还是遭到了保守学者的强烈抨击。③ 民法学者们为早日通过《物权法》，甚至不惜放弃“精确的思维和合理的制度设计”，还是不能换来一致同意，对此他们颇感困惑。于是加强对现存公共产权保护的反思又一次被提到《物权法》草案的议事日程。煤矿事故的频发被认为是对国家矿产资源保护不力，面对责难民法学者已经黔驴技穷，只好委曲求全向刑法请求加大打击力度。然而，也不至于总靠酷刑保护产权吧！

正本清源。民法为自然资本投资奠定制度基础。市场经济本身已经为其自身的存在选择了制胜武器——交易产权，《物权法》本可以按自然资源私人物品的属性进行制度安排，如让采矿者采自己的矿山，掠夺性开发的野性就可能泯灭。可民法学者采取的是一种“绥靖”政策，结果是姑息养奸，招来了“杀身之祸”，可叹可惜。如果承认现代民法仍然是以“私法自治”为制度理性，则安排自然资源所有权的交易就是必然的。民法必须按一定的分类原则来设计自然资源所有权制度，同时对自然资源开发利用权的设计也应当符合交易产

① 早在 1986 年民法通则刚颁布时就有学者针对其中含糊规定评价：“通则不通”。

② 好在停工了，否则一旦按立法规划通过了，中国自然资本投资制度将会推迟多年。原因在于，在中国民法的地位是不可撼动的，甚至比宪法效力还要高。因为宪法都能频繁地修正，民法却不能。《民法通则》是中国立法中的怪胎。

③ 2006 年初北大巩献田教授网上发出“物权法违宪”的“奇谈怪论”让民法莘莘学子茫然。

权的属性与惯例。法律制度的选择与设计不是随意的，更不是任意的，只有按市场经济的理念与要求设计民法财产权制度才能推动中国市场经济可持续发展。特别是作为民法基本法律制度的规定将直接成为自然资源法完善制度与设计规则的根据，民法能做出有利自然资本投资产权的制度设计就会直接为自然资源法提供制度安排。因此《物权法》必须顺应市场经济发展的要求，对自然资源产权的制度设计必须满足自然资本投资的需要，而不是为民法通过、为用民法技术进行制度设计。实际上正是有了基本法的地位，民法制度不仅可以增强自然资源法制度效力，还可提高制度质量。有民法制度的基础性安排保证，自然资源投资法律制度就会成为信任度较高的制度，特别是在中国目前向市场经济渐进的过程中，民法制度安排尤其重要。宪法制度一般是原则性安排，而民法制度则为操作性安排，自然资源法的制度绩效将取决于民法的基本制度安排。从一定意义上讲，现在《物权法》迟延颁布未必是坏事。问题是要让坏事变成好事，而不是一味地去迎合一些人的保守理念，还以为自己维护了多少改革的成果。中国民法典是21世纪的民法典，绝对应当体现时代精神，反映市场经济的要求，符合商业生态理念。虽不一定制定出像法国民法典、德国民法典那样影响世界进程长达几百年的民法典，起码必须是在未来几十年内推动中国可持续发展的民法典。有人将现行宪法第12条“社会主义的公共财产不可侵犯”也作为民法不得安排自然资源所有权交易的宪法理由。① 不能不说，这不仅有曲解宪法之嫌，也有违背民法法理之嫌。因为根据法理，侵犯是一种侵权行为，在法律上做出新的安排能被认定为侵权行为吗？如果遵循这样的理论逻辑，不仅合法与违法没必要区分，连法律理性都没必要了。因为论者之所以提出维护自然资源公有制是为了“有效利用”，而无论在理论上，还是实践中都已证明，公共产权有助于公平实现，却是造成“拥挤”、“搭便车”与“外部性”等低效率的制度根源。论者的主张与其要达到的目的显然是相左的，如此逻辑实在无法让人苟同。民法的修正不能突破宪法制度吗？当然，从一个国家法律制度结构的关系上讲是这样。可中国目前正处于变革时代，上位法与下位法之间拉动与补充为制度创新提供法律支撑，并不一

① 2006年2月清华大学崔建远教授在中国人民大学的一次书面讲话。

定恪守结构逻辑，对此人们已见怪不怪了。如宪法在 1988 年就已安排了土地使用权交易，《民法通则》迄今未修正，怎么就没有人出来护法护宪呢？在整个法学思维中，恐怕民法的理论思维应当是推进市场经济的思维，而不是阻碍市场经济的思维。如果总把维护某种政治信念作为民法制度设计的出发点，而将民法的使命搁置一边，这样的民法理论或制度设计还有存在的价值吗？民法的价值不在于理论高深，技术精巧，历史悠久，而在于能为中国市场经济可持续发展设计与安排社会交易成本较低的路径。

3. 环境资源法修正

从资源分配到产权交易。中国现行的环境资源法律的制度已经为自然资源投资安排了一定的空间，无论是开发利用权的出让、转让，还是其他交易行为，都可能成为投资者的投资。但是制度带来的投资是有限的，除了土地使用权这种稳定的投资机会诱发了巨额投资外，其他自然资源的投资都没有多少增长的空间。即使是土地投资也不完全是土地使用权的制度绩效，从政府控制房地产市场本身来看就说明了一切。房地产相对价格不是投资者产权交易的结果，而是政府行政决定的结果。房地产市场价格成为 2005 年政府宏观调控取得绩效的一大亮点恰恰证明了政府是“操盘手”。其中的奥秘在于政府控制着土地使用权和土地市场的进入量。行政分配是目前自然资本能否进入市场或进入多少的决定量，而投资则往往是因变量。虽然中国已经形成了较为完整的自然资源法律体系，其制度绩效并没有表现在中国自然资源投资市场的繁荣。从根本上看，这些法律是为政府分配服务的。其一，从立法到执法都是政府相应的自然资源管理部门做的，制度的规则主要依资源管理部门的行政程序而立的。其二，开发利用权究竟是为市场投资形成而设，还是为优化行政管理而设？实际上从开发利用权实施中诱发的部门纠纷来看就能说明究竟发生了什么。河道采砂、地热利用、矿泉水属性之争在不同部门之间的演绎旷日持久，凡是有开发利用权的地方，几乎都有争议，而争议的始作俑者或者后台都是政府或部门。因此，从立法上改变目前环境资源法立法思路，将自然资源产权还原为法律权利，通过产权交易而不是通过资源分配对于建立自然资本投资法律制度是一个基础性的安排。

从行政管理到市场管制。自然资本投资制度的建构绝不单是自然资本产权就能安排，还需要政府制度的改革。但是无论政府制度怎样改革，政府必须以产权的绩效作为行使职能的出发点。在中国自然资本投资法律安排中，政府行政体制的改革是一个重要方面。从一定意义讲，没有政府按市场经济要求重塑自身，自然资本投资制度就不可能建立。环境资源的政府管理都是直接面对投资者的具体行政行为，对产权成本与绩效具有决定性。自然资本的产权变动经常是适用不动产的法律规则的，无论是价值量大还是地理位置不可移动等都可能成为政府进行管理的理由。在市场经济条件下，这种管理并不是取消而应当是融入市场制度，承认市场缺陷的管理，即管制。安排自然资源产权交易的规则，并形成竞争与反垄断市场，无疑是一种较理想的选择。但是现在让直接从事自然资本分配的政府转型从事资源管制，将既得利益拱手相让是十分痛苦的。但是为了国家发展与民族命运，政府必须转型。据有关资料显示，政府带来的交易成本经常是产权交易成本的数倍，甚至是数十倍①。政府制度安排的好坏是民主政治建设的标志，也直接影响到投资者投资的兴趣。对于适应自然资本投资的政府制度创新来说，关键是政府行政职能的转换。

4. 相关部门法修正

自然资本投资法律制度的安排即使在部门法的制度结构中也有一个从微观到宏观配套制度建设的过程。自然资本产权制度是整个制度设计的核心并不是说其他制度不重要或可有可无。有些法律，如发展规划法中有关自然资本投资的远景规划与战略措施的保障，国家宏观措施与政策导向的确定，产业政策与组织政策的牵引，财政法中有关公共预算与公共支出的范围、数量及其对自然资本投资的支持，政府对自然资本投资份额，财政措施与手段的运用方向，税法中有关减免税赋的选择，金融法有关货币政策与投资政策的选择，投资形式与投资机构法律定位等等，这些法律部门安排都将影响到自然资本投资制度的建设与绩效。此外，自然资本投资制度还需要与其他相关正式制度衔接。

① ［美］阿维纳什·C·迪科西特著，刘元春译：《经济政策制定的原则》，中国人民大学出版社2004年版，第16页。

5. 与非正式制度的衔接

自然资本投资法律制度实际上是以强制性制度的形式安排出诱致性制度的内容。此项制度的设计与安排都必须充分考虑与非正式制度的契合，这不仅关系到投资目标的实现、投资制度成本与绩效的评估与诊断，也关系到制度本身的变动。自然资本投资是一个新兴的投资渠道，与人造资本投资不同，它不仅需要制度的有效安排，更需要积累人气，更需要人勇于牺牲当前利益，觉得投资于自然资本比投资于人造资本更划算。自然资本投资是与人们长期形成的人造资本投资理念完全相左的融资活动，因此它的形成还有一个心理成熟过程。制度设计与安排贴近投资者心理与行为规则将有利于法律制度的实施。

上述对中国法律制度结构的重构的描述是一种线性的解释，主要是围绕直接自然资本产权绩效的制度进行的分析。实际上任何制度的安排与存在都是复合的，多元的，甚至是多变的，这也正是制度分析者并不是根据某一项制度进行制度评价，而是从制度结构上进行制度评价的原因。自然资本投资法律制度建设实际是建立在市场经济的基础上的，这是因为自然资本的市场供给是市场经济的主要份额，而有别于计划经济。因此，从一定意义上讲，自然资本投资制度在中国的建构将是一个较长的政治过程。“在现实中，一个政策建议仅仅是一个过程的开始。该过程在每一步都是政治的——不仅立法过程是政治的，而且政策的实施以及行政代理机构及其下设机构的选择和组建都是政治的。”①

四、中国自然资本投资法律制度安排

从理论上看，自然资本投资制度是以自然资本为交易标的市场过程和市场制度。就制度本身的存在形态而言，此项制度在中国法律上的安排将与向市场渐进的步伐同步。但是基于经济、制度与法律的特殊性，可以超前立法。也就是说通过法律做出制度安排，使投资涌向自然资本。由于人们投资惯性

① ［美］阿维纳什·C·迪科西特著，刘元春译：《经济政策制定的原则》，中国人民大学出版社 2004 年版，第 7 页。

在于人造资本,不可能自发形成自然资本投资,特别是自然资本投资的回报经常是漫长的,如必须经过一个生命周期等,如果再顺其自然,任其发展中等待,自然资本将会流失得更多,必须对自然资本的投资实行诱致性强制培养。因此自然资本投资法律制度的有效安排将是必须的。当然,法律的强制也主要是人为提前安排,强制诱导,通过法律拟制市场,否则制度绩效就无法显现出来。

根据自然资本的属性,自然资本从投资到回报都应当纳入法律规范,法律选择与安排的自然资本投资制度应当包括以下 13 项制度。

1. 自然资本产权制度

自然资本产权制度是形成自然资本投资法律制度的核心,是投资者投资的动力源泉与回报保证。综合考虑自然资本的属性,可以把自然资本分为天然资本、公共资本和商业资本三类,分别设计不同的产权。天然资本是构成生态系统、生物多样性、天然赋存状态的自然资源与环境容量;公共资本是具有公共用途、军事要塞、人文用途的自然资源与环境容量;商业资本是具有市场价值、人工培养或人工因素造成、可以用来交易的自然资源与环境容量。可以为天然资本和公共资本设计公共产权,为商业资本设计私人产权①。如何科学合理地对自然资本进行分类及界定自然资本的边界是确立自然资本产权的前提。虽然自然资本分类及某种自然资本的归类均依国家主权确定,但是把有商业价值的自然资源、环境容量及其产权纳入私人产权支配的自然资本,并保证一定足够的交易量,将是此项制度建构的重点,否则不可能形成自然资本市场,更不会有自然资本投资。虽然有理由相信自然资源所有权纳入自然资本是一个政治问题,制度设计有待于"理论实验",但是一旦将自然资本分成天然资本、公共资本与商业资本之后,政治问题已经淡化,大可不必耿耿于怀。制度设计对这三类自然资本都要保证其投资产权的安全性、确定性、专有性、排他性、可分割性、可操作性、选择性。② 商业资本及其上的产权是真正意义

---

① 环境资源的价值是多重的,都有经济价值和广泛的社会、生物、文化、伦理价值,但并不是都可以进行市场交易,即有商业价值。

② 参见[美]阿兰·兰德尔著,施以正译:《资源经济学》,商务印书馆 1989 年版,第 147 页;[英]罗杰·珀曼等著,侯元兆等译:《自然资源与环境经济学》,中国经济出版社 2002 年版,第 159 页。

上的自然资本投资对象，在未来自然资本投资与融资的过程中将发挥重大的作用，对其进行制度设计还必须保证其具有可交易性。

（1）自然资源产权制度

自然资本投资与既往的自然资源投资的最大区别点在于投资目的不同。既往的自然资源投资是为自然资源转化为人造资本投资，投资的目的只表现为本金的增值与利息的增加；而自然资本投资是为自然资源存量的保持与增量投资，投资的目的在价值上为本金的增值与利息的增加，在实物上表现为自然资源存量的保持与增量。这就表明被纳入自然资本投资的自然资源产权较既往的自然资源产权制度安排有了新的更高的投资要求，它不仅要有一般产权的属性，还要有特定的产权目标。从一定意义上，这种产权必须保证自然资源投资者在价值上获得较大的资本回报时，能在实物上保证自然资源存量保持或增加，这正是本项制度设计与安排的出发点。

以可再生资源为标的自然资源产权制度是此项制度安排的核心。可再生资源是自然资本的根底，是自然资本保持与增加存量的源泉。无论是环境容量的保持与增加，还是不可再生资源存量的保持和替代利用，可再生资源都将起基础性作用，因而成为自然资本投资的重点。由于自然资本投资具有不确定性、规模性和回收的长期性，在产权制度的设计与安排上必须比人造资本投资产权安排的支配度与交易度更大。由于各种可再生资源在社会经济、生态中的地位与作用不同，在产权制度上可以考虑进行分类安排。对于天然的可再生资源，即构成生境的自然资源如原始森林、自然景观等可以考虑产权功能在于维持其生态功能，确保生物多样性。对这种产权设计较高的养育与养护价值，设置公共产权，由公共财政投资，但私人可以经营。对于公共目的可再生资源如公用地、公共用水源（大江、大河）、军事要塞、公共海域等设计公共产权，这种产权应当由公共投资养护，对于有商业价值，即可以人工培养或养护的可再生资源如土地（商业用地、住宅用地、农地等）、动物、植物、草原、水面、滩涂、人工林、商业用海域确立私人产权，这类资源占可再生资源的大部分存量，必须推向市场，允许任何投资者投资并进行自由交易。公共产权一般是不可交易产权，不是严格意义上的产权。而私人产权则是可交易产权，是投资者主要投资标的。可交易产权包括所有权与所有权派生的其他自然资源开发利用权、担保物权与各种用于交易的权利。对于可交易产权,只要能保持自然资源存量保持与增加,产权交易的空间可以无限大。

不可再生自然资源为标的自然资源产权制度是此项制度的重要组成部分。不可再生资源(如矿石)是一国经济增长与发展的基础。对于不可再生资源投资的目的在于发现新的存量(储量)和延长现有存量的服务年限,如通过技术开发与技术服务等提高效率,减少资源的破坏、浪费与环境污染等。由于不可再生资源投资具有公益性、高风险、高投入、高技术等特点,制度的设计应当考虑较多的激励性规则和实行分类安排产权。对于关乎国计民生、国家战略与公共安全的不可再生自然资源实行公共产权,由政府投资开发;对于具有商业价值的不可再生资源实行私人产权,吸纳广大投资者投资。中国勘探长期投资不足,技术与装备水平落后,企业没有创新动力,以至于可供开发的矿产资源储备严重不足,很少有私人资本投入,即使有也多难实现投资目的。掠夺性开采及其资源破坏与环境污染长期困扰着中国矿业发展,原因在于国家所有权有关产权的规则设计原则与可再生资源产权规则相同。按以上分类设计与安排不可再生资源的产权是自然资本投资产权制度的基础性安排。

上述制度的设计与安排与现行自然资源产权制度相比,可能取得的制度绩效是投资规模的扩大与投资水平的提高。以自然资源为标的产权交易将会在更宽的领域与广度分层次实现。私人产权安排是诱致和形成自然资源市场的关键,而不是为了"私有化",因为私人产权是交易产权,是主体可更变易的产权。国家进行初始安排后,还可以再次成为私人产权的主体,也就说政府也作为投资者进入或退出。通过产权安排与设计可以盘活现有自然资本,使之在保持存量的前提下向价值最大化方向流动。有关自然资源的技术进步来源于技术创新,而技术创新来源于自然资源产权安排与设计。如果没有产权的激励性约束,投资者就不可能拿出人造资本投资,而没有技术进步,当然也就不可能有自然资本的存量的保持与增加。因此,此项制度的安排与设计尽管阻力多,还必须走出这关键性的一步。自然资源投资是以自然资本的可交易为条件的,因为自然资本的价值不是劳动过程中产生的,而是在交易中产生的。作为自然资本投资的对象自然资本,必须是可交易的,只有交易才能体现出自然资本的本质,才能刺激投资者的投资欲望。自然资本本身也必须是可交易的价值体，如果不可交易，自然资源、环境容量与环境资源产权非但不可能成为自然资本，还会成为人类矛盾冲突的基础和焦点。中国政府有关基础设施投资领域已经向非公有制放开，如果连石油、天然气等领域都能放开，还有什么领域不可以放开呢？①

（2）环境容量产权制度

排污许可证交易诱发了环境容量交易，行政安排成就了产权安排。作为排污权负载物的环境容量既是排污权支配范围，也是排污权的交易标的，因而也是排污权成为产权的根据。其财产属性在于代表着企业对既往环境成本的投入，也代表着企业对未来利益的追求。由于环境容量存在稀缺性，因而对企业来说无论取得成本高低，对于环境容量的拥有就是对财富的拥有，排污权因此有了交易价值与使用价值。虽然，排污权价值最终实现将取决于减排剩余量的价值，但也足以刺激企业进行投资。环境容量产权与自然资源产权不同，是典型的政府排污许可证拟制的产权，无论是支配环境容量额度还是减排剩余量的确定与交易，政府都将进行全程的参与和管制，因而此项产权比自然资源产权有更多的行政管束。尽管如此，与排污收费制度相比，更能调动投资者的积极性，因为“它设立和分配一种新型的产权，只要许可证总量有限，这种产权就会拥有相应的市场价值”。② 为了实现产权的市场价值，产权主体之间还会监督，相互有利益制约，“如果一些污染源的排污量超过了所拥有的许可证的规定量，它们实际上就是在进行欺骗，因为它们根本就没有购买足够的许可证来抵消其总排污量。实际上，这相当于降低了许可证的需求量，从而降低了许可证的市场价格。显然，这将影响那些持有大量许可证的企业的利益，因此这些企业会有激励去监督其他企业。”③

此项制度内容主要包括：在确定一定区位内可供排污的总量的基础上确定每一许可证支配的环境容量，保证“企业持有的许可证数量之和，即为政府

---

① 据 2006 年 2 月《国务院关于扩大基础领域投资的规定》。

② ［美］巴里·菲尔德等著，原毅军等译：《环境经济学》，中国财政经济出版社 2006 年版，第 204—205 页。

③ ［美］巴里·菲尔德等著，原毅军等译：《环境经济学》，中国财政经济出版社 2006 年版，第 210 页。

允许的排污量上限"。据此制定转让排污许可证计划;按照等边际原则,让所有参与人"以统一价格进行交易",使排污总量在各企业之间进行公平分配;设置排污权交易所,保证企业剩余减排量入市进行"总量保持恒定"的自由竞争交易,制定交易规则;政府必须采取措施削减许可证数量,如回购或标明有效期等;政府监管如测量每个企业的许可证数量和排放量等。①

2. 自然资本投资管制制度

自然资本投资说到底是商业生态经济的一种形态。无论是自然资源产权交易,还是环境容量产权交易,都将是市场经济的组成部分。既是市场也就存在通常市场发生的通病"市场失灵",因而政府对自然资本投资的管制也就成为必然,更何况自然资本投资较人造资本投资的目的在价值上是投资者获得长期和连续的收益,在实物上还有自然资本存量的保持。这就使得政府的管制有了进一步的理由。只是这种管制绩效的评价标准也是自然资本投资绩效,这是因为管制就是对投资者行为进行的管制,是行政权直接作用产权的唯一合法形式。管制与市场恰是一对孪生兄弟,始终是相伴相随的,哪里有市场,哪里就有管制。"管制在我们社会中的作用仍然无处不在。不同形式的管制几乎涉及我们的生产和消费方式的每个方面。管制的广泛影响并非不可预料,因为它反映了政府潜在的、赖以影响市场结果的机制。"②自然资本投资是商业生态行为,具有市场与环保甚至社会等复合性质,决定了自然资本投资管制兼具经济管制与社会管理的双面性。从经济管制来看,管制是"衡量政府和市场之间相互作用的一个尺度"。③ 无论是资源管制还是环境管制,都是以弥补市场不足而进行的政府干预。从这个意义出发,可以讲管制的基本含义就是经济管制。更何况,自然资本投资本身就是以商业利益为驱动力的行为。从社会管制来看,自然资本投资决定了一国自然资本存量的维护、保持与

---

① [美]巴里·菲尔德等著,原毅军等译:《环境经济学》,中国财政经济出版社 2006 年版,第 201—214 页。

② [美]W·吉帕·维斯库斯等著,陈甬军等译:《反垄断与管制经济学》,机械工业出版社 2004 年版,第 3 页。

③ [美]小贾尔斯·伯吉斯著,冯金华译:《管制和反垄断经济学》,上海财经大学出版社 2003 年版,第 4 页。

增加，是可持续发展的基本形态，政府对自然资本的管制肯定比对人造资本的管制要宽泛得多。这是因为“社会管制强迫在‘新’政治价值（生存的权力等）和‘旧’的政治价值（个人自由）之间进行替代。诉诸社会管制（即用政府来替代市场过程）意味着，某些人将被迫放弃他们本不愿意放弃的东西，以便让其他人得到他们否则就不能得到的东西”。① 从人造资本投资到自然资本投资，并不纯粹是一种投资标的的改变，而是一种利益重新分配，甚至会引发政治变革。因而，在安排自然资本产权制度的时候，架构政府管制制度是非常重要的。当然，对自然资本的管制首先是经济管制，因为“效率虽不是环境管制的基本目的”，但“在评估环境保护法的表现方面，效率仍然是一个公平的标准”。② 政府管制是自然资本投资有效率的前提。“重要的是政府活动的质，而不是量。一个功效显著的市场经济，乃是以国家采取某些行动为前提的；有一些政府行动对于增进市场经济的作用而言，极有帮助；而且市场经济还能容受更多的政府行动，只要它们是那类符合有效市场的行动。但是对于那些与自由制度赖以为基础的原则相冲突的政府行动必须加以完全排除，否则自由制度将无法运行。”③政府对自然资本投资的全过程从投资到回报都要实施管制，并对自然资本投资效率负责。只是政府管制的主体、权利边界和职责必须由法律明确规定下来，对自然资本投资来说，政府管制主要是自然资源用途管制、自然资本交易管制。

从企业利益看，政府管制也是可行的。“管制通常是产业自己争取来的，管制的设计和实施主要是为了受管制产业的利益服务的。有些管制的确给受管制产业带来了很多烦恼……但是，这类管制是例外情况。”④显然，政府行政管制对于企业和产业具有极为重要的意义。正是由于自然资源行政管制能直

---

① [美]小贾尔斯·伯吉斯著，冯金华译：《管制和反垄断经济学》，上海财经大学出版社 2003 年版，第 323 页。

② [美]小贾尔斯·伯吉斯著，冯金华译：《管制和反垄断经济学》，上海财经大学出版社 2003 年版，第 364 页。

③ [英]弗里德利希·冯·哈耶克著，邓正来译：《自由秩序原理（上册）》，生活·读书·新知三联书店 1997 年版，第 281 页。

④ [美]乔治·J·施蒂格勒著，潘振民译：《产业组织和政府管制》，上海三联书店 1996 年版，第 210 页。

接带来企业和自然资源利益的增减，也就增加了“企业操纵政府，政府怀柔企业”的机会，进而可能形成公权力的变异。一方面，“当一个产业取得国家权力的支持该产业得到了好处，但其他人则会受到损害”。这是“因为政治决策是强制性的，决策过程和市场是根本不同的”。① 另一方面，形成权力与利益的粘连与交易，由于政府管制必须根据一定的法律进行，可能受管制的企业和产业都希望“获得立法成本”，而且“谋求立法的产业规模越大，这些立法成本可能越高。较大的产业所谋求的立法项目，社会代价较大并且会激起那些深受其害的集团更强烈的反对”。② 自然资本行政管制的存在是必然的，其是福是祸也是可以进行选择的，问题在于必须保证自然资本管制限制在弥补市场失败的量度内。

(1)自然资源用途管制制度

自然资源具有质与量的规定性决定了每种自然资源都有其特定的使用价值。由于自然资源价值是通过评估确定的，因而其使用价值的大小、用处及其市场感受，经常是确定自然资源价值的根据。加之各种资源都存在短缺，物尽其用就成为制度设计的首选。自然资源用途管制在于政府将自然资源按其物理及化学属性，规定不同的分类如流量资源与存量资源、“临界带”资源与非“临界带”资源，在法律上做出相应的分类，并实施以不同的政策和绩效标准。中国现行的自然资源法律制度中已经确立的用途分类管理如土地用途分类、森林用途分类、海域功能分类等为此项制度的安排提供了较好的制度基础，但是这种分类管理还有待于完善。因为管制是必须在自然资本市场前提下的管制，用途管制确定目的在于借助于政府使投资者负担起不同的自然资本存量责任。

(2)自然资本投资管制制度

自然资本投资无论开始怎样安排最终都会走向市场化运作，因而以自然资本及其产权交易为对象的自然资本投资管制就有了客观根据。自然资本投

① [美]乔治·J·施蒂格勒著，潘振民译:《产业组织和政府管制》，上海三联书店1996年版，第220—221页。

② [美]乔治·J·施蒂格勒著，潘振民译:《产业组织和政府管制》，上海三联书店1996年版，第224页。

资管制包括市场准入管制、竞争管制、排污权管制、贸易管制等内容。市场准入管制包括登记管制与许可管制，前者适用于流量自然资源投资，后者适用于存量自然资源与环境容量。一般流量投资放松管制，而存量投资实行严格管制。但是无论什么管制，都应当给予投资者获得利益最大化的空间，让投资者有安全感与激励感。从一定意义讲，在制度初始政府有责任培育自然资本投资者，如投资产权准入公平地无歧视取得等。竞争管制是自然资本投资管制的基本形态。投资是产权交易与博弈，投资者从事招投标、拍卖、契约订立与履行等交易行为都必须遵守法律规定的交易规则。在投资交易初期，政府管制要防止有人囤积居奇，适时实行配额限量交易，维护交易规则。在投资交易有一定规模以后，又要将公平竞争的维护与反垄断和反限制交易行为作为监管的重点。排污权管制应将确定排污总量和排污许可计划放在首位，并保证许可证的公平分配。制定交易规则，监控排污权排污量，进行点源控制等。对外贸易管制中要维护主权，对外国投资者进行的以自然资本输出为内容的投资必须进行较为严格的审查。

(3) 自然资本投资战略与规划制度

自然资本投资是一国可持续发展的根本性投资，涉及一国经济、政治与法律一系列问题。国家必须从发展战略的高度确定发展思想、发展路径、战略布局、未来采取的政治经济政策、自然资本开发利用的总体与总量控制、速度与规模，可持续发展阶段与自然资本投资的规模、水平、范围、成本与收益、近期目标与远景分析、制度保障措施等。自然资本投资战略理当成为政府行动的方向和依据，是政府自然资本投资宏观管理的纲领。因此，不仅是政治纲领，也应成为行政纲领，理应成为国家可持续发展战略中的重要组成部分。自然资本投资期间较长，中长期规划就成为实施自然资本投资战略的行动，虽然这种规划可能是文字说明与数字指标构成的。政府自然资本投资规划是一国投资发展的方向，包含着一系列政策与措施等内容，因而绝不是天气预报，企业可听可不听，而是“多具有诱导目标的性质”，政府可以采取诸如劝告、资金促进、提高生产技术标准等手段加以推行。① 政府自然资本投资规划则往往以

① ［日］金泽良雄著，满达人译：《经济法》，中国法制出版社 2005 年版，第 76—77 页。

各种自然资本投资规划为依托，成为一国自然资本投资的基本行动。问题是必须保证国家规划的实施有一定法律约束力。中国“十一五”规划期内单位国内生产总值能源消耗降低20%左右，生态环境恶化趋势基本遏制，主要污染物减排量达到10%。[①] 虽然这两个涉及自然资本投资的指标不是“指导性指标”，而是“约束性指标”，但却是靠政府诚信度来维持的。这又使这两个在“十五”规划中没有完成的指标再次有了完不成的可能。实际上法律要强调指标的约束力，虽不可走“规划即法律”的老路，却可以通过规划与投资的联动来增强规划实施的力度。自然资本投资规划必须有投资作保证，如果仅做规划，而无资金保证，即使是约束性指标靠政绩考核也无法实现。“十五”规划中减排量没有完成本身就表明了这一点。政府目前安排的环境整治与自然保护专项资金及正在试点中的生态效益补偿资金必须成为实施投资规划的行动，而不应是临时应急的制度安排。

(4)自然资本价值评估制度

环境资源的价值评估往往是自然资本得以形成和计量的基础。自然资本投资的一个前提是投资者认为自然资本值得投入。自然资本的资本属性在于也能同人造资本一样提供商品和服务。一般认为，自然资本提供四种服务：为人类提供生产资料，为经济系统输入原材料；维持生命系统，如自然界的光合作用是人类赖以生存的源泉；为人类提供丰富多彩的舒适性服务，如享受、美学价值等；分解、转移、容纳经济活动中的残余物等[②]。这就决定了自然资本可能成为投资对象。然而，“由于这些服务中总有一些能够产生外部效应和公共物品，因此也就不能依赖市场力量使之达到效用最大化，同时也不能通过市场来提示其反映真实社会价值的价格。”“这就意味着，一个自由化的市场体系不可能产生出最优的资源配置。”[③]即使在产权制度较完备的情况下，仍

① 十届人大四次会议：《中华人民共和国经济和社会发展第十一个五年规划》，2006年3月13日。

② [美]伦纳德·奥托兰诺著，郭怀成等译：《环境管理与影响评价》，化学工业出版社2004年版，第89—90页。

③ [美]A·迈里克·弗里曼著，曾贤刚译：《环境与资源价值评估》，中国人民大学出版社2002年版，第3、6页。

然需要对自然资本进行价值评估，从而为自然资本的需求与供应进行定性与定量。环境资源的价值评估具有复合性，包括经济价值、社会福利、环境政策，甚至还包括“人类对物种和生存和福利的关心”，但环境资源的货币化价值始终是评估的基本函数。① 从这个意义上讲，人造资本虽然只能部分替代自然资本，却是自然资本的主要计算方式。自然资本评估制度安排的主要内容有：评估的主体，应当是经政府环境与资源机构认证资质的科学研究中介机构；价值评估的原则。自然资本价值的确定要考虑的主要因素有：投资者的支付意愿（偏好）与支付能力，总需求与总支付意愿；自然资本的状态及质量（自然资源的品种与环境容量空间）；技术进步与技术创新；政治、法律与政策变迁等；评估的方法（根据不同的自然资本进行评价的根据等）。自然资本价值评估是创建自然资本投资市场的前提，经过自然资本评估，自然资本及其产权就可成为投资者交易的标的。从国外的情况来看，在明确自然资本价值的基础上，往日困惑的制度安排就能得到较好的解决。美国西部地区一直被水资源供应短缺和低效率配置所困扰，主要原因是使用者无法得到正确的激励并采取行动来体现水资源的经济价值和环境价值。自愿水权交易已经使得问题开始得到解决，水权交易有助于采取合理的保护措施，使水资源在各竞争性使用者之间实现更优的配置，以及有助于水质的改善。② 这里自愿水权交易的前提是负载水权的水资源的价值明晰。实际上，自然资本的价值评估不单是自然资本市场创建的前提，也是一国自然资本价值核算及绿色 GDP 确定的基础。同时，还是企业进行管理及评价社会政策的根据。这是因为社会交易成本数量是评价制度效率高低的根本性依据。但是在理论分析时，往往是有交易才有交易成本，无交易则无交易成本可言。长期以来中国的自然资本有市无价，交易多在地下进行，成为中国自然资本破坏与浪费及其环境污染的重要原因。如果此项制度能得到较好的建立，中国的自然资本地下交易将会从地下走向地上，从而也使制度与社会政策的优劣有一个较为科学的评价根据。

---

① ［美］A·迈里克·弗里曼著，曾贤刚译：《环境与资源价值评估》，中国人民大学出版社 2002 年版，第 6 页。

② ［美］保罗·R·伯特尼等著，穆贤清等译：《环境保护的公共政策》，上海三联书店、上海人民出版社 2004 年版，第 68 页。

(5)自然资本核算制度

为了反映自然资本的总体和总量增减速变化,必须在国民经济核算中安排自然资本核算。自然资本核算是环境经济综合核算,即 SEEA 制度。按联合国《综合环境经济核算手册 2003》的要求,一国要建设四类账户:实物和复合流量账户,经济账户,环境交易、实物和货币形态的资本账户,将 SNA(自然资源实物核算)扩展以核算资源消耗、防护性支出和退化。根据这个要求,对自然资源分别实行实物量核算和价值量核算。实物量核算就是存量核算,自然资源的实物量核算包括:期初存量,本期增加量,本期减少量,调整变化量,期末量等。价值量核算是流量核算。① 一国政府在承认和确定自然资源与环境容量价值的前提下,综合考虑资源、环境与社会发展诸因素,扩张和完善现行的国民经济核算体系,将自然资源与环境并入资产进行管理。这项制度的内容是政府中综合部门及财政、资源与环境保护部门按照一定的标准、规范和程序,对自然资源进行调查与评估,从实物总量、总价值量与结构方面进行确定、核实与平衡;并对其增减量和投入产出量、成本与效率进行全面分析,决定政府资源政策、措施的制度。自然资源核算的一般程序是:对各种自然资源进行分类与界定;对自然资源实物量的有关数据进行调查、统计与核实,并进行实物存量和增减流量核算;确定各种自然资源与环境的价值及价值量,并进行单位价格与总价值量核算;进行自然资源与环境综合核算,确定各种自然资源与环境综合价值量的加总,并进行增减量、投入产出量与成本与效率的综合分析与评价。② 这一制度建立与运行的关键点是:确定自然资源与环境容量的价值,并将其推向市场;确定符合可持续发展的核算方法与规则;确定科学合理的数据与信息反馈系统。此项制度实施的意义不仅在于从根本上改变现存的国民经济核算指标、体系,更能反映出一国自然资本存量,为自然资本价值与资本属性及其交易提供基础性安排。

---

① 国土资源部信息中心:《2005 中国国土资源可持续发展研究报告》,地质出版社 2006 年版,第 102—116 页。

② 联合国环境与发展大会,国家环保局译:《21 世纪议程》,中国环境科学出版社 1994 年版,第 6—68 页。中国政府:《中国 21 世纪议程》,中国环境科学出版社 1994 年版,第 25—26 页。

（6）自然资本会计与审计制度

当企业向自然资本投资并将其作为财产经营时，自然资本就会成为会计对象。一般认为计量是管理与经营的前提，自然资本会计就是对自然资本进行计量。计量的范围包括企业有关自然资本的会计年度的存量、增量、减量及其决定的通过人造资本进行计量的财产、负债、权益、收入和利润等会计要求。自然资本会计首先是对成本管理，它是建立在事先预防的基础上发生的会计行为。环境会计成本管理可以削减环境成本，改善环境绩效，恰当地提供绿色产品、绿色服务，为排污设备进行恰当的投资决策，促使企业在经营战略中加入环境要素，促使环保型生活方式的改变。① 自然资本会计不仅要计量货币价值，更要计量自然资本实物存量，因此会计的程序、内容及记账方式比人造资本投资要复杂一些。一般来说，自然资本会计可以分为内部会计与外部会计。内部会计在于计算自然资本投资效率，以削减投资成本。外部会计在于披露自然资本会计信息，树立投资者形象。此项制度设置的关键是确定自然资本成本。考虑到自然资本投资的复杂性，自然资本投资的成本项目较多，如美国环境保护厅1995年将成本分成传统成本、潜在成本、或有成本、企业形象与对外关系成本和社会成本，并建立了相应的计量根据与要求。② 这项制度在中国企业中实施，还须改变现行的会计准则，如加入实物计量的要求，扩大会计计量属性等。

自然资本投资较人造资本投资计量内容更加丰富，不单有价值计量，还有实物计量。特别是在此项制度构建的初期要求投资者建立健全自然资本投资会计制度的同时，必须加强审计。审计是对会计的监督。会计是投资者内部的管理制度。如果说人造资本会计主要涉及企业自身利益的成本核算等，则自然资本会计更主要涉及社会与国家利益。因此，无论是设立专门的自然资本会计事务所进行审计，还是政府进行审计都是必要的。在中国，此项制度的创新必须以会计准则的改善和审计制度从审计财政转变审计自然资本为条

---

① ［日］井上寿枝等著，贾昕等译：《环境会计的结构》，中国财政经济出版社2004年版，第13—19页。

② ［日］井上寿枝等著，贾昕等译：《环境会计的结构》，中国财政经济出版社2004年版，第41—87页。

件。环境审计不单是对企业的,也必须对政府环境保护部门掌管的资金进行审计,因为它不仅关系到自然资本投资的数量的减少与外流,还关系到政府制度建设。审计发现,“十五”期间重点流域水污染防治违规使用23.68亿元水污染防治资金,其中15.66亿元被挤占挪用于其他工程、办企业、出借或建房买车等,影响了自然资本投资项目建设。① 国土部门在土地使用权“招挂牌”出让和矿业权转让中又接连爆出贿赂丑闻。② 因此,无论是在现行制度上发育自然资本投资制度,还是进一步制度创新都需要在制度构建上加强对自然资本投资资金的会计与审计。

(7)自然资本共同基金制度

基于自然资本投资规模大、风险大、技术性强等特点,应当设立自然资本共同基金。由专业的信托投资公司以一定的方式募集公众的资金,然后委托专业的经理人运用、进行自然资本投资。“当投资产生利益时,投资者可依据其所占的投资比例(持份)分享基金的增长收益,而投资公司或基金公司则是赚取基金的管理费用。”③这样就可以集中社会上可能用于自然资本投资的资金,满足公众可能出现的自然资本投资要求。自然资本共同基金制度中的基金托管人、基金的募集、基金份额的交易、基金份额的申购与赎回、基金的运作与信息披露、基金合同的变更、终止与基金财产清算、基金份额持有人权利及其行使监督管理等制度均可按《证券投资基金法》的规定进行,但是基金管理人应当有一定的限制,即基金管理人必须保证将资本投资于自然资本。同时在基金的募集时要明确基金的用途在于自然资本存量的维持、保持与增加。考虑到自然资本的共同基金投资是一种具有公益性的投资,投资的方式应当采用开放式基金的管理模式。

当然政府也可以向共同基金投入一定的资金或设立专门的基金,用于自然资本投资或自然资本投资技术研发基础研究上。基于政府对自然资本开发利用效率负最终责任的考虑,政府的基金投入或者设立的专门基金是必需的。

---

① 据2006年3月29日国家审计署公布的《重点流域水污染防治资金审计结果》。

② 2006年4月3日国土资源部出台。

③ 谢剑平著:《现代投资学——分析与管理》,中国人民大学出版社2004年版,第44页。

自然资本开发利用中那些风险性较大的技术创新及带有外化经济性的活动，已经突破了企业降低生产成本的局限，企业投资积极性并不高，因此需要一定的社会资金予以资助，甚至用于奖励。这种基金具有明显的公益性质，其资金的来源首先是政府的财政资金，其次则可能是来源于社会的赞助资金。政府对这种资金的管理一般可以委托有关投资机构来进行，而不必直接操作，但基金的用途和最终经济效果是由政府承担的。

(8) 自然资本证券与期货制度

为了保证自然资本投资，政府与企业都可以发行资本证券的方式以募集自然资本投资的资金。政府国债可以专门规定一定数额用于自然资本投资。甚至可以专门设定一种国债品种——“绿色国债”，让公众明确国债的用途就是自然资本的维持、保持与增加本身也是可行的。至于国债发行与交易的程序当然与普通国债相同。其实中国政府已经将大量国债资金投入到自然资本，“切实用好国债资金，优化投资结构”是中国政府向环保倾斜的重要根据。1998—2002 年财政在环境治理方面共用了 510 亿国债资金，占同期投资总额 4900 亿元的 10.4%。“九五”期间后三年，647 亿元国债资金对生态建设与环境保护投资的增长起了决定性作用。企业投资者则可以发行“绿色股票”和“绿色债券”，前者只能由设立专门进行自然资本投资的公司发行，后者只要企业有明确的自然资本投资方向，并有监督的保障机制就行。自然资本证券一般是可流通证券，资本证券的发行与交易等均按《证券法》制度安排。为了适应自然资本投资长期性规模性特点，对于从事自然资本投资的公司股票与债券应当给予税费倾斜。从理论上看，只要能实现自然资本的交易价值，完全可以不设立专门的证券交易所。

自然资本的期货交易应该说是一个较为可行的制度安排。一则，期货交易的标的本身就是各种形式的自然资本，无论是自然资源如农作物、石油、煤炭等，还是排污权等，如欧洲、美国设立多家废气排污权交易所，每天发布排放额度的最新牌价。① 二则，自然资本价值评估的一个重要条件是社会对自然资本的商业评价，即需求测度与供应测度。而期货交易所本身就有现成的交

① 徐步青著：“一剂‘新药’排污权交易火起来”，《人民日报》2005 年 9 月 5 日，第 7 版。

易规则与操作规程，只要将可交易的自然资本种类扩大到一个更大的范围即可。值得指出的是，期货交易本身并不需要现货交易，操盘手们大多根据既往的交易经验与惯例以及价值判断进行选择投资，这在客观上为自然资本投资制造了市场，特别是期货交易时序长，自然资本的价值能够得到较充足的显现与表现。期货交易是一种符合自然资本投资的市场。中国期货市场长期处于规模小、经济功能弱化、资金总量匮乏的局面，在国际上没有"话语权"。通过自然资本期货交易，不单可以改变目前存在的品种少、结构单一的弊端，还能从根本上扩大中国期货市场规模。

(9)自然资本投资保险制度

自然资本投资较人造资本具有更大的风险，包括投资周期时间长、受自然因素影响较大等，农业靠天吃饭就是一大佐证。这些风险存在于向自然资本投资的全过程。特别是自然资本本身具有的外在经济性特点决定了自然资本投资者较人造资本投资者要少得多，因而在法律上培育和保护自然资本市场主体是非常重要的。自然资本投资保险制度是通过募集社会资金分解投资风险的制度。自然资本投资是风险性、社会性和基础性产业，其发展涉及面宽，影响面大，一旦发生风险不但影响到一国的经济增长与发展，也影响到一国社会与政治的稳定，而且有些风险也不是自然资本企业自身能够解决的。政府虽然有义务出面采用财政手段支持，但是自然资本投资毕竟属于商业性投资，存在风险是必然的，必须通过较完善的商业风险化解制度应对或解决，保险筹集的社会资本可以从制度上促使资源环境产业的经济增长与发展得以恢复。自然资本投资保险并不是对整个投资目的和结果进行保险，而是对自然资本即财产保险，即自然资本投资保险不是投资险，而是财产险。有关保险合同法律适用于《保险法》。

(10)自然资本技术创新制度

自然资本投资无论是可再生资源、不可再生资源投资，还是环境容量投资，都以明确的技术进步与技术创新实现的。对于不可再生资源投资来说，技术进步还是投资的一项重要内容。技术创新是技术革命之源。技术进步既可以扩大产品的种类，也可以改进产品的质量，影响企业的技术构成，提高生产要素的使用效率，在扩大生产可能性边缘的同时，使生产函数发生较大的变化。而以技术进步为基础的技术创新在于“企业有能力生产很多种产品，但是它只会从中选择少数几个会带来利润的产品进行生产……市场力量并非总是与社会福利为敌。尽管限制性的垄断产量是无效率的，但是垄断产生的利润鼓励了创新，而创新是新的市场力量和经济增长的重要源泉。但是其他企业的模仿行为会大大地减少创新者的收益，以至于很可能没有人愿意再从事创新活动，因此模仿行为降低了创新的重要性。创新者一般都要承担一定的研究成本，而一项马上就被其他企业模仿的发现给创新者带来的收入却是零。”①自然资本需要技术保证。一方面，自然资本要求的企业的设备与技术“必须极大地，甚至是全面地实行技术革命才行”。② 另一方面，自然资本要求技术不断地进步与创新，决定了企业必须持续投资于技术的开发与研究。企业要想在未来博弈中有较强的竞争力，就必须在技术上占主动。“竞争是一种丰沛的动能，经济竞争的本质不是为了平衡，而是为了无止境的变化。因此改善和创造也绝非一劳永逸的事，而是一个永无止境的过程。”③显然有关自然资本投资的知识产权保护是一个重要的制度。

有关自然资本开发利用技术较一般的技术进步，除了有节约劳动资源作用外，更有维持、保持和增加自然资本存量的作用，因而包含的基础性研究丰厚，技术含量更高，商业应用的前景不明朗，而企业的投入却会更高，这就对其专利保护提出了特殊要求。专利保护的范围和有效期的确定是决定专利制度绩效的基本内容。一般原则是：“如果投资于基础研究上的社会价值大于投资于应用上的社会价值，则专利的范围应该拓宽。相反如果投资于开发应用的社会价值大于投资于基础研究上的社会价值，则专利的范围应该收缩。”“具有较小价值的开创性发明，专利保护范围应该较宽，而对于具有较大价值的开创性发明，专利保护的范围应该较窄。”④同时，必须保证从事技术研发者

---

① [美]艾里克·拉森斯缪著，王晖等译：《博弈与信息——博弈论概论》，北京出版社、生活·读书·新知三联书店 2003 年版，第 381 页。

② [美]罗伯特·索洛著，史清琪等译：《经济增长因素分析》，商务印书馆 1999 年版，第 12 页。

③ [美]迈克尔·波特著，李明轩等译：《国家竞争优势》，华夏出版社 2002 年版，第 9、66 页。

④ [美]罗伯特·D·考特等著，施少华等译：《法和经济学》，上海财经大学出版社 2002 年版，第 113—114 页。

有一定的商业回报,"如果做基础研究的人只得到其开创性发明的销售价值,而没有得到任何商业应用的销售价值,将不会有足够的基础性研究"。① 而专利的价值却随着时间慢慢贬值。当然为了保护自然资本投资的技术创新,一个兼顾有效期长短的考虑是在实施强制许可制度时,由政府给予专利人一定的补贴,以局部的低效率换取全局的高效率。

技术创新与制度创新是互为作用的,在法律上如何安排出技术革命,不单制约着生产规模的扩大与生产力的延伸,也同样制约着法律制度本身的革命。"一方面制度被认为是决定技术的生产潜力能否实现的因素,另一方面技术也被认为是制度建设的基本力量;制度在被构造的时候就要以最大限度地利用物质生产的潜力为目标。"②产权制度与技术创新制度也存在制约。从法律制度的结构上看,产权制度的安排决定着技术创新制度的绩效。只有在产权明晰、边界确定、支配完整、可转让等情况下,技术创新才会有较大的制度空间。技术的投资与竞争说到底都是产权的投资与竞争。另一方面,技术创新又是产权赖以实现与发展的空间。因此,二者结合安排的绩效将决定着自然资本投资立法的成败。

(11)国家自然资本投资公司制度

为满足自然资本进入市场交易的需要,国家可以设立自然资本投资公司专门进行国家商业用途自然资本的投资与经营。这是考虑到国家向自然资本投资也必须考量绩效与成本,也要进行市场产权交易,也要纳入市场经济而设立的制度。这类公司的设立、组织与运作方式都可以参考已有的国家石油公司、国家电网公司等国家公司形态进行。但是这种公司必须是商业化运营的公司,与其他的自然资本投资者一样,能够自由进入或退出自然资本投资市场。如果成立类似中国现存的行政性公司,将会使这种制度的绩效无法显现。原因在于自然资本投资本身就是市场经济的较为成熟阶段的产物,而不是计划经济的产物。考虑到目前国家支配着绝大部分自然资本以及国家在未来自

---

① [美]罗伯特·D·考特等著,施少华等译:《法和经济学》,上海财经大学出版社 2002 年版,第 113 页。

② [日]速水佑次郎著,李周译:《发展经济学》,社会科学文献出版社 2003 年版,第 8 页。

然资本投资市场形成中的作用，特别是代理国家进行自然资本的产权交易、投资与经营，这种公司的设立、组织与运行等规范可以通过专门的法律安排。国土资源部门已经开始委托专门的评估公司进行出让土地使用权和流转矿业权的交易，因此，可以考虑在充分总结这些公司运作模式基础上组建国家自然资本投资公司。

五、中国自然资本投资法律的制度环境

自然资本投资法律制度的建构需多方面制度的协调，不单需要根本法、基本法与部门法线性制度的安排，也同样需要复合与多元的制度安排，如此才能在制度建设上有较大的突破，并取得较为明显的制度绩效。

1. 国民预算制度的改革

自然资本存量的维护、保持与增加是一国可持续发展的前提，涉及一国国家发展与民族命运。作为国家与民族利益代表的政府当然要集中全社会的人造资本向自然资本投资。公共预算是一国政府每个财政年度内全部的收入与支付规划。虽然政府公共支出的事项很多，但是自然资本投资却是必须进行支出的。近四十年来包括中国政府在内的政府公共支出数额在不断提升，从医疗、教育、社会保障到研究、开发与环境。问题在于要让政府从自然资本投资的理念出发，而不是从公共福利扩大的理念出发增加对自然资本投资，不是单纯的投入，从而使政府成为自然资本的投资者。“预算的实质在于配置稀缺资源，因而它意味着在潜在的支出目标之间进行选择。预算意味着平衡，它需要一定的决策过程。”①从自然资本的理念出发，政府有关环境资源的公共支出，应当从现在的环境污染治理投资扩大到自然资源投资。而且考虑到自然资源是环境容量维护、保持与增加的“家底”，必须加大自然资源增量的投资。财政支出法律制度改革从来都以减少公共开支为目标。然而，实际上在中国的公共支出的项目中无论是中央政府还是地方政府每年都有重大的投资

---

① ［美］爱伦·鲁宾著，叶娟丽等译：《公共预算中的政治》，中国人民大学出版社 2001 年版，第 3 页。

举措。而这些投资基本上都是以公共基础设施为由形成国有人造资本的投资,在今后的五年里这种状况不会改变。“十一五”规划在“着力推进行政管理体制改革”中明确“合理界定政府投资范围和中央与地方的投资事权,改进和完善决策规则和程序,提高资金使用效率,建立政府投资项目决策责任追究制。建立和完善投资调控体系。”①从投资发展的趋势来看,如果人类可持续发展根本性基础在于自然资本投资,则自然资本投资肯定会形成新兴的商业生态产业链。政府在自然资本投资形成的过程中不能不带头垂范,身先士卒,扩大自然资本的投资数额是一个关键的问题。少建设一些“胡子工程”就能为自然资本多投资一些。其次,还必须将每年为转化人造资本消耗的自然资源作为投入,作为公共支出。建设公共预算,使这项制度得到落实,就必须对自然资本投资的预算从编制到执行进行监督,增强预算的约束力,加强预算的管理,推行此类支出项目绩效考核,增加预算资金使用的透明度,真正实现“阳光预算”。

2. 税费制度的改革

对于自然资本投资来说,政府的税费是一项外部性激励制度。关键是要形成投资者向自然资本投资的激励,提供自然资本投资经济动力结构,要让投资者感到来自政府财政的惠益。而且为了鼓励自然资本投资,这种惠益大于给人造资本投资者的惠益。中国现行有关税费制度对自然资本投资制度的激励性安排是不够的。现行税种中直接影响自然资本投资的资源税从调节级差演变为权利金,按销售量或自用量征,而不是按开采量计征税,在客观非但不能给投资者形成激励,还会造成投资者对资源的浪费,特别演变成地方税后,经常成为地方政府寻取地方利益的工具。其他税种如增值税中对于综合利用、废物处理、清洁能源使用等实行6%的低税率,营业税、所得税和城市维护建设税等税种也有对于环境保护与资源利用的优惠政策,但总体是停留在减免税上,优惠形式单一。此外,消费税的调整,对耗能大、环境污染产品和奢侈品课以重税,对自然资本的投资是有利的。② 但是从总体看,为了进一步激励

---

① 《中华人民共和国经济和社会发展第十一个五年规划》,第30章第3节之规定。

② 财政部、国家税务总局:《关于调整和完善消费税政策的通知》,2006年3月22日。

自然资本投资，税法制度还可以进一步改革，如借鉴国外的经验增加绿色税收或生态税种。在现行燃油税的基础上开征二氧化碳税、二氧化硫税、垃圾税、氯化溶剂税等，为投资从人造资本转向自然资本创造约束氛围。对自然资本投资实施多种激励机制，在现行加速折旧、鼓励性税收的基础上，扩大税收支出等使投资者对自然资本投资能有较大的拉动力。

中国现行的资源环境费制度也不利于自然资本投资。问题是除了保证建立生态补偿机制的同时，保证各种名目的收费能通过调节收入来为自然资本投资创造投资机会。因为自然资本投资是一种外化经济的投资，政府可能的选择是尽可能提供财政扶持。如为了保证自然资本投资，必须保证有关自然资源开发利用权转让的收入用于自然资本的养护之中。以土地为例，现行《土地管理法》第 55 条规定，“新增建设用地的土地有偿使用费，30% 上缴中央财政，70% 留给有关地方人民政府，都专项用于耕地开发”。然而，在一些地方，特别是发达地方土地出让金收入已占到其预算外收入的 60% 以上，“土地财政”成为政府追求 GDP 增长的强劲动力，造成耕地面积大幅减少，威胁到粮食安全，导致房价居高不下。① 对传统的人造资本投资课税率可以适当地高一些，而对自然资本投资少课税，甚至于减免课税。当然在自然资本投资发展较为艰辛的领域，可能还得进行一定的财政补贴。尽管补贴经常带来低效率或无效率，但是为了公共利益进行投资，采用财政手段予以支持，即使是发达国家也有过先例，如美国在农业发展给予的补贴等。世界银行也逐步放弃了反对一切补贴的观点，改而主张取消不合理的补贴。

3. GDP 统计方式的改革

为准确地计算自然资本存量与消费量，必须在国民账户与 GDP 统计中反映自然资本的投资量。建立自然资源与环境容量账户，以对自然资源按存量与流量进行核算，公开自然资源的使用强度与单位 GDP 中的消耗量，能在全社会引起对自然资本开发利用的关注。此项制度性改革既与 SEEA 制度相配

---

① 据国务院发展中心发布的一份调查报告统计，在 2006 年 3 月两会期间，全国人大代表黄河的提案是“将建设用地出让金统一收至中央财政”。据《上海证券报》2006 年 3 月 17 日报道。

套，也与自然资本会计与审计、国民经济核算体系相关。将自然资本投入计入GDP总量不仅可以准确地反映出自然资本存量的变化，也能反映出全社会对自然资本投资的规模、方向，从而为政府进行自然资本投资的决策提供依据，也为研究者提供自然资本投资的数据，更为投资者提供相关投资决策的信息，为公众参与提供制度参与的根据。“十一五”规划明确单位GDP能耗下降20%本身已经表明，中国将要同传统的国民账户GDP告别，问题是这个制度改革已经叫了多年，却始终没有操作。

4. 投资政策制度的改革

自然资本投资政策是政府具体对自然资本投资进行宏观指导的方式。这项制度旨在通过调整自然资源结构与组织规模，确定自然资源技术政策及贸易政策，从总体上控制一国自然资本规模与速度，指导自然资本发展方向。政府对自然资本投资规模的控制是与自然资本属性分不开的。自然资本投资规模的增加，意味着自然资本开发利用强度的增大。尽管自然资本市场条件下，自然资本投资决策是由单个企业决定的，但自然资本却是有限的，自然资本的供给与分配取决于经济、政治等多方面因素，因而社会投资的总额必须由政府控制，“产业政策是通过干预一国的产业（产业）间的资源分配或产业（部门）内的产业组织，达到该国国民的（经济的，非经济的）目标的政策”。① 可毕竟经济的因素更多一些，显然产业政策是针对市场失败表现出来的政府控制政策。无怪乎有人认为：“产业政策（狭义的）的中心课题，就是针对在资源分配方面出现的市场失败采取的对策。”“产业政策的基本作用，就是针对这种现实的失败可能出现的失败，弥补市场机制的缺陷。”②自然资本政策主要是通过间接诱导的方式实施的，因而，自然资本投资政策的法律制度化容易引起非议。但无论从自然资本投资政策的地位，还是从其内容看，特别是其指导自然资本开发利用的作用上看，自然资本投资政策的法律化与制度化都是必需的。自然资本投资政策绝不仅是为了企业降低交易成本提供指导，更是为了自然

---

① ［日］小宫隆太郎等著，黄晓勇等译：《日本的产业政策》，国际文化出版公司1988年版，第242页。

② ［日］小宫隆太郎等著，黄晓勇等译：《日本的产业政策》，国际文化出版公司1988年版，第6页。

资本存量的维持、保持与增加。从一定意义上讲，自然资本投资政策已经超越了产业政策的范畴，但是为了弥补资本市场不足，政府对自然资本投资进行政策导向，调剂自然资本投资的方向，合理自然资本投资结构，避免盲目竞争和浪费，合理布局自然资本存量是必须的。

5.自然资本储备制度的改革

自然资源既是一国领土的组成部分，又是一国经济增长与发展的物质基础。因而，它无论对于一国可持续发展战略的实现，还是对于一国军事战略的实现都具有决定的意义。要经常保持一定的资本存量，以应付可能发生的突发事件和保证一国可持续发展。长期以来，自然资源或能源的战略储备制度一般都是以国家的经济安全为制度目标的，主权与政治的冲突往往是进行资源能源储备的直接原因。而自然资本储备制度则是政府根据生物安全、生物多样性与公共发展的需要，依法确定一定地域的自然资源与环境容量作为未来保底需要，通过一定的行政程序养护性利用的法律制度。对这类自然资本也必须评估作价，但这种评估与作价不在于交易，而在维持、保持与增量。过去是为战略而储备，现在则是为未来可持续发展而储备，这是一个根本性的制度革命。美国阿拉斯加煤田储备、日本海湾煤炭与原油储备绝不仅仅是战略储备，而是为未来为后代储备。为此有关储备应当扩大到生境储备、生物圈储备或生物多样性储备。

六、自然资本投资法律制度在中国的创新

自然资本投资制度在中国的构建也是一个制度变迁的历史进程，通过合理的制度选择，这个进程可以缩短。制度构建首先要有丰富的理性基础，应该说自然资本与人造资本的互补理论、自然资本的价值与资本理性等理论以及中国自然资本理性的正确定位等都可能为自然资本投资在中国的法律安排提供坚实的制度基础。但是，任何理性演绎到法律规则都要有推动的主体，经历一定时序和政治过程，建立制度绩效的评价标准，自然资本投资制度在中国的法律实现也是如此。

1. 制度创新的主体

中国自然资本投资法律制度是以法律安排的强制性制度创新,“政府组织,企业践行”将是制度创新的逻辑规则。中国正在从计划经济向市场经济渐进,因而制度创新的主体、阶段与路径依赖都将带有“过渡经济”的痕迹。随着中国向市场经济渐进与民主政治建设进程的提速,将为自然资本投资制度在中国的创新打下经济与政治基础。正是从这个意义上讲,中国自然资本投资法律制度创新将与市场经济进程同步,与民主政治建设进程同步。

在中国自然资源投资法律制度形成过程中,政府从自然资本的供给与配置的退出,走向自然资本投资管制及企业的投资兴趣与能力培养,始终是体现制度创新绩效的重点。这就意味着自然资本投资制度的创新主体首先是政府,其次才是企业。这是因为自然资本投资是以自然资源和环境容量的产权交易为条件的,而自然资源及环境容量能否进入市场及相应产权能否安排在中国则是以政府安排为空间的。只要政府许可或退出,并通过法律制度做安排,自然资本及其产权就会在成本较低的状态下进入。强制性制度变迁能否启动和实现取决于政府是否有意愿,而能否有效率则取决于强制性制度与诱致性制度的亲和力和一致性。这是因为“在人类社会这个巨大的棋盘上,每个人都有他自己的运动原则,而且这些原则还与立法机构可能强加给他的完全不同。如果这两种原则恰好相吻合并趋于同一个方向,那么人类社会中的人与人之间的竞技或生活就会顺利和谐地进化下去,而且极有可能是幸福的和成功的。如果这两种原则相反或对立,那么人类社会中的人与人之间的生活就会以悲惨的方式持续下去,而且这种社会肯定会始终处于最为失序的状态之中”。[①] 由于诱致性制度是人们内心深处的追求及长期的习惯积累,只有当自然资本产权安排符合自然资本作为物的属性及满足投资者最大化的意愿,自然资本产权的法律安排才会有效率。自然资本投资制度建构的核心是建构自由投资的自然资本产权制度,这就意味着此项制度必须在保证企业投资的主观努力与客观报酬成正比的前提下,让企业有较多的可供选择的投资空间和投资方式。扩大投资源头,形成多元投资主体是最为重要的。无论政

---

① 亚当·斯密所言,转引自[英]弗里德利希·冯·哈耶克著,邓正来译:《法律、立法与自由(第一卷)》,中国大百科全书出版社2000年版,第52页。

府多么富有，向自然资本投资的主渠道依然是企业。实际上对中国这种并不富有的国家来说，大可不必非要把政府安排成自然资本投资的垄断者。政府是现行环境资源供给和配置的主体，其意愿的改变才可能在承认环境资源价值的基础上，在法律制度选择与安排上，把自然资本纳入到投资领域或过程，才能使中国的环境资源状态得到真正的改善。经济理性决定制度选择，“人的经济价值的提高产生了对制度的新的需求，一些政治和法律制度就是用来满足这些需求的”。① 显然，政府摒弃一些陈旧的政治信念，与时俱进地承认环境资源价值，为了全社会资本的最大化和可持续发展，摒弃部门利益或地方利益，把环境资源及其产权推向市场，给企业投资空间，是中国进行自然资本投资制度创新的起点。

企业既是自然资本投资的主体，其投资积极性的保护同样不可或缺。在法律上明晰自然资本产权，并保证产权的安全与自由交易，往往是制度创新的直接要求。虽然这些制度创新需要以政府的退出或职能的转变作为前提，但企业对自然资本显示“自治偏好”同样是非常重要的。由于自然资本投资的不确定性往往大于人造资本投资，因而，自然资本投资同样要求企业家有胆有识，充分看到自然资本在未来竞争中的地位与优势，懂得为了长远利益或更大的利益放弃眼前利益或较小的利益。如果说自然资本投资法律制度的安排需要政府放弃利益，同样，也要求企业放弃眼前的利益。企业家精神与创新能力往往是比较投资机会，选择与把握长期稳定获利机会的契机。

当然法律制度的创新，特别是产权制度创新，在培养企业作为制度创新主体方面具有重要作用。中国 2000 年以来法律安排相继进行的林权交易制度创新、水权交易制度创新、排污权交易制度创新都逐步发挥了一定的制度绩效，中国企业在自然资本投资上已经显示出巨大的投资潜力。在林业投资构成中，2000—2004 年非国有资金投入为 42. 3431 亿元、40. 6849 亿元、46. 2287 亿元、78. 3476 亿元、80. 8789 亿元，分别占当年投资总额的 26. 23%、20. 19%、15. 00%、19. 77%、19. 82%。其中企业自筹资金为 27. 1273 亿元、22. 1322 亿

① ［美］T · W · 舒尔茨著：《制度与人的经济价值的不断提高》，罗纳德 · 科思著，刘守英等译：《财产权利与制度变迁》，上海三联书店 1991 年版，第 251 页。

元、24.6913亿元、42.8001亿元、43.0620亿元。[①] 在水利投资构成中,2002—2003年非国有资金投入为359.3亿元、373.2亿元,分别占当年投资总额的43.87%、50.24%。其中企业自筹资金分别达到248.7亿元、247.2亿元。[②] 在工业污染治理投资构成中,2000—2004年非国家资金投入为170.48998亿元、122.3205亿元、131.62018亿元、190.65708亿元、283.26003亿元,分别占当年投资总额的71.22%、70.1%、69.87%、85.96%、91.94%。其中2002年起企业自筹资金为43.55亿元、141.94亿元、227.43353亿元,分别占当年投资总额的23.12%、64%、73.82%。[③] 上述数据表明,尽管中国企业进行自然资本投资有一定的浮动,但总体上呈现出了上升的势头。为此,我们有理由相信,随着中国向市场经济的渐进步伐的加快,企业作为自然资本投资主体的作用将会日益突出。从市场经济发展规律来看,当既有的各种人造资本投资渠道已经成为投资盲区时,自然资本投资可能会提供更为广阔的投资空间。问题的关键是要让企业向自然资本投资与其内在的发展追求相一致。如果是为了尽社会义务或是完成社会工作进行投资,就会使这种资本使用失去投资意义,企业不可能持续投资,社会发展也无法满足对投资的需要。世界范围内的官方援助已经从纯粹的财政投资发展到政府介绍企业投资,这更进一步表明,企业投资在可持续发展中的地位。

2. 制度创新的阶段

中国自然资本投资法律制度创新的目标是变行政性投资为人造资本投资,变人造资本投资为自然资本投资。中国现行环境资源法律安排的环境资源产权交易,是在政府操纵下以行政权优化为目的进行的制度交易,行政性投资的倾向比较明显,非但不构成严格意义上的人造资本投资,更不可能把自然资源及环境容量产权作为自然资本,安排自然资本投资,特别是权利行使的结果都是自然资本的消耗,实际上仍然重复着用自然资本积累人造资本的伎俩。而自然资本投资通过货币化人造资本进行计算,作为投资回报的却是环境资

---

① 数据来自于《2005年中国统计年鉴》。

② 数据来自于《2004年中国水利统计年鉴》。

③ 数据来自于《2005年中国统计年鉴》。

源在量上的保持与扩大，在质上的改善与提高。因而从一定意义上说，制度创新的契机是要使投资者人造资本最大化目标与自然资本最大化目标相一致。自然资本要成为投资者可能获利的前提，否则投资者是不会投资的。只有走投资者人造资本最大化与自然资本最大化的“双赢之道”，自然资本投资才可能成为可持续发展的物质保障。

自然资本投资通过货币化人造资本进行计算，作为投资回报的却是环境资源在量上的保持与扩大，在质上的改善与提高。因而，制度创新的契机是要使投资者人造资本最大化目标与自然资本最大化目标相一致。制度创新可以分步进行：在确定自然资本的基础上安排可交易的自然资本产权；在确定自然资本自由投资的基础上安排投资者人造资本与自然资本的最大化。中国现行法律的自然资源开发利用权交易为迈开第一步提供了机会，通过产权规则的改变可能促使投资从人造资本转向自然资本。如把一定自然资源的增多、生态环境的改善作为评价产权绩效，进而作为获利惠益多少的根据；又如延长产权存续期间，使其与自然资源生物周期一致；还如限定产权的用途为自然资本的增值，甚至承认投资者的自然资源所有权等，从而保证其自然资本投资的稳定性、长期性和持续性。现行制度如各种自然资源开发利用权的评估制度等也为自然资本投资制度的形成提供了实施基础。从一定意义上讲，人造资本投资与自然资本投资是兼容的，问题是要使人造资本投资不断流向自然资本投资，必须使自然资本投资比人造资本投资更有利可图。这就需要中国宪政制度建设和民法典的起草提供相应的制度基础。《物权法》明确了自然资本产权归属，却没有安排自然资本产权交易，因此，《物权法》对中国建立自然资本投资制度的作用大大低于人们的期望值。实际上有关现行制度的安排已经为自然资本投资制度的设计提供了基础，如宪法修正案（2004）中已经有了保护私有产权的制度安排，使私人产权特别是私人所有权有了独立的物权地位，不仅为广大投资者更大规模地进行人造资本投资打开了空间，也为日后可能出现的自然资源私人所有权，从而为投资者进行自然资本投资扫清了障碍。显然，《物权法》要起到“市场经济基础性法律”的作用，还有待于进一步修改和创新。

据此，现行法律也应当根据自然资本的理念进行制度评估与诊断，并进行新一轮制度创新。具体方案是第一步，在现行自然资源开发利用权交易制度的基础上，将流量资源中明显具有商业价值，但价值较轻者如动物、植物、草原、水面、滩涂、人工林、商业用海域等所有权先行推向市场。第二步，将流量资源中最具有商业价值，但价值较重者如土地包括商业用地、住宅用地、农地等所有权推向市场。第三步，将存量资源中具有商业价值的不可再生资源所有权推向市场。这样分三步走进行制度创新的理由在于，第一步是基础，让其在市场交易中为价值与价格的评估提供基础。商业价值是引诱投资者投资的基本前提，只要投资了就会有明显的生态效应。实际上商业价值与生态价值契合正是自然资本投资的表现形态。另一方面，自然资源从不可交易到可交易，无论在政治观念上还是在经济观念上，人们还有一个接受的过程。从一定意义上讲，这是一个"理论试错"的过程，但却是一个非常重要的过程。走好了第一步并取得了经验，就可为第二步乃至于第三步创造条件。自然资本市场的形成如同在中国发育的市场经济一样，也是在渐进中实现，其在法律上的安排同样如此。分阶段进行自然资本投资法律制度的创新既可以避免社会矛盾，也是为了降低社会交易成本。

3. 制度创新的路径依赖

自然资本投资制度建构的核心是建构自由投资的自然资本产权制度，这就意味着此项制度必须在保证企业投资主观努力与客观报酬成正比的前提下，让企业有较多的可供选择的投资空间和投资方式。扩大投资源头，形成多元投资主体是最为重要的。

然而，中国是强制性制度变迁的国家，政府是现行环境资源供给和配置的主体，其意愿改变才可能在承认环境资源价值的基础上，在法律上安排把自然资本纳入到投资领域或过程。政府的意愿在制度变迁中具有决定的作用。如何减少政府和政府部门之间的摩擦力，并使之成本最低化将成为制度创新能否实施及能否成功的契机。为此，在选择自然资本投资法律制度创新的路径依赖时，必须充分考虑政府对创新制度的承受力和耐力。制度创新必然是非帕累托改变，如果参与自然资源行政的主体过多，必然会形成较多的主体参与自然资本均衡利益的分配，最终导致无论怎样分配都无法满足行政主体的利益需求。因此，从自然资本的相连性和整体性考虑，构建统一的自然资本行政部门是减少部门冲突成本的有效手段，也是提高自然资本行政效力的要求。这是因为“政府的行为……在促进或阻碍经济活动方面起着重要的作用”。[①]“没有一个有效的政府，不论是经济的还是社会的可持续发展都是不可能实现的。”[②]尽管自然资本产权直接规范了企业等投资者的行为，在经济增长与发展中始终起动力源作用，可如果不与其他制度衔接与整合，或者没有其他制度相辅佐，就不能发挥制度功能。因此，在强调有效建构自然资本产权制度的同时，也应明确揭示其他制度的制度功能与性质，特别是行政权制度的功能。这是因为自然资本行政权制度与自然资本产权制度关系最直接，相互作用也最大。二者在自然资本投资法律制度中对可持续发展限制与影响作用是最大的。二者只要一个低效率或无效率，则另一个也会低效率或无效率，自然资本投资实现与效率追逐都是不可能的。

因此，政府在自然资本投资法律制度创新中更为基础性作用的发挥，必须保证政府决策的科学性、民主性和公共性。可持续发展法可以兼容政府制度和市场制度。政府自然资本投资管理与管制行为与企业与个人投资行为都应建立在法律制度的框架内，其公平、效率与自由价值追求，都必然以自然资本投资制度创新绩效的评价标准为基础。

4. 法律制度创新绩效的评价标准

中国自然资本投资法律制度既然是作为可持续发展物质基础的制度安排，对其制度绩效的评价就可能从微观上评价自然资本存量的维护、保护与增加，从宏观上评价中国可持续发展的进展与实现。中国政府提出建设资源节约、环境友好型社会以及循环经济与循环型社会等质的规定性评价都是可持续发展在不同阶段中的具体评价体系。根据世界通行的评价标准，中国自然资本投资法律制度创新绩效的评价体系应当是自然资本投资额的增加和社会交易成本较低，自然资本存量的维持、保持与增加以及SEEA指标体系的实施。

---

① ［英］阿瑟·刘易斯著，梁小民译：《经济增长理论》，上海三联书店1996年版，第411页。

② 世界银行，本报告翻译组译：《1997年世界发展报告》，中国财政经济出版社1997年版，第1页。

(1)自然资本投资额的增加和社会交易成本较低

自然资本投资法律制度的绩效首先表现在自然资本投资额的增加。只有自然资本投资源源不断,才能保证自然资本存量的维持、保护与增加。考虑到自然资本的属性及投资秉性,法律制度安排和牵引自然资本投资必须从不断改善激励性规则入手,而且还必须从企业和公众视角做出选择。因为“……对环境影响的范围及程度最终起决定作用的实际是私人组织、企业及消费者的决策。它们面临的激励将决定环境影响在何种情况下将被削弱及如何被削弱。因此,我们在评估任何一项环境政策时,都必须使用一个极其重要的标准,即环境政策能否对个人及组织产生强烈的激励,促使他们去寻找降低环境损害的新方法。……激励作用越大,政策就越好”。① 自然资本投资与环境保护本身具有内在的一致性,如果环境保护制度与政策都是以形成激励作为绩效标准,则专门安排激励的自然资本投资就更要以激励性大小作为绩效评价标准。制度安排的关键是要让投资者在金融比较之后感到向自然资本投资有利可图。激励作用与制度绩效成正比,与制度成本成反比。在自然资本投资法律制度安排中,自然资本产权与激励大小具有直接的对应关系。从一定意义上讲,产权制度绩效也就是自然资本投资制度绩效。因此建立一个激励功能较全的自然资本产权制度成为自然资本投资制度绩效较高的基础。激励功能较全的产权制度评价标准是:“产权被很好地界定、执行、并且可以转让;必须存在一个高效率且充满竞争的系统,使得有利害关系的各方能够坐到一起协商如何使用环境产权;必须存在一系列的市场,使得产权的所有者能够实现环境资产的全部社会价值。”②交易成本较低无疑是激励功能较全产权制度的直接评价系数。在一个谈判和履约成本等交易成本较高的法律条件下,投资者的回报不可能成正比,因而也就不会产生激励。无论是自然资源投资还是环境容量投资都是产权交易,也都存在法律安排如何降低交易成本和增加投资额的问题。自然资本产权制度与自然资本投资市场的政府管制是自然资本

① [美]巴里·菲尔德等著,原毅军等译:《环境经济学》,中国财政经济出版社 2006 年版,第 146 页。

② [美]巴里·菲尔德等著,原毅军等译:《环境经济学》,中国财政经济出版社 2006 年版,第 159 页。

投资法律制度的“元制度”，前者培育造就投资者，后者保驾投资者。只有这两项制度都能合理安排并有效运作时，自然资本投资交易成本才会有明显降低的可能。当然，如同自然资本投资产权交易必然会有交易成本一样，政府管制也会有交易成本，即政治过程中的交易成本，而且这种成本还会给产权交易带来更大的成本与影响。正是从这个意义上说，政府管制的效率直接决定了产权交易的效率，而产权交易是政府管制效率的直接表现。政府管制无效率，产权交易不可能有效率。

当然，自然资本投资法律制度绩效的评价与考核也不是完全根据投入的绝对量进行的，而是要达到“最佳点”。投资额的增加只是强调人造资本的投入量应当能够满足自然资本维持、保持与增加的需求量。只要制度期内自然资本存量得到维持、保持与增加的同时，人造资本的投资量得到改善就行。必须明确的是，自然资本投资量是一个商业性投资的结果，政府可以战略规划与制定制度控制，却不能也无力直接进行替代性投资，即使是进行一定投资也只是拾遗补缺。因此，从一定意义上讲，自然资本投资额的增加如同经济学上的帕累托效率一样，可以是进行制度设计的方向性引导，却永远是一个不可达到的境界。自然资本投资当然包括自然资本流量减少的投资，即通过“增加自然资本和人造资本效用来提供生命支撑和增加生命服务”的投资，同样可以达到满足自然资本维持、保持与增加的需求量。

(2) 自然资本存量的维持、保持与增加

根据“SEEA”建立自然资本价格与实物的核算评估表。按自然资源的种类与环境容量的种类分别确定期初存量，计量出本期增加、基本减少、调整变化量，分析权重的变化，确定期末存量。再按上述项目进行综合分析得出结论。考虑到自然资本存量核算是实物核算与价值量核算，从分类核算汇总到总量核算，从财富核算到投入产出核算，最后确定国民生产总值，自然资本存量的考核应当按“SEEA”指标体系建构相应的模型或系统供操作计量。分别考量出维持、保持与增加的不同绩效。① 自然资本维持是期内自然资本存量

① 国土资源部信息中心:《2005 中国国土资源可持续发展研究报告》，地质出版社 2006 年版，第 107—108 页。

减少幅度依然在生物圈系统维持的范围之内，这是一种制度绩效大于成本的最低要求。自然资本保持是期内自然资本存量与上期持平，熵的因素减少除外。这是一种较为理想的制度绩效。自然资本增加是期内自然资本存量比上期在总量上增加与种类上改善。这是一种制度绩效最理想的状态。由于自然资源在自然资本中居核心地位，环境容量的维持、保持与增加完全依赖于自然资源存量的变化，自然资源存量的维持、保持与增加就成为制度绩效考核的主要指标。这是在进行制度绩效的考核时必须充分考虑的因素。

实际上，进行自然资本投资，改善资源环境将带来巨大收益。“从经济的角度来看，并非需要完全控制所有的污染，也并非需要扭转所有的自然资源退化的状况。只有当边际（社会）损失等于减轻或控制污染的边际（社会）成本时，才需要对污染和自然资源的退化进行控制，这一点即是环境保护的最佳点。”①显然，自然资本投资绩效的评价与考核也不是完全根据投入的绝对量进行的，而是要达到“最佳点”。直接可以表现为自然资本的存量的维持、保持与增加，间接还可表现为其他收益。世界银行的一项报告表明，中国如果在未来10年内为所有公民提供清洁用水，其折现成本比如说是400亿美元，而收折现值是800亿—1000亿美元；控制中国的空气污染约需500亿美元的资金，但是由于减少疾病和死亡人数，将会带来约2000亿美元的收益。② 世界银行的另一份报告指出，中国重庆、北京、上海和沈阳，“每年都有1万人由于颗粒物污染而过早地死去。”③因颗粒物污染死亡人数的减少当然也是制度绩效带来的收益。

（3）“SEEA”体系的实施

从一定意义上讲，“SEEA”指标体系是以成熟市场经济国家现状为背景进行制度设计的，因而指标的要求较高。且不说考核的项量在中国统计学与会计学上无法纳入，即使在定质与定位上也会存在争议。这也正是中国长期

① 世界银行，本书翻译组译：《增长的质量》，中国财政经济出版社2001年版，第82页。

② 世界银行，本报告翻译组译：《1997年世界发展指标》，中国财政经济出版社1998年版，第17页。

③ 世界银行，中国财政经济出版社译：《绝色工业》，中国财政经济出版社2001年版，第7页。

以来，有关自然资源价值核算与环境容量测量没有结果的原因。但是中国必须按 SEEA 指标体系进行环境与资源综合核算，可以考虑分阶段建立并实施供给与使用账户、环境保护支出核算账户、自然资产账户、实物性自然资产账户、自然资源价值账户、实物性环境资产账户、经济领域外溢账户、外溢维持成本账户等。为此首先要按 SEEA 标准建立适合中国国情的综合环境与经济核算体系，并在此基础上建立和调整数据源。建立中国的 SEEA 是一个复杂的系统工程，但却是中国进行自然资本投资和可持续发展的基本制度安排，否则制度的绩效无从考核，法律制度的设计与安排也没有根据。SEEA 是世界上通行的环境资源价值核算体系，是环境会计的直接表现。它在中国的实施可能要经过一个较长的过程。

环境与环境法的重构

——从环境概念的批判谈起*

张 锋**

摘要:本文论证了目前环境概念的缺陷性,剖析了环境概念产生的观念根源,提出环境乃是生命体之间及其与非生命体之间基于生存的安全与持续而形成的关系状态。人的环境是人类与所有的生命体以及非生命体之间基于生存的安全与持续而建立的关系状态。环境法乃是环境资源法与自然契约法的同构法,具有维护自然正义与社会正义的双重功能。

关键词:环境,自然契约,自然正义,重构

Abstract: This article redefines environment, criticize its traditional concept with the defect of doing no good to the productivity and analyze its idea reasons. Then the article defines that environment is the relationship among lives and non-lives for their safety and continuous development. Human beings' environment is the relationship between mankind and non-human beings for their safety and continuous development. At last, it further expounds and proves that environmental law, which can protect and realize both natural justice and social justice is the isomorphism of environment-resource law and natural contract law.

Keywords: Environment, natural contract, natural justice, re-establishment

---

* 本文为山东省社科规划重点项目《和谐社会的生态化解读——人与自然关系的法律化》(基金项目编号:06JDB118)的成果之一。

** 张锋,(1969—),女,山东莱西人,环境资源法学博士,山东师范大学副教授,主要从事环境资源法学的研究。

一、传统环境概念之特征

何谓环境？在一般的意义上，环境是相对于某一中心事物而言的，作为某一中心事物的对立面而存在的，它因中心事物不同而不同，是某一中心事物的周围事物。① 该概念基于考察的方便，具有直观性、静止性和孤立性，而在指导具体的实践中难免与实际脱离。当然，这从认识的角度是简易的，也是方便的，不过也是经验性的。所以，建立在这种一般概念基础上的环境科学之环境概念相应地认为环境是以人类为主体的外部世界，即人类生存、繁衍所需的相应的环境或物质条件的综合体。它采用人、物二分的方法，说明环境科学只研究人之环境，只有人才存在环境问题。这却与环境科学的实际发展不相符合。而且，如果认为环境是人类生存、繁衍所需的相应的环境，那么，这本身就犯了逻辑上的错误，即循环论证。进而法学上认为环境是围绕着人群的空间，以及直接、间接影响人类生存和发展的各种天然的和经过人工改造过的自然因素的总体，包括大气、水、海洋、土地、矿藏、森林、草原、野生生物、自然遗迹、自然保护区、风景名胜区、城市和乡村等。该概念的特征主要是：(1)直接确立了人类的环境主体地位，即人之环境权利和国家的环境资源所有权。(2)大气、水等自然要素是客体即物的范畴。在法律上，物一般都是在财产的层次上得到保护的。财产所有权的四项权能通过市场发生分离，以便发挥最大效用。这样，市场为了追逐最大利润会对自然要素无限制地配置下去，直到丧失市场价值。所以，在此层次上，环境法律只不过起到一个宏观调控的作用。(3)既然人、国家为环境法律主体，那么，环境法律关系就当然是社会关系了。如果说环境法律关系还包括人与自然关系，那只不过是自欺欺人而已。因为这只不过扩大了人的财产范围，而财产的某些部分本来就是自然的。(4)土地、城市和农村本身就是属于社会的，是财产范畴，受所有权保护。因此，此概念以人来说明自然和人本身，而不是以自然来说明人的存在，导致环境中的一切要素之存在都是以人之需要和利益为取舍了。于是，经济利润成为人关心的唯

① 何强：《环境学导论》，清华大学出版社 1994 年版，第 1 页。

一因素，市场势必将人周围的整个外部世界，无论是天然的还是经过人工改造过的自然因素，都纳入生产对象。所以，它们与其说是自然的，不如说是社会的。因为人与自然之间只存在唯一的经济关系了。例如，水法、野生动物保护法等都是建立在对资源的保护上的。这样环境概念倒是多余的了，唯一的好处在于帮助说明人的自我。而法律的功能只不过在于通过国家宏观调控的作用来克服和减少市场经济的副作用而已。

所以，从环境法的角度，以此概念作为确认主体和划分权利义务的基础与标准来解决人类所面临的环境污染和环境破坏，虽然可以使我们眼前的环境利益得到救济，不过，进一步的事实是当代环境法律难以适应生产力发展的需要了。因为法学家据此建立的法学理论，立法者基于此制定的法律规范，只不过是确立人的环境中心点的地位，并以环境权来维护这种状态——大气、水、森林等自然因素适于人的生存和发展的状态。这样，人的生存和发展就作为环境法律正义的唯一标准了。当然，以资源环境的安全来寻求生存的安全，这与市场的目标相一致，而且从法律上为人身和财产确立了一种新媒介、新途径。人类历史告诉我们，文明的进步总是通过生产工具的革新将尽可能多的自然资源转化成人的生产和生活资料而被消耗，即将有生命的动植物转化成无生命的存在。人类在其幼年阶段正是由于获得了以生命为食物的生活方式，从而为人类提供了生存和生育所需的能量，以致人的进化成为可能。于是，生命的自然在缩小或消失，无生命的自然如沙漠在扩大，人的数量在呈几何级数增长。因为注重现实的利益是人的特点，为此人可以忍受许多。因为更广泛意义上的环境衰退似乎离我们很远很远，所以，基于此而形成的法律构造似乎是掩耳盗铃罢了。简单地说，这使环境法律调整的只是社会关系或将自然关系折射成社会关系，即将环境问题放在社会范围内彻底解决。这就将自然关系彻底地主观化了。

当前的环境概念描述了在财产即资源的层次上发生的单一的单向的人与自然的关系，并将自然资源概念等同于自然概念。人与自然之间不可能建立起法律关系，自然在人的法律下是天然的生活场所和能源与原料的供应库；人类的可持续发展只不过是发扬人的节俭传统或依靠科技的发展尽可能地为后代子孙留一点资源而已。可是，如果不能保证整个库房的安全和供应的持续，那么人类何以持续？

二、环境概念的观念由来

既然人是在观念的指导下生存的，而且概念是观念的逻辑展开，我们就可以凭借发达的思维和科学理论，用法学的眼光来回溯人类进化的观念历程，从中汲取营养，以救济人类之困，这是非常有益的工作。

在大脑还没有发达到足以产生意识的岁月里，人类与其他的生命并没有什么两样，都是寻着食物链的级位，依靠本能而生存。这种生存状态是一种长期适应的动态平衡状态。可是，此时的人类对世界是无所谓的。尽管约 200 万年前人属的脑子已经变成真正的人脑，①不过，在其后的漫长岁月中人类却处于原始思维阶段。原始人没有个人的经验和逻辑推理，不懂得原因和结果之间的关系，原始人的意识已经预先充满了大量的集体表象，靠了这些集体表象，一切客体、存在物或者由人制作的物品总是被想象成拥有大量神秘属性的。② 也就是说，每一个原始的集体中都存在一个集体的、同一的、神秘的力量，它可以通过互渗被个体用来解释一切现象，对于真正的自然原因是不关心的，因为他们的意识中缺少现代人的矛盾概念。这一特征使人直接与世界同一，人还没有与世界直接分开，而且个体也没有与其生存的集体分开。如十九世纪德国的恩斯特·卡西尔所认为的，对于原始人来说，自然与社会不仅是最紧密地联系着，而且是一个难分难舍的整体。马克思说，“我们越往前追溯历史，个人，从而也是进行生产的个人，就越表现为不独立，从属于一个较大的整体……”。③ 但是，集体表象却导致人类对其生存世界的不关心，这是人类与自然世界分化的文化始因。与当时的生产力相适应，这样的思维直接导致后来的图腾崇拜、神灵崇拜和宗教的兴盛。这就是维柯所称的神的时代。可以说人的最早的成熟观念就是神，有了神以后，人与自然之间所有的信息交流都

---

① ［肯］理查德·利基著，吴汝康等译：《人类的起源》，上海科学技术出版社 1997 年版，第 33 页。

② ［法］列维-布留尔著，丁由译：《原始思维》，商务印书馆 1995 年版，第 67 页。

③ 《马克思恩格斯全集》第 46 卷（上），人民出版社 1979 年版，第 21 页。

被神阻隔了，人自此将线的另一端系在了神的身上。神对于人的生存是一种强有力的屏障，是一种安全的背景。人生活在神的世界中，世界和人的存在由神得到说明。随着部落生产力的发达，部落之间的冲突愈加激烈了，于是在部落冲突中产生了英雄。维柯说英雄们都相信自己是源于天神的，是在天帝占卜典礼下生育出来的，英雄们在物种上就属于人类而不属于野兽类。① 人类从此有了一种高贵的出身。英雄主管下的人类生活存在君主与奴隶的分野，于是人类之间也是人、物二分了。古代、近代意义上的人之主体身份就这样出现了。

随着原始思维向神话思维过渡，逻辑思维也在发展着。逻辑思维的发展使人对神的背叛能够成为可能。显然，逻辑思维在一开始就企图透过神来触摸自然与社会的存在。人们不用去猜测神的善意了。但是，“远离了猜测哲学之后，……我们创造了一种可以称为解释哲学的文化现象。这种文化的要害在于：不论我们做了什么，我们都能为自己找到合适、合理的说辞、解释。与猜测哲学的物我一体、仰赖背景不同，解释哲学捧出的是人类中心主义”。② 早期的古希腊哲学家对自然宇宙的说明便是典型例子。尤其到了毕达哥拉斯学派时代，他们利用数来说明世界。赫拉克利特所处的时代是希腊哲学的转折点，他认为人类要洞察自然的秘密必须首先研究人的秘密。这一转折到了苏格拉底终于完成。苏格拉底按照阿波罗神的意志——认识你自己——来专门探讨个体人的问题。自此人又成为西方人类思维的单一中心了。柏拉图、亚里士多德则使这一哲学运动走向顶峰，不但认为人由心灵所掌管，而且自然也因此具有了理性和灵性。到了文艺复兴时代，如笛卡尔等基于上帝的观念和机械制造的经验，以类推的方式，机械地说明自然的存在，形成人类中心主义的机械自然观。总起来说，自古希腊至近代的人类观念可以用古希腊哲学家普罗泰格拉的名言来概括：人是万物的尺度，是存在者存在的尺度，也是不存在者不存在的尺度。③ 这种观念的形成过程显然是漫长的，这是人之自我

① ［意］维柯著，朱光潜译：《新科学》，商务印书馆 1997 年版，第 917 页。

② 江山：“法律革命——从传统到超现代”，《比较法研究》2000 年第 1 期。

③ 北京大学哲学系：《古希腊罗马哲学》，商务印书馆 1982 年版，第 138 页。

从自然中特化出来的过程。但是，由于思维的缺陷即片面的非辩证的思维不能把握自我的二重性——人与物，使自我呈现出不确定性，必然把人与物变成绝对的对立。① 或者将自我无限扩大，以至于将一切包含在自我之中。人类自我意识的这种矛盾性成为捍卫自我的双刃剑，具有实用的意义。一方面，人与物绝对不同，人不但有心灵意识，而且有尊贵的出身。另一方面，人之外的物质世界又都属于人的。这样，人面对的只有一个问题即人的问题。

尽管这种建立在自我观念基础上的人类已将自己的生活资料范围扩展到无所不包的地步，以至于人类中的某些群体，不过，享受财富的快乐使人对财富产生永无止境的欲望，这种欲望由于不断繁殖的人口和生产力的时代限制变得愈加强烈了，以至于人类之间的主要任务就是为获得生活资料而斗争。斗争激烈到决定是否是人的标准只能依靠法律来确定。于是法律之主体诞生了。江山先生说，“传统法律作为西方文化体系的组成内涵，无有例外地崇尚‘点模式’或‘子模式’的思维模式，突出强调‘点’（主体）的构件或基础意义，认为法律之设置，目的就在于对各个被它所认可的‘点’（主体）的保护”。② 这种古老的生存观念、这种精神主导自然的哲学观点一直到现在还在某种程度上支配着人类社会的发展。

于是，在人类进化的道路上，有两个如同暗礁一样的危险时时会使人类的进化成果化为泡影。其一，自然中难以避免的灾难。其二，人类自己对自然的破坏。好在人类早已自己意识到了，不过，至今依然在原地兜圈子。可持续发展观念似乎已经深入人心了，可是，如果生命依存的条件——水、大气、土壤等不能持续，非人类的生命如植物、动物等不能持续，那么人类社会何以持续呢?！可持续发展理论从社会的角度来说无疑是正确的，可是如果忽略了人类社会所依存的前提条件，忽略了生产力所依存的自然条件，那么，这一理论也就不正确了。在实践中，随着消极量变的积累，破坏性的质变也就不可避免地发生了。

---

① ［苏］科恩著，佟景韩等译：《自我论》，上海三联书店 1987 年版，第 45 页。

② 江山：“法律革命——从传统到超现代”，《比较法研究》2000 年第 1 期。

至此,我们得出依靠以下三种观念来建立环境法律之理论是不可靠的。其一,建立在人自我意识和优势能力基础上的主体观念。其二,以人主体为中心的环境观念。其三,环境法律关系的社会性观念。显然,这些观念已阻碍了生产力的发展。生产力发展和科学技术进步以及地球行星的环境失衡要求我们摆脱以自我为尺度来考察世界的传统观念,摆脱以自我的狭隘利益来左右世界的思维;转而以宇宙的尺度来考察人类的存在。这是传统观念更新的前提。

三、寻找人的生存位置

达尔文已为我们归纳出了人类进化的自然谱系,描述了人类进化的路径。人类和其他生命一样从远古而来,而且至今和那些进化缓慢的生命物种一同生活在这个世界上。从这个角度看,生命之间并没有人、物之高低的分化,也没有谁决定谁的生存权利。相反,生命在长期的进化过程中形成了相互依存的关系。人首先是动物,其次才是人。具体来说,人在实质上是哺乳动物下的灵长目中的人科中的人属。这就是我们人类的位置。所以,我们所论证的人的本质——意识和意志的对立统一①乃是人之个性。马克思说,"生命的生产——无论是自己生命的生产(通过劳动)或他人生命的生产(通过生育)——立即表现为双重关系:一方面是自然关系,另一方面是社会关系"。② 恩格斯也指出,"人来源于动物界这一事实已经决定人永远不能完全摆脱兽性,所以问题永远只能在于摆脱得多些或少些,在于兽性或人性的程度上的差异"。③ 这些理论深刻地揭示了人的性质:(1)文化性;(2)自然性,即生物性。然而,在人类自身的平等权利依然还是问题的情况下,弘扬人类的本性,珍视人类自身,这是人类进化过程中的必然现象,这也是人类关注他类的前提,人必须从法律上构建自我制约

① 肖君和:《论人》,浙江人民出版社 1986 年版,第 71 页。

② 《马克思恩格斯选集》第 1 卷,人民出版社 1972 年版,第 34 页。

③ 《马克思恩格斯全集》第 20 卷,人民出版社 1971 年版,第 110 页。

机制。

四、重新定义环境概念

至此，我们发现神的观念、人自为背景的观念都不可靠，不过，我们在背叛神和自我解构的过程中，一种有利于生产力发展的新观念渐渐产生了。细言之：

（1）人类已走出纯粹通过社会来说明自然的传统思维模式，形成了以自然来说明人类的新观念。人向自然回归，从而获得了一个全新的解释背景。这一背景的特征在于其全方位性和真实性，摒弃了神的虚假性和人自身的狭隘性。

（2）人的社会属性向生物回归，发现了人与自然之间的同一性，并依此重新建立了人与自然之间的关系。

（3）点的思维模式被关系思维模式所取代，获得了环境的系统观念和网络观念。

无疑，以上观念对于我们解释、说明环境的特征有不可替代的重要性。观念的成熟就成为人们习惯与文化的内容，成为思想的参照，成为真理。所以，在以上诸观念的参照下，我们发现环境的特征在于环境主体的多样性、主体关系的网络性和系统性、能量与信息的动态平衡性。

于是，我们可以从法学角度重新定义环境概念：

环境是生命体之间及其与非生命体之间基于生存的安全与持续而建立的所有关系状态。人的环境是人类与所有的生命体以及非生命体之间基于生存的安全与持续而建立的关系状态。人的环境有二：（1）个体环境，即社会关系。人类在生产、生活的过程中历史地形成的社会生活环境。其特征表现为：社会性、历史性、网络性、生态性、财产性。水、动植物都成为人类的生产、生活的资源而纳入了社会的范围，因而具有经济价值。（2）人类环境，即人的自然存在关系。所以，环境的本质乃是平等，而不是对中心事物即主体的服从。

五、环境资源法律之重构

1. 自然资源的社会属性和环境资源法

生命的存在乃是多样性的存在，是多样生命之间的互助、平等和共生。

当然，人类生存与发展的前提乃是资源的持续与安全。而且，环境法律中关注的是自然资源的安全。对于自然资源，无论是阳光、水、大气、土壤，还是植物和动物，都具有自然属性。但是，由于自然资源已成为人类的生产对象，即生产资料的范畴，所以，它已被纳入到人类社会，成为人类利用和改造的对象，从而具有了社会性。在资源的层次，所有的自然资源都已纳入了社会发展的范围，直接受到市场规律的配置。自北极的固体淡水到南极的固体淡水，自热带雨林到寒带的地衣以及城市、农村中的植物（树木、花草）、土地、水和大气，都直接成为人的经济资源而具有经济价值，受到市场的支配，受到社会规律的支配，依赖于社会关系的变化。因为凡是社会的资源，一方面受到市场的配置，而另一方面受到法律的配置，因而，自然资源可以法律化为个体生活资源和社会公共资源，进而转化为个体利益和社会利益，成为个体权利和社会权利。例如，水对于社会生产和生活，城市中的花草树木，人工饲养的家畜，以及城市用地、农村用地都属于社会财产之范畴，体现了人与人之间的关系。任何对它们的污染和破坏都是对个体或社会利益的侵权行为而受到法律的制裁。这就是目前环境资源法的运行机制。自然资源的安全和持续是环境资源法的目的，也是社会正义的基本内容。国家通过行政权力依法对环境进行管理，个体通过环境保护和行使个体环境权的主张，共同追求法律的目的——自然资源关系的平等与安全。

2. 生物多样性和自然契约法

但是，社会层次上的环境资源法的目的在社会的范围内并不能最终实现。根据生态学家林德曼（Lindeman）的“十分之一定律”，即绿色植物从固定太阳能起，能量在食物链传递过程中，每经过一个营养级，大约90%的能量被消耗用于自身的生存和发展，而只有10%的能量传到下一个营养级。① 这说明处于食物链顶端的人类社会的物质财富的增长即自然资源的增长依赖他类生命的多样性存在和发展。后者是前者的前提。这就要求人类文明的阳光关照他类生命的繁荣，这是人类发展的一种方式。因此法律的调整范围必须向第二个层次提升，向人与自然关系的层次跨越。

人与自然关系就是生物圈、大气圈、水圈和岩石圈的安全与人类的关系。人曾能动地设计人—自然关系，而且对现实的生命体关系加以改造，以至于对他类生命体的征服和消灭。消极的生命体之间的关系不利于人的生存，但是能动改造的盲目性和短期性使人类的生存景况愈加地尴尬了——生产力越发展，生存越脆弱。人—自然关系已到了非调整不可的时期！当然，解铃还需系铃人。综合起来，人类社会的调整机制有三种：(1)科学技术；(2)道德因素；(3)法律因素。当我们运用这三种机制来调整人和自然之间的关系的时候，遇到的最大困难乃是社会和自然之间的差别——自然的非意志性和语言的不可沟通性。这一难题不解决，一切努力都只会在原地兜圈子。就环境法律而言，最主要的问题乃是主体问题。其实，人的主体资格乃是利益斗争的结果，而不是什么天赋的。主体总是与利益相联系，而利益就意味着权利。主体之间通过对利益的承认与尊重而获得主体资格安全，此即彼此的义务。法律就是通过权利—义务机制实现主体的权利。权利与义务的产生有三种法律形式：(1)主体之间通过合意来设定双方的权利与义务，此即契约自由。(2)通过法律的直接设定，如刑法和消费者权利保护法。(3)通过行政手段来设定权利和义务。后两种方式的实质在于主体的权利直接源于社会公共利益的正义性，以及义务主体对国家权力和社会利益的理解、尊重和服从。其实，人类的特殊性并不等于主体的本质，即人与主体并不能绝对同一，人只不过是一种特殊主体。之所以将主体局限于人是因为这曾经有利于人的生存，对人有利。可是，现在将主体仍然局限于人已不利于人类的生存了。主体首先是法律上的一种资格，即权利能力，而不是人类的行为能力。这是从生命存在的角度进行考察的，核心是有能享有权利或承担义务的资格。凡是资格都是通过不断的斗争而争取的。古罗马的奴隶以及近代的美洲黑奴曾经都不是主体，但是

① 张文驹著：《对生命的敬畏——新世纪的大话题》，内蒙古人民出版社 2000 年版，第 38 页。

为生存而本能斗争的结果使得他们最终获得了法律主体的地位。主体源于生命相互依存的需要,需要产生利益和权利。人与人之间的需要产生社会关系,生命之间的需要产生自然关系,人与非人生命之间的需要产生人与自然的关系。主体乃是对生命体的承认和尊重。要维持人与自然关系的平衡,就必须承认他类生命体在生态系统中的多样性存在,承认生命之间的相互依存关系即共生关系。这就要求人类放弃对非人类生命的殖民主义行径,反对人类对非人类生命的灭绝行为。这个目的的实现只有通过人类规范自身的行为即通过道德和法律的途径而无他法。也就是说,给予非人类生命体持续存在的资格即生存权,否则,通过灭绝他类生命体和毁灭生命所依存的非生命条件来维持人类绝对的唯一的永恒的主体资格,是唯心主义的一相情愿。这样,正义观念就获得了一种崭新的内涵,即所有生命体之间的平等存在和生态系统内的各生命要素的持续、合理与公平。因此,正义包含自然正义和社会正义。

非人类生命体以个体的牺牲来维持人类的发展,这是他类生命体的自然义务,这要求人类在获得自然资源的同时尊重他类的存在并保护他类的存在,以防市场经济对非人类生命体的毁灭性冲击。这样,就建立了超越人类社会和自然资源范畴的人类与自然之间的法律关系即权利与义务关系,这是一种人际同构法,它需要我们去发现和认同,而不是主观创制。如果说人域的法律进化过程中出现了身份法和契约法两种形式,那么法律在人际同构过程中的最好的既定表现形式就是契约法。具体来说,人与自然之间的关系乃是一种契约关系。

根据梅因的考察,契约起初是和财产的让与仪式相联系的,称为耐克逊;后来财产让与和契约分离,“耐克逊”专指契约的仪式,并使其庄严化。随着罗马法的发展,契约的两个新要件——合意和债取代了耐克逊,从而使契约有了更广泛的价值。正如江山先生所云:“契约法既服从梅因的‘从身份到契约’的变化规则,也服从维柯的神性的法进到英雄的法,再进入人的法的运动逻辑。”①契约法是人类法的最好载体了。

自然契约是基于生命多样性的持续存在原则、生命共生原则建立起来的

---

① 江山:“法律革命——从传统到超现代”,《比较法研究》2000年第1期。

人与非人类生命体之间的权利义务关系。生命存在不仅仅只有人类，人类的生存发展依赖于生命多样性的繁荣，生命多样存在却要求人类以对待自己的人道主义方式对待他类生命。这不仅是道德问题，而且也是法律关注的问题。人类借助科学去认识、发现、理解自然规律，通过对自然规律的认同、遵从从而了解了自己的权利范围，规范调整自己的行为方式，这是一种他知又自知的过程。人类改变自己的生存观念，用科学的宇宙观来看待生命的发展，大力推进自然科学研究以及与此相结合的社会学研究，科学地界定自然资源和自然之间的区别，科学地估价在具体的时空背景下人类所拥有的自然资源量和人类的可利用量，从而制定人类社会的发展规划。将人类的发展与人类对自然的研究、管理和维护相协调，形成人与自然关系的动态平衡，从而为生产力的发展开辟了崭新的途径。这样，契约的内涵就发生了革命性的变革。

但是，以“类”为主体单元的自然契约只有通过社会个体的法律实践才能对人类有约束力。所以，自然契约与环境资源法必须结合，二者不是矛盾的，而是相辅相成的。自然契约是环境资源法的基础，为其提供理论背景和动力。同时，环境资源法是自然契约的具体实现途径。例如，对濒危物种的保护，对臭氧层和森林的保护以及为此而建立的自然保护区，不仅是保护人类的资源，而且是在保护人与非人类之间的关系。从人类的层次，我们可以用契约加以表达人与自然关系，不过，人类由于生活的地域多样性自古以来形成了以民族和国家为基本单元的社会集团，国家基于主权原则而拥有领土所有权，并将领土范围内生命的存在条件——大气、水、土壤等和生存于其内的所有生命体都纳入了主权范围。国家在其主权范围内，在维护人与自然关系方面代表着人类的共同利益，遵循脆弱的自然契约关系，这就要求各集团之间基于自然利益的整体性而达成共识和国际合作。由于以民族和国家为单元的人类，基于国家主权而占有了整个自然并纳入自然资源的范畴，这就要求国家遵循自然规律和人与自然之间的平衡关系，科学地界定自然多样性的存在与自然资源之间的界限，社会对自然资源的利用不至于危及人与自然之间的平衡，同时对社会个体的破坏行为进行规制。但是，由于国家的发展战略和发展计划受到市场经济的影响，这种近利性往往使国家为了追求短期利益而破坏自然契约关系。这就要求对国家权利进行监督和制约，其目的是为了使生命多样性的存在不至于受到国家利益的伤害。这种监督和制约的力量正代表了自然的利益,即非人类生命的环境权。不过,这种力量只能来源于人民之中,首先体现在宪法当中,并向其他法律渗透。这样,在环境资源法领域就会出现法律主体多样化的现象。人们不仅为自己的环境权而寻求法律救济,而且大量的民间社团的建立为其所代表的权利而诉讼。因为非人类主体的利益不可能在社会正义中直接实现,而必须通过其代言人——各种代表其利益的民间组织来实现。

结　语

科学"不是要描述孤立分离的事实,……而是需要新的秩序原则,新的理智解释形式","科学在现象中所寻找的远不是相似性,而是秩序"。[①] 所以,依靠科学进步,突破观念束缚,科学地认识人与自然关系,才能建立新的符合正义的秩序规则。

① [德]恩斯特·卡西尔著,甘阳译:《人论》,上海译文出版社 1986 年版,第 265 页。

环境伦理学“真理化”批判及其对环境法学的启示

巩　固*

摘要：环境伦理学为环境时代人类反思、建构与自然的和谐关系提供了有益视角。但作为一种方兴未艾的思潮，其在具体内容上争议繁杂，在哲学立场、思维方式、论证逻辑、现实意义方面存在重大缺陷，在本质上是一种具有西方中心主义和知识精英视角的信仰，反映的是西方文化传统下的知识阶层对环境问题的特定理解，不具有普适性。中国环境法学者应慎重对待其内容，注意理论基础的本土化及其现实意识。

关键词：环境伦理学，真理化，批判，借鉴

Abstract: Environmental ethics provides a good visual angle for us to reflect and construct harmonious relationships with nature in environmental era. But as a developing philosophy trend of thought, there are bitter controversies in its concrete content as well as significant defects in the aspects of philosophy standpoint, mode of thinking, logic of proof and practical significance. In essence, environmental ethics is a belief with Western centralism and the perspective of intellectual elite, and what it reflects is the intelligentsia's specific understanding of environmental problems under western traditional culture. It dose not have universality. Chinese environmental law scholars should adopt prudent attitude to its content,

* 巩固（1980—　），男，汉族，山东新泰人，中国海洋大学博士研究生，研究方向为环境资源法、法学基础理论。

and pay attention to the localization of theoretical foundation and its realistic consideration.

Key words: Environmental ethics, make it truth, critique, enlightenment

环境伦理学在当今环境法学思想中具有举足轻重的地位。"环境法应以生态伦理为定位这一命题几乎已经为该法律共同体所普遍认可。"①近年来环境法学理论的创新与争鸣,如"非人类中心主义法律观"、"生态价值目的论"、"自然体权利说"、"调整论"等盛行于环境法学领域的重大理论,莫不与之相关。有些学者甚至相信,环境伦理学足以引起传统法学的颠覆与范式革命。

然而,环境伦理学能否作为一种当然真理加以建构?环境法学者对环境伦理学不假思索地接受是否是一种成熟的理性选择?如果我们承认伦理与法的差异,承认不是任何伦理理论都可以当然作为法的基础的话,那么答案显然是否定的。作为一种新兴思潮,环境伦理学要想成为法的理论基础,其至少应经受两种不同层面的检验:伦理层面,作为伦理理论的正当与合理,其原因在于环境伦理学的新兴与"革命";法律层面,在前者成立的基础上,其与法律实践接轨的可能性和必要性,原因在于伦理与法的本质区别。目前法学界对环境伦理学理论褒贬不一,但争议多集中于法律层面,指向"环境伦理化"的具体法律理论,而甚少指向环境伦理学本身。在此,本文将主要从伦理学角度对环境伦理学整体做一探讨与分析,以为法学学者全面思考其价值提供有益视角。

一、环境伦理学的历史发展与学说概况

真正意义上的环境伦理学诞生于近代西方,有着复杂的社会背景和文化渊源。从社会角度看,自工业革命以来不断加剧的人与自然的紧张至20世纪

① 高利红:"环境法的生态伦理外套",《郑州大学学报》2002年第2期。

60 年代达至顶峰，以八大公害为标志的人类环境危机是环境伦理学产生的直接背景。从文化的角度看，则有着更为深远的渊源。

从 19 世纪中期起，一批美国人文、自然学者受欧洲浪漫主义运动和达尔文进化论学说的影响，开始对工业社会的人与自然关系模式进行批判，代表人物有爱德华兹、爱默生、梭罗、缪尔、施韦泽、利奥波德等。他们赞颂自然界的和谐与完美，关注它们在迅速扩展的工业文明中的命运，成为现代环境主义的先驱。① 但直到 20 世纪 60 年代之前，这些思想并未为社会公众所接受，仅在人文科学、宗教及所谓的反文化领域中小范围流传。

二十世纪六七十年代，在意识形态、战争阴影、社会压迫、环境恶化等重重危机的逼迫下，西方社会掀起了一场全面检讨现代文明和生活方式的“文化大革命”（countercultural revolution），其矛头直接指向以工业文明为基础的整个西方近现代文化。作为其中的一支重要力量，环境运动与反战运动、民权运动、女权运动等一起席卷欧美，向西方社会的主流文化发起挑战。前述自然人文学者的思想开始受到人们的重视，并经由一大批学者继承、发扬和系统化，成为环境运动的思想指导和理论总结，环境伦理学应运而生。

作为对人与自然关系之伦理思考的结果，环境伦理学与传统人际伦理学的最大区别在于将自然纳入伦理视野，主张人与自然之间的道德关系。“其基本特征是：拒绝人类中心主义，主张以生命个体或整体性的存在物（如物种、生态系统）为中心来看待非人类世界的价值，确定人类对它们的道德义务。”②环境伦理学者把环境危机的产生归咎于基督教人类中心主义、人与自然二分的近代哲学、机械主义自然观、狭隘的人类中心主义道德权利观、功利主义思维、无节制的消费主义等在西方社会占据支配地位的哲学思想，认为只有树立正确的价值观，在人与自然之间建立和谐一体的伦理关系，实现人类文明的“范式”转换才能解决目前的环境危机。

作为一种文化思潮，环境伦理学从结构上看并非铁板一块，而是由观点明显分歧的诸多流派组成。目前为我国学者所熟知的主要有：彼得·辛格的

① 陈剑澜：“西方环境伦理思想述要”，《马克思主义与现实》2003 年第 3 期。

② 陈剑澜：“西方环境伦理思想述要”，《马克思主义与现实》2003 年第 3 期。

"动物解放论"、汤姆·雷根的"动物权利论"、阿尔贝特·施韦泽的"敬畏生命观"、保尔·泰勒的"生命平等论"、亨利·梭罗的"生态哲学"思想、怀特海的"有机体哲学"理论、奥尔多·利奥波德的"大地伦理学"、霍姆斯·罗尔斯顿的"自然价值论"以及阿伦·奈斯的"深层生态学"等理论。对这些理论,学界一般依照其所主张的伦理关怀的主体范围的不同分为三类:动物中心论、生物中心论、生态中心论。更为普遍的则是将动物中心论与生物中心论两者概括为共同的"生命(生物)伦理学",与"生态中心的伦理学"相对应。其中生命伦理学关注的是作为个体的自然体,以生命的平等和尊严为基础,力图通过传统伦理路径的扩展,将人的道德主体地位赋予自然体来实现自然的"权利"。而生态伦理学则以整体主义的"生态学"为基础,关注作为整体的物种和生态系统的内在价值,试图利用生态学的基本原理对传统伦理学加以重构与再造,具有强烈的整体主义价值取向。

尽管上述划分已然表明了环境伦理学内部的巨大分歧,但划分本身仍不免以偏概全,失之简单。简单的归类掩盖了不同观点之间的巨大差异,往往使人误以为环境伦理学体系的整齐划一,但实质上这些观点之间的分歧远多于共识,甚至存在着立场上的根本对立,相互攻讦始终不绝。同样是动物中心论,辛格从功利主义出发、以感觉作为道德主体之标准和依据的"动物解放论"就遭到了雷根以目的论和自然体固有价值为基础的"动物权利论"的全面批判;而两者仅仅把动物看成是道德关怀主体的"物种歧视主义"又共同受到生物中心论的谴责。生态中心论指责只重视生命个体的学派是个体主义的、带着人类中心论尾巴的,而重视生命个体固有价值的学派又反过来指责以生态系统为基础的学派是生态沙文主义或生态法西斯主义。① 早期环境伦理学以"权利"作为自然体道德地位的主张,现在则认为"非人类存在物的权利这一概念即使不是荒谬的,也是多余的",②转而以自然之"内在价值"作为话语武器。

---

① 李培超:《伦理拓展主义的颠覆——西方环境伦理思潮研究》,湖南师范大学出版社2004年版,第200页。

② [美]霍尔姆斯·罗尔斯顿著,杨通进译:《环境伦理学》,中国社会科学出版社2000年版,译者前言第5页。

二、环境伦理学基本内容批判

作为生态危机的社会现实与精神危机的文化困境的产物，环境伦理学迎合了环境运动所需的精神需求，为环境时代下反思人与自然的关系、建立正确的自然价值观和环境伦理观提供了有益的思考。然而环境伦理学过激的“革命性”，使其日益受到主流学者的批判与质疑，这些批判直接指向环境伦理学的基础。

1. 哲学立场：非人类中心主义误区

非人类中心主义哲学立场是环境伦理学的核心和基石。其提出源于这样的认识，即环境危机根源于现代哲学以人为本的价值立场以及由此导致的自然的“物化”，因此其解决之道亦在于哲学立场的以生态为中心的根本转变。戴维·埃伦费尔德发表于1981年的名文《人道主义的僭妄》可谓此种思想的集大成者。① 作为一种响亮的口号，人类中心主义颇具鼓动性，但经不起逻辑的推敲和实践的检验。

首先，“生态危机的出现并非人道主义的僭妄，恰恰相反，是人道主义精神还不够深入的结果。”②生态环境的恶化并不符合人类利益，而是对人类利益的严重破坏。环境危机的根源，不是人们以人类利益当作行为准则，而是在个人主义、集团主义、狭隘的民族主义的蒙蔽下对人类利益的忽略与放弃，是个人利益与集体利益、经济利益与社会利益、眼前利益与长远利益失衡的结果。“人类目前所面临的窘境，主要不是太以人类为中心，而是还没有真正以全人类的利益为中心。要实现真正的人类中心论，我们还有很长一段路要走。”③其次，环境危机的解决并不与人类中心主义相矛盾，更不以其颠覆为必要。人类中心立场并不必然导致对自然的掠夺式主宰，反而能为环境保护提

---

① ［美］戴维·埃伦费尔德著，李云龙译：《人道主义的僭妄》，国际文化出版公司1988年版。

② 马凌：“生态伦理与人道主义——18世纪西方自然观的形成及其当代影响”，《唐都学刊》2004年第3期。

③ 杨通进：“人类中心论与环境伦理学”，《中国人民大学学报》1998年第6期。

供强劲动力。美国学者墨迪对此评论道:(1)人类评价自身的利益高于非人类是自然而然的事情;(2)人的实践能力能够认识到对自然的间接责任;(3)人类中心主义与自然的内在价值相一致;(4)人类对未来的可预测性和认知能力的无限性,决定了人类主动摆脱生态危机的现实性和可能性。① 美国学者诺顿提出感性的意愿与理性的意愿、强化的人类中心主义与弱化的人类中心主义的区别,并认为弱化的人类中心主义可以实现人类整体的需要、价值和长远利益三者的统一。② 再次,环境危机的解决必须依靠人类中心主义的发挥。即便最彻底的环境伦理学者也承认,环境危机的解决只能靠人的努力,因为只有人才具有意志和实践能力,具有超脱狭隘的生物本能,以一种长远眼光和负责任的态度行为的能力。但"人们奋斗所争取的一切,都同他们的利益有关"。③ 如果人们意识不到环境保护与自我利益之间的紧密联系,就很难有足够的实践动力。环境伦理学也就难免沦为空谈。只有通过"人类中心主义"的改造与超越,发挥人的实践能力,才能真正解决人与自然的紧张。④

2. 思维方式:生态问题抽象化

生态问题从来都是一个复杂的问题,将其归咎于某种哲学,寄希望于某种伦理观的转变,是典型的"生态问题抽象化"。这种做法既失之武断又理想主义,过分夸大了伦理的作用,具有浓厚的唯心主义色彩。对此,日本学者丸山正次问道:"通过改变人对自然的看法就真能使人对自然的态度(行为方式)发生变化吗?以有机世界观为基础的古代文明不也是为适应人口增加的需要,扩大耕地范围,结果造成土地沙漠化,导致文明没落的吗?东方国家拥有尊重自然的宗教和强调和谐的自然观,但它们不也是出现了严重的环境污染了吗?人对物质环境的行为方式果真会因自然观的改变而彻底发生变化吗?

---

① W. H. Murdy. Anthropocentrism: "A Modern Version", *Science*, 187(1975), pp. 1168-1175,转引自叶平:"'人类中心主义'的生态伦理",《哲学研究》1995 年第 1 期。

② 叶平:"'人类中心主义'的生态伦理",《哲学研究》1995 年第 1 期。

③ 《马克思恩格斯全集》第 1 卷,人民出版社 1956 年版,第 82 页。

④ 邓捷:"环境伦理学视野下的'人类中心主义'",《新疆师范大学学报》2003 年第 4 期。刘福森:"自然中心主义生态伦理观的理论困境",《中国社会科学》1997 年第 3 期。

对此我深表怀疑。"①

自20世纪70年代以来，关于环境伦理的"第三种声音"——"环境正义论"逐渐浮出水面，包括代际正义、代内正义、生态女性主义、社会生态学、生态社会主义、西方马克思主义自然观等理论。与环境伦理学对环境问题的简单化不同，环境正义论认为不能脱离社会抽象地看待环境问题，而应从社会制度出发去寻找生态危机的根源。人们对自然的支配和贬黜导源于存在着特权等级制度和支配制度的社会结构模式。生态危机的决定性因素不是某种抽象的哲学或世界观，而是现实的社会关系和社会结构的非正义性。环境正义论者不相信环境破坏的"根本原因是传统伦理的失败，或者是这些伦理理论应用范围的问题。传统的社会正义理论对于分析环境问题已经足够了"。② 环境问题的解决不是靠空洞的说教或者所谓"范式转换"，而必须依赖社会结构的良性变迁。

3. 论证逻辑：自然主义的谬误

环境伦理学的主要论证路径是将人类社会模拟为生态系统，将生态规律运用于社会生活，从自然物在生态系统中的地位和作用出发推导出人的伦理义务，从"是"推出"应当"。然而，"是"是一种存在事实，不存在价值判断的内涵；"应当"是一种价值选择，价值规范只与人的主观性、目的性相关联，与客观存在的事实无涉。③ 因此从逻辑上看，是无法仅从事实推出价值的。比如，自然无时无刻不处于变化之中，为什么某种状态被认为是"平衡"，某种状态则称为"失衡"呢？如果没有某种价值预设作为前提，是无法自圆其说的。对于此种混淆价值与事实、实然与应然的逻辑谬误，英国学者摩尔称之为"自然主义的谬误"。这种谬误使得环境伦理学的论证在逻辑上是不能令人信服的。

4. 现实意义：实践性不足

---

① 丸山正次："环境政治理论的基本视角——对日本几种主要环境政治理论的分析与批判"，《文史哲》2005 年第 6 期。

② 李培超：《伦理拓展主义的颠覆——西方环境伦理思潮研究》，湖南师范大学出版社 2004 年版，第 163 页。

③ 林兵："从生态伦理到实践伦理"，《吉林大学社会科学学报》1998 年第 3 期。

实践意义不足是环境伦理学的软肋,并在很大程度上降低了其价值。环境伦理学过分追求言说的体系和境界的高远,缺乏对现实生活和人类命运的具体关注。"更多的只是以浪漫的方式来争论动物的权利,来抒发自己悲天悯人的宗教情怀,来提倡荒野体验,来抽象地谈人类与自然物的平等关系。"①环境危机给人类带来的生存危机,却始终未能成为环境伦理言说的焦点。环境伦理学者总是喜欢空洞的道德说教,而将其根本任务——为环境保护实践提供可靠的道德基础和伦理支持搁置一旁,无法为具体的环境行为提供切实可行的方案。对此,有学者评价道:"生态伦理的主要功能是激发伦理语言的活力,扩展我们思维的空间,点燃道德想象力的火把,是提出问题,而非解决问题。"②

从历史的角度看,环境伦理学的社会实践意义主要在环境运动的高潮期,其充满激情的理论与口号使环境保护的观念深入人心,对环境信念的迅速普及功不可没。但随着大规模社会运动的渐趋式微和制度理性建构时代的到来,环境伦理学空洞、激进、实践意义不足的弊端日显,其社会意义也不断降低。自20世纪90年代以来,西方环境伦理学陷入困境,迄今未有大的理论突破;而其实践更是日益脱离大众和常规手段,滑向"环保恐怖"的边缘。③ 如何由批判转为建构,由宏大叙事转向具体建设,由反思理性转向实践理性,是环境伦理学的未来发展趋势和根本出路所在。

三、环境伦理学本质分析

尽管存在重大缺陷,在环境危机的大背景下,环境伦理学还是凭借其革命性的理念和极具蛊惑的口号赢得了人们的同情与信任,以至于出现环境伦理

① 李培超:《自然的伦理尊严》,江西人民出版社2001年版,第122页。

② 徐嵩龄:《环境论理学进展:评论与阐述》,社会科学文献出版社1999年版,第51页。

③ 90年代以来,世界著名环境保护组织的环保实践日趋"边缘化",脱离主流社会大众,多采用激进甚至暴力等非常规手段来实现其主张。具体可参见[美]查尔斯·哈珀著,肖晨阳等译:《环境与社会——环境问题中的人文视野》,天津人民出版社1998年版,第378—387页。

学“真理化”倾向。然而，与任何社会思潮一样，环境伦理学也不过是特定背景下特定人群对特定事物的特定思考，并非放之四海而皆准的真理。

1. 本质：科学外衣下的信仰

从来源上看，环境伦理学是以生态学为代表的现代科学和以浪漫主义文化为代表的西方文化传统相结合的产物，是科学与信仰、真实与虚构、理性与浪漫的杂糅。环境伦理学以作为自然科学的生态学为基础，为自己披上一件科学、理性的外衣；但在价值评价上又超越科学的中立立场，以原始的、充满野性和生命力的、具有独立意志和尊严的“人化”自然为价值预设和追求目标，具有非理性的浪漫主义色彩，①在本质上是反科学（anti-science）。其典型例子莫过于将地球视为一个像人一样的生命有机体的盖娅假说。②

这两种根本背离的气质，以一种“生态思维社会化”的方式得到结合，③并在由生态学的“显学”地位、④环境危机所强化的人们对于自然或亲切或内疚的复杂情感以及环境保护“价值正确”的主流意识形态相混合的“生态文化”下，得到人们的普遍崇信，取得了近似于真理的话语权。但这种崇信是建立在虚假与误解之上的。

余谋昌先生认为，环境伦理学既包含科学，又包含信仰。⑤ 但就其本质而言，环境伦理学仍是一种信仰，尽管披着极具迷惑性的科学的外衣。在环境伦

---

① “浪漫主义的特征总的说来是用审美的标准代替功利的标准。浪漫主义者的道德都有原本属于审美的动机。”［英］罗素著，马元德译：《西方哲学史》（下），商务印书馆 2004 年版，第 216 页。

② “这种假说认为地球实际上是一个像人体一样的通过控制化学和物理环境来保证维持生命的条件的生命有机体。事实上，它展示了当代科学思想与神秘主义正日益增长的一种抽象关联。”［美］查尔斯·哈珀著，肖晨阳等译：《环境与社会——环境问题中的人文视野》，天津人民出版社 1998 年版，第 377—378 页。

③ 参见黄爱宝：“生态思维与伦理思维的契合方式”，《南京社会科学》2003 年第 4 期。

④ “虽然一个走在大街上的普通人一般并不能毫无准备地说出生态学的含义，而且他仍将按自己的准则安排生活，但他还是愿意由该领域的权威来划分历史的特定时空。”唐纳德·沃斯特著，侯文惠译：《自然的经济体系——生态思想史》，商务印书馆 1999 年版，第 416 页。

⑤ “当我们涉及生态伦理学时，可以认为它既包含科学，又包含信仰。因为它是作为科学的伦理学知识体系的一部分，但又包含崇拜生命的信仰。它的对生命的赞美，对生命本质力量的信赖，是关于人与自然的真、善、美的赞歌。”余谋昌：《惩罚中的醒悟》，广东教育出版社 1995 年版，第 76 页。

理学的论证中,科学并非贯穿始终,而是与感性交替使用。科学不过是用来为环境伦理的主张服务,为其心目中的人化自然的成立作注脚。因此,环境伦理学者时而通过科学观测的种种数据来表明自然的奇妙和精巧,时而又主张"像山一样思考",主张自然的神秘莫测,以一种极具感性的浪漫情怀唤起人类对自然的敬畏。一方面以人类能力的局限、科技进步的"虚妄"来主张人对自然的"无为";另一方面,又以通过科学所获得的环境知识和生态规律来论证其主张,以科学数据的支持来证明其主张的合法性。

事实上,作为一种以善恶评价为己任的伦理学,彻底的科学态度是不可能的。正如"自然主义的谬误"的批评者所指出的,人们无法从纯粹客观事实推导出应如何而为的价值判断。在科学无力之时,环境伦理学就只能求助于信仰。从纯粹科学的立场看来,生态平衡的破坏只不过意味着自然界从一种存在状态向另一种存在状态的变化,它本身无所谓好坏,我们为什么要保护一种状态而防止另一种状态呢? 由于排斥人类中心主义,否认环境伦理的人类利益基础,环境伦理学就只能求助于对生态平衡的信仰和崇拜来确立保护生态平衡的伦理原则,即将生态平衡等于"善"而拒绝回答为什么。这显然是不能令人信服的。"建立在信仰基础上的伦理原则,不可能具有普遍的规范作用,只能诱导少数人的盲从。"①

2. 特征:西方中心主义

环境伦理学者胸怀世界、放眼全球,以人类环境之整体危机为背景,试图发展出一种普适的、具有普遍约束的规范伦理。但实际上,作为西方环境运动的产物,环境伦理学具有典型的西方特色。

《大自然的权利》一书的作者纳什把环境伦理思想解读成西方自由主义思想传统的最新发展和逻辑延伸;②尤金·哈格罗夫则追溯了环境伦理学在西方近代自然诗、风景画、景观园林和博物学中的起源;③更有学者从自然法思想、功利主义、达尔文进化论、生态学、后现代主义等西方传统文化中找到环

① 刘福森:"自然中心主义生态伦理观的理论困境",《中国社会科学》1997 年第 3 期。

② 参见[美]纳什著,杨通进译,梁治平校:《大自然的权利》,青岛出版社 1999 年版。

③ 参见尤金·哈格罗夫:"西方环境论理学对非西方国家的作用",《清华大学学报》2005 年第 3 期。

境伦理学的思想渊源。① 从纯粹学术的角度看，西方化是环境伦理学的一大特色，但当其信徒将之作为对于环境的唯一正确理解，或者作为一种普适的伦理准则予以推广时，这种特色就难免转化为带有歧视色彩的“西方中心主义”。

环境伦理学对环境问题的抽象掩盖了其背后复杂的社会关系和文化差别，将人类特别是当代人视为一个不可分割的整体的做法，将会借着“共同需求与命运”、“共同目标”的名义，掩盖或忽视利益主体的差异性及不同主体之间的相互对抗性，使环境保护成为一句美丽的空话或一种不公正的暴行。② 这种弊端在全球性环境问题的解决上体现尤为明显。发达国家往往强调环境危害后果共性的一面，掩盖其历史上对地球环境资源的污染破坏是造成目前困境的主要根源的事实，以逃避其应负的责任。对此，发展中国家应保持清醒认识，坚持“共同但有差别的责任”原则。

3. 视角：知识精英主义

作为理性建构的产物，环境伦理学基本上是学者学术成果的展现，这与主要由社会实践自发衍生的传统伦理有着本质的不同：前者关注环境的“文化意蕴”，后者则关注现实生活。

关于自然（环境）的任何想象都是基于特定的文化和社会背景提出的，不存在绝对客观、统一的对自然（环境）的理解。作为知识分子的环境伦理学者所关注的环境，是一种以审美价值为旨趣、以超脱于现实生活的某种美德或者宗教情感为归依的，以至于被嘲讽为“中产阶级情调”。但对于社会弱势群体，环境首先意味着生活与生存。当印度山村的妇女儿童冒着生命危险抱在赖以为生的树上以身体对抗斧钺时，③ 其与徜徉在瓦尔登湖畔“诗意地栖居”体验自然的纯然之美的梭罗，④ 对自然的感情和体验有着根本的不同。但这

---

① 参见李培超：《伦理拓展主义的颠覆——西方环境伦理思潮研究》，湖南师范大学出版社 2004 年版，第 3—19 页。

② 王韬洋：“‘环境正义’——当代环境伦理发展的现实趋势”，《浙江学刊》2002 年第 5 期。

③ 参见[美]查尔斯·哈珀著，肖晨阳等译：《环境与社会——环境问题中的人文视野》，天津人民出版社 1998 年版，第 389 页。

④ 参见章海荣：《生态伦理学与生态美学》，复旦大学出版社 2005 年版，第 178—180 页。

种不同与其说是道德上的,毋宁说是"环境"(生活环境与社会背景)使然。对自然(环境)的任何思考和体验,都不可能脱离具体的文化和社会背景。

不同视角下,对环境的理解不同,其伦理要求内容也不同。但环境伦理学的信仰本质导致了其在价值判断上的"独断",即将基于西方科学和文化背景下某些阶层对环境的想象作为关于环境的唯一正确的想象,用为其所认可的作为精神追求目标的纯然的生态自然取代与人相互联系的环境的含义,①从而使得其理论不可避免地具有"西方中心主义"视角和"中产阶级"偏见。"生存的压力远远大于乌托邦的呓语",②对于在贫困线上为生存挣扎的落后国家、地区的人民及社会底层人士而言,环境伦理学的道德指责无异于封建帝王的"何不食肉糜"。③ 这既导致了环境伦理学实践的困难,又导致了不同环境文化之间的误解,加剧了人类在全球环境问题上达成共识的困难。

四、环境伦理学总体评价及其法学启示

环境伦理学不是严格意义上的整齐划一的体系化理论,而只是一股至今未竟的、内容庞杂的思潮。除了对自然环境的共同关注和应予道德关怀之外,其在理论基础、具体内容和实践路径上都远未取得一致性意见。"在环境伦理学20余年的发展中,在几乎所有重要问题上都存在着争论,几乎所有的学说都面临无法克服的理论难题。"④环境伦理学不仅远没到足以代替传统伦理的地步,甚至连自身的逻辑自给性和存在必要性都未能证明。

作为一种应用伦理学,恰恰是在"应用"这一点上,环境伦理学是最不成功的。环境伦理学只是提出了问题,还远没有解决这些问题,甚至缺乏具有可行性的实践方案。"其更多地表现出一种形式上或抽象的多元论,尚缺乏对

---

① 王韬洋:"'环境正义'——当代环境伦理发展的现实趋势",《浙江学刊》2002年第5期。

② 马凌:"生态伦理与人道主义——18世纪西方自然观的形成及其当代影响",《唐都学刊》2004年第3期。

③ "会值年年水灾,四方饥馑,惠帝闻报,随口语道:'何不食肉糜?'"《晋书·惠帝纪》,《资治通鉴》。

④ 陈剑澜:"西方环境伦理思想述要",《马克思主义与现实》2003年第3期。

现实普遍利益的实质性的价值关怀。”①

从产生上看，作为“主要从英语国家开始的学术研究的产物”（哈格罗夫语），环境伦理学基本上是西方科学主义传统与浪漫主义文化在环境时代相结合的产物，反映了西方知识阶层对环境时代新型伦理关系的某种可贵探索和有益尝试，但并不具有普适性。“西方环境伦理学对于非西方文化充其量只能具有比较的价值，因为设想一种从西方的科学和人文中产生，致力于表达西方环境传统的意会知识的文献，将会表达非西方环境传统中关于环境的意会知识或个人知识，那是不现实的。”②

对此，日本伦理学界在经历过对西方伦理学的“介绍”——“临摹”——“批判”之后，已经越来越发展出自己的特色，进入自主构建的阶段。③ 印度学者古哈的论文《激进的美国环境保护主义和荒野保护——来自第三世界的评论》，对印度环境问题与环境伦理要求特殊性的认识，也体现了印度学者在环境伦理自主性问题上的觉悟。④

在中国，环境伦理学的引进不到 20 年的时间，但伦理学学者们始终对其保持了比较清醒的认识：主要是作为新兴思潮介绍引进，为对传统伦理学进行批判和检视提供参考；对其空想性与虚妄性，尤其非人类中心主义的不足有过详尽的批判；并更多地从中国传统文化中寻求可建构的环境伦理资源，体现了某种程度的建构自主性和本土化意识。

但在法学界，环境伦理学“真理化”倾向比较严重，其往往被当作一种应然观点加以当然接受，未受到应有的客观评价和足够的理性批判。比如被尤金·哈格罗夫称为“非西方国家必须尽量避免的那些特色”的非人类中心主

---

① 李培超：《伦理拓展主义的颠覆——西方环境伦理思潮研究》，湖南师范大学出版社 2004 年版，第 205 页。

② “非西方国家必须尽量避免西方环境伦理学中有问题的那些特色。而人类中心与非人类中心的划分，内在价值的概念以及权利的概念似乎是其中最有麻烦的三个。”尤金·哈格罗夫：“西方环境论理学对非西方国家的作用”，《清华大学学报》2005 年第 3 期。

③ 曾建平、杨方：“日本环境伦理思想研究论纲”，《吉首大学学报（社会科学版）》2002 年第 4 期。

④ 参见王韬洋：“‘环境正义’——当代环境伦理发展的现实趋势”，《浙江学刊》2002 年第 5 期。

义、内在价值、自然体权利等争议性内容,①恰恰构成许多学者理论创新的基点。这些观点在伦理学内部都极具争议,并渐趋衰微。② 即便从纯学术的角度来看,其都远未获得主流伦理学的承认,也没有发展出具有可建构的实践方案,甚至逻辑上的自圆其说都没有达到。又如何能将之付诸具有普遍约束与强制效果的法律?

受环境伦理学的影响,一些环境法学者脱离社会现实,将中国环境问题的根源归咎于现代哲学、现代性的影响,实在牵强。众所周知,中国目前正在为现代化的实现而奋斗不止,现代化目前在中国大部分地区还是一个遥远的梦,却将环境问题根源归罪于此,其与怪罪下游喝水的小羊何异?在中国西部明知有害而仍然过度放牧、饮鸩止渴的牧民中,又有几人听说过笛卡尔及其二元论?

全面移植西方的话语体系与思维方式,对尚处于起步阶段的中国环境法制实践并无助益。更重要的是,如果我们将西方环境伦理学作为对环境的唯一正确理解,以"人类中心主义"的抽象思考掩盖环境问题的社会根源,以"审美"的环境追求代替"生活"的环境保障,以整体性的"人类"掩盖发达国家对全球环境危机的主要责任的话,实则是沿着西方国家设计的道路,失去了自我立场。以此为基础的法律建构与环保实践,恐难免南辕北辙的命运。

如何实现环境保护理论基础的本土化、实践性和大众利益的回归,既是环境伦理学走出困境之必需,更是环境法学学者努力方向之所在。

① 尤金·哈格罗夫:"西方环境论理学对非西方国家的作用",《清华大学学报》2005 年第 3 期。

② 如最初流行的自然体权利概念,在环境伦理学内部已渐渐失去了市场。"人们越来越发现权利概念作为环境伦理学的基础是有困难的。非人类存在物的权利这一概念即使不是荒谬的,也是多余的。"[美]霍尔姆斯·罗尔斯顿著,杨通进译:《环境伦理学》,中国社会科学出版社 2000 年版,译者前言第 5 页。

论环境法的价值

——以“法的价值”为起点和基础

陈 海 嵩*

摘要：环境法的价值是环境法学研究的重要问题之一，而已有的研究忽视了环境法价值与一般性的“价值”、“法的价值”概念的共同性，这使得对环境法价值的探讨缺乏必要的基础。因此，环境法价值的研究必须建立在价值和法的价值之一般原理的基础上。环境法价值的主体只包括人类，而环境法价值的内容由秩序和正义构成。环境法的秩序价值是生态秩序和社会秩序的统一，而环境法的正义价值是公平、自由、效益观念的综合体。环境法的价值是对传统法律价值观的扬弃。

关键词：环境法，法的价值，秩序，正义

Abstract: The value of environment law is the important issue in the research of environment law, but the former research neglected the intercommunity between the value of environment and the generall concept of “value” and “legal value”. Thereby, the research on the value of environment law must be based on the foundation of the theory of “value” and “legal value”. Only the people can have the value of environment law, and the value of environment law consists of the order and justice. The order value is unity of ecology order and society order and the justice value is the combine of the fairness, freedom and the benefit.

---

* 陈海嵩，武汉大学环境法研究所博士研究生。

Key words：Environment law，the value of environment law，order，justice

法的价值一直都是法理学和部门法学研究的重点问题之一。环境法作为一门新兴的部门法，其价值问题正受到越来越多的重视，学者们也已经提出了各自不同的观点。概括而言，在环境法价值的研究上，有学者认为环境法应摆脱人类中心主义立场，树立"生态整体利益中心"的价值理念，将"衡平世代间利益，实现社会的可持续发展"和"保护人类的'环境权'和生态世界的自然权利"作为环境法的目标。①类似观点也有学者提出，主张将生态整体利益作为环境法的终极价值。② 有的学者认为环境法具有二元价值，即正义和功利。其中，正义价值包括人类正义和自然正义，功利价值包括物质功利和精神功利。③

毋庸置疑，上述观点都具有一定的合理性，深化了人们对环境法价值的认识。但是，已有的对环境法价值的研究，更多强调的是环境法价值的特殊性，而相对忽视了环境法价值与一般性的"价值"、"法的价值"概念的共同性。在研究中的表现，就是以"环境法的目的"或"环境法的本位"的名义来进行环境法价值的研究，这使得对环境法价值的探讨缺乏必要的基础。实际上，环境法的价值作为"法的价值"在环境法领域的体现，其必然要遵循"价值"和"法的价值"的一般性原理。只有在这个基础上探讨环境法价值的特殊性，才是合理的。本文将尝试在价值和法的价值之一般原理的基础上，整合环境法的价值体系。

一、"价值"的一般意义

价值(value)一词，最初是经济学上的概念，19 世纪后被广泛应用于哲学

---

① 参见汪劲：《环境法律的理念与价值追求》，法律出版社 2000 年版，第 212 页。

② 刘大洪、岳振宇："论环境法的终极价值"，《甘肃政法学院学报》2004 年第 5 期，第 2 页。

③ 刘建辉："论环境法的价值"，《河北法学》2003 年第 2 期，第 72 页。

和社会科学的各个领域，成为当代人文科学中普遍使用的一个概念。但对于“价值”的理解，一直存在着较大的争议和不同，这就需要我们首先在哲学意义上对一般性的价值概念进行探讨和界定。

在哲学上，“价值”概念主要有以下三种理解：(1)“主观论”，认为价值依存于主体的需要和兴趣，能满足主体的需要就有价值。国外学者多半持这种观点，如著名的价值兴趣说的创始人、美国哲学家培里就提出：“一切价值的最初根源和不变特征是兴趣，而兴趣则属于本能、欲望和意志等感情生活方面的东西。”①(2)“客观论”，认为价值是事物自身固有的属性和功能，强调价值的客观性。“价值就是指客体能够满足主体需要的那些功能和属性”。② (3)“关系论”，认为价值产生并存在于主体和客体的关系之中。“所谓价值，就是客体与主体需要之间的一种特定（肯定与否定）的关系”。③这是多数我国学者所持的观点。

上述三种观点从不同角度对价值进行了界定，但都存在着片面和错误之处：主观论认为价值存在于主体之中，虽然正确看到主体不存在，价值便不存在，但这只能说明主体是价值产生和存在的条件而不是源泉，客体才是价值产生和存在的源泉；客观论认为价值并不依赖主体而为客体所独自具有，这只看到了价值产生和存在于客体之中，却看不到价值只有在客体与主体发生关系的条件下，才能从客体中产生，才能存在于客体中；关系论貌似真理，但却没有懂得，价值是客体在与主体发生关系时产生的，而不是在客体与主体的关系中产生的，两者存在根本的不同。④

由此可见，一方面，价值以客体所具有的属性为基础，客体是价值产生和存在的源泉；另一方面，只有那些对主体需要和欲望的满足具有效用的客体属性，才能在主体和客体相互作用的条件下成为“价值”，而不仅仅是其自身。因此，笔者认为，价值是指客体中所存在的、能满足主体需要和欲望的属性和性质。

必须指出的是，由于事物的属性有实存与非实存、实然与应然这两种状

---

① 参见王吉胜主编：《中西著名思想命题要览》，辽宁教育出版社 1996 年版，第 1126 页。

② 王玉梁主编：《价值和价值观》，陕西师范大学出版社 1988 年版，第 163 页。

③ 李连科：《哲学价值论》，中国人民大学出版社 1991 年版，第 31 页。

④ 王海明：《新伦理学》，商务印书馆 2001 年版，第 59—60 页。

态，因此，在运用价值概念时，必须将两种不同的情况区别开来：在以事物实际具有的属性和性质为基础谈论价值时，是指客体中现实存在的、能满足主体需要和欲望的属性。这是“价值”概念的客观语境，其表述多用陈述句，如“电灯是有照明价值的”。在以事物应当具有的属性和性质为基础谈论价值时，是指主体根据自己的需要和欲望而希望客体具有的属性，该属性是客体暂时非实存而可能具有的。这是“价值”概念的主观语境，其表述多用祈使句，如“权利应当是平等的”。

二、“法的价值”之概念与内容

（一）概念的界定

在“法的价值”的理解上，我国学者一般将法的价值分为三种：第一，指法促进的价值或所追求的价值；第二，指法本身有哪些价值；第三，法所包含的价值评价标准。①也有学者将法的价值划分为法所促进的价值和法所具有的价值。②对此，需要根据价值的一般概念来加以审视，以明确“法的价值”概念的含义。

如前所述，“价值”从根本上说，是指客体所具有的属性和性质，“法的价值”自然也必须是指法自身的属性和性质。从学者的论述看，“法促进的价值”或“法所追求的价值”是指法的本质、理想与目的，这实际上指一种法律之外的社会状态和属性，而不是指法自身的属性，不符合“法的价值”概念的规定性。同时，“法的价值评价标准”所表述的，只是各价值之间的相互关系而不是法自身的属性所在，其也不能被视为法的价值。因此，“法促进的价值”和“法所包含的价值评价标准”不是法的价值，法的价值只能是法本身所具有的价值。

在明确“法的价值”概念的范围时，我们还必须考虑到“价值”一词在使用

---

① 参见沈宗灵主编：《法理学》，北京大学出版社 2000 年版，第 72 页；张文显主编：《法理学》，法律出版社 1997 年版，第 281 页。

② 陈兴良：《刑法的价值构造》，中国人民大学出版社 1998 年版，第 35—36 页。

时的两种不同语境。换言之,我们必须明确,是以既存的实在法为基础使用“法的价值”,还是以未来的、待订的法为基础使用“法的价值”。它们之间是存在很大不同的:前者所指的是实然层面上法的实有价值,后者所指的是应然层面上法的价值目标。法的实有价值在社会现实中的体现,即为通过指引、预测、评价、强制、教育等多种方式,实现法对于社会关系的调整和对行为的规范,这也就是法的作用或法的功能。“以实在法为载体背景所讨论的‘法的价值’实际上与法的作用很难作严格区别。”所以,“在大多数教科书都有专门章节讨论‘法的作用’的情况下,我们不必讨论以实在法为载体背景的情况下的‘法的价值’”。①因此,我们应以未来的、待订的法为基础使用“法的价值”概念。法的价值是法所应该具有的属性和性质,是法的价值目标,引导着我们对实在法的变革。当然,在实在法中,法的价值一般已经部分地得到了体现,只是在深度和广度上还有不足。

由此可见,“法的价值”是指:法的价值主体根据其需要而希望法所应当具有的属性和性质。

（二）“法的价值”之内容

法的价值包括哪些内容呢？对此,学者们多以列举的方式加以明确。有的学者将法的价值归纳为秩序、效益、文明、民主、法治、理性、权利、自由、平等、人权、正义、人的全面发展等诸多价值。②列举的方法固然全面,但也使得各具体价值之间缺乏必要的联系和体系化而显得零散,法的价值目标也就处于可以随意伸缩的状态。因此,必须对法的各个具体价值加以体系化,以明晰法律价值的真正内涵。

博登海默指出,可以根据两个基本概念来分析法律制度:秩序与正义。秩序表现法律制度的形式结构;正义表现法律制度的实质目的,正义包含自由、平等、安全、共同福利等具体目的。法律是秩序和正义的综合体。③博登海默

① 张恒山:“‘法的价值’概念辨析”,《中外法学》1999 年第 5 期,第 29 页。

② 参见卓泽渊:《法的价值论》,法律出版社 1999 年版,第 177—461 页。

③ 参见[美]博登海默著,邓正来译:《法理学、法哲学及其法律方法》,中国政法大学出版社 1999 年版,第 219、296—299、318 页。

对法律基本价值之体系的这种划分无疑是有启发意义的。笔者认为,秩序和正义是法的基本价值。

1. 法的秩序价值

秩序,按中国的传统解释,是指人或事物所在的位置,含有整齐守规则之意。按现代的解释,秩序是人和事物存在和运转中具有一定一致性、连续性和确定性的结构、过程和模式等。①秩序意味着稳定和正常的状态。显然,它不仅是人类生存的基本条件,也是人类发展的必然要求。一定程度的和平、稳定、安宁是人类社会生存和发展的客观前提。"历史表明,凡是在人类建立了政治或社会组织单位的地方,他们都曾力图防止不可控制的混乱现象,也曾试图建立某种适于生存的秩序形式。这种要求确定社会有序模式的倾向,决不是人类所作的一种任意专断或违背自然的努力。"②

秩序的实现,需要相关规则的建立。宗教规则、道德规则、法律规则是主要的方面。这其中,法律由于其特有的调节机制和强制力,同秩序的联系最为密切。在某种意义上讲,法律本身就是为了建立或维护某种秩序而出现的。"所有秩序,无论是我们在生命伊始的混沌姿态中发现的,或是我们要致力于促成的,都可从法律引申出它们的名称。"③亚里士多德也指出:"法律就是某种秩序,普遍良好的秩序基于普遍遵守法律的习惯。"④因此,正如西方法学家所认为的那样:"与法律永相伴随的基本价值,便是社会秩序",⑤秩序构成了法律的基本价值。

2. 法的正义价值

法律的另一个基本价值是正义。对于正义的定义,一个流传广泛的说法是:"正义有着一张普洛透斯似的脸,变幻无常,随时可呈不同形状并具有极

---

① 卓泽渊:《法的价值论》,法律出版社 1999 年版,第 177 页。

② [美]博登海默著,邓正来译:《法理学、法哲学及其法律方法》,中国政法大学出版社 1999 年版,第 220 页。

③ [德]拉德布鲁赫著,米健、朱林译:《法学导论》,中国大百科全书出版社 1997 年版,第 1 页。

④ [古希腊]亚里士多德著,吴寿彭译:《政治学》,商务印书馆 1996 年版,第 353—354 页。

⑤ [英]彼得·斯坦、约翰·香德著,王献平译:《西方社会的法律价值》,中国法制出版社 2004 年版,第 45 页。

不相同的面貌。”①这说明，尽管法律与正义之间的紧密联系早已毋庸置疑，但“正义”概念本身却一直如雾里看花般令人难以捉摸。对此，需要通过外延和内涵两方面的探讨，来明确作为基本法律价值的“正义”概念。

从正义概念的外延看，作为基本法律价值的“正义”属于规则正义的范畴而非美德正义。根据正义所针对对象的不同，可将正义划分为美德正义和规则正义，即魏德士教授所言的作为美德的正义和作为规则的正义。②美德正义将正义理解为个人的德性，也被称为正直或正派。美德正义观构成了古希腊德性伦理的基础观念，但随着德性伦理逐渐为规范伦理所取代，正义概念也日益地从对个体道德的评价向对社会制度的评价转移。“在近现代的西方思想家那里，正义的概念越来越多地被专门用做评价社会制度的一种道德标准，被看成是社会制度的首要价值。”③正是在这个意义上，“正义”概念得以同法律制度相连，成为评价法律制度的标准和国家合法统治的基础。因此，作为法律基本价值的正义是一种客观意义上的、规则的正义。

从正义概念的内涵看，作为基本法律价值的“正义”是复数的正义而不是单数的正义。在西方思想史上，关于正义（规则正义）的理解主要有以下三种：(1)平等论，认为平等是正义的尺度，正义要求以某种平等原则公平对待所有人。该观点源远流长，最早可追溯至亚里士多德，并为社会主义学说继承。(2)自由论，认为自由是同正义观念联系最紧密的价值，正义要求在不侵犯他人自由的前提下，每个人都有可自由行使的权利。该观点的代表学说是自由主义。(3)功利论，认为正义的基础和中心内容是功利，即“最大多数人的最大幸福”。只有能实现利益和效用最大化的社会制度，才是符合正义要求的。该观点的代表学说是功利主义。

面对着各种不同的“正义”概念，应如何界定法律中“正义”的内涵呢？实际上，随着现代社会价值观念的日趋多元，任何一种单一的价值观念都无法取得绝对的地位。法律作为调整社会关系的规范体系，也就必然建立在价值多

① [美]博登海默著，邓正来译：《法理学、法哲学及其法律方法》，中国政法大学出版社1999 年版，第 252 页。

② [德]魏德士著，丁小春、吴越译：《法理学》，法律出版社 2003 年版，第 159—160 页。

③ 何怀宏：《公平的正义》，山东人民出版社 2002 年版，第 16 页。

元的社会基础上。因此,法律中的“正义”不能化约为平等、自由或功利等价值观念中的任何一种,其内涵所包含的应是多种价值观念而非单一的价值观念。“一个旨在实现正义的法律制度,会试图在自由、平等和安全方面创设一种切实可行的综合体和谐和体。”①具体而言,作为基本法律价值的正义,其包括以下三个方面的内容:

(1)公平。根据《现代汉语词典》,公平是指“处理事情合情合理,不偏袒哪一方”。可见,公平意味着一视同仁、平等对待。平等一直是正义的题中应有之义,法律自然也要体现平等的要求。从公平(Fairness)和平等(Equality)的词义上看,平等侧重于对人们的地位及其相互关系的一种事实描述,它主要表达的是人们的地位和利益获得的等同性,而公平是指人们对人与人之间的地位及相互关系的一种评价,它主要表达的是人们对人与人之间经济利益关系的合理性的认同。②由于法的价值是价值层面而非事实层面的范畴,其必须获得人们的认同,法律中的平等也就表现为公平。因此,公平体现了正义的平等要求,是法律正义价值的重要组成部分。公平体现在法律中的内容,可简单的归纳为:相同情况相同对待,不同情况不同对待。

(2)自由。自由一直是人们所关注的焦点和追求的目标,自启蒙运动以来,实现自由逐渐成为正义观念的组成部分而为人们所追求。因此,法律的正义价值要体现自由的要求,而自由是法必须和必然追求的基本目标,法律必须确认、体现和保障自由。法律中的自由,实际上是法律主体在规定的范围内,按照自己意志进行活动的权利。“在一个有法律的社会里,自由仅仅是:一个人能够做他应该做的事情,而不被强迫去做他不应该做的事情。……自由是做法律所许可的一切事情的权利。”③自由是法律正义价值的重要组成部分。

(3)效益。效益原本是经济学上的概念,指从给定的投入中获得最大的产出。随着各学科的融合,效益概念也逐渐运用到其他学科中,以表达人类希望特定对象所具有的效用、效果和利益。随着经济分析法学的兴起,效益理念

---

① [美]博登海默著,邓正来译:《法理学、法哲学及其法律方法》,中国政法大学出版社1999年版,第297页。

② 洋龙:“平等与公平、正义、公正之比较”,《文史哲》2004年第4期,第146页。

③ [法]孟德斯鸠著,张燕深译:《论法的精神》,商务印书馆2002年版,第154页。

日益取代传统的“功利”理念，而成为正义所关注的重要内容，并在法律中得到越来越多的体现。法律中的效益，实际是指法律所达到的某种效用和效果，具体则表现为法律对各种利益的保护和促进。

综上所述，秩序和正义是法律的两大基本价值，而法的正义价值是一个由公平、自由、效益观念组成的综合体，是一种复数的正义。因此，法的正义价值必然要通过公平、自由、效益等观念一方面或多方面的实现而得以实现。

三、环境法的价值

环境法作为一个新兴的法律部门，其价值必须要从两个方面加以探讨：一方面，环境法的价值必须建立在法律价值的法理研究之上，同一般性的“法的价值”概念相吻合。这是环境法保持法律属性的要求，而以往的研究常常忽略了这一点。另一方面，由于环境法具有不同于传统法律部门的特殊性，环境法价值的具体内容也就具有了特殊性。

（一）环境法价值的主体

前面已指出，价值是指客体中所存在的、能满足主体需要和欲望的属性和性质。显然，任何事物都可以具有价值，成为价值客体，“价值客体是什么”的问题也就不存在任何争议。但是，客体对谁有价值，即哪些事物才是价值主体的问题却一直聚讼不休。传统的观点认为人是唯一的价值主体，事物的价值是对于人来说的。20 世纪以来，随着环境问题的日益严重和环境伦理学的兴起，人们开始反思将人视为唯一价值主体的观点，环境伦理学家则明确主张要走出“人类中心主义”，人以外的生物和非生物也具有“内在价值”。换言之，价值主体不仅仅是人，还包括植物、动物甚至是生态系统和非生物事物。受这种观点的影响，有学者主张环境法的价值定位也应突破“人类中心主义”，树立“生态利益中心主义”的价值理念，承认和保护所谓的“自然的权利”。

环境法价值的主体到底为何？对此问题的解答，需要考虑到两个相互联系的方面：(1)在一般意义上，价值主体包括哪些？(2)在明确了价值主体的范围后，必须进一步探讨：哪些事物可以成为法的价值主体？这就要从“价值”概念的规定性着手。

如前所述，客体尽管是价值产生和存在的源泉，但只有那些对主体需要和欲望的满足具有效用的客体属性，才能成为“价值”。这就意味着，一事物是否是价值主体，关键在于该事物是否具有需要、欲望和目的。换言之，具有生命是事物成为价值主体的条件。这是因为，一事物是生命体，才能够分辨出利害并作出趋利避害的选择，以保证自身的生存和发展，其他事物对它而言才具有了效用和价值意义，其自身也就具有了需要和欲望。正如罗尔斯顿所说：“有机体是一个价值系统，一个评价系统。因此，有机体能够生长、繁殖、修复创伤并抵抗死亡。我们可以说，有机体所寻求的那种完全表现其遗传结构的物理状态，就是一种价值状态。价值就存在于有机体所取得的这种成就中。”①因此，人、动物、植物等生命体是价值主体，而大地、石头等非生命体不是价值主体。

尽管价值主体包括所有的生命体而不是仅限于人类，但人类价值主体和非人类生物价值主体还是有着不同之处。贝格朗菲指出：“生物的价值和人类特有的价值的区别就在于，前者涉及个体的维持和种族的生存，而后者总是涉及符号总体。”②这句话概括地说明了人类价值主体同非人类生物价值主体的区别：动物、植物等非人类生物尽管可以意识到或感觉到事物对于它们的价值，但无法用语言等符号工具将其表达出来，对价值的认识也就只能停留在感性阶段；而人类具有运用各种符号工具的理性能力，不仅能意识到事物对于自身的价值，更能够通过语言和文字的运用，将这种价值用理性的方式表达出来，从而能预见到事物对于他们的价值。因此，价值对于人类而言，不仅是客体对主体的需要、欲望的效用，也是客体对于主体的理想的效用，而这两种情况所分别对应的，正是前文所述的价值概念之客观和主观语境。概言之，人类价值主体的特殊性在于，当且仅当人类为价值主体时，价值可以用来指称客体中非实存的、为主体所希望和期待具有的属性和性质。

---

① ［美］罗尔斯顿著，杨通进译：《环境伦理学》，中国社会科学出版社 2000 年版，第 135 页。

② 庞元正等编：《系统论、控制论、信息论经典文献选编》，求实出版社 1989 年版，第 112 页。

据此，我们可以对法的价值主体和环境法的价值主体作出正确的判断。如前所述，“法的价值”是指：法的价值主体根据其需要而希望法所应当具有的属性和性质。显然，法的价值所指称的，是主体希望和期待作为客体的法律所应当具有的属性。根据上一段的论述，此时的价值主体只能是人类。可见，法的价值主体是人类。而环境法的价值作为法的价值在具体领域的表征，自然要遵循法的价值之一般原理，这是环境法保持法律属性的重要保障。因此，环境法价值的主体只包括人类。

（二）环境法价值的内容

法的价值包括秩序和正义。同样地，环境法的价值也是由秩序和正义两者组成。环境法作为一门新兴的法律部门，自然有诸多不同于传统法律部门之处。因此，环境法价值的具体内容也就具有了特殊性。

1. 环境法的秩序价值

前面已经说明，秩序是法律的基本价值，其自然也是环境法的一个重要价值。但是，环境法中的秩序价值具有一定的特殊性。对此，需要从秩序的分类上理解。

一般而言，秩序可以划分为社会秩序和非社会秩序。社会秩序是指人们交互作用的正常结构、过程或变化模式，非社会秩序是指事物的位置所在、结构状态或变化模式。①长久以来，人们一直认为社会秩序和非社会秩序是互不相关的两个领域，即人与人之间社会关系的稳定与和谐是社会秩序所关注的对象，是社会科学研究的对象；而非社会秩序——或者说自然秩序——存在于自然界生物及物种之间，具体表现为自然规律，是自然科学研究的对象，它与社会秩序是平行发展而互不影响的。

将社会秩序与自然秩序截然分开，是人类自我认识进步的结果，具有历史进步性。但实际上，社会秩序与自然秩序两者之间存在着密切的联系，没有也不可能做到“老死不相往来”。这是因为，人类社会的生存与发展必然要以从自然界获取资源和能量为前提，人的主观能动性也必然驱使人类去利用和改

① 卓泽渊：《法的价值论》，法律出版社1999年版，第177页。

造自然,而自然环境不论人类如何利用和改造,仍以其固有的规律运动着。可见,在人类活动与自然环境的自身运行之间存在着内在的矛盾。当人类活动对环境的影响有限、尚未超过生态环境可承载的"临界点"时,这种矛盾并不明显地显露出来,人们也就很少认识到社会秩序与自然秩序之间的关联。而随着人类活动影响自然环境的广度和深度越来越大,这种矛盾日益激化,环境污染和生态破坏也就成为威胁人类社会生存与发展的重要因素。在这种情况下,人们开始认识到社会秩序与自然秩序之间的联系,人类活动与自然环境的自身运行之间的矛盾必须化解。但是,这种矛盾是在人类社会与自然界发生关系时产生的,也就无法通过单纯的社会秩序或自然秩序来加以协调和解决。正是在这种情况下,一种连接社会秩序与自然秩序而又独立于两者的新秩序的产生成为必然,这种新秩序就是所谓的生态秩序。这里所说的生态秩序,是指人类与其赖以生存的环境和其他生命形式之间的稳定而有序的状态。

不难看出,生态秩序作为一种新的秩序形式,是连接社会秩序和自然秩序的桥梁,同时也是联结人与自然的中介。因此,生态秩序的稳定与有序,也就意味着人与自然关系的和谐。传统法律理论认为法律所关注的秩序只是人类社会秩序,"法所追求的价值意义上的秩序显然不是一般的秩序,更不是非社会秩序,而是有益于人类的社会秩序"。①这种将法律秩序局限在人类社会秩序的观点,在人类活动与自然环境的自身运行之间的矛盾日益激化的情况下,既不能实现社会秩序与自然秩序的协调,也无法实现人与自然的和谐。因此,在环境危机背景下产生的环境资源法,其欲实现人与自然的和谐,就必须把对秩序的关注扩展至生态秩序领域,实践环境法律关系的"人—自然—人"特征。"在人类社会与自然界已经开始全球相互作用,人与生物圈存在着相互依赖关系愈加突出的时代,只有依靠法律维护好人与自然的生态秩序,才能稳定人与人的社会秩序。"②因此,对生态秩序的关注,正是环境法秩序价值的特殊性所在;而环境法所关注的秩序,既包括人与人之间的社会秩序,也包括人与自然间的生态秩序。社会秩序和生态秩序共同构成了环境法的秩序价值。

① 卓泽渊:《法的价值论》,法律出版社 1999 年版,第 177 页。

② 陈泉生、张梓太:《宪法与行政法的生态化》,法律出版社 2001 年版,第 79 页。

2. 环境法的正义价值

前面已说明，法的正义价值是一个由公平、自由、效益组成的综合体，是一种复数的正义。环境法的正义价值自然也是由公平、自由和效益三方面的价值观念组成。

(1)环境法的公平观

公平体现了正义的平等要求，环境法公平观的实质则是环境法中的平等。由于环境法的价值主体只包括人类，环境法的公平观也就只涉及人与人之间的平等。具体而言，环境法的公平观包括代内公平和代际公平两个方面的内容。

代内公平是当代人与当代人之间的公平，是指所有的当代人，无论其国籍、种族、性别、贫富、文化水平，都应平等地获得对于生存和发展所必需的环境资源，并公平地分担相应的义务。它体现在国际和国家两个层次上：在国际社会中，代内公平要求在国家间公平地分配人类所共有的环境资源，同时各国要公平承担相应的责任和义务，改变发达国家和发展中国家在占有环境资源上极端的不平等现状；在一个国家内，代内公平一方面要求不同地区、不同阶层的人们都应平等地获得必需的环境资源，另一方面，也要求做到环境责任的公平分担，改变强势群体和弱势群体在享有环境资源、承担环境义务上的不平等现象。

代际公平是当代人与后代人之间的公平，是指人类在世代延续的过程中，既要保证当代人满足或实现自己的需要，还要保证后代人也能够有机会满足他们的利益需要。代际公平理论是由美国的魏伊丝教授(Edith Brown Weiss)所提出的。在1984年《生态法季刊》上发表的题为“行星托管：自然保护与代际公平”的论文中，她提出，每一代人都是后代人的地球权益托管人，并提出实现每一代人之间在开发、利用自然资源方面的权利平等。在实现世代间公平的原则上，魏伊丝教授具体提出了“保存选择多样性”、“保存质量”和“保护获取”等三个原则。①因此，每一代人都有平等的地位；当代人在使用环境资源的同时，也有责任为后代人保护和留存环境资源。实际上，代际公平的最佳表述可以从布伦特兰夫人对可持续发展的经典定义中获得，即“既满足当代人

---

① 参见[美]魏伊丝著，汪劲等译：《公平地对待未来人类：国际法、共同遗产与世代间衡平》，法律出版社2000年版，第41—42页。

的需要，又不对后代人满足其需要之能力构成危害”。

(2)环境法的自由观

前文已述，自由是法必须和必然追求的基本目标，而法律中的自由，实际上是法律主体在规定的范围内，按照自己意志进行活动的权利。可见，自由观念在法律中的体现，是通过赋予主体法律权利的方式实现的。由于法的价值主体只包括人类，因此也就不能像有些学者所主张的那样，将法律权利赋予动物、森林、海洋、河流或整个自然界。环境法中的权利是环境法自由观念的具体体现，其只能赋予人类。

环境法中体现自由观念的这种权利，正是环境权。根据 1972 年《人类环境宣言》，环境权是指“人类有权在一种能够过尊严的和福利的生活环境中，享有自由、平等和充足的生活条件的基本权利，并负有保护和改善当代和未来世世代代的环境的责任”。人人都享有在良好环境中生活的环境权，这不仅是环境法制度建构的起点和归宿，更体现了环境法主体自由意志与环境法律规则的统一。

(3)环境法的效益观

如前所述，效益概念表达的是人类希望特定对象所具有的效用、效果和利益，因此，环境法的效益观也就是环境法的利益观。在法律保护和促进何种利益的问题上，存在一个历史的发展过程。传统上，以民商法为代表的私法以保护个人利益为宗旨，而以行政法为代表的公法则以保护国家利益为宗旨。随着现代多元社会的兴起，社会利益的重要性日益凸现，以“公法私法化”和“私法公法化”为特征的法律社会化运动遂成为潮流，以保护社会利益为宗旨的经济法、社会保障法等法律部门逐渐兴起，传统法律部门也日益注重社会利益的保护。

尽管环境法的本质属性是社会法，但不能将环境法所保护和促进的利益简单归结为社会利益。环境法所追求的利益是人类社会整体的、长远的利益。这是因为，现代环境问题越来越显现出全球性和整体性的特征，而全球性环境危机的解决不可能以任何一国或一个地区利益的满足为条件。实际上，环境问题愈演愈烈的一个重要原因，正在于各国一味保护自身的国家利益和社会利益而忽视了全球整体利益。因此，环境法必须以保护人类社会整体的、长远的利益为宗旨，以符合生态环境保护的目的性。环境法所追求的效益，是人类整体效益。

四、结　　语

综上所述，秩序和正义构成了环境法的价值体系。其中，环境法的秩序价值是生态秩序和社会秩序的统一，而环境法的正义价值是公平、自由、效益观念的综合体。毋庸讳言，无论是在秩序价值和正义价值之间，还是在组成秩序价值和正义价值的各具体价值观念之间，都存在着不同程度的冲突，需要依据具体情况进行调和与协调，而多元价值之间的张力则构成了环境法健康发展的动力。从另外一个方面看，环境法的价值既是传统法律价值观的继承，也是对传统法律价值观的突破和发展，或者说，是对传统法律价值观的扬弃。环境法相对于传统法学而言，既是超越的，也是保守的，而超越与保守之间的张力同样构成了环境法健康发展的动力。①可见，环境法的价值体系既建立在“价值”、“法的价值”等传统概念的基础上，又对传统的法律价值体系提出了新的要求和挑战，这正是环境法健康发展的内在动力，也是在现代社会中协调多元价值、实行可持续发展的必然要求。

① 陈海嵩：“环境伦理与环境法”，吕忠梅主编：《环境资源法论丛》（第 6 卷），法律出版社 2006 年版，第 25 页。

环境立法与环境政策研究 

HUANJING LIFA YU HUANJING ZHENGCE YANJIU

新农村建设:环保立法与执法模式的合理选择[*]

汪 劲[**]

摘要:2006年初,党中央、国务院启动了"新农村建设",并将农村环境保护作为新农村建设的一项重要目标。本文通过对我国农村环境保护制度构建的历史考察,指出了我国农村环境保护立法与执法中存在的问题。在立法方面,主要问题是涉及农村环境保护的各类法律法规未能充分考虑其在农村的具体适用,以及具体适用于农村环境保护的具体行为规则效力层次比较低。执法方面,主要是"以经济建设为中心"的指导思想仍在发挥作用,以及农村环保职能和职权上的分工不明和各部门之间缺乏协调。最后,针对这些问题提出了相应的对策。

关键词:新农村建设,环境保护,立法,执法

Abstract: In the beginning of 2006, the Central Committee of the Party and the State Council initiated a campaign of "New Rural Construction", in which the rural environmental protection is an important goal. Through a historical review of the rural environmental protection system in China, this article points out some major problems in legislation and implementation of law in rural environmental protection. As to legislation, first, those laws and regulations involving in rural

* 本文为国家社科基金重点项目《环保执法问题研究》(06AFX005)的阶段性成果。

** 汪劲(1960—),男,江西省赣州市人,法学博士,现任北京大学法学院教授、博士生导师。

environmental protection didn't consider the characteristics of rural area. Second, the level of validity of concrete rules applied to rural environmental protection is relative low. As to implementation of law, first, the governments still take economic development as top priority. Second, the administrative power and duty between relevant agencies are ambiguous and the co-operation between those relevant agencies is very poor. As a conclusion, the article comes up with corresponding solutions to above-mentioned problems.

Key Word: New rural construction, environmental protection, legislation, implementation of law

在我国农村发展的进程中，资源无序开发以及环境污染破坏一直是制约农村建设与农民福利提高的突出问题。为此，在中共中央、国务院于 2006 年 2 月 21 日发布的《关于推进社会主义新农村建设的若干意见》中，将农村环境保护作为新农村建设的一项重要目标。笔者认为，在我国农村普遍面临着贫困落后、资源与环境破坏严重以及急于谋求开发致富等多重压力面前，如何通过法治手段促使新农村建设中的经济、社会和环境协调发展与同步提高，不再重蹈我国城市发展中出现严重环境问题的覆辙，应当成为我们亟待研究和解决的问题。

本文将在考察我国农村现实环境问题和有关环境与资源保护法规在农村执行情况的基础上，分析我国现有农村环境保护立法与执法模式及其存在的问题，对我国新农村建设中环境保护立法和执法模式的选择提出自己的主张。

一、我国农村环境保护现有的立法与执法模式

（一）对我国农村环境问题的历史回顾

我国农村环境问题的产生与发展，既与农村生活和农业生产方式休戚相关，又与工业化和城市化进程中因资源消耗、环境污染以及污染转嫁等因素给农村环境带来的外部压力密切关联。总体上，我国农村的环境问题与我国社

会、经济发展的总体水平是相一致的,它是我国整体环境与资源保护问题中的一个重要组成部分。

我国有57.01%的人口居住在农村。① 新中国成立以后直至20世纪80年代初,由于我国农业经济尚不发达,农村环境问题主要表现为落后的生活方式造成农村环境卫生状况“脏、乱、差”。此外,社队企业生产以及国有企事业单位对处于农村地区自然资源的不合理开发利用,也给广大农村地区带来了一定程度的环境污染和生态破坏。

伴随改革开放政策的深化,20世纪80年代中期我国农村乡镇企业(即原社队企业)得以迅猛发展。因产品选择不当、布局不合理、技术装备差、缺少污染防治设施等原因,不仅造成资源和能源的浪费,还严重污染和破坏了城乡生态环境。②

到20世纪90年代,我国农村环境问题的外在表现已逐步明朗,主要表现在由生产生活活动引起的农村环境污染(来源于工业和乡镇企业生产排污、农业生产不合理使用化肥农药和塑料薄膜、交通储运中的有毒有害物质逸散、城镇和乡村居民生活排放污水等)和由开发建设活动引起的农业生态破坏(来源于大型水利和工业建设工程、不合理开发利用自然资源、新城镇设置和建设以及军事设施和军事活动等)两大方面。③

根据我国农村环境问题的历史沿革和文献资料的综合反映,结合笔者于2005年12月至2006年3月期间的实地调查,④大体上可以将当前我国农村环境问题归纳为如下两个方面:

---

① 数据来源:中华人民共和国国家统计局:《2005年全国1%人口抽样调查主要数据公报》,2006年3月16日发布。载于中华人民共和国国家统计局官方网站:http://www.stats.gov.cn/tjgb/rkpcgb/qgrkpcgb/t20060316_402310923.htm。最后访问日期:2006年6月12日。

② 参见国务院:《关于加强乡镇、街道企业环境管理的规定》,1984年9月27日。

③ 郭士勤、彭守约:《农业环境管理概念》,天津科技翻译出版公司1991年版,第30—31页。

④ 在撰写本文之前,笔者与课题组成员王社坤、孙晓璞等曾于2005年10月18日、2006年1月2日和2006年4月11日赴天津市宝坻区,河北省邯郸市涉县、永年县、曲周县以及云南省昆明市官渡区和大理州洱源县、祥云县等农村就农村环境保护管理的现状和问题进行了调研。

第一，农村环境污染问题。按其成因又可将其分为内源性和外源性环境问题两方面。

外源性环境问题来源于城市转嫁到农村的污染，主要表现在城市及其周边企业排放的污染物或者垃圾经大气、水流或人为因素向农村转移造成的大气污染、水污染或者土壤污染等方面。

内源性环境问题来源于农村居民日常生产生活活动或乡镇企业生产排放的污染物，主要表现在农业生产（农药、化肥和农用薄膜使用）造成的土壤污染与耕地质量下降，农村生活排放的垃圾与污水造成居住区域环境卫生状况"脏、乱、差"或者造成水源地与生活饮用水污染，乡镇企业排放污染物造成的大气、水、固体废物和有毒有害物质污染，农村畜禽养殖或者散放散养产生的恶臭污染与水污染，农作物秸秆焚烧造成的大气污染。

第二，农村生态破坏问题。主要表现在过度开垦、过度放牧等导致的水土流失、土地沙化、植被破坏以及不合理开发利用自然资源或大型水电、采矿等工程导致的环境污染和生态破坏等方面。

（二）对我国农业环境保护制度构建的历史考察

1. 我国农业环境保护制度的初步构建

1979 年 12 月，我国《环境保护法（试行）》首次将农业用水纳入严格管理的对象。1983 年 7 月，原城乡建设环境保护部在批准实施的《全国环境监测管理条例》中，首次将新设立的农业环境监测网纳入国家环境监测二级网体系。① 1984 年 5 月，国务院发布了《关于环境保护工作的决定》，明确指出"要认真保护农业生态环境。各级环境保护部门要会同有关部门积极推广生态农业，防止农业环境的污染和破坏"。同年 9 月，国务院还发布了《关于加强乡镇、街道企业环境管理的规定》，要求各级人民政府必须调整企业发展方向、合理安排企业布局、严格控制新污染源、坚决制止污染转嫁。

1989 年，在新颁布实施的《环境保护法》中首次规定了农业环境保护的条

① 为此，农业部在 1984 年 6 月 30 日专门颁布实施了《全国农业环境监测工作条例（试行）》。

款,并将"防治土壤污染、土地沙化、盐渍化、贫瘠化、沼泽化、地面沉降和防治植被破坏、水土流失、水源枯竭、种源灭绝以及其他生态失调现象的发生和发展,推广植物病虫害的综合防治,合理使用化肥、农药及植物生长激素"等内容纳入农业环境保护的范畴。此间,在国家森林和草原资源、土地管理、水资源、渔业资源、野生动物保护以及水土保持等法律中也授权农业行政主管部门结合自然资源的开发利用保护农业环境和资源。在全国人大常委会 1993 年 7 月通过的《农业法》中还专章规定了"农业资源与农业环境保护"。①

2. 我国农村环境保护管理职权的确立与转变

1970 年 12 月,时任国务院总理的周恩来在接见当时的农林部部长等部委领导时,针对农业受工业污染危害所采取的对策指出:"农业部应当把这个问题提出来,农林又要空气,又要水。"②至此,农业环境保护管理在我国应运而生。从 20 世纪 70 年代开始,我国主要开展了农业环境污染调查和健全农业环境管理机构和监测网络体系等工作。之后的农村环境保护管理的重点逐渐走向以农业生态环境保护为中心,以促进农业持续、稳定、协调发展为根本目的。

然而,在强劲的工、农业发展势头和国家促进经济发展的政策面前,农业环境保护管理工作对改善农村环境的作用实在是杯水车薪。同时,由于农业环境保护涉及诸多行政主管部门,也使得这项工作的开展力不从心。

1994 年 6 月在国务院机构调整方案中明确提出了"农业环境保护"的概念,并按分工管理的原则依旧将其划归农业部管辖。③ 之后在有关农村和农业的立法和国务院文件中,一般将涉及农业和农村环境保护的概念统称为"农业环境保护",特指对农业用地、农业用水、农田大气和农业生物等农业生态环境的保护。

---

① 该法于 2002 年 12 月修订。新修订的《农业法》除保留了"农业资源与农业环境保护"一章外,还将该章的条款由原来的五条扩充到现在的十条。

② 引自郭士勤、彭守约:《农业环境管理概念》,天津科技翻译出版公司 1991 年版,第 32 页。

③ 参见国务院办公厅:《关于印发农业部职能配置、内设机构和人员编制方案的通知》(国办发〔1994〕79 号),1994 年 6 月 28 日。

1996 年 8 月，国务院召开了第四次全国环境保护大会。在会后国务院发布的《关于环境保护若干问题的决定》中，将农业环境保护中有关农村生态环境保护的职能赋予原国家环境保护局行使。于是，原国家环境保护局将强化乡镇企业环境管理作为国家环境保护局分工管理农村环境保护工作的重要内容之一，目的在于加强对乡镇企业污染防治的监督力度。①

为了遏制日趋恶化的农村环境，国务院在 1998 年 6 月进行的机构改革中决定将农村环境保护的职能从农业部划归新升格成立的国家环境保护总局行使，②而农业部只保留了国家法律、行政法规规定以及国务院机构改革方案中赋予的"农业环境保护"职能。

在《1999 年全国环境保护工作要点》中，国家环保总局首次对农村环境保护的范围专门做了如下界定：第一，小城镇建设环境规划的制定和实施工作；第二，会同农业部门制定禁烧秸秆和综合利用的规章与执行工作。③ 在《2000 年全国环境保护工作要点》中，国家环保总局又将农村环境保护示范工程（生态农业和生态示范区建设）和开展生物安全管理的基础工作等纳入农村环境保护管理的日程。④

2001 年，在经九届全国人大四次会议批准的《中华人民共和国国民经济和社会发展第十个五年计划纲要》中，又明确将防治不合理使用化肥、农药、农膜和超标污灌带来的化学污染及其他面源污染，保护农村饮用水水源纳入农村环境保护工作的范畴。⑤

---

① 参见国家环境保护总局：《关于加强生态保护工作的意见》，（环发[1997]758 号），1997 年 11 月 28 日。

② 参见国务院办公厅：《关于印发农业部职能配置内设机构和人员编制规定的通知》（国办发〔1998〕88 号），1998 年 6 月 25 日。与此同时，国务院办公厅在《国家环境保护总局职能配置、内设机构和人员编制方案》中明确授权国家环境保护总局"组织拟定和监督实施生态保护法规和规章"，"负责农村环境保护和生态农业建设"。

③ 参见国家环境保护总局：《关于印发 1999 年全国环境保护工作要点的通知》（环发[1999]91 号），1999 年。

④ 参见国家环境保护总局：《关于印发 2000 年全国环境保护工作要点的通知》（环发[2000]9 号），2000 年 1 月 14 日。

⑤ 参见第九届全国人民代表大会第四次会议批准：《中华人民共和国国民经济和社会发展第十个五年计划纲要》第十五章"加强生态建设，保护和治理环境"第二节"保护和治理环境"，2001 年 3 月 15 日。

与此同时,国家环保总局还把控制农业面源污染和农村生活污染、改善农村环境质量作为环境保护的重要任务。① 2005 年 12 月,国务院在《关于落实科学发展观加强环境保护的决定》中又提出了以防治土壤污染为重点的新农村建设目标。

二、我国农村环境保护立法与执法存在的问题

(一)农村环境保护立法的冲突与缺位

为了掌握我国有关农业和农村环境保护立法的现状,笔者以国内最权威的《北大法宝·中国法律检索系统》中的"中国法律法规规章司法解释全库"②为对象、以全文关键词中同时含有"农业、农村、农民"为内容,对我国法律、行政法规、国务院部门规章以及中央政府文件进行了检索。检索结果表明,从 1952 年 8 月至 2006 年 5 月间,在同一份文件的内容中同时含有"农业、农村、农民"文字的此类规范性文件竟有 1271 篇之多(未排除已废止、失效的文件)。由此可见,"三农"问题一直受到了国家和中央政府的高度重视。

顺着这个思路,笔者在"中国法律法规规章司法解释全库"中,以标题关键词中同时含有"农业、环境"为内容检索出 1984 年 6 月至 2006 年 6 月间颁发的文件 17 篇,同时含有"农村、环境"为内容检索出 1982 年 10 月至 2005 年 8 月间颁发的文件 9 篇;以全文关键词中含有"农业环境"为内容检索出颁发的文件 58 篇,以全文关键词中含有"农村环境"为内容检索出颁发的文件 44 篇。③ 对通过上述方法检索的各类文件的内容进行分析和筛选,可以发现直接涉及我国农村和农业环境保护的立法(规范性文件)体

① 参见国家环境保护总局:《国家环境保护"十五"计划》,2001 年 12 月 30 日。

② 数据来源:"中国法律法规规章司法解释全库",载于北京大学法制信息中心出品:《北大法宝·中国法律检索系统》,北京大学出版社 2006 年版。最后更新时间:2006 年 6 月 18 日。

③ 数据来源:"中国法律法规规章司法解释全库",载于北京大学法制信息中心出品:《北大法宝·中国法律检索系统》,北京大学出版社 2006 年版。最后更新时间:2006 年 6 月 18 日。

系主要是由全国人大常委会通过的法律、国务院行政法规、国务院制定或者发布的规范性文件、国务院各部门制定或者发布的规范性文件等构成的。

上述各类规范性文件的内容涉及农村环境保护的各个领域。其特点在于:法律、行政法规虽然效力较高,但一般内容规定得比较原则或者措辞比较含糊;国务院以及各部委制定或者发布的其他规范性文件则较为具体,但在具体执行措施方面又缺乏相应的法律和行政机关的支持。此外,各类涉及农村环境保护的规范性文件的相关条款号召性、原则性规范居多,且政出多门、涉及面广、相互冲突现象较为严重。

问题主要表现在:

(1)涉及农村环境保护的各类规定未充分考虑各该法律规范在农村的具体适用

从法的普遍性原理分析,国家法律对生活环境和生态环境保护的规定、对企业设立的规定、对企业污染物排放的规定以及对有毒有害物质管理的规定等,无论是城市还是农村,法律法规的适用及其效力都是普遍的和一致的。但由于农村环境保护有其独特的农业生产和农村居民生活背景,因此涉及农村环境保护的立法还应当对此予以特别关注。

然而,无论是《环境保护法》、《农业法》和其他环境与资源保护法律法规规章和地方性法规中,对涉及农村环境保护的规定并未完全把握住农业和农村的特征。

以《环境保护法》为例,尽管该法在农村也具有普遍的适用效力,但专门涉及农村和农业环境保护内容的,仅有第 20 条和第 23 条的原则性规定。①而《农业法》虽设专章用 10 个条文规定了“农业资源和农业环境保护”,但对内容进行仔细分析后,可以发现这 10 条的规定无非是对现有国家环境与资源

① 《环境保护法》第 20 条规定:“各级人民政府应当加强对农业环境的保护,防治土壤污染、土地沙化、盐渍化、贫瘠化、沼泽化、地面沉降和防治植被破坏、水土流失、水源枯竭、种源灭绝以及其他生态失调现象的发生和发展,推广植物病虫害的综合防治,合理利用化肥、农药及植物生长激素。”第 23 条规定:“城乡建设应当结合当地自然环境的特点,保护植被、水域和自然景观,加强城市园林、绿地和风景名胜区的建设。”

保护法律和国务院法规的重申。也就是说,即使《农业法》对此不予规定,农村环境保护的这些保护性规范依旧存在于国家法律之中。

在我国全国人大常委会制定的法律中对农村和农业环境保护作出规定的上述方法,看上去似乎让人觉得法律已有规定,但实际却是无法具体操作执行的一纸空文。

同样,在国务院行政法规、规范性文件和部门规章等规范中,照搬和重申国家环境与资源保护法律法规的现象也较为严重,立法者同样没有认真考虑规范性文件如何在农村具体适用。

以各地颁布的地方性农业环境保护法规为例,它们的共同缺陷在于:一是将国家环境与资源保护法律法规已明文规定的禁止性规范再次予以罗列或者宣示;二是地方性法规在立法时也相互抄袭条文,根本没有体现地方农村和农业环境保护对策措施的特色。

(2)涉及农村环境保护的具体行为规则大多出于效力不定的国务院文件或效力较低的部门规章

从前文对我国现行与农村环境保护相关规范性文件的整理中不难发现,对农村和农业环境问题具有针对性的具体对策和措施主要规定在由国务院颁布的规范性文件以及国务院各部门制定或者发布的规范性文件之中。

分析一下,这些规范性文件存在着如下问题:

第一,鉴于近几年来党中央每年颁发的“一号文件”均为农村政策文件,因此大多数政府部门的贯彻执行文件都具有很强的政策性。在没有相关财政措施和人员机构保障的条件下,这些文件所确定的政策实际上是一种“摆形式、走过场”,无法真正实现。

第二,我国政府各部门中涉农的行政管理职权过于分散,各部门规范性文件都在本部门、本系统的职权范围内自上而下地颁发执行。由于涉农各部门之间的许多职权存在着交叉重叠,因而那些具有很强部门色彩和部门利益的文件,看似可以解决某个具体问题,但实际上因各行政部门之间缺乏权力上的衔接与配合,造成执行效率低下或者执行行动“无功而返”。

第三,鉴于政府有关农村环境保护的政策措施执行不力,农村环境问题不但没得到缓解,反倒愈演愈烈。政府及其部门只得一再重申、反复强调同一问题的对策措施，这样便损害了政府在公众（包含政府公务人员）面前的形象，降低了政府及其主管部门的执法威望和规范性文件的严肃性。

（二）农村环境保护执法的冲突与缺位

1. 我国农村环境保护执法权限的来源

从新中国成立以来我国农业和农村事务管理的历史发展看，新中国成立之初我国政府机构设置采用了广义的农业即“大农业”概念，除了种植农业之外，还包括林业、牧业、渔业等。① 例如，1949年中央政府设立了农业部，在原政务院财政经济委员会指导下主管全国的农业工作。

在1998年的国务院机构改革中，总体上保持了农业部的职能状态，但是在具体事项方面将农村环境保护职能划出交由国家环境保护总局行使。② 也就是说，1998年国务院机构改革以后，农村和农业环境保护的行政管理职能主要是由国家环境保护总局和农业部各自依照法律、行政法规和机构改革方案的分工共同行使的。

2. 问题分析

（1）对农村宏观建设战略存在问题的分析

综观我国农业行政主管部门职能和权限的设置，其特点在于政府一方面强调了大农业的概念，另一方面则将土地和林业管理的职能从大农业的概念中剥离出来而独立设置。问题在于，农村环境保护并非传统行业，它与每个涉农的行业、部门、领域等都有关联，因此在没有对农业部以外的涉农部门的职权予以具体明确分工的条件下，农村环境问题领域中所有重叠、交叉性的事务便会成为一块“公地”，有利益时各涉农部门都想管，无利益时各涉农部门则以法律或者职权没有明确规定予以搪塞而不管。

在中共中央、国务院通过的《关于推进社会主义新农村建设的若干意见》中提出了32项推进我国新农村建设的政策措施。为此，国务院办公厅在

---

① 王礼嫱等：《中国自然保护立法基本问题》，中国环境科学出版社1992年版，第209页。

② 资料来源：“国家与政府机构简介库”，载于北京大学法制信息中心出品：《北大法宝·中国法律检索系统》，北京大学出版社2006年版。最后更新时间：2006年6月18日。

2006年2月10日发布了《关于落实中共中央国务院关于推进社会主义新农村建设的若干意见有关政策措施的通知》,将32项政策措施所涉及的具体工作再分解为49个事项,在国务院40个有关单位(行政主管部门、行业协会、企事业单位等)之间进行工作分工。

在国务院细化执行的49项新农村建设具体工作分工中,共有40个有关单位参与且参与程度各不相同。其中,财政部、农业部和国家发展改革委员会参与程度最高。从这三个行政主管部门制定的规范性文件的执行状况看,由于其有权制定促进农业经济建设与发展的相关政策以及有雄厚的财政实力作保障,这些文件的执行是最得力的。所以说这三个行政主管部门堪称新农村建设的"核心行政主管部门"。

进一步分析,可以发现农业部和国家环境保护总局在农业和农村环境保护管理方面的"牵头"职能几乎为零。例如,在国务院细化执行的49项工作中,涉及农村环境保护事务的有6项,它们分别与发展畜牧业、对实施生物质工程予以财税鼓励、加强耕地质量建设、建立和完善生态补偿机制、建立和完善污染企业的环境恢复治理责任机制以及加强村庄规划工作相关。尽管上述6项具体事务国家环保总局都有参与,但仅仅是参与而已,因为农村建设的大方向是促进农业和农村经济的发展。所以这6项工作的牵头单位也分别是农业部(两项)、财政部(两项)、国家发展改革委员会和建设部(各一项),并非国家环保总局。此外,按照工作分工轻重缓急的排序原则,国家环保总局基本上被排在各非牵头单位的最后。

将国务院确定的参与新农村建设的行政主管部门按照职能分为经济建设行政、环境保护行政、配合协助行政等三类,可以发现政府在推进新农村建设的行政因素中,开发行政呈绝对强势、保护行政呈绝对弱势,而当配合协助的行政主管部门偏重于开发强势时,就会导致新农村建设形成开发建设领域的"强强联合"局面。

毋庸置疑,党中央、国务院提出社会主义新农村建设的目标是"生产发展、生活宽裕、乡风文明、村容整洁、管理民主"。然而,新农村建设中的诸多目标如社会、经济与环境之间,就会因目标各异而在农民、其他利益集团与地方政府之间存在着各种利益上此强彼弱的竞争关系。这在我国改革开放以来执行的"以经济建设为中心"的发展政策中表现得尤为突出。[①] 其结果,以"六五"至"十五"由全国人大批准的国民经济与社会发展计划纲要的执行情况为例,改革开放后25年间中国有关环保计划的指标从来就没有完成过,而各项经济指标却是超额完成任务。[②]

究其原因,笔者认为,尽管党和政府已经开始提倡科学发展观和科学政绩观,对可持续发展战略也有了清醒的认识,但是目前政府的行政执行机制对此却无能为力,计划经济时期的旧思想、旧方法和旧的行政决策体制依然在政策措施的具体执行中占据着统治地位。

据此,笔者有理由怀疑:在新农村建设过程中,当开发建设活动与农民个人切身利益或者环境权益发生矛盾冲突时,农民的个人利益和环境的公共利益可能得到保护吗?笔者对此也不得不担心:我国改革开放政策实施以来出现的全方位、大规模环境污染和生态破坏局面,在社会主义新农村建设中是否会再次重现?已经严重恶化了的农村环境状况是否还会不断加剧?

(2)对农村微观环境保护执法存在问题的分析

具体到农村环境保护执法,可以说尽管20年来我国从中央到地方制定了一系列涉及农村环境保护的法律法规规章以及地方性法规,但是我国农村环境问题越来越严重的现状清楚地表明,这些规范性文件的执行效果非常差。除了上文论述的因素外,我国农村环境保护执法的实施机制还存在着很大的缺陷。

首先,是我国农村环境保护职能和职权上的分工不明。

从1998年6月国务院将"农村环境保护"的职能从农业部划归国家环境保护总局行使以来,"农业环境保护"与"农村环境保护"的术语一直在这两个部门包括国务院发布的规范性文件之中沿用至今。

对于农业部而言,1998年6月国务院机构改革中农业部划出的"农村环

---

① 近几年在我国农村各地的开发建设中,农民与开发商以及地方政府之间发生的重大流血冲突事件屡见不鲜就充分地证明了这一点。

② 参见郭晓军、刘晓飞:"首任环保局长:环保指标25年来从未完全完成过",《新京报》2006年4月13日。

境保护”职能并不能包含 1994 年 6 月国务院机构调整方案中划归农业部的“农业环境保护”职能,而且国家许多涉农的自然资源保护法律也明确将管理权限授权农业部各部门行使。

“农业环境保护”与“农村环境保护”在具体管理事项上的交叉重叠却是不争的事实。由于我国涉农环境保护事项非常广泛,而国家在涉农环境保护方面的立法又有限,因此在涉农环境保护事项的行政管理问题方面可以说与农业部和国家环保总局都有关,“都管”或者“都不管”也是有根据的。

其次,是缺乏农村环境保护执法的行政配合与协调机制。

除了农业部和国家环保总局外,涉农环境保护事项的施行还涉及建设、规划、财政、水利、国土、林业、能源、经贸、科技、卫生等其他行政主管部门。在上述部门中,除环保部门主要行使环境保护的公共管理职能外,其他大多数经济和资源行政主管部门在实现产业发展与生产的硬指标与执行环境与资源保护的软指标面前,决策中“重产业经济发展、轻环境资源保护”的倾向是非常明显的。其结果,不仅在由法律授权环保部门实施统一监督管理的事项中不协作、不配合,而在法律授权经济和资源行政主管部门分工负责管理的环境与资源保护事项方面更是“我的地盘我作主”、“我不管也不让你管”。

三、我国新农村建设中环境保护立法与执法的合理模式

(一)我国农村环境保护立法模式的选择

1. 关于“农村”的范围问题

通常,法的适用范围可以从两个方面来规定:一是地域范围,二是事项范围。地域范围的划定首先需要界定农村的范围,农村区域范围的解释与界定可以考虑按照土地所有权的归属来界定农村区域的范围。

根据《土地管理法》的规定,城市市区的土地属于国家所有;农村和城市郊区的土地,除由法律规定属于国家所有的以外,属于农民集体所有;宅基地和自留地、自留山,属于农民集体所有。农村是和城市相对应而存在的概念,

因此只要界定了城市的范围，那剩下的就应当是农村区域。而城市的具体范围可以参照《城市规划法》关于城市及城市规划区的规定来划定：城市，是指国家按行政建制设立的直辖市、市、镇。城市规划区，是指城市市区、近郊区以及城市行政区域内因城市建设和发展需要实行规划控制的区域。由于镇处于城乡结合和过渡地带，因此需要特别对待。

从实践状况看，镇根据其所处区域的地理条件和经济发展水平也是有很大差别，东部和南部地区有些镇要比西部地区有些县甚至市的市区都更现代化，将其归为农村是不合理的。而西部地区有些镇的现代化程度甚至还不如南部地区的有些村，将其归为城市也是不合适的。因此，可以考虑在界定农村范围时主要依靠界定城市范围反向界定农村的范围，同时对于镇要区别对待，可以授权各地方根据自身情况确定其所辖区域的镇是否适用农村环境保护条例。

事项范围的界定和前面谈到的立法模式选择有一定联系。农村环境保护是针对农村这一和城市相对应而存在的地理区域的保护，从理论上说条例应当适用于所有发生于农村区域或者后果及于农村区域的有关环境保护的事项，这种立法模式可以概括为广义的农村环境保护立法。

但是，从实际情况考虑，由于农村环境保护的很多问题在现有的环境与资源保护立法中已经做了较为明确的规定，如果严格执法或者城乡执法一体化，这些问题可以得到较好的解决。因此，条例没有必要作出重复性规定，以避免立法资源的浪费。条例应对那些农村特有的、现有的环境与资源保护立法没有规定或规定不明确的问题作出规定，这种观点可以概括为狭义的农村环境保护立法。笔者认为，狭义立法较为适合于我国农村环境保护立法。根据笔者参与的调查和中国农业大学所做问卷调查的结果，可以将农村生活污染源产生的污染、农业生产污染源产生的污染以及农村土壤保护等纳入规制的主要对象。

2. 制定综合性农村环境保护法规，规范农村地区各类与环境、资源保护相关的开发利用行为与农村生活活动

(1)关于立法位阶的思考

从前文对我国农村环境保护法律体系的分析可以得知，由于农村环境保

护领域的范围较广，国家法律对涉农环境保护事项所作的原则性规定并不能应对各种事项。因此，亟待从农村环境保护的角度，将国家有关环境与资源保护法律中适用于农村地区的原则性法律规范具体化，并将当前我国农村较为突出的环境问题予以抽象并有针对性地确立法律措施。

如前文所示，我国目前已经制定实施了大量环境与资源保护以及农业生产生活管理方面的法律法规。这些法律法规中有许多具体规范已经成熟且行之有效，因此无须再做大的调整。有鉴于此，笔者建议通过国务院行政法规的方式制定一部综合性农村环境保护条例，以规范农村地区各类与环境、资源保护相关的开发利用行为。此举除了可以照应现有的环境与资源保护法律法规外，还可以对国家法律法规尚未涉及、或者虽有涉及但原则性过强的农村环境保护规范予以具体化。

按照我国《立法法》的规定，农村环境保护条例的立法依据应当是《环境保护法》，立法目的在于保护和改善农村生活环境和生态环境，防治农村环境污染和破坏，合理开发和利用农业资源，保障农产品质量和人体健康，促进农村社会经济可持续发展。

需要说明的是，我国许多地方性农业环境保护法规存在着将《农业法》也作为地方立法依据的做法，这对制定农村环境保护条例并没有借鉴价值。因为农村环境保护与农业环境保护的对象和范围存在着许多的不同，因此立法的目的和保护对象也有所不同。这一点本文将在后面论述。

对于制定农村环境保护条例这种立法方式的处理，既可以有效衔接其上位法律（立法依据）《环境保护法》，又可以与已经颁布施行的其他下位法规如国务院各部门规章以及地方性法规等相协调。

（2）关于具体内容的构想

依照《立法法》的规定，作为国务院行政法规的综合性农村环境保护条例在效力上低于国家法律，但应当高于地方性法规和国务院部门规章。考虑到综合性农村环境保护条例的立法应当在现有法律法规和地方性法规与部门规章之间起一个桥梁作用，所以笔者认为可以采用统一立法与分别立法相结合的体例制定该条例。

也就是说，无论是从完善农村环境保护法律体系的角度，还是从规制农村其他环境问题的角度出发，农村环境保护条例都应当成为适用于农村环境保护领域的特别法规。

具体思路是：第一，按照统一立法的思路，结合现行法律法规的现状，在条例中对现行法律法规中已经施行的具体制度措施不再另行规定或者重申，而是以准用性规范对它们作出原则性和指引性规定；第二，按照分别立法的思路，对法律法规中的原则性规定、或者没有涉及的农村环境保护事项包括由国务院部门规章规定的事项等分类别作出具体规定。

鉴于农村环境保护立法所要规制的农村地区各类与环境、资源保护相关的开发利用行为与农村生活活动来源广泛，因此立法应当注意突出重点、有所为有所不为，避免面面俱到或者与其他国家环境与资源保护法律法规的具体规定相重复。具体而言，立法应当以国家法律法规尚未规制的农村环境问题，以及虽已为国家法律法规所规定但因原则性过强或者规范措施不具可操作性而难以管制的环境问题作为规制对象。

结合我国农村现实环境问题的主要表现，笔者认为针对农村生活污染源和生产污染源采取具体防治措施，保护农村土地（土壤）不受人为因素造成的环境污染和生态破坏以及建立农村环境污染和生态破坏的补偿机制，应当成为我国农村环境保护条例的重要内容。

首先，是农村生活污染源（造成农村生活污染的主要来源）控制措施，这些措施包括防治农村生活垃圾、污水和畜禽散养污染农村生活环境等。第一类措施对应农村生活垃圾处理，应当确立的法律规范包括生活垃圾的收集、运输和分类回收与最终处置，其中应当规定生活垃圾回收处理的鼓励措施；①第二类措施对应农村生活污水处理，应当确定农村生活污水管网与集中处理设施建设与资金投入模式，以及适宜农村的生活污水净化技术推广措施；第三类

① 我国《固体废物污染环境防治法》第 49 条授权由地方性法规对农村生活垃圾的回收和处理制定具体办法。但从目前掌握的资料看，只有西安市制定了地方性规章《西安市农村生活垃圾管理暂行规定》，且沿用了城市生活垃圾的收集处理方式。因此，笔者认为条例对农村生活垃圾的收集处理可以规定一些基本要求，如定点倾倒、集中处理等，然后授权地方政府制定更为严格的控制措施。另外，在农村生活垃圾处理中还应当继续发挥原有垃圾回收系统的功能，回收可再生利用的垃圾。

措施对应农村畜禽散养的消除和控制措施。①

其次，是农村生产污染源（造成农村和农业环境污染的主要来源）控制措施，这些措施包括农业生产污染源防治、工业污染源防治和农村生态环境保护等。第一类措施针对农村地区经济发展，应当采用鼓励性规范对发展生态农业和生物质工程予以政策和财政税收优惠，鼓励县域经济选择适合本地区资源优势和环境容量的特色产业，通过规划布局要求乡镇企业集中建设，严格禁止不符合国家或地方标准的污染设施向乡镇企业转移；第二类措施是防治农业土地污染，包括控制污水灌溉农田，采用禁止性规范对农药、化肥和农膜使用实行严格的数量控制，并鼓励对有机肥、降解膜的使用；②第三类措施主要针对秸秆的处理，鼓励综合利用，包括划定禁烧区禁止焚烧秸秆。③ 第四类措施是保护农村生态环境，包括保护农村植被，防治农村水土流失和土地沙化，合理利用农村水资源，严格保护农村饮用水水源。

最后，是建立对农村环境污染和破坏的补偿机制。主要措施是建立生态补偿机制，确立企业对环境的恢复治理责任。包括建立由政府和经营企业共同投入设立的农村环境污染破坏恢复治理基金，明确矿产企业和在农村开发建设的企业关闭后的环境责任，从企业资源开发收益中安排一定的资金用于企业所在地农村的环境治理。

（二）我国农村环境保护执法模式的选择

虽然我国农村环境问题涉及面广，但实质是各类问题集合于农村环境上

---

① 2001年5月，国家环保总局颁布实施了《畜禽养殖污染防治管理办法》，对规模化养殖从环境保护角度作了规范，但是对于不够规模的散养则未予规范。实际上，由于生活水平的提高农民已经注意到散养带来的弊端，只要经济能力允许，农民都会停止散养。因此，应着重通过发展大中型畜禽养殖场，引导养殖户逐步实现集约化生产、标准化管理、产业化经营，限制和调整小型畜禽养殖场，符合环保要求和动物防疫条件的，促使其逐步过渡为大中型畜禽养殖场，不符合的，限期治理或者关闭，从而使得散养大部分自动消除，对于坚持散养的可以制定指导性规范予以引导。

② 我国现行的《农药管理条例》、《农药生产管理办法》和《农药安全使用规定》从农药的生产、销售和使用等各个环节都予以了规范，但是都未专门从环境保护的角度对农药生产销售和使用予以规范。

③ 1999年4月16日，国家环境保护总局等六部委联合发布了《秸秆禁烧和综合利用管理办法》。

的外在表现。其深刻的政府背景在于政府设置于各部门有关农村行政管理事务的职能和权限过多、过细和过于分散，使得决策处于割裂状态而缺乏整体规划和考量。因此，政府各部门作出的看似“正确”的决策施行于农村后，可能引发相应的负面效应而出现各种不同的问题。当这些单一问题不断累加集中表现于农村环境污染和生态破坏时，按照“头痛医头、脚痛医脚”的方式，它们最终是不可能得到解决的。因为问题来源的各种成因已经交织在一起，各部门也绝不会单独对此承担责任。这种现象也被西方学者描述为决策的“杂乱渐增主义”①。

因此要解决我国农村环境保护执法问题，首先，必须对《环境保护法》规定的地方各级人民政府对本辖区环境质量负责的条款与政府首长的行政职责明确挂钩，建立行政首长负责机制。

从我国环境保护法律执行效果差的状况分析，问题的核心是地方各级人民政府并没有依照《环境保护法》的规定对本辖区的环境质量状况负责，并且法律也没有建立相应的问责机制。② 本文的上述分析已经表明，造成农村环境问题现状的主要原因是城乡执法标准和严厉程度不统一，而将维护农村环境质量作为地方政府的一项法定职责，将其纳入政绩考核指标体系，将大大提高城乡执法一体化进程。所以，解决执法存在问题的根本，在于必须明确地方各级人民政府首长的环境责任。

其次，明确我国农村环境保护管理的职能与分工。

尽管我国农村环境保护多头管理的状况在现阶段尚无法改变，但是比较各国有关农村环境保护行政管理机制，结合我国农村环境保护管理的实践，笔者认为在维持现有法律法规授权的基础上，将农村环境保护的统一监管职能明确授权环保行政主管部门行使（含法律法规规定授权农业部管理以外的农

① “杂乱渐增主义”（disjointed incrementalism），意即决策形态上的政府各部门单独决策、顾此失彼，导致各类问题集合出现等现象。See William Ophuls, *Ecology and The Politics of Scarcity*（1981），引自叶俊荣：《环境理性与制度抉择》，台湾大学法学丛书编辑委员会 1997 年版，第 84 页。

② 2005 年 12 月“松花江特大水污染事件”的最直接和最先的问责结果，是国家环保总局局长的辞职而非发生重大水污染事件的地方政府首长，更非直接肇事的国有石油企业的负责人。中国国家政治生活中这种奇怪的现象令人匪夷所思。

业环境保护内容)应当是一个较为合理的选择。

例如,可以借鉴《环境保护法》的规定,将农村环境保护的职权划分作如下规定:国务院环保行政主管部门对全国的农村环境保护工作实施统一监督管理;各级人民政府环保行政主管部门对各自辖区内的农村环境保护工作实施统一监督管理。农业、林业、渔业等其他有关部门在各自的职权范围内依法分工负责管理农村环境保护工作。

另外,可以借鉴韩国在新村运动中倡导农村自主建立农民组织的方式,在乡以下地区设立农民自治团体对农村环境问题进行自我防治与行为管理。

最后,是建立农村环境保护执法的联合执行机制。在1999年修订的《海洋环境保护法》中,针对海洋辽阔广泛的特点专门规定了海上联合执法机制。笔者认为,农村环境保护立法应当借鉴这一成功的经验,在农村地区特别是政府部门建制尚不完善、或者农村地域幅员广阔的地区,对环境保护执法采用联合执法的模式,使农村环境保护的法律规范能够在农村地区全面、公平地实施。

四、结　论

2005年5月中共中央研究室、中央财经领导小组、财政部、建设部和央行等单位派员共同对韩国于20世纪70年代以来开展的“新村运动”①进行了考察,目的在于借鉴韩国的经验推进我国的新农村建设。对韩国“新村运动”的考察报告最后成为中共中央“十一五”规划建议中有关“建设社会主义新农村”内容的重要参考依据。② 从2006年3月开始,中国赴韩国考察的政府官员数量不断上升,目的在于“重点考察学习新村运动”。韩国媒体报道未来的3年内中国将派出3万名农业官员到韩国考察学习。③

---

① 韩国于1970年由内务部直接领导和实施了新村运动,目的在于改善农村基础设施,提高农民生活环境和质量。

② 参见李水山:“韩国新村运动:对环境亲和型农业及新农村建设的借鉴”,《农业环境与发展》2006年第2期。

③ 参见北青时评:“别让建设新农村成公费旅游新幌子”,《北京青年报》2006年6月11日。

韩国的成功经验的确值得借鉴。但是，在韩国新村运动中曾出现过大量错误和教训，包括政府过度干预农村、自然环境受到损毁、农业环境受到污染、农民因住房改革而负债累累、小农经济盛行和农业产业衰退、理论研究滞后于社会实践等。① 这些错误和教训也同时是我们在新农村建设中应当汲取和避免的。

在社会主义新农村建设中加强农村环境保护，就必须对与之相关的现有农村环境保护立法与执法的模式进行改革，重新整合现有农村环境保护的法律规范，提高农村环境保护执法能力并改变执法方式的现状。上述问题若不能很好地解决，就难免在我国社会主义新农村建设中重犯韩国新村运动所犯的错误，就难免重蹈我国改革开放 20 年来经济不断增长、环境质量严重恶化的覆辙。

---

① 参见李水山："韩国新村运动：对环境亲和型农业及新农村建设的借鉴"，《农业环境与发展》2006 年第 2 期。

中国的环境公益诉讼及其立法设想

别　涛*

摘要：公益诉讼是许多国家遏制损害环境行为的有效机制。我国现行法律赋予环保部门的强制执法手段有限，保护环境需要创新机制。环境公益呼唤环境公益诉讼。针对侵害环境公益的行为，除直接受害人可以起诉外，其他公民或者依法登记的环境保护民间组织，为了保护环境公共利益，应当有权向法院提起环境民事公益诉讼，请求法院判令侵害环境公益的行为人停止侵害行为，排除危害；或者通过向环保部门先行举报，环保部门逾期不予查处的，可以提起环境行政公益诉讼，请求法院判令环保主管部门履行监管职责。特殊情形下，人民检察院也可以提起公益性质的环境民事或者行政诉讼。为此目的，有必要修改相关诉讼程序法律和环境法律，以使环境公益诉讼机制化。

关键词：公益，民间组织，机制创新，起诉权，环境公益诉讼

Abstract: In many countries, public interest litigation is an effective mechanism to deter various behaviors which cause environmental damages. Under the current legal framework in China, the compulsive enforcement instruments available to the environmental authorities are extremely limited, so it's imperative to innovate legal mechanisms to deter environmental violations. The public environ-

* 别涛(1963 年—　)，男，湖北省仙桃市人，武汉大学环境法硕士，北京大学环境法博士，中国法学会环境资源法研究会副秘书长，现任职于国家环境保护总局政策法规司，主要从事环境立法和执法方面的实务，并业余从事有关环境法的研究。

mental interest calls for public interest environmental litigation. In the case where the public environment interest is infringed upon, besides the direct victims of environmental violations, other citizens or legally registered environmental non-governmental organizations(NGOs), shall have the right to initiate a civil suit for the protection of public environmental interest, applying with the law-court for an order of cessation of environmental violation and removal of environmental hazards by the violator; other citizens or legally registered environmental organizations, as well as the direct victims of environmental violations, shall also have the right to make a public complaint with environmental authority in advance against the environmental violator, requesting the authority to investigate into the violation. If the environmental authority refuses to investigate over the set period, an administrative suit for the public environmental interest can be initiated, applying with the law-court for an order of performance of supervisory functions by the environmental authority. Under special circumstances, the public prosecutor could also initiate civil or administrative suit for public environmental interest. Certain litigation procedural laws and environmental laws should be amended for the institutionalization of public interest environmental litigation.

Key words: Public interest, non-governmental organizations (NGOs), mechanism innovation, standing, public environmental interest litigation

一、公益诉讼概述

1. 公益诉讼的一般含义

公益诉讼(public interest litigation),通常被理解为以个人、组织或者机关为原告,以损害国家、社会或者不特定多数人利益(公益)的行为为对象,以制止损害公益行为并追究公益加害人相应法律责任为目的,向法院提出的特殊诉讼活动。

例如,环保组织为了保护公共环境利益,制止危害环境的行为,针对污染环境或者破坏生态的企业提起的诉讼,即属环境公益诉讼。

环境公益诉讼的出现,不仅是公众环境意识觉醒和司法进步的表现,它的广泛推行,对便利公众参与国家事务的监督和公共事务的管理,对扩大公民对环境公共事务的有效参与,促进社会公平、正义,构建和谐社会,推进环境决策的民主化进程,提高社会的法治化水平,乃至落实以人为本,全面、协调、可持续的科学发展观,都具有十分积极的促进作用。

"铁肩担道义",每个法律人,特别是关心环境公益的法律人,对推动环境公益诉讼,更负有义不容辞的责任。

2. 环境公益诉讼的基本类型

根据提起诉讼的原告身份,可以将公益诉讼分为普通环境公益诉讼和环境公诉两大类型,表现为六种具体形式:

第一类:环境公益诉讼。即公民或者法人(特别是非政府组织 NGO),出于保护公益的目的,针对损害公共环境利益的行为,向法院提起的环境公益之诉。就原告身份和诉讼目的而言,它表现出"私人为公益"的显著特点。环境公益诉讼包括民事和行政两种形式:

(1)环境民事公益诉讼。即公民或者组织,针对其他公民或者组织侵害公共环境利益的行为,请求法院提供民事性质的救济。就诉讼主体和诉求而言,它表现出"私人对私人,私人为公益"的特点。

(2)环境行政公益诉讼。即公民或者法人(特别是非政府组织 NGO),认为行政机关(主要是环保部门,但也包括政府)的具体环境行政行为(如关于建设项目的审批行为)危害公共环境利益,向法院提起的司法审查之诉。就主体而言,它表现出"私人对公权(即环境行政机关),私人为公益"的特点;就诉求而言,它以私人请求法院通过司法审查撤销或者变更环保部门具体环境行政行为为目的。

在中国目前的法律框架下,作为原告的公民个人或者非政府组织与其希望保护的环境利益之间,既无法定保护义务,也未获法律授权,更无直接经济利益。正是为了救济环境公益,才作为环境公益的代言人、环境资源的义务监护人。相对于公民和法人为保护其自身利益而提起的普通"私诉"而言,它具有公益诉讼的性质。对这类"私人为公益"的环境公益诉讼,法律界应当大力推动，国家机关应当积极支持，并提供程序之便利和机制之保障。

第二类：环境公诉。根据国家公诉权的通常分配模式，它特指作为国家公诉人的检察机关，为了保护公共环境利益，以原告身份，通过公诉的形式，以制止和制裁环境公益的侵害行为为目的，向法院提起的诉讼。就原告身份和诉讼目的而言，它表现出“公权为公益”的显著特点。

环境公诉，其实包括环境刑事公诉、环境民事公诉和环境行政公诉三种形式。

（1）环境刑事公诉。即检察院以制裁环境犯罪行为、追究刑事责任为目的的诉讼。这是最常见的环境公诉。就主体而言，它表现为“检察院对私人”（即环境犯罪行为人）之诉；就诉求而言，它以检察院请求法院对环境犯罪行为人“实施刑事制裁”为目的。

（2）环境民事公诉。它是指在公民或者法人的民事经济行为污染了环境或者破坏了生态，因而侵害了公共环境利益的情形下，检察院为了维护环境公益，以国家公诉人身份实施干预，请求法院制止和制裁环境侵害行为的诉讼。之所以称之为“民事公诉”，可以理解为国家公诉人针对公民或者法人的民事行为提起的诉讼。就主体而言，它表现为“检察院对私人”（即环境民事行为人）之诉；就诉求而言，它以检察院请求法院针对环境民事侵害行为“实施民事救济”为目的。在这个方面，法律的实践已经走在了法律规定的前头，法律的规定则明显地落后于法律的实践。

（3）环境行政公诉。它是指检察院认为行政机关（主要指环保部门，但也包括政府）的具体行政行为（如关于建设项目的审批行为）危害公共环境利益，向法院提起的司法审查之诉。就主体而言，它表现为“检察院对行政”（即环保行政机关）之诉；就诉求而言，它以检察院请求法院通过司法审查“撤销或者变更具体环境行政行为”为目的。这方面的法律机制还有待建立。

环境公诉，是环境公益诉讼的新发展。作为一种新的环境诉讼形式，国家公诉机关即检察院为保护公共环境利益提起环境公诉，尤其值得关注和探讨。

本文主要探讨环境民事公诉,并就环境民事和行政公益诉讼,提出立法设想,希望有益于共同推进中国的环境公益诉讼。

二、环境执法新举措:公诉机关首次单独介入环境违法行为

最近几年,地方先后出现了几起典型的环境民事公诉案例,并取得积极效果,值得关注和总结。

案一:山东省德州市乐陵市人民检察院,针对污染环境的金鑫化工厂,2003年4月22日提起环境民事公诉,请求法院判决停止侵害、排除妨碍、消除危险。同年5月9日,乐陵市人民法院作出判决,要求金鑫化工厂自行拆除污染设施、停止侵害、消除妨碍、消除危险。

案二:四川省资阳市雁江区检察院于2004年2月了解到,当地清水河因石材加工厂造成生态环境严重破坏的情况,并与雁江区环保局联系,共同调查。调查发现,清水河流经两个乡镇的数十个村社,是沿岸村社灌溉和人畜饮水的主要来源。近两年来,在清水河及其支流沿岸相继兴办了数十家石料加工厂,这些石料加工作坊肆意排放,不仅阻塞河道,而且污染水体,使4个村的800亩土地、近2000人的生产生活受到严重影响。

此前,雁江区环保局曾对污染企业发出整改通知书,限期停产整改。但众厂家仍然我行我素,污染问题得不到切实解决。2000名农民思想难于统一,部分受害农民与污染企业交涉无果之后,担心胜诉无望,并因诉讼费用的负担,在起诉方面态度消极。

5月12日,雁江区人民检察院对污染问题严重的8家石材厂分别下达了检察建议书,要求企业对治污设施进行整改,并将整改情况报送该院。作为国家公诉机关,检察院还告诫企业,如果不积极治理污染,继续侵害农民利益,将对其提起民事公诉。

为还清水河以清水,检察院准备单独提起环境民事公诉。这是国家公诉机关主动单独介入环境民事违法案件,并取得积极的社会效果。这是强化环境执法的新举措,也是环境司法的新实践,值得环保部门称道和

关注。①

三、检察院提起民事公诉，已经不乏先例

全国首例"民事公诉"案发生在 1997 年。河南省方城县工商局将一处国有房产违规低价出售给汤某。方城县检察院为阻止国有资产流失，以原告身份于 7 月 1 日起诉，请求法院确认国有资产买卖合同无效。12 月 3 日县法院判决，支持检察院诉讼请求，并确认两被告间的买卖合同违法无效。判决后两被告没有上诉，判决在法定时间生效，方城检察院挽回国有资产流失的行动达到预期目的。

这次诉讼引起最高人民检察院的重视，并被评价为全国检察系统十年中八大事件之一，也为日后各地检察机关民事诉讼提供了范例。在近年发生的"民事公诉"案中，各检察机关的诉讼活动大都采用了方城检察院的模式。此后，河南省浚县和三门峡市湖滨区、山西省河津市和乡宁县、黑龙江省兰西县、四川省中江县、福建省连城县、浙江省浦江县、湖南省岳阳县和云溪区等地方检察院，先后提起类似诉讼。

据不完全统计，自 1997 年河南省方城县检察院就国有资产流失提起公诉以来，全国各地检察机关至今提起的类似的民事诉讼已有近 200 起。其中，河南省各级检察机关共提起此类涉及国有资产转移的民事诉讼近百起，法院已经判决的 70 余起，检察机关全部胜诉。在已判决的 70 多起案件中，所有败诉的被告无一上诉。检察院提起民事公诉的积极效果令人刮目。

四、环境民事公诉，曾因环境污染犯罪被附带提起

其实，自 1997 年《刑法》修订以来，为了制裁破坏环境资源的行为，地方检察院已经提起部分环境民事公诉，只不过是以刑事附带民事的形式而提起。

① 蒋敏、卿明生："雁江检察机关向污染企业发出检察建议书"，《中国环境报》，2004 年 5 月 17 日和 2005 年 6 月 2 日。

例如：

——1998年山西省运城市检察院在针对天马造纸厂厂长杨军武重大环境污染行为提起刑事公诉的同时，就公众饮用水源遭受污染附带提起民事公诉。当年9月17日，运城市法院除以重大环境污染事故罪判处杨军武有期徒刑2年，并处罚金5万元外，同时判处杨军武赔偿民事损失36万元；同年12月7日，运城地区中级法院裁定维持原判。

——1999年，四川省名山县检察院在针对恒达化工厂重大环境污染行为提起刑事公诉的同时，也就公共水源遭受污染附带提起民事公诉。当年9月1日，名山县法院以重大环境污染事故罪判处恒达化工厂罚金5万元；厂长林卿书因同罪被判有期徒刑3年，并处罚金2万元，操作工刘安华因同罪被判徒刑3年，并处罚金2000元；法院还同时判处化工厂赔偿国家、集体和个人经济损失34万元。

——2002年，四川省泸州市检察机关为环境公益事业，在全省首次附带提起刑事附带环境民事公诉案件，并获法院支持：古蔺县石宝镇重大森林火灾肇事者黎伯伦被判有期徒刑1年，并处承担在2002年10月至2007年8月期间，补种林木29848株。

——再如湖南省安化县检察院在对梅城镇卫生纸厂的重大环境污染行为提起刑事公诉的同时，就公共环境遭受污染附带提起民事公诉。据中国环境报2004年4月19日报道，法院除对责任人龙金林、张旭龙和刘满元分别判处有期徒刑2年、1年6月和1年及罚金2万元外，并同时判处纸厂附带赔偿7万元。

五、环保部门执法手段有限，环境公益呼唤环境公诉

根据我国现有执法体制，行政机关虽然承担了国家机器运转的绝大部分职能，但法律赋予行政机关的强制执法手段极其有限，手段与职能之间距离很大。这种现象在国有资产管理领域如此，在环境管理领域更是突出。从目前实际情况来看，检察院以公诉人身份介入环境公益保护十分必要。

现行《民事诉讼法》第108条规定，起诉的“原告是与本案有直接利害关系的公民、法人和其他组织”。如果国家利益受到直接损害，就需要有适当的

国家机关作为利害关系人代为诉讼。《环境保护法》第 41 条规定，造成环境污染者“有责任排除危害，并对直接受到损害的单位或者个人赔偿损失”。如果国家公共环境和资源受到直接损害，也需要有适当的国家机关作为利害关系人代为诉讼。《海洋环境保护法》第 90 条规定，破坏海洋环境并“给国家造成损失的”，由有关部门“代表国家对责任者提出损害赔偿要求”。

在现实生活中，许多环境污染行为没有直接侵犯特定的公民、法人或组织的权益，“直接利害关系”或者“直接受到损害”的条件，往往使得无人享有诉权。即使法律赋予公民起诉权，也常会因个人不知、不能或不敢等种种原因而不起诉。环境行政部门又往往缺乏强有力的执行手段，加之行政体制方面的限制，心有余而力不足，致使许多环境违法行为长期得不到有效制止。

四川雁江区清水河污染案就十分典型。当地环保局虽然可以要求污染企业限期停产整改，但对逾期不改者，依法没有独立的强制执行手段；即便报请政府关停或者申请法院执行，实际效率大多极其低下。受害农民与污染企业交涉无果，担心胜诉无望，加之诉讼费用的负担，致使无人起诉。

从起诉条件上看，原告须与案件有利害关系。人民检察院虽然一般不会主动介入当事人之间的民事权益，但从维护国家利益、公共利益来看，是符合起诉条件的。因为国有资产流失、环境污染、行业垄断等行为，有时侵害的是不特定的对象，没有明确的受害人或适格的原告，又不能形成集团诉讼。保护国有资产和公共环境利益是国家的责任，但国家是一个抽象主体，国家要保护这种利益，就需要代言人。

人民检察院作为国家的法律监督机关，以保护国家、集体利益为职责，它依法承担着国家的公诉职能。在存在诉讼障碍的情况下，人民检察院从保护国家和公共环境利益和制止不法行为的目的出发，运用公力救济的司法手段提起民事公益诉讼，应当视为与本案诉讼标的有特殊的直接利害关系。由其代表国家为公共环境利益提起环境民事公诉，不仅是必要的，也是符合法治原理的。

检察院作为环境公益诉讼的原告，还可结合我国宪法规定的国体和政体性质分析。我国是以公有制为主体的社会主义国家，同时又是人民当家作主的国家，一切国家机构归根到底都是为了人民的利益而设置，并为人民办事。

国家的人民性,决定了国家利益和公共利益维护者的广泛性。反映在环境法律关系上,就是各社会主体相互之间在环境利益关系上具有广泛的共同性和关联性。在环境法律关系中,表面上的非"直接利害关系人",在一定意义上也可能具有"直接利害关系"。因而,我国国家机关、企事业组织和公民个人,特别是作为公诉机关的检察院,对损害国家和公共环境利益的行为,不但具有一般"检举控告"的权利,而且应当享有环境民事公诉权。

正如《人民日报》在关于湖南省岳阳县检察院为保护国有资产提起民事诉讼的报道中所指出的:"实践证明,作为国家法律监督机关,由检察院对违反法律法规,侵犯国家、社会公共利益的行为向法院提起民事诉讼,实现对国家、社会公共利益的法律救济,实现保护和监督的统一,既符合宪法精神,也符合我国国情。"①毫无疑问,这种评论完全适合环境民事公益诉讼。

六、环境民事公诉,并非于法无据

宪法有关规定——现阶段,提起和审理民事公诉案件的主要法律依据是《宪法》第12条:"国家保护社会主义的公共财产,禁止任何组织或个人用任何手段侵占或破坏国家或集体的财产";第13条:"国家依法禁止任何组织和个人扰乱社会经济秩序。"

民事法律规定——《民法通则》第5条:"公民、法人的合法民事权益受法律保护,任何组织和个人不得侵犯";第73条:"国家财产属于全民所有。国家财产神圣不可侵犯,禁止任何组织或个人侵占、哄抢、私分、截留、破坏"。

环境法律规定——《环境保护法》第6条:"一切单位和个人都有保护环境的义务,并有权对污染和破坏环境的单位和个人进行检举和控告。"显然,作为专司国家公诉职能的检察院,完全可以据此"对污染和破坏环境的单位和个人进行检举和控告",即提起民事公诉。

诉讼法律规定——《民事诉讼法》第15条规定:"机关、团体、企业事业单位对损害国家集体和个人民事权益的行为,可以支持受损害的单位或个人向

① 徐远平:"民事公诉亟待立法",《人民日报》2003年1月22日。

人民法院起诉”。

检察院组织法——《人民检察院组织法》第 4 条规定：人民检察院通过行使检察权，保护社会主义的全民所有的财产和劳动群众集体的财产，保护公民的人身权利、民主权利和其他权利。

如果回顾历史，民事公诉在我国早有实践。1949 年 12 月颁发的《最高人民检察署试行组织条例》规定：检察机关有权参与涉及全国社会与劳动人民利益有关之民事案件以及涉及全国社会与劳动人民有关这一切行政诉讼；1954 年的《中华人民共和国检察院组织法》第 4 条规定：地方各级检察机关对于有关国家和人民利益的重要民事案件有权提起诉讼或参加诉讼；1957 年最高法院制定的《民事案件审判程序（草稿）》第 1 条有类似规定，允许检察院对“有关国家和人民利益的重要民事案件”提起诉讼；1979 年 2 月 2 日，最高法院在《人民法院审判民事案件程序制度的规定（试行）》中对民事公诉制度再次确认。只是 1979 年 7 月 1 日通过的《人民检察院组织法》对民事公诉制度未做规定。

七、环境民事公诉：不同于行政诉讼和刑事诉讼的特征

1. 就适用情形而言，它是在公共环境利益遭受环境违法行为的现实侵害，而受害人在起诉方面存在障碍，环保部门的行政管理受到实际限制的情况下，由检察院作为公诉人向法院提起诉讼，要求法院依法追究环境违法行为人法律责任的诉讼行为。它不同于环境刑事公诉，因为环境违法行为尚未构成环境犯罪。如果环境违法行为涉嫌环境犯罪被提起公诉，即属于刑事附带环境民事公诉。

2. 就诉讼目的而言，它以排除污染危害和赔偿污染损失为基本诉求，主要是通过追究造成环境污染破坏行为人的民事责任，实现对国家和公众利益的保护和救济。这使其与环境行政诉讼（目的主要在于撤销或变更环保部门的具体行政行为）和环境刑事诉讼（目的在于确定被告人是否犯罪和刑罚）相区别。

3. 就当事人而言，监察机关作为环境民事公诉人，除了国家和公共利益，

它并不谋求任何自身的私利，因此它既是原告，也是法律监督者。被告人则是造成环境污染破坏的行为人。

4. 就案件来源而言，它有多种来源，如群众举报、专门机关移送、自己发现等。作为公力救济途径，环境民事公诉一般应当在受害人和环境行政部门试图制止环境违法而不能之后，作为一种后置的司法救济程序而提起。因此，受害人举报和环保部门移送应当成为主要案件线索。

5. 就起诉条件而言，它应当有明确的环境违法行为人作为被告，有经过调查的环境污染破坏事实和证据，并有具体的诉讼主张（如停止排污行为、排除污染危害、赔偿污染损失）。

八、加强行政部门与司法机关的配合，完善诉讼规则

1. 作为一种正在出现的诉讼形式，环境民事诉讼可以因为国家公诉机关的介入而产生特殊的环境执法效果。它不仅可以成为环保部门行政执法的重要支持和补充，而且可以为环境污染损害的受害人提供更具强制力的司法保护和救济。因此，环保部门应当积极配合和支持检察院提起环境民事公诉，特别是应通过参加调查和提供环境技术监测数据等方式，有力地支持检察院的环境公诉。

2. 为了充分发挥民事公诉在维护国家和公共利益方面的积极作用，规范包括环境民事公诉在内的民事公诉行为，国家立法机关和司法机关应当研究制定相关规则。我们认为，可以考虑适时修订民事诉讼法，或者通过修订环境保护法，或者通过制定专门司法解释，明确赋予检察院以环境民事公诉权，并规定具体的诉讼程序和规则。

九、令人鼓舞的新进展：环境公益诉讼立法初露端倪

——环境公益：国家法律确认的新权利

2002 年颁布的《环境影响评价法》不仅明确提出了环境权的概念，还提出

了"公众环境权益"的概念。该法第 11 条规定："专项规划的编制机关对可能造成不良环境影响并直接涉及公众环境权益的规划，应当在该规划草案报送审批前，举行论证会、听证会，或者采取其他形式，征求有关单位、专家和公众对环境影响报告书草案的意见。"为了有效保护环境公益，需要创新法律机制。环境公益诉讼无疑是一种重要机制。

——中央领导要求：创新环境工作机制，发动全社会力量参与环境工作

在 2005 年中央人口资源环境工作座谈会上（2005 年 3 月 12 日），中共中央总书记胡锦涛强调："要创新人口资源环境工作的体制机制，发动全社会力量参与人口资源环境工作，推动人口资源环境工作不断迈上新台阶。"

——国务院决定：《国务院关于环境保护若干问题的决定》（1996 年 6 月 16 日）规定，"建立公众参与机制，发挥社会团体的作用，鼓励公众参与环境保护工作，检举和揭发各种违反环境保护法律法规的行为"。

2005 年 12 月 3 日，国务院发布了《国务院关于落实科学发展观加强环境保护的决定》。该决定提出："研究建立环境民事和行政公诉制度。"决定还提出："发挥社会团体的作用，鼓励检举和揭发各种环境违法行为，推动环境公益诉讼。"这是国家首次明确提出推动环境公益诉讼。

——全国政协 2005 年第 1223 号提案：呼吁建立环境公益诉讼制度

梁从诫、赵忠祥、敬一丹、宋祖英等 28 名全国政协委员，于 2005 年 3 月全国政协十届三次会议期间，联合提交了第 1223 号提案，即《关于尽快建立健全环保公益诉讼法的提案》。该提案建议："我们迫切地呼吁尽快着手建立环境民事公益诉讼制度，以便更加有效地保障公众的环境权利，维护社会公共利益和国家利益。"会后，该提案交"由全国人大常委会法工委会同环保总局研究办理"。

——全国政协 2006 年 3 月农工民主党中央：建立环境公益诉讼制度，保护公众环境权益

陈硕儒委员在政协十届四次会议上，代表农工民主党中央作了题为《建立环境公益诉讼制度，保护公众环境权益》的发言。

——全国人大代表吕忠梅、曲修霞：尽快建立环境公益诉讼制度

全国人大代表吕忠梅、曲修霞 2006 年 3 月在十届人大四次会议上，分别

提出议案,要求尽快建立环境公益诉讼制度。

——最高司法机关的意见

国家环保总局2005年在起草关于环保工作决定过程中,曾经专门征求最高人民检察院的意见。最高人民检察院2005年8月5日回复指出:“近年来,环境污染致害事件呈明显上升趋势。由于缺乏相应的诉讼救济机制,因行政机关明显违法行政、滥用许可权造成公害事件的情形,无法通过诉讼途径解决,因此,建立环境民事、行政公诉制度是必要而可行的。”该回复就建立环境公诉制度建议:“通过修改、完善相关法律,国家建立环境民事、行政公诉制度,明确民事行政公诉的相应程序。”据《第一财经日报》2006年9月28日报道,最高人民检察院副检察长姜建初在中国法学会诉讼法学研究会2006年年会表示,针对公益诉讼遭遇的制度困境,研究建立“社会公益诉讼是民事诉讼法研究的创新使命”。

我国《行政诉讼法》第2条规定:“公民、法人或者其他组织认为行政机关和行政机关工作人员的具体行政行为侵犯其合法权益,有权依照本法向人民法院提起诉讼。”

最高人民法院《关于执行〈行政诉讼法〉若干问题的解释》第12条规定:“与具体行政行为有法律上利害关系的公民、法人或者其他组织对该行为不服的,可以依法提起行政诉讼。”该解释第13条进一步规定:“有下列情形之一的,公民、法人或者其他组织可以依法提起行政诉讼:(一)被诉的具体行政行为涉及其相邻权或者公平竞争权的;(二)与被诉的行政复议决定有法律上利害关系或者在复议程序中被追加为第三人的;(三)要求主管行政机关依法追究加害人法律责任的;(四)与撤销或者变更具体行政行为有法律上利害关系的。”

根据最高人民法院的司法解释,行政诉讼的原告范围事实上已经有所扩大,从一般意义上的“行政相对人”,扩大到“利害关系人”,即“有法律上利害关系的公民、法人或者其他组织”。

特别值得注意的是,根据该解释第13条第(一)和(三)项的规定,除行政相对人之外,还有三类人也可以获得行政诉讼的原告资格:(1)相邻权人;(2)同行业竞争者;(3)举报人,即要求主管行政机关依法追究加害人法律责任的公民、法人或者其他组织。

这几类原告提起的行政诉讼，特别是针对环境违法行为的举报人提起的行政诉讼，不仅是出于个人利害关系，而且诉讼的结果在客观上具有保护公共利益的效果，因而可以将其归结为环境行政公益诉讼。环境违法行为的举报人可以提起公益诉讼，从而将普通的举报程序和严格的诉讼程序紧密结合，有效地强化了公众参与环境监督的法律机制。

十、关于环境公益诉讼制度的基本内容

环境公益诉讼，无论在普通法系国家还是在大陆法系国家，都是遏制侵害环境公益行为的重要而又经常使用的法律手段。作为一种环境司法手段，它可以有力地支持和弥补环境行政执法手段之不足，有效地制止环境侵害行为，从而极大地促进生活环境和生态环境质量的改善，值得大力推动。

关于环境公益诉讼，需要依据我国的具体国情，合理设计相应的程序和制度，特别是要回答以下基本问题：

1. 关于原告：可以由依法成立的以环保为宗旨的环保民间团体提起

这特别适合于受害人不确定、环境权属关系不明确、受害人众多而难以确定代表人或者受害人众多但确实缺乏应有诉讼能力等特殊情况。现实生活中，许多情形下，个人面对污染破坏环境的公司法人或者组织，常常不知、不能或不敢提起诉讼。淮河干流多次重大污染事件、2004 年沱江特大水污染事件和 2005 年松花江水污染事件中，都存在受害人众多但难以确定原告的情形。

行政机关制裁环境违法行为的基本前提，一般是相对人存在环境行政违法。例如，即便普遍实行“超标排污即属违法”，对于多数未超标排放的行为，行政机关的监管职能范围是受到严格法定限制的。在不存在行政违法的情况下，行政机关缺乏主动介入的激励机制。

在这类环境侵害情形下，公众个人虽有利益但缺乏能力，行政机关即便有能力但未必有兴趣。依法成立的以环保为宗旨的民间组织，不仅有兴趣（环保宗旨），也有一定能力提起环境公益诉讼。其他相关人特别是环境违法行

为的举报人,也应当承认其原告资格。对环保组织或者举报人提起的公益诉讼,国家应当予以鼓励、引导和规范。

2. 关于诉讼标的和目的

它主要是以处于继续或者连续状态的环境污染或者生态破坏行为为对象,并以请求法院发布裁判,责令行为人停止环境侵害、修复环境原状或者支付修复费用为主要诉讼目的。

国外实践也表明,环境公益诉讼基本上是以停止侵害、恢复原状为责任的承担方式,而赔偿损失并非主要的责任方式,正因如此,环境公益诉讼的公益性也更强。在某些具体情况下,诉讼请求也可能包括请求法院判决行为人赔偿由于其环境污染或者生态破坏行为导致的损失。

对环境公益性质的赔偿金,或者受害人数众多情形下的环境损害赔偿金,可以参考国际油污损害赔偿基金机制,由环保组织设置专项基金或者账户,并报经法院认可后,负责管理赔偿金的具体赔付或者支出。

3. 关于起诉条件:公益诉讼应当遵循一定的前置程序

环保组织对其调查发现的侵犯环境公益的事实,有权向环保等有关行政主管部门举报,并可同时向其调查认定的侵害环境公益的行为人发送专门的书面通报。该类举报或者通报,应当尽可能详细地描述其发现的环境污染或者生态破坏事实和有关证据,请求行政主管部门依法行使监管职能。

环保组织还可在通报中要求其所认定的环境侵害行为人在一定期限内(比如60天或者30天)之内改正环境侵害行为。环保组织的此类举报或者通报还应明确地表明其诉讼意图:如果有关行政部门或者环境侵害行为人逾期置之不理,环保组织将向法院提起公益诉讼。

4. 改造环境举报制度,完善环境行政诉讼

根据我国现行环保法律法规,公众有权举报环境违法行为。为了创新公众参与监督环境违法行为的机制,有必要在现行环境举报制度基础上,建立公众环境举报与环境行政诉讼的“法律连接”。这虽然是一种略显谨慎的制度设计,但可以为公众提供通过诉讼有效监督环境违法行为的“切入点”。我们设计,可以通过制定或者修订有关环境法律,明确规定以下基本程序:

(1)规定公众可以举报环境违法行为;(2)受理举报并赋予查处职责的环保部门应当在一定时限(30 日、60 日或者 90 日)内,对被举报的环境违法行为进行调查和处理,并可酌情公告或者告知举报人;(3)环保部门对被举报的环境违法行为,超过规定时限没有调查的,举报人可以起诉环保部门,要求其依法履行其职责。

5. 关于诉讼性质:因为被告身份的不同存在两种类型

如果受理举报的行政部门对被举报行为依法不具有行政监管职能等情形,环保组织应以环境侵害行为人为被告提起诉讼。这属于环境民事公益诉讼。

如果受理举报的行政主管部门依法承担监管职能但表现出环境行政不作为,环保组织可以有关行政部门为被告提起诉讼。这属于环境行政公益诉讼。

6. 关于环境公益诉讼的制度化形式:存在三种方式或步骤

——由最高司法机关制定专门的司法解释,规定环境公益诉讼的基本程序。

——通过《水污染防治法》、《大气污染防治法》等环保单项法律的修订,设立专门的环境公益诉讼条款。

——通过《民事诉讼法》、《行政诉讼法》的修改,设定包括环境公益诉讼在内的公益诉讼程序。

不可否认,设置环境公益诉讼程序,会在一定程度上增加法院案件负荷;但是,从维护环境公平、构建和谐社会的角度看,这是人民法院的重要职能。

7. 环境公诉

除了公民或者民间组织外,国家公诉机关在一定情形下(如行政机关依法没有职能、个人或者组织确实没有能力),为了公共环境利益,也应当可以提起环境民事或者行政公诉。大陆法系国家如法国、意大利检察机关可以提起环境公诉,英美法系一般通过私人来救济,但是也有大量的检察机关提起环境公诉的法律规定和诉讼实例。我国山东、四川等地方的实践也证明,通过环境公诉,及时制止了侵害环境公益的行为,对国家环境法律的实施发挥了积极的监督作用。

十一、关于环境公益诉讼的立法设计

笔者设想,在中国现行民主法制框架下,可以通过改造现行环境公众举报制度,并将公众举报和对举报的反应作为诉讼的前置程序,使环境公众举报与环境公益诉讼衔接起来,在此基础上建立符合中国现阶段民主法制国情的公众通过诉讼参与环境监督的程序制度。具体设想如下:

1. 一般环境民事诉讼——由直接受害人提起

一般环境民事责任:造成环境污染危害的单位和个人,有责任停止侵害行为,排除危害,赔偿损失,并采取措施恢复环境原状。

普通环境民事诉讼:因为他人的环境侵害行为直接受到损害的单位或者个人,可以依法提起诉讼,请求人民法院判决侵害行为人停止侵害行为,排除危害,赔偿损失,并采取措施恢复环境原状。

举证责任:因污染环境引起的损害赔偿诉讼,由加害人就法律规定的免责事由及其行为与损害结果之间不存在因果关系承担举证责任。

国家支持受害人诉讼:国家鼓励法律服务机构对污染诉讼中的受害人依法提供法律援助。

污染环境的损害赔偿责任和赔偿金额的纠纷,当事人可以委托国家设立的环境监测机构提供监测数据。环境监测机构应当接受委托,如实提供有关监测数据。

2. 环境行政诉讼——由相对人和其他相关人提起

行政相对人提起的一般环境行政诉讼:公民、法人或者其他组织认为行政机关和行政机关工作人员的具体行政行为侵犯其合法权益,有权依照本法向人民法院提起诉讼。

与具体行政行为有法律上利害关系的公民、法人或者其他组织对该行为不服的,可以依法提起行政诉讼。

公益性质的环境行政诉讼:有下列情形之一的,公民、法人或者其他组织可以依法提起行政诉讼:(一)被诉的具体行政行为涉及其相邻权的;(二)被诉的具体行政行为涉及其公平竞争权的;(三)通过举报等方式要求主管行政机关依法追究加害人法律责任，而主管行政机关逾期未予查处的。

3. 环境民事和行政公益诉讼——由环境保护民间组织提起

环境公益诉讼的前置程序：直接受到损害的单位或者个人之外的公民或者依法登记的环境保护民间组织，经过调查发现处于继续或者连续状态的污染环境或者破坏生态的行为，可以向其调查认定的侵害环境公益行为人发出书面通知，要求停止环境侵害行为，排除危害，并采取措施恢复环境原状；也可以向环境保护行政主管部门或者其他依法负有环境监管职责的部门提出书面举报，建议其依法履行查处职责。

通知和举报：公民或者依法登记的环境保护民间组织的书面通知或者举报，应当叙述其调查发现的污染环境或者破坏生态行为的事实，提供有关证据，明确其所认定的侵害环境公益行为人停止侵害行为的具体要求，并表明其诉讼意图。

环境民事公益诉讼：侵害环境公益行为人收到书面通知后超过 60 日未停止侵害环境公益行为的，发出通知的公民或者依法登记的环境保护民间组织，可以向人民法院提起诉讼，请求人民法院责令侵害环境公益行为人停止侵害行为，排除危害，并采取措施恢复环境原状。

直接受到损害的单位或者个人之外的公民或者依法登记的环境保护民间组织，不能提起损害赔偿诉讼。

环境行政公益诉讼：环境保护行政主管部门或者其他依法负有环境监管职责的部门，收到关于污染环境或者破坏生态行为的书面举报后超过 60 日未实施查处行为的，提出举报的公民或者依法登记的环境保护民间组织，可以向人民法院提起诉讼，请求人民法院责令其依法履行查处职责。

4. 环境民事和行政公诉——由检察机关提起

环境民事和行政公诉的前置程序：对处于继续或者连续状态的污染环境或者破坏生态的行为，环境保护行政主管部门或者其他依法负有环境监管职责的部门未依法行使监管职责，或者直接受到环境侵害行为损害的个人或者组织确实没有能力提起诉讼的，人民检察院可以向其调查认定的侵害环境公益行为人发出检察建议书，要求停止环境侵害行为，排除危害，并采取措施恢复环境原状；也可以向环境保护行政主管部门或者其他依法负有环境监管职责的部门发出检察建议书，建议其依法履行查处职责。

检察建议书：人民检察院发出的检察建议书，应当叙述其调查发现的污染环境或者破坏生态行为的事实，提供有关证据，明确其所认定的侵害环境公益行为人停止侵害行为的具体要求，并表明其诉讼意图。

环境民事公诉：侵害环境公益行为人收到检察建议书后超过60日未停止侵害环境公益行为的，发出检察建议书的人民检察院可以向人民法院提起诉讼，请求人民法院责令侵害环境公益行为人停止侵害行为，排除危害，赔偿损失，并采取措施恢复环境原状。

环境行政公诉：环境保护行政主管部门或者其他依法负有环境监管职责的部门，收到检察建议书后超过60日未实施查处行为的，发出检察建议书的人民检察院可以向人民法院提起诉讼，请求人民法院责令其依法履行查处职责。

我国生态综合管理的政策与实践

——生态功能区划制度探索*

杜　群**

摘要：国际新兴的生态系统服务功能价值理论和生态系统综合管理的方法理论对国家生态管理提出了新的制度要求。我国生态功能区划是最能反映生态功能价值理论和生态综合管理方法论的新制度和政策，其管制作用应当朝法制化发展。

关键词：生态系统服务功能，生态系统综合管理原则，生态功能区划

Abstract: This article overviews the integration of ecosystem services and ecosystem approach to the existing environmental and natural resource regulatory and legal regime in the context of biodiversity conservation. Guided by the value of ecosystem services and the principles of ecosystem approach, the ecosystem functions zoning, which has been carried out since new millennium in China, is argued as a new instrument of environmental law and policy through examining its perspectives of technical methods, feasibilities and regulatory rules.

Key words: Ecosystem service, principles of ecosystem approach, ecosystem functions zoning

---

* 获得司法部法治建设与法学理论研究项目、国家环境保护总局“西部生态保护监督管理条例”研究项目、全球环境基金——中国伙伴关系干旱生态系统土地退化防治能力建设项目的资助。

** 杜群（1968—　），女，浙江永康人，武汉大学法学院环境法研究所教授、博士生导师，法学博士，研究方向：环境资源法律政策研究。

生态系统服务功能，是指自然生态系统支持人类社会、经济发展的功能，通常简称"生态服务功能"。[①]目前的生态环境危机，如水土流失、土地退化、沙漠化、生物多样性丧失、自然灾害频繁、环境污染等，其实质是生态系统服务功能受到了损害与削弱。实施生态保护与生态建设的主要目的是恢复、重建受损与退化的生态系统，恢复生态系统的服务功能。但是，如何合理实施生态功能保护？总结我国现行常规的环境与自然资源保护和管理的方式，保护和管理生态功能不外乎采取两种模式：一种是借助自然资源管理的手段，而且是单因子自然资源管理和保护的方式；另一种是以圈地（土地利用禁止）为形式的自然保护区和其他生态系统保护区（如森林公园、地质公园等）方式。然而，这两种模式均未形成具有普遍约束意义的生态综合管理的制度体系。生态综合管理（或生态系统管理）是目前国际和国外新兴的管理方式。我国严峻的生态环境现状以及生态环境在经济、社会全面发展的形势下所面临的巨大压力，要求我国环境与资源管理在科技管理的基础上大胆地进行制度创新。借助于生态系统服务功能的价值理论，[②]将生态综合管理方式纳入我国环境与资源保护的常规体制无疑成为政策改革的方向，而在新千年以来我国开展的生态功能区划，就是在此历史背景下的一个有益的尝试。生态功能区划作为政策已经广泛体现在我国"十一五规划"的国土资源利用、环境与生态保护的行动方案之中。

---

① 作者认为"生态功能"与"生态系统服务功能"或"生态服务功能"在元概念上是有区别的。"服务"有主体和客体之分，"生态服务功能"指自然对人类在生态方面提供的服务价值；"生态功能" 则没有这个特定指向，显示出自然体天赋的生态价值。如果以服务价值理解之，则除了自然体对人类的服务价值，更指向自然体系统之间相互服务的价值。我国"生态功能区划"所言之"生态功能"，从"区划"的作用来看等同于"生态系统服务功能"或"生态服务功能"。

② 关于生态系统服务功能及其价值理论是生态综合管理方法论和我国生态功能区划的基本理论依据，本文不多论述，有关内容参阅杜群："生态保护及其利益补偿的法理判断——基于生态系统服务价值的法理解析"，《法学》2006 年第 10 期。

一、生态综合管理作为规范性理念的提出及其内容

生态综合管理①作为规范性理念，②最早是 1995 年在马拉维召开的生物多样性公约大会一个专家组会议上所提出。2000 年 5 月，在肯尼亚内罗毕召开的生物多样性公约第五次缔约方大会正式认可了生态综合管理方法，并提出生态综合管理的 5 项指导准则和 12 项管理原则；这些基本准则和原则于 2003 年 10 月在蒙特利尔召开的生物多样性公约大会科技咨询辅助机构的第九次会议上获得通过。该会议认为生态综合管理不仅对生物多样性保护和管理具有指导意义和促进履约作用，而且对其他一些国际公约例如《联合国防治荒漠化公约》的执行也有积极的指导意义。③

生态综合管理，作为规范性理念的主要思想和内容集中体现在《生物多样性公约》有关缔约方大会及其工作机构所提出的 5 项指导准则和 12 项管理原则之中。

（一）5 项指导准则

生态综合管理的 5 项指导准则准确、系统地把握了生态综合管理的科学内涵和管理义理。其确认：(1) 生态综合管理是有关土地、水和生物资源综合管理的策略，目的是采用一种公平的方法促进其保护和可持续利用。就《生物多样性公约》而言，运用生态综合管理的方法有利于达到保护、可持续利用

---

① 生态综合管理，作者认为就是 IUCN 生态系统委员会所提出的“ecosystem approach”，以及全球环境基金土地退化防治业务领域所倡导的“integrated ecosystem management”。

② 作为科学观念或研究对象，其溯源则应更早。

③ 参见联合国环境规划署和生物多样性公约的两个决议：UNEP/CBD/COP/5/23, Decisions adopted by the conference of the parties to the convention on biological diversity at its fifth meeting, Nairobi, 15-26 May 2000, Decision v/6; UNEP/CBD/SBSTTA/9/INF/4, Ecosystem approach: further elaboration, guidelines for implementation and relationship with sustainable forest management Subsidiary Body on Scientific, Technical and Technological Advice Ninth Meeting, Montreal, 10-14 Novermber 2003, Item 5.1 on the provincial agenda, 29 September 2003. http://www.iucn.org/themes/cem/ourwork/ecapproach/index.html，最后访问时间：2006 年 9 月 30 日。

生物多样性,促进生物资源利用之收益的公平分配和利益衡平。(2)生态综合管理是建立在合理的科技方法基础上的,特别是建立在对生物圈各层次开展的科学研究的基础上。生物圈包括有机体以及它们间的基本结构、程序、功能、相互作用。尤其重要的是,综合生态系统所采用的科技方法和科学研究,考虑到并承认了人类及其文化多样性是构成生态系统的重要组成部分。(3)生态综合管理对结构、程序、功能和相互作用的关注是符合《生物多样性公约》关于"生态系统"的定义和逻辑的。"生态系统"的定义为《生物多样性公约》第二条所规定。"生态系统"指植物、动物和微生物社会的一个动态、综合以及它们之间非生命环境的相互作用。与公约有关居留地的定义相比较,这个定义并未明确规定任何具体的空间单位和尺度。因此,生态系统的定义并不需要同生物群系和生态区保持协调,但是它能特指任何尺度的任何功能单位。实际上,分析和决策的尺度把握应该基于具体的实际问题,例如,它可能是一片土壤的粮食、一个池塘、一片森林、一个生物群系甚至整个生物圈。(4)生态综合管理要求采用合适的管理手段来处理有关生态系统的复杂和动态性问题,并能应对诸如人类对生态系统功能认知不充分这样的问题。生态系统进程经常是非直线的,其进程之结果通常具有滞后的特点,且进程之结果是不连续的,具有意外和不确定性。管理必须能够应对这些不确定因素,而且必须反映从实践摸索和研究中反馈回来的内容。即使在因果关系还没有完全被科学确定的情况下,还是应当采取一些预防性的方法。(5)生态综合管理并不排斥其他的管理和保持方法,例如生物圈保护、保护区、单一种类保护项目以及在现行国家政策和立法框架下的其他方法。相反,它可以综合所有这些方法来处理复杂的问题,不存在一个单一的方法来实施生态综合管理。实际上,生态综合管理可以是一个体现多种形式的统一框架,以此执行履约的各项目标。

(二)12 项管理原则

生态综合管理的 12 项管理原则包括:

原则 1,确定土地、水及其他生命资源的管理目标是一种社会的选择。不同社会部门对生态系统的看法视其自身对经济、文化和社会的利益需要而不同。原住居民和当地社区是非常重要的利益相关者，他们的权利和利益必须得到认可。文化多样性和生物多样性同样是生态综合管理中的核心要素，共同纳入管理的范畴。对生态系统的管理应在公平合理的基础上进行。

原则 2，管理必须下放到最低的适当层级。非集权的体制可能带来较高的效率、较好的效果和较多的公平。管理必须涉及所有的利益相关者，衡平当地利益与更广泛的公共利益。管理行为越靠近生态系统，越会涉及责任问题、所有权问题、责任可诉性问题以及对地方知识运用的问题。

原则 3，生态系统管理者必须考虑管理的活动给衔接的其他生态系统所带来的影响（现实的或潜在的影响）。对生态系统的管理干预通常对其他的生态系统造成未知的或不可预测的影响，因此应当对可能产生的影响进行细致的考察、分析，适当的时候应当重新进行制度选择，决策过程中各利益主体在必要时应互相让步。

原则 4，为了掌握管理活动具有的潜在收益，应当从经济学角度理解和管理生态系统。任何生态系统管理活动必须：（1）减少对生物多样性造成不良影响的市场扭曲作用；（2）通过激励机制加强生物多样性保护和可持续利用；（3）将特定的生态系统的成本和惠益在可行范围内内部化。生物多样性保护的最大威胁是被土地利用系统所取代，而这种结构转变经常是由市场扭曲所导致的。市场扭曲不仅贬低了自然系统和人口因素的作用，还通过不正当的刺激和补贴使得土地转化为多样性程度较低的系统。通常从生态系统保护中获益的人并不直接支付保护的成本，同样地，那些对环境造成污染和破坏的人却逃脱责任。因此必须纠正扭曲的市场，使其有利于保护活动。

原则 5，为了保持生态服务功能，保护生态系统结构和功能应成为一个优先的管理目标。生态系统的功能及其弹性依赖于种群之间、种群和非生物环境之间、环境中的物理和化学转化之间的关系，对于生物多样性的长期保护活动而言，对环境及转化过程的保护和适当恢复比对种群采取的简单保护更为重要。

原则 6，必须在生态系统功能的极限内对其进行管理。

原则 7，必须在恰当的时空范围内采取生态综合管理。

原则8,考虑到生态系统过程的差异性、变化性和结果滞后性,生态系统管理目标的设定必须体现长期性。生态系统过程具有时差性、长期性和结果滞后性,这与人类易受短期和即时的惠益驱动,追求眼前利益、忽视长远利益的本性有着固有的冲突。

原则9,管理必须承认对生态系统的改变是不可避免的。管理应能适应生态系统变化包括物种组成和种群丰度。

原则10,生态系统方式须在生物多样性的整合、保护和利用之间寻求适当平衡。生物多样性不仅就其内在价值而言有重要意义,且为人类当代和后代的生存环境提供了物质保障和遗产资源。即使在因果关系存在科学不确定的情况下,应当采取谨慎态度和探索性措施。

原则11,生态系统方式须顾及一切形式的有关信息,包括科学的、原住民的、当地的知识、工艺和做法。各种来源的信息对于制定有效的生态系统管理策略都是十分关键的,都能增进人类对生态系统的认识。信息必须与所有利益相关者及参与者分享。

原则12,生态系统方式要求所有相关的社会部门和科学部门参与。

生态综合管理的原则不仅仅是理论,更是指导行为的指南。为了更方便地指导国家和区域的行政和立法行为,世界自然保护同盟生态系统管理委员会提出一种简化理解的方法,将12项原则按照一定的同类相关性归纳为四类。①第一类是关于区域和利益相关者的原则(原则1、7、11、12),要求对生物资源管理,首先应当选出区域和其对应的利益相关者。依赖资源程度最高的是首要利益相关者,程度较低的是第二和第三利益相关者,如政府官员和国际保护组织。利益相关者一旦确定,管理关系和责任也得以明确。第二类是关于生态系统的结构、功能,维护和管理的原则(原则5、6、9和2),要求生态系统管理目标的确定应是科学专家和当地居民合作决策的过程,借助联合绘图、地表勘察和监测练习等手段,提供信息并建立互信关系;采用生态系统嵌入区域管理以平衡保护和利用的关系,将"最低可能层次"的管理转化为个体农

① 世界自然保护同盟生态系统管理委员会网站,http://www.iucn.org/themes/cem/ourwork/ecapproach/index.html,最后访问时间:2006年9月30日。

民、社区、地区、国家和国际主体的在不同合适层次的使用管理。第三类是关于收益问题（原则 4），要求成本和惠益的公平分配因生态系统的地区而异，必须制定规则来协调不同居民对生态系统的经济需求的分歧。第四类是关于适应性管理的原则（原则 3、7、8 和 10），介于一个地区改变管理对其邻近地区的影响是渐进、缓慢的，此类原则要求建立高质量的监测和良好的流通渠道以便将不断深化了的知识传达给决策者。①

二、我国生态综合管理的制度探索——生态功能区划

我国生态功能区划是目前最能反映生态综合管理的理念和原则的、尚处于发展阶段的新制度和政策。生态功能区划的基本思路是根据区域生态环境要素、生态环境敏感性与生态服务功能空间分异规律，将区域划分成不同生态功能区，以生态功能区规范区域生态环境保护与建设规划、资源合理利用、工农业生产布局、区域生态环境保育等活动。生态功能区划的作用体现为：首先，突出区域生态系统服务功能的重要性和生态环境敏感性，为合理的土地利用（经济社会发展规划、生态环境保护和建设规划、生态环境决策）提供科学的依据；其次，加强以生态功能为依据实行的综合协调和分类管理，打破传统的按要素管理生态系统的局面；再次，指导各生态功能区内的产业结构和产业布局的调整、规划以及资源、环境的合理利用，以持续地发挥区域生态环境对社会经济发展的服务、支持作用。为了达到上述目的，生态功能区划的具体目标是：(1)明确区域生态系统类型的结构与过程及其空间分布特征。(2)明确区域主要生态环境问题、成因及其空间分布特征。评价不同生态系统类型的生态服务功能及其对区域社会经济发展的作用。(3)明确区域生态环境敏感性的分布特点与生态环境高敏感区。(4)提出生态功能区划，明确各功能区的生态环境与社会经济功能。②

---

① 本部分生态综合管理的管理原则的详细中文内容参见：全球环境基金—中国伙伴关系干旱生态系统土地退化防止能力建设《法律政策组分培训手册》，中央项目办公室 2006 年 4 月编印。

② 《生态功能区划暂行规程》，西部开发办公室和国家环保总局 2002 年 9 月发布。

(一)生态功能区划的启动

自1998年长江大水引发社会关注生态安全问题以及2000年前后北方地区的沙尘暴灾害性天气重新拉响生态警报以来,生态保护和建设成为公共管理的重要目标。改革开放以来,一些不合理的经济、社会活动和掠夺式的资源开发利用行为导致一些地区生态恶化,全国生态环境形势严峻。为此,国务院2000年颁布的《全国生态环境保护纲要》要求国务院和省级以上人民政府开展生态功能区划,指导自然资源开发和产业合理布局,推动经济社会与生态环境保护协调、健康发展。2000年8月,在国务院西部开发办公室和国家环境保护总局联合领导下,全国性的生态功能区划正式启动,并首先从西部地区开始。国家环境保护总局、西部地区12个省级地方人民政府、中国科学院和国家测绘局参与了生态功能区划的基础准备工作——西部地区生态环境现状调查。2002年9月,西部开发办公室和国家环保总局发布《生态功能区划暂行规程》,并于9月1日正式实施。《暂行规程》是国务院西部地区领导小组办公室、国家环境保护总局依据《国家环境保护"十五"计划》组织中国科学院生态环境研究中心编制的。① 2002年10月,西部地区各省完成制定区划方案。2003年上半年,西部地区各省完成分省的生态功能区划草案。同年3月,中东部地区②生态功能区划启动,各省首先开展生态环境现状调查,随后开展生态功能区划。③ 2004年6月,随着西部地区和中东部地区各省全面完成省级生态功能区划,全国生态功能区划总技术组于同年9月完成全国生态功能区划(草案),并将拼接后的生态功能区划按行政区划分割送有关省、自治区、直辖市。同年10月,各省、自治区、直辖市应完成本地区划的技术论证,同时征求政府有关部门的意见,并将区划修改意见和方案报国家环境保护总局。同年11月,全国生态功能区划总技术组完成区划的修改,经国家环境保护总局验收合格后,再次按行政区划分割送有关省、自治区、直辖市。各省的生态功

① 张其瑶:"'生态功能区划暂行规程'发布",《科学时报》2002年9月12日。

② 中东部地区各省、直辖市为北京、上海、天津、河北、山西、辽宁、吉林、黑龙江、江苏、浙江、安徽、福建、江西、山东、河南、湖北、湖南、广东、海南等省、直辖市。

③ 国家环境保护总局办公厅环办函[2003]408号,2003年8月15日。

能区划最终要求报省人民政府批准实施。

（二）生态功能区划方法

生态功能区划的方法表现为完成以下活动的过程，依次是生态环境现状评价、生态环境敏感性评价、生态服务功能重要性评价、生态功能分区方案和各生态功能区概述。

生态环境现状评价是进行生态功能区划最基础性的工作。现状评价是在区域生态环境调查的基础上，利用遥感数据、地理信息系统技术等先进的方法与技术手段，针对本区域的生态环境特点，分析区域生态环境特征与空间分异规律，评价主要生态环境问题的现状与趋势。评价领域涉及土壤侵蚀、沙漠化、盐渍化、石漠化、水资源和水环境、植被与森林资源、生物多样性、大气环境状况和酸雨问题、滩涂与海岸带、与生态环境保护有关的自然灾害（如泥石流、沙尘暴、洪水等）和其他环境问题（如土壤污染、河口污染、赤潮、农业面源污染和非工业点源污染等）。

生态环境敏感性评价和生态服务功能重要性评价是进行生态功能区划的客观判断指标。生态环境敏感性评价的目的是明确区域可能发生的主要生态环境问题类型与可能性大小，以及主要生态环境问题的形成机制，并对特定、多种生态环境问题的敏感性进行综合分析，明确区域生态环境敏感性的分布特征。生态环境敏感性评价的方面涉及土壤侵蚀敏感性、沙漠化敏感性、盐渍化敏感性、石漠化敏感性和酸雨敏感性。每一方面的敏感性评价一般分为5级，为极敏感、高度敏感、中度敏感、轻度敏感、不敏感。

生态服务功能重要性评价，则是为了明确识别区域各类生态系统的服务功能及其对区域可持续发展的作用与重要性而进行的重要性等级判定。生态系统的服务功能类型包括生物多样性保护、水源涵养和水文调蓄、土壤保持、沙漠化控制、营养物质保持和海岸带防护功能。生态服务功能重要性共分4级，分为极重要、中等重要、较重要、不重要。

生态功能分区是生态功能区划最重要的步骤，它是依据区域生态环境敏感性、生态服务功能重要性以及生态环境特征的相似性和差异性而进行的地理空间分区的过程。首先从宏观上以自然气候、地理特点划分自然生态区；

再根据生态系统类型与生态系统服务功能类型划分生态亚区；最后根据生态服务功能重要性、生态环境敏感性与生态环境问题划分生态功能区。生态功能分区一般采用定性分区和定量分区相结合的方法进行分区划界。边界的确定应考虑利用山脉、河流等自然特征与行政边界。生态功能分区的成果必须用图件表示，采用计算机制图编制。基础图件应包括地形图、气候资源图、植被图、土壤图、土地利用现状图、行政区划图、人口分布图等。备选图件应包括自然区划图、气候区划、农业区划图等。成果图件应包括生态环境现状图、生态环境敏感性分布图、生态服务功能重要性分布图、生态功能区划图等。

生态功能分区概述是生态功能区划的总结，是区划工作的精华和成果体现。它包括对每个分区的如下区域特征进行描述：自然地理条件和气候特征，典型的生态系统类型；存在的或潜在的主要生态环境问题，引起生态环境问题的驱动力和原因；生态功能区的生态环境敏感性及可能发生的主要生态环境问题；生态功能区的生态服务功能类型和重要性；生态功能区的生态环境保护目标，生态环境建设与发展方向。

生态功能区划在西部地区的文本形式是《西部地区生态功能区划方案》，这是西部地区开展的生态功能区划的一个总结性文件。该方案首先对西部地区生态环境现状进行分析，简要结论为：西部地区自然资源和生物多样性丰富，西部地区生态环境屏障作用显著，生态战略地位极为重要；①但是西部地区生态环境脆弱，生态破坏严重。②其次，它对西部地区生态环境敏感性和生态服务功能重要性分别进行分析。再次，进行了西部地区生态功能分区。西

---

① 西部国土面积占全国国土面积的71%，全国7大流域中，有6大干流发源于西部，11个陆地生物多样性关键区中，有7个位于西部，1个处于中西部接壤地区。

② 水土流失面积219.26万km^2，占全国水土流失面积的61.67%；沙化面积162.56万km^2，占全国沙化面积的90%以上；森林生态系统呈现数量型增长与质量型下降并存的变化趋势，1986—2000年，森林覆盖率从8.08%增加到9.11%，但森林活立木总蓄积量和单位面积活立木蓄积量分别下降18.96%和25.14%；草地面积持续减少，质量下降，在2.6亿公顷可利用草地面积中，退化草地和鼠害草地面积分别占到了29.5%和47.1%；水资源开发引起水资源时空分布改变，河流断流加剧，地下水位下降，天然湿地萎缩，冰川退缩，雪线上升。

部地区被分为30个生态区，104个生态亚区，686个生态功能区，其中生态功能区主要类型为水源涵养、生物多样性保护、水土保持、防风固沙和社会经济发展支撑生态功能区五类。每个生态功能区都有生态功能的说明、生态问题的分析和保护措施的建议。①最后，识别了西部地区四种类型的重要生态功能区，共22个。其中，水源涵养重要生态功能区8个，生物多样性保护重要生态功能区7个，水土保持重要生态功能区3个，防沙固沙生态功能区4个。《方案》并针对每一个重要生态功能保护区，揭示了重要生态功能区的生态环境问题和潜在或存在的威胁，并提出了保护措施的建议。上述生态功能分区和生物多样性保护重要生态功能区都以图件成果表示。

三、生态功能区划作为生态综合管理制度的政策地位和作用

（一）崭新的管理手段

生态功能区划是一项新的管理手段。管理者对生态功能区划的管理目标预期是，它是一项客观反映生态服务功能现状、要求和土地利用效果的技术性手段，是进行生态保护规划、水土资源规划、经济社会发展计划的科学依据。程序上要求生态功能区划由国家和省两级组成，每一级的区划完成以后，应当经同级人民政府批准而发生法律效力，并向全社会公布。已经批准的生态功能区划，不得擅自改变；生态功能区划需要修改的，应在专家重新评价、界定后，提请审批机关重新审批。

生态功能区划的管理作用表现在几个方面：其一，能够识别和确认国家级生态功能保护区，并建立保护制度。对具有生态环境敏感性高和生态服务功能重要性强的区域实行特别的管理和保护，禁止或限制在这些区域内的资源开发利用。其二，生态功能区划为资源开发利用项目设定生态保护

① 其中值得一提的是“社会经济发展支撑生态功能区”，包括资源开发、农业、林业、渔业、旅游业等保护性发展区域，面积202.7万平方公里，占西部地区面积的29.7%。该区生态环境对经济社会发展支撑作用强，经济社会发展对生态环境压力明显，各种生态环境问题突出，该区的生态保护方向是“在保护中发展，在发展中保护”。

目标,也就是资源开发不得造成生态功能的改变。对不符合生态功能区划的新建项目,应提出项目重新选址或重新进行环境影响评价。对不符合生态功能区划的已建项目,要明确停工、拆除、迁址或关闭的措施,并提出恢复项目所在区域生态功能的措施。其三,明确区域生态保护管理目标和保护目标,明确生态功能区生态环境监测、检查和考核的目标。为生态保护的任务纳入领导干部任期考核的制度提供技术可行条件。对任期内生态功能严重退化的,要追究主要负责人的责任;对造成生态功能破坏的项目,要追究项目法人的责任。其四,生态功能区划本身是一个生态综合管理信息系统,能够大力促进生态环境行政管理和社会服务信息化,提高各级生态环境管理部门和其他相关部门的综合决策能力和办事效率。其五,生态功能区划加强生态环境保护的公众参与和宣传教育。为广大人民群众和民间团体参与资源开发保护监督,支持和鼓励公众和非政府组织参与生态管理提供制度和程序。

(二)与其他区划类管理制度的关系

生态功能区划作为一项新的管理手段被引进资源与环境管理体系,人们势必要问其与现有的其他形式的区划是什么关系?我国与资源环境管理相关的其他区划主要有行政区划、自然区划、农业区划和海洋功能区划等。行政区划和自然区划是基础性区划,农业区划和海洋功能区划是专业性区划。生态功能区划的地位如何呢?对这一问题,认识不一致。对生态功能区划持肯定意见的人主张它应当与行政区划和自然区划一样,属于基础性区划①,被称为“生态地图”②,因而比专业区划具有更普遍的指导意义和更高的政策地位。

我国资源环境管理中与区划关系紧密的还有资源与环境的规划(包括开发利用和保护),如水资源战略规划、农业(包括畜牧业和渔业)规划、土地利

---

① 参见张其瑶:“《生态功能区划暂行规程》发布”,《科学时报》2002年9月12日。该文说“继自然区划、农业区划之后,我国在生态环境保护与生态建设方面的重大基础性工作生态功能区划进入正式实施阶段。”可见,张先生认为农业区划属于专业区划。

② 刘世昕:“我国各地将绘制‘生态地图’”,《中国青年报》2002年9月13日。

用总体规划、城市发展和建设规划、水土保持规划、防沙治沙规划、生态环境建设规划和生态环境保护规划，等等。这些规划与生态功能区划是怎样的管理关系？对这个问题的回答，存在相互矛盾的两方面。一方面，理论上管理和决策者都比较容易接受生态功能区划及其管理理念，一般都同意生态功能区划具有更客观的科学性，是进行土地利用和其他资源开发利用规划和区划应当遵循的客观尺度；资源和环境管理也应当采用更加融合、一体化的过程进行决策和管理。但另一方面，由于资源管理实践存在严重的条块分割和非一体化决策和管理，要让主要资源管理部门（如国土部门、水利、农业、城市建设部门，甚至林业部门）的管理活动接受这一新的制度的制约，从部门管理的利益和便利等考虑，这些部门并不是十分情愿接受这一制度，因此实施起来也相当困难。①

（三）重要生态功能保护区的管理地位

生态功能区划是一种“生态地图”，是一种全版图性的分区，它不仅提供了生态功能重要性和生态环境敏感性的基础信息，而且还结合人类活动的影响，识辨出进行保护的重点区域——生态功能保护区。根据国务院2000 年颁布的《全国生态环境保护纲要》，我国要在江河源头、重要水源涵养区、防风固沙区等建立生态功能保护区，对重要生态功能区域实施抢救性保护。2004 年下半年国家环保总局开展编制《全国重点生态功能保护区建设规划》，总体目标是利用 15—20 年时间，建立较完善的重要生态功能区域管理体系及其相应的管理、法律、法规及标准体系。近期目标是建立 31 个国家级生态功能保护区和一批地方级生态功能保护区，建立起比较完善的生态功能保护区监管和法规体系，通过相关项目的组织实施，使国家重点流域、区域的主导生态功能保护能力得到全面加强。②

生态功能保护区的管理制度有别于我国现行的自然保护区体制。我国的

---

① 此处所述基于 2004 年 12 月 23 日“全球环境基金——中国伙伴关系土地退化防治项目主办的生态综合管理”国际研讨会上的研讨意见。

② 查玮：“专家论证全国重点生态功能保护区建设规划，祝光耀强调规划要体现以人为本保护发展‘双赢’”，《中国环境报》2004 年 12 月 2 日。

自然保护区制度是封闭圈地管理的模式。按《自然保护区条例》的要求,除实验区外,缓冲区、核心区均实施严格的禁止人为活动的管理。如果简单地移植自然保护区保护方式对西部地区生态功能区进行保护,从社会经济发展和生态保护双赢的目标追求看,既不现实,也无可能,更无必要。生态功能保护区的管理制度符合国际上生态系统服务价值的理念及其目标管理的模式。它的宗旨是针对主导生态功能进行保护,不必对其所在地的一切活动和开发都实行全面限制和禁止。

基于上述理念而开展的我国生态功能保护区体系是适合我国国情的一种有效的生态保护方式,也与IUCN(世界自然保护同盟)一直推行的保护地类别体系有共通之处。IUCN保护地类别体系(1994年)按照主导管理目标分为六个类别:I—严格自然保护区(用于科学研究和环境监测),Ib—原野保护地(用于保护自然荒野),II—国家公园(用于生态系统保护及娱乐活动),III—自然纪念物(用于保护独特的自然特性),IV—栖息地/物种管理地(用于积极干预进行保护),V—陆地/海洋景观保护地(用于陆地/海洋景观保护和娱乐),VI—资源保护地(以自然生态系统的可持续利用为目标的)。就对土地利用变化方式的影响来看,这些区域都是禁止进行采矿和能源开发的地区。而就人类活动对这些区域的生态环境的影响和干扰的关系来看,图1反映出不同类别保护区之间的关系。IUCN保护地类别体系与我国生态功能保护区体系的关系,正如KISHORE RAO曾经评价的那样:中国的"生态功能保护区似乎试图在明确的景观层面或者生态区范围内进行保护性土地利用规划。因此,生态功能保护区与IUCN类别体系的类别V更加类似,但是,部分区域可以划归为其他类别,更大范围的区域也可以包括其他几个保护地类型。从中国的视角看,不仅保护生物多样性十分重要,维护生态功能和生态系统服务也非常重要。因此,进一步发展和使用EFCA方法(指《生态功能区划暂行规程》——本文作者注)与当前的工作(指IUCN保护地类别体系在中国的应用工作——本文作者注)是息息相关的"。①

① Ishore Rao:"IUCN保护地类别体系在中国的应用",解焱、王松、Peter Schei主编:《中国的保护地》,清华大学出版社2004年版,第108页。

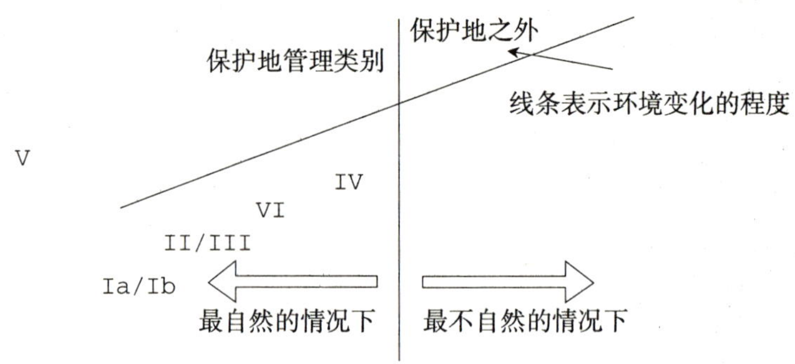

各保护地类别对生态环境的影响程度

四、生态功能区划上升为法律制度的努力

生态功能区划和重要生态功能保护区识别的管理目标是为合理地开展土地利用格局和可持续地开发利用自然资源提供管理工具，并借助这一管理工具规范决策者、资源开发利用者的活动。为此，同时也为了更加明确生态功能区划和重要生态功能保护区的管理地位，国务院有关部门展开了将这一管理工具上升为法律制度的努力。其主要在两个方向上推进。

第一个法律制度化的努力是，以生态功能区划为核心管理依据和手段，由国务院制定并颁布对西部大开发活动加强生态环境保护和建设监督的条例。这一立法建议最先为国务院西部开发办公室和国家环境保护总局于 2003 年 10 月向国务院联合提出，①于 2004 年年初被国务院法制办公室接受，并将立法工作纳入“国务院 2004 年立法工作计划”。2004 年 10 月，建议中的《西部开发生态环境保护与建设监督条例（草稿）》形成并提交国务院法制办公室。该条例草稿所提出的制度，除了肯定生态功能区划和重要生态功能保护区是我国生态环境保护和建设的基本管理手段，并赋予法律地位以外，还提出了富

① 2002 年初西部开发办李子彬主任和国家环境保护总局祝光耀副局长策划西部地区生态环境保护立法提议，后与北京师范大学资源学院开展“西部地区生态保护立法前期研究”。2003 年研究小组提出“制定《西部地区生态保护条例》建议书”和“《 西部地区生态保护条例》框架”，后这一立法建议被定位为《西部开发生态环境保护与建设监督条例》。本文作者为研究小组的主要法律专家之一。

有创新意义的配套制度：一是生态环境保护综合决策机制，包括依据生态功能区划制定西部开发政策、指导自然资源开发和产业布局，各类规划应当进行环境影响评价，自然资源开发利用建设项目“三同时”等内容。二是建立生态环境保护与建设责任制，要求地方各级人民政府对本行政区域内的生态环境与建设质量负责，其工作情况要接受同级人大、上级政府以及公众的监督。三是建立综合监测和预警制度。不仅环境保护行政主管部门要定期对生态环境状况进行监测、调查，各有关部门也要按照分工进行生态环境动态监测，并将监测数据报环保部门汇总分析；同时建立预警制度，加强生态环境恶化趋势的预测预报。四是建立生态补偿制度，主要在东部地区和西部地区之间建立相对发达的东部地区对欠发达的西部地区在生态服务方面的经济补偿或支付关系。国务院有关部门仍在研究和制定以生态功能区划为主要管理制度的行政法规，如《西部开发生态环境保护与建设监督条例》。但是最终能否通过这个条例，尚不容乐观。因为虽然“西部地区”已经是一个政治性或政策性明确的统一地域了，但它还不是一个统一的行政管辖界区，目前尚没有为这类区域专门制定国务院条例的先例。①即便如此，仍然不排斥考虑到西部开发的需要和西部地区对全国的生态服务意义而开创立法的例外情况。

第二个法律制度化的努力是，以生态功能保护区为规范目标，由国务院制定并颁布专门的条例。这项立法努力尚处于部门建议阶段。正如前所述，生态功能保护区与我国现行的自然保护区以及国际流行的保护地的概念有交叉，而全国人民代表大会正在着手制定一项新法——《自然保护区法》，②如果该法的自然保护区定位沿袭传统管理概念而没有采用IUCN倡导的保护地类别体系，则制定一个生态功能保护区条例显得尤为必要；但如果新的《自然保护区法》采用保护地的创新理念，制定这项专门条例则无必要，可以采取纳入《自然保护区法》的变通做法。

当然，制定一个专门针对生态功能保护区的保护和管理的立法，能够快速

---

① 《淮河流域污染控制暂行条例》可能是特殊的例子，但也不能算先例，“暂行”的另一层意义是非正式地位。

② 《全国人民代表大会立法计划〔2001—2005〕》。此项立法草案的制定工作于2005年6月正式启动，起草工作仍在进行中。

有效地从立法上对重要地区实施生态功能保护。生态功能保护区的保护和管理还可以通过对一般环境与资源立法的实施得到贯彻，比如将生态功能保护区与环境影响评价制度相结合，强化环境影响评价制度的审批和实施。

综合上述，生态功能区划是我国为了控制生态环境进一步恶化而提出的、以科学的环境管理为导向的管理制度和措施。其制度理念来源于国际新兴的生态功能价值理论和生态系统综合管理的方法理论，其制度设计则顺应了我国生态环境管理和保护的实际需要。由于该制度正在形成与发展之中，其政策和制度的实践效果还需假以时日，但从上述制度设计理念分析，我们有理由相信，随着对这项制度的法制化推进和管理实践的加强，它将大大促进我国生态综合管理朝着科学化、规范化和民主化方向迈进。

我国沙尘灾害的法律防治问题及其对策

常 纪 文*

摘要:近年来,我国西北部春季沙尘天气的发生越来越频繁,危害越来越大。沙尘主要是干旱生态系统土地退化引起的。除了自然力的作用外,工业活动带来的气候改变、过分追求市场化、人口持续增加、追求非环境友好型生活模式、采用易产生沙尘的传统春耕方式、管理措施的非系统性和非长效性、当地居民利益保护和参与的不足、环境行政执法缺乏有效的监督与督察、沙尘暴预防的国际协调工作效果不是很明显,是干旱生态系统土地退化的主要原因。本文针对这些原因,从法律体系、管理体制、法律机制、法律责任等方面寻找了立法的不足,进而提出了完善立法的要求、方法和目前应建立或完善的与干旱生态系统综合管理有关的法律机制。

关键词:沙尘,灾害,防治,立法

Abstract: In these years, sand dust weathers of spring season in northwest of China occur more and more frequently, and its damage becomes more and more serious. Sand dust is mainly caused by degeneration of land in dry ecosystem. Besides the function of the nature, the main reasons that cause degeneration of land in dry ecosystem include: climate change caused by industrial actions, pursueing marketlization excessively, continually increasing population, pursueing non-environment-friendly living model, adopting traditional spring culture model that causes

* 常纪文,中国社会科学院法学研究所教授,中国法学会环境法研究会常务理事、副秘书长。

sand dust, non-systematic and non-long effective measures, insufficiency of interest protection and participation of native residents, absence of effective supervision on administrative enforcement of environmental law, and grade of international harmony is not very high. Aiming at these problems, this article looks for legislative deficiency from the aspects of legal system, supervision regime, legal mechanism and legal liability. Then the author puts forward the demands and methods on perfecting legislation, and advances the suggestion on constitution or perfection of legal mechanism related with integrated management of dry ecosystem.

Key words: Sand dust, disaster, prevention and cure, legislation

一、我国沙尘灾害的危害特点及防治意义

近年来，我国西北部春季沙尘天气的发生越来越频繁，一些地方沙进人退的速度加快，部分地区甚至产生了灾害性的影响，如 2006 年 4 月 9 日，特 70 次列车在行进中遭遇沙尘暴，所有迎风向的玻璃被全部打破。国家环境保护总局把我国目前沙尘灾害危害的特点归纳为：首发时间提前；沙尘天气增加；影响范围增大 300 多万平方公里；单次沙尘天气对环境空气质量影响程度明显加大；近 50% 的重点城市环境空气污染加重。① 日本、韩国的一些媒体也多多少少地把本国沙尘天气的出现怪罪于我国。② 尽管我国的一些城市采取了沙尘暴应急措施，但是这些措施大多治标不治本，长期效果不明显。这说明，我国西北部地区干旱生态系统的土地已经退化到了非常严重的地步，必须下大力气从源头上加以预防和治理。从法学上看，这说明我国干旱生态系统的管理立法存在严重的不足，需要跨越性的创新和完善。

---

① 参见丁品、步雪琳："沙尘天气仍频　空气质量下滑"，《中国环境报》2006 年 4 月 24 日。

② 参见《东京 6 年首次遭沙尘天气　媒体称尘源在中国》，http://business.sohu.com/20060419/n242882429.shtml，最后访问时间：2006 年 6 月 27 日。

加强我国沙尘暴防治立法的创新和完善工作,从国内层面看,不仅可以改善居民的生存环境,恢复土地的生产能力,还可以提高农民的就业率,帮助农民脱贫解困,有助于西北部地区各民族的团结。从国际层面看,可以消除邻国对我国的抗议和不满,有助于建立和维护和谐的区域国际环境。

二、我国沙尘灾害产生的原因分析

根据农业部草原监理中心的监测,我国沙尘源主要来自退化、沙化的草原,裸露的耕地,干涸的湖泊和城市建筑工地,其中退化沙化草原和裸露耕地是最主要的沙尘源。① 有的学者经过调查认为,京津的沙尘暴主要是尘暴,主要来源是北方干涸的盐湖。② 关于我国西北部沙尘暴的路径,气象部门已经探明:主要是从蒙古国的东、中、西 3 条线路经过我国新疆、内蒙古、甘肃等地向京津地区移动,最终影响北方的大部分地区。上述地区内退化、沙化的草原和裸露耕地则成为沙尘暴的加强源区,使空气中沙尘浓度急剧上升。③ 这说明,我国沙尘灾害产生是由西北部干旱生态系统退化引发的。那么,是什么原因引起或者加剧干旱生态系统的土地退化呢? 本人认为,主要有以下几个原因:

一是环境污染导致的气候变化使土地更加干旱。沙尘天气的发生主要取决于气候。④ 国家环境保护总局认为,2006 年的强沙尘天气的主要原因是,我国的北方受特异气象因素的影响,出现了气温明显偏高、降水持续偏少及冷空气、蒙古气旋活动频繁等现象,加上植被破坏得比较厉害,沙尘天气现象越来越严重。⑤ 这个解释至少说明,沙尘天气的频繁出现与气候变化有关。众所

---

① 参见《研究:中国发生的沙尘暴是“尘暴”而非“沙暴”》,http://www.chinanews.com.cn/others/news/2006/07-08/755046.shtml,最后访问时间:2006 年 6 月 28 日。

② 参见李伟锋:“京津尘暴,干涸盐湖是祸首”,《地质勘探导报》2006 年 6 月 22 日。

③ 参见《研究:中国发生的沙尘暴是“尘暴”而非“沙暴”》,http://www.chinanews.com.cn/others/news/2006/07-08/755046.shtml,最后访问时间:2006 年 6 月 28 日。

④ 参见李惠子、柴海亮:《农田变成沙尘源　沙尘频发挑战我国传统农耕方式》,http://env.people.com.cn/GB/4349267.html,最后访问时间:2006 年 7 月 10 日。

⑤ 参见丁品、步雪琳:“沙尘天气仍频　空气质量下滑”,《中国环境报》2006 年 4 月 24 日。

周知，人类工业生产向环境排放的大量污染物质特别是温室气体和能量为气候变化的主要原因。气候变化和植被破坏结合起来，就加速了干旱地沙化的进程。① 值得指出的是，未来 15 年，我国仍将处在工业化和城镇化快速发展的阶段，会面临人口不断增加、资源约束突出、环境压力加大的严峻挑战，②如果不对污染和生态破坏加以有效的综合整治，恐怕我国西北部的沙尘天气将会更加严重。

二是人口持续增加，消费总量需求持续扩大，加上追求不可持续的非环境友好型生活模式，加大了对资源的索取和对环境的污染强度。在未来二三十年，人口的数量将会继续保持增长的态势。这些人口的衣、食、住、行、学和娱乐所需要的物质都要直接或者间接向地球资源索取，这些活动所排放的污染物质和能量都要向自然排放，既污染环境，又影响气候。索取和污染两个方面的压力会进一步加快我国西北部干旱生态系统的退化进度。值得指出的是，消费水平应当和家底相适应，发展中国家的家底是承受不了发达国家非环境友好型的消费追求的。目前的国际社会是信息化的社会，国内和国际不可持续的非资源节约和环境友好型生活方式通过信息方式，每时每刻地影响着每个人。因此，国家必须立足于环境资源的基本国情继续对国民进行勤俭节约的环境文化培育。这种培育的责任也应当通过立法的形式落实到企业身上。企业是市场主体，为了推销自己的产品和服务，通过各种形式进行推销和宣传本无可厚非，但是有些产品和服务消费量非常之大，对环境的短期或者长期影响也非常大，如果国家不加以合理引导和控制，任其以“消费时尚”的宣传影响国民，国家建设资源节约型和环境友好型社会的目标就会落空。

三是传统深翻土地的春耕方式利于沙尘的产生。当前，中国北方地区春耕时新翻耕的土壤自然干燥以后成为了随风而起的沙尘，中国北方广袤的农田在春耕时变成了最糟糕的沙尘源。③ 农业部的研究发现，我国旱作农田的

---

① 参见徐琦：“沙漠化防治期待变局”，《中国环境报》2006 年 6 月 15 日。

② 参见“关键在于实现‘三个转变’”，《中国环境报》2006 年 4 月 19 日。

③ 参见李惠子、柴海亮：《农田变成沙尘源　沙尘频发挑战我国传统农耕方式》，http://env.people.com.cn/GB/4349267.html，最后访问时间：2006 年 7 月 10 日。

表土中能够被风吹起形成浮尘的颗粒有30%多。① 因此必须改变中国传统的农业耕作方式——深翻土地，推行彻底取消铧式犁耕翻，对农田实行免耕、少耕并用作物秸秆覆盖地表，减少风蚀、水蚀的保护性耕作法。但是这项减少沙尘灾害、保护空气质量的措施会减少农田的产量。因此，其推行需要国家予以直接补贴或者下风向的行政区域向西北部地区予以生态补偿。

四是当地居民利益保护和参与的不足。《联合国防治荒漠化公约》和《中国执行联合国防治荒漠化公约行动方案》要求把消除贫困和干旱生态系统的保护结合在一起。但我国的一些国家或者地方工程及政策，如生态环境的保护政策或工程，要求农民作出种种让步，却对因征地或者限制产业活动给农民所造成的长期损失没有予以必要的重视。这种把后遗症留给基层的做法目前较普遍。居民付出后没有受益必然产生抵触情绪，从而增加基层政府执政的社会成本，加大国家和地方发展战略的实现难度。② 如退耕还林、退田还湖还草的政策颁布后，由于农民没有得到后续的收益，生计成了问题，很多人就重操旧业，在几天之间就把几年的生态保护成果毁于一旦。另外，西北部生态环境的保护是在西北部居民的家园里进行的，保护效果离不开他们的支持和参与，因此，为了充分调动西北部居民的参与热情，应当充分地聆听他们的意见，让他们广泛参与，并把当地生态环境的改善政策和他们的发家致富目标结合起来加以考虑。

五是市场机制被滥用，土地的经济承载负荷加大。中国目前正在走市场经济道路，但社会主义的"社会"特性又警示我们，并不是一切经济领域的一切问题都可以用市场机制来解决。目前，公众对市场机制普遍有一种不安全感甚至害怕感。③ 只要地方政府一提走向市场，就意味着一部分人失业了，或者某些商品和服务要付费了或者要涨价了。在环境保护和其他基础设施的建

① 参见《研究：中国发生的沙尘暴是"尘暴"而非"沙暴"》，http://www.chinanews.com.cn/others/news/2006/07-08/755046.shtml，最后访问时间：2006年6月28日。

② 参见《失地农民路在何方》，http://www.zjagri.gov.cn/html/main/forumView/2006012538991.html，最后访问时间：2006年6月20日。

③ 参见李会霞：《居民安全感得分为何连年下降》，http://www.china.org.cn/chinese/MATERIAL/1130298.htm，最后访问时间：2006年7月3日。

设和运营领域，强调适当的市场机制是必要的。但是要注意，环境保护和基础设施的建设与运营属于基础领域的工作，在纳税人税收负担排在世界前列的情况下，政府的公共服务职责应是主要的。如果政府把这项责任转嫁给市场，那么就会和煤气、水、电等基础资源的轮番涨价一样，加剧国内通货膨胀的速度。物价涨了，西北部农民的经济承受能力有限，为了生存，只好把自己和家庭的经济负担转移到土地的生态承载能力上，重索取轻养护，最终导致土地退化甚至沙化的局面。

六是干旱生态系统管理措施的非系统性和非长效性。在干旱生态系统中，水、大气、土壤、动植物等环境因素是紧密相关的。因此，干旱生态系统的管理措施，既要考虑对所针对环境因素的影响，还要考虑对其他环境因素的直接和间接影响。从保护措施上来说，无论是技术、经济的，还是社会、教育的，都会相互产生影响。因此，保护措施还要体现生态系统的综合性保护需要，体现保护措施之间的互补性和配合性。但是，人类社会的管理具有机构分工与合作的特点，因此，干旱生态系统的管理措施还要体现专业性和协作性的特点。但是现在的干旱生态系统管理，缺乏一部专门的综合性立法，各单行立法"自扫门前雪"的特点突出，"头痛医头、脚痛医脚"的色彩浓厚，措施的综合性和结构职责的协调性不够。如污染防治法不兼顾生态建设，草原法兼顾森林保护与水土保持、农业法兼顾农田水土保持的力度均很薄弱。另外，生态建设是一个长期的过程，因此干旱生态系统的管理要注重机制的长效性，如种树种草要注意考虑水资源的可利用性，退田还林还草要注意生态环境的建设和农民长期收入来源稳定的关系，监管要考虑监管能力和环境信息的建设问题。但由于各方面因素的影响，从效果来看，目前立法所提出的管理机制，长效性不是很明显。

七是环境行政执法缺乏有效的监督与督察。近几年，全国范围内的教育、医疗、住房、养老和生活的费用上涨惊人，工薪阶层的收入需求也就增长了。①而西北部的很多城市工业落后，财政收入很低，很难满足这个很现实、很急迫

① 参见唐勇林：《调查称 85.3% 公众感觉生活负担比十年前更重》，http://news.sina.com.cn/c/2006-03-20/03348478521s.shtml，最后访问时间：2006 年 7 月 14 日。

的问题。为了弥补收入的不足,部分行使国家权力的公务阶层从事个人甚至集体违法行为或者容许违法行为发生的现象就不可避免了。在集体工资与福利需求增长的压力之下,同级政府对违法的现象虽心知肚明但也无可奈何。虽然国家设立有自上而下的监督与督察机制,但它们是系统内的,由于缺乏公众强有力的外部监督,效果肯定要打折扣,虚报数字、克扣上级拨款甚至纵容环境违法等地方保护主义现象也就难以得到有效遏制。如国家明令禁止采集的发菜,在北京、广州等大城市的一些超市和酒店仍可经常看到,这说明西北部草原的监督和督察是不到位的。

此外,沙尘暴预防的国际协调工作的效果不是很明显。如日本的国内森林覆盖率目前已超过65%,为了防止本国的土地退化,该国制定了《环境基本法》、《森林林业基本法》、《森林法》、《国有林事业改革的特别措施法》、《关于国有林经营管理的法律》、《关于国有林活用的法律》、《绿化率条例》等森林保护法律法规。严格管制并不意味着日本人不消耗非环境友好型的木制品,日本每年从中国进口大量的一次性木筷,以满足其国内快餐业的需要。而森林覆盖率不到17%的中国,西北部的一些地方为了挣外汇,不惜采取"皆伐"而非"间伐"的方式来获取制造木筷的原料,[①]不可避免地造成区域土地的退化甚至干旱化。值得注意的是,为了鼓励从国外进口一次性筷子,日本从1999年年初开始把进口关税由原来的5.2%下调到4.7%。这也反映了日本政府对带有破坏他国资源性质的进口问题所持的态度。[②] 因此,中国有必要加强国际协调措施来防止本国的森林过度采伐,草原过度破坏。

三、我国沙尘灾害防治的法律问题

以上原因是多方面的且是相互影响的,因此预防和治理沙尘灾害,必须采用干旱生态系统的综合管理思路。1994年《防治荒漠化公约》生效之后,我国

① 参见《日本"掠夺"中国森林　一次性筷子96%来自中国》,http://it.sohu.com/20060227/n242046168.shtml,最后访问时间:2006年6月27日。

② 参见《日本"掠夺"中国森林　一次性筷子96%来自中国》,http://it.sohu.com/20060227/n242046168.shtml,最后访问时间:2006年6月27日。

成立了中国荒漠化监测中心和由 18 个相关部门组成的负有指导、协调、监督防治荒漠化职责的“联合国防治荒漠化公约中国执行委员会”，14 个受荒漠化影响的省级人民政府也成立了相应的协调小组。1995 年我国制定了《中国执行联合国防治荒漠化公约行动方案》，1998 年颁布了《全国生态环境建设规划》，体现了防沙治沙工作的综合性管理色彩。这些政策性的文件，必须用法制的形式予以落实。目前，与干旱生态系统保护相关的法律除了 1989 年的《环境保护法》外，主要还有《水土保持法》（1991）、《森林法》（1998）、《土地管理法》（1998）、《防沙治沙法》（2001）、《环境影响评价法》（2002）、《草原法》（2002）、《水法》（2002）、《农业法》（2002）。这些立法，在干旱生态系统的综合管理方面，存在如下几个方面的不足。

（一）综合性环境法律的不足

在综合性环境法律之中，《环境保护法》虽然属于适用对象广泛、保护手段多样的综合性环境保护法，但它具有以下三个方面的缺陷：一是污染防治、生态保护特别是西北部干旱生态系统的综合性保护规定薄弱。二是森林、草原、湖泊、农田等生态系统的保护监督管理体制和所需要的监管措施不相匹配，在平衡运用科学方法和采用公众参与式方法解决环境问题方面，存在明显的不足。三是没有考虑环境污染防治和生态保护的有机联系性，综合性防治机制不足。另外，《环境保护法》与其他单行环境法律效力平等的地位决定了它作用的有限性。《环境影响评价法》具有污染预防和一定的生态风险预防作用，但其仅适用于规划和建设项目，不适用于农村家庭联产承包责任制下的一般农业活动和其他对干旱生态系统产生影响的非规划和建设项目，因此不足以预防这些活动所产生的生态退化影响。

（二）单行环境法律的不足

在单行环境立法中，《草原法》适用于草原规划、保护、建设、利用和管理活动，其目的是保护、建设和合理利用草原，改善生态环境，维护生物多样性，发展现代畜牧业，促进经济和社会的可持续发展。《防沙治沙法》的目的是预防土地沙化，治理沙化土地，维护生态安全，促进经济和社会的可持续发展。

《水土保持法》的目的是预防和治理水土流失,保护和合理利用水土资源,减轻水、旱、风沙灾害,改善生态环境,发展生产。《水法》的目的是合理开发、利用、节约和保护水资源,防治水害,实现水资源的可持续利用,适应国民经济和社会发展的需要。《森林法》适用于森林、林木的培育种植、采伐利用和森林、林木、林地的经营管理活动,其目的是保护、培育和合理利用森林资源,加快国土绿化,发挥森林蓄水保土、调节气候、改善环境和提供林产品的作用,适应社会主义建设和人民生活的需要。《农业法》的目的是巩固和加强农业在国民经济中的基础地位,深化农村改革,发展农业生产力,推进农业现代化,维护农民和农业生产经营组织的合法权益,增加农民收入,提高农民科学文化素质,促进农业和农村经济的持续、稳定、健康发展,实现全面建设小康社会的目标。《土地管理法》的目的是加强土地管理,维护土地的社会主义公有制,保护、开发土地资源,合理利用土地,切实保护耕地,促进社会经济的可持续发展。

这些法律具有如下不足:一是虽然都强调促进经济和社会的可持续发展,且强调部门间的职责配合即综合管理问题,但这些综合管理制度,无论是管理体制的明确与衔接,还是监管制度的综合化和系统化,都是不充分的。如《森林法》没有强调树木砍伐的环境影响评价问题,没有提出如何综合性考虑森林保护和土著居民的生产、生活问题的政策。《草原法》虽然强调草原保护、建设、利用规划应当与土地利用总体规划相衔接,与环境保护规划、水土保持规划、防沙治沙规划、水资源规划、林业长远规划、城市总体规划、村庄和集镇规划以及其他有关规划相协调,但在动物品种的管制、动物数量的核定、水利设施的建设、生态移民等方面缺乏可操作性。另外,《防沙治沙法》、《水土保持法》和《水法》与干旱生态系统的保护密切相关,但它们在条文的规定上却缺乏有效的协调性和有机统一性。二是虽然都规定了各领域的宣传教育内容,但原则性太强,资源节约型和环境友好型环境文化的培育在各具体立法中体现不足,没有和资源节约及环境保护的措施有机地结合起来。三是没有把公众参与,尤其是公众参与对权力行使的监督(如公益环境行政诉讼起诉权的行使)和生态保护措施的综合性与多元化结合起来。四是农村基础设施建设需要花费很多资金,而现行立法没有明确划分市场机制和政府职责的作用领域,没有明确农业补贴的范围和标准,农民的生产和家庭负担在市场经济潮流中仍然有增加的趋势。增加了的经济负担不可避免地转为土地的生态负担。五是虽然都规定了行政违法的责任，但是执法的监督渠道单一，有法不依、违法不究的集体行政违法现象在基层得不到有效的纠正。

（三）环境行政法规的不足

与干旱生态系统退化防治密切相关的行政法规，如《国务院关于全国水土保持规划纲要的批复》（1993）、《自然保护区条例》（1994）、《建设项目环境保护条例》（1998）、《全国生态环境保护纲要》（2000）和《人工影响天气条例》（2002），在保护职责的明确、机构职责的协调、保护措施的全面性和综合性等方面也存在一些问题。如《自然保护区条例》规定了国家对自然保护区实行综合管理与分部门管理相结合的管理体制。其中，国务院环境保护行政主管部门负责全国自然保护区的综合管理，国务院林业、农业、地质矿产、水利、海洋等有关行政主管部门在各自的职责范围内，主管有关的自然保护区。但在实际中，一些自然保护区的功能是综合性而非单一的，而且自然保护区与保护区外的环境，如森林、草原、农田等的保护是密切相关的，这就需要条例协调和衔接部门间的监管职责。但《自然保护区》的上述规定则无法明确这一点。

四、完善我国沙尘灾害防治立法的治本之策

（一）完善立法的要求

无论是综合性环境立法还是单行环境立法，都需要在干旱生态系统综合管理的思想下做进一步的整合和协调，即平衡各种利益，协调各种机制和方法，在管理体制、监管机制、文化建设、公众参与、市场机制和责任机制等方面进一步创新和完善，以符合生态环境保护的综合性需要，防治干旱生态系统的土地退化。

在综合性环境立法的层次上，应当根据《国务院关于落实科学发展观加强环境保护的决定》修改《环境保护法》，或者制定《环境综合整治法》，确认经济和社会发展必须与环境保护协调的原则，体现经济发展和环境保护并重的发展思路，落实经济发展和环境保护同步的措施，引入综合治理的机制和环境

保护的长效机制。除此之外，还要设立专门的条款甚至章节来规范干旱生态系统的综合管理问题。

综合性法律的机制需要进一步明确，因此，应该采取协调立法和协调执法的模式，加强《草原法》、《防沙治沙法》、《水土保持法》、《水法》、《森林法》、《农业法》、《土地管理法》等单行立法的衔接和整合。衔接和整合后的立法应当完善环境影响评价程序和土地退化监测机制；按照《21 世纪议程》的要求，建立和完善政府、妇女、少数民族、非政府组织、当地居民代表、投资者多方参与的法律程序和激励机制；促进有关部门的密切协作和西北部地区干旱生态系统保护的能力建设；协助中央机关和有关地方将生态系统综合管理的理念融入到国民经济和社会发展计划以及全国和地方土地退化战略和行动计划中。只有这样，才能使干旱生态系统的综合管理进入经济增长的主战场，才能用干旱生态系统的综合管理要求和机制来优化经济增长的结构、模式和效率。

（二）完善立法的方法

一是坚持广泛参与。项目的开展既要听取国际和国内专家的意见，征求中央与地方官员和法律专家的意见，还要实地调查研究，听取农民、投资者、生态受害者和环保民间组织的意见，以进行职业、全面、公正和客观的研究。二是解决问题要循序渐进，把与干旱生态环境土地退化防治有关的草原保护、防沙治沙、水土保持、水资源与水生态保护、森林保护、农业保护、土地管理、环境保护和环境影响评价九个方面法律的重新检查和评估作为切入点，通过广泛的调查研究，找出干旱生态系统退化的社会、经济、立法、政治、民族和伦理原因，并对其相互关系进行研究。在此基础上，按照《21 世纪议程》的要求，广泛听取工商界、科技界、法律界等方面的意见，并借鉴美国、澳大利亚、非洲和日本等国家或地区的相关经验，在干旱生态系统退化方面提出符合生态系统综合管理目标的完善中央和地方环境法律制度的建议，提出促进中央和地方综合性生态管理实施能力建设的方法。① 三是平衡利用科学方法，即采取经济、技术、社会等科学方法，平衡国内和国际各方的利益，协调中央和地方的立法

① 参见王曦编著：《国际环境法》，法律出版社 2005 年版，第 39 页。

和利益,结合法律法规,使防治措施与西北部地区的需要相一致。

(三)目前应建立或完善的法律机制

目前应建立或完善的法律机制除了进一步控制环境污染和温室气体的排放,防止气候发生不可逆转的变化外,主要还包括:其一,反省现行"行政管制+拨款"的沙尘治理模式的不足,按照温家宝总理在第六次全国环境保护大会上提出的要求,从"主要运用行政办法保护环境转变为综合运用法律、经济、技术和必要的行政办法解决问题"的思路,探讨"综合性与协调性行政管制+拨款+居民参与+社会监督+国际协调"模式的可行性。其二,分析如何克服中央和地方监管不到位和不协调的现象,研究如何加强中央与地方的监管能力和合作,克服中央和地方沙漠化防治协调组内各部门职责层次不清楚、职责不明确的现象,建立运转高效、具有统一监督和领导权的新型协调机构。[①] 其三,完善由政府、妇女、少数民族、农民、投资者多方参与保护干旱生态系统的法律程序和激励机制,完善生态恢复优先和生态移民[②]的机制,完善由政府主导的农民技术培训与有组织的劳务输出机制。其四,分析现有立法在西北部地区干旱生态系统土地退化防治方面的制度缺陷,建立保护地与收益地之间的生态补偿机制,建立退耕还林还草和实行保护性耕作方式的经济补贴机制,建立牲畜种类和数量的核定和补贴机制,完善对土地退化防治资金的使用监督。其五,探讨如何通过区域国际合作来共同防治我国干旱生态系统土地退化的机制,包括我国如何进一步限制和禁止一次性筷子的生产和消费,日本如何限制甚至禁止从我国进口一次性的木筷;我国、日本和韩国如何通过协商建立沙尘观测信息、沙尘防治信息、沙尘防治立法与政策信息的共享机制,建立灾害协助防治的机制;日本鼓励民间组织和个人在我国西北部地区造林或者植草,我国政府则采取产权确认和收益保障等激励机制保护他们改善我国西北部生态环境的积极性等。其六,完善目标责任制和严格的责任追究制。这种责任不仅应体现在各级政府的分管领导和环保局身上,还要落到

① 参见徐琦:"沙漠化防治期待变局",《中国环境报》2006 年 6 月 15 日。

② 参见安丰:"面对 263 万平方公里荒漠化土地",《中国国土资源报》2006 年 5 月 17 日。

各级政府的一把手身上。国务院总理应当与各部委和各省、市、自治区政府的一把手签订责任书，各省、市、自治区再逐级签订责任书。目标的实现程度应该以年度考核的形式加以确认。为了明确责任追究的程序和后果，国务院应当颁布相关的行政法规。此外，还要培育民间监督力量，拓宽民间监督渠道，完善环境保护的区域督察和公众监督相结合的机制。由于《国务院关于落实科学发展观加强环境保护的决定》所规定的区域督察模式仍然属于环保系统内的行政监督，故还应发挥公众的外部监督作用。现有的环保立法大都授予了公众的检举权和控告权，但是这种规定太原则，缺乏可实施性，需要立法对公益诉讼等新型控告权的行使予以进一步的承认和规范。

海洋生态与海洋环境法制研究

HAIYANG SHENGTAI YU HAIYANG HUANJING FAZHI YANJIU

海洋生态保护中环境经济手段初探*

彭晋平　傅崐成**

摘要:环境经济政策是从传统的环境规制政策基础上发展出来的新型环境管理手段和措施,是对环境规制政策的补充和创新。本文针对海洋生态保护中的环境经济政策问题,提出环境经济政策的目标是建立海洋生态补偿制度,开发海洋生态价值评估技术是建立海洋生态补偿制度的前提,制定海洋生态价值评估规程是建立海洋生态补偿制度的基础。并以厦门为案例,研究了厦门海域生态价值评估技术,提出完善现行的海域使用金定价政策、海洋环境损害赔偿的法律规则以及采取入海口流域生态补偿政策是建立海洋生态补偿制度的主要途径。

关键词:环境经济政策,海洋生态补偿,政策创新,厦门案例,评估技术

Abstract:Environmental economic policy is a new instrument for managing environment which is derived from traditional environmental regulatory policy and acts as innovation and complement of environmental regulatory policy. On the implementation of the environmental economic policy in the oceanic ecologic progection, this article suggests that its goal is to set up a ecologic compensation. In order to achieve this aim, the development of the oceanic ecologic valus assessment

---

* 本文是在厦门市科技局资助项目(项目号#04389)《厦门海洋生态环境资源价值评估技术与环境经济政策创新研究》中彭晋平负责的"环境经济政策创新研究"部分的基础上修改而成。项目课题组的另一成员为厦门大学环境科学中心彭本荣博士。

** 彭晋平:厦门大学法学院博士生,厦门市人大法制委员会副处长;傅崐成:厦门大学法学院教授,博士生导师。

technology is the precondition, and we should aly down rules and procedures of the oceanic ecologic value assessment as the basis of oceanic ecologic compensation regime. This article also chooses Xiamen city for case study, in which ecologic value assessment technology of Xiamen bay is developed. The Ways of the realization of the oceanic ecologic compensation mechanism is recommended, namely, improve the pricing policy of using fees of Xiamen bay and rules and regulations on the compensation for the damages to Xiamen oceanic environment, and take measures of ecologic compensation for the Xiamen bay estuary river.

Key Words: Environmental economic policy, oceanic ecologic compensation, policy innovation, Xiamen case study, valus assessment technology

一、前　言

良好的生态环境是人类社会可持续发展的基础。然而由于过去长期以来,传统的片面追求经济增长的发展观,使各国不惜以牺牲自然环境为代价来实现经济和社会的发展,由此造成了生态破坏、自然资源的掠夺性过度开发,人类面临继续严重的生态困境。世界自然保护基金会根据其对 1970—1995 年间全世界森林、淡水和海洋生态系统破坏程度的研究,在 1998 年 10 月 1 日发表报告指出,世界已失去了三分之一的自然财富。① 我国的生态形势也十分严峻。根据 2006 年 6 月 4 日国家环境保护总局首次向全社会发表的《中国生态保护》的报告,我国的生态问题有:森林资源总量不足、分布不均,质量不高、过度采伐;90% 的天然草原出现不同程度的退化,退化、沙化草原已成为我国的主要沙尘源;天然湿地大面积萎缩、消亡,退化严重;沿海滩涂、湿地生态破坏加剧,海域总体污染状况依然严重;荒漠植被过度利用和内陆河上游水资源过度开发,导致荒漠植被和荒漠绿洲区生态退化;农业生产中大量使用化肥、农药、农膜,对农田生产力和周围的自然生态系统造成负面影响;城市水资

① 陈茂云、马骧聪:《生态法学》,陕西人民教育出版社 2000 年版,第 8 页。

源短缺,城市绿地面积小、功效差;农村"脏、乱、差依然存在"。①

为了应对面临的生态困境,各国除纷纷采取行政、经济、科技等各种措施外,也把自然生态的保育作为环境保护的主要目标,纳入了法律调整的范围之中。力图通过法律手段来达到养护自然资源,保护自然生态系统的完整与平衡。当代的环境法已从初期的单纯的污染防治法扩展为以自然保育与污染防治并重的法律体系。② 20 世纪 60 年代以来的环境保护实践证明,法律是一个有效控制和减缓生态危机的手段。③

在环境法律制度中,传统的方法是采取环境规制手段来进行环境管理的。所谓环境规制手段,就是国家通过制定法律法规,统一规定污染物排放或环境质量、产品规格和技术要求等强制性标准,要求在其管辖内的相应企业和个人一体遵守,从而实现对污染的控制和自然资源的保护,最终达到预期的生态环境目标。④ 环境规制手段的实质是依靠政府的行政力量对环境进行"命令控制式"管理。发达国家在采用环境规制手段管理环境的过程中发现,由于它往往与国家的经济发展目标相冲突,其实施往往制约经济增长,使决策者经常处于鱼与熊掌不可兼得的两难困境。而且,采用环境规制手段的成本十分昂贵,经济效率低下。

于是,20 世纪 70 年代发达国家开始在环境管理中引入市场机制,逐步采用环境经济手段管理环境、保护生态。特别是 80 年代以来,环境经济手段在环境管理中得到了越来越广泛的采用,形式也不断丰富。经合组织 1998 年对其成员国的一项问卷调查结果显示,在自然资源保护方面,有 22 个成员国在水资源、渔业资源、森林资源、湿地、土地、天然或野生物种资源管理中,采用了税费、资源配额交易、补贴、财政援助、许可费、入场费、湿地赔偿或湿地银行等形式的经济手段;在污染防治方面,有 24 个成员国采用了税费、许可证交易、押金退还、收缴违

---

① "六大措施加大生态保护 环境恶化未有效遏止",《法制日报》2006 年 6 月 5 日第 6 版。

② (中国台湾)陈慈阳著:《环境法总论》,中国政法大学出版社 2003 年版,第 56、110 页。

③ 王曦著:《美国环境保护法》,汉兴书局有限公司印行,1995 年版,前言。

④ Office of Policy, Economic, and Innovation Office of the Administrator U. S. Environmental Protection Agency, The Unite States Experience with Economic Incentives for Protecting the Environment, EPA-240-R-01-001, Jan, 2001, pp. 14-15.

法所得(Non-compliance fees)、业绩债券(Performance bond)、损害赔偿费(Liability fees)、补贴等多种形式的环境经济手段。① 与此同时，一些发展中国家也借鉴发达国家在这方面的经验，结合本国实际，积极采用环境经济手段管理环境。② 环境经济政策的实施不仅有效地降低了环境管理成本，提高了效益，而且较好地协调了环境保护与经济发展的关系，促进了可持续发展。

在我国的环境管理中，也采用了一些环境经济手段，但手段单一，主要的措施是收费，如收取超标准排污费、资源使用费和资源恢复费，而且，收费的标准大多偏低。同时，财税优惠、信贷扶持等其他形式的经济手段虽然在法律中有原则性规定，但缺乏具体的可操作的配套政策，实践中无法落实，难以发挥应有的作用。

从环境经济手段在海洋生态保护中的运用情况来看，虽然法律规定了海域有偿使用制度和海洋生态损害赔偿制度，但由于对海洋生态系统提供的各项产品和服务的价值缺乏了解，特别是没有开发出将其价值量化特别是货币化的评估技术，导致海洋资源因价值被低估而过度开发、海洋生态损害价值确定困难而得不到应有的补偿，使这些经济手段无法得到有效的实施。

针对环境经济手段在海洋生态保护实施中存在的上述问题，本文根据环境经济手段的本质特征，对在海洋生态保护中采用环境经济手段的条件和基础、途径及主要措施，进行初步的探讨，以期使环境经济手段在海洋生态保护中得到完善和更加有效的应用。

二、环境经济手段的概念及特征

环境经济手段，又称经济调控制度、环境经济刺激制度、以市场为基础的环境管理工具(Market Based Instruments，缩写为MBIS)。对环境经济手段的

---

① OECD Environment Directorate Environment Policy Committee Working Party on Economic and Environmental Policy Integration, Economic Instrument for Pollution Control and Natural Resources Management in OECD Countries: A Survey. 1999. pp. 11-13.

② Theodore Panayotou, Economic Instruments for Environmental Management and Sustainable Development(Final Report). Dec. 1994. pp. 69-97.

含义,学者们从不同的研究角度做出了不同的定义。我国大陆的曹明德等学者从法律的角度指出,它是指国家运用经济杠杆刺激或抑制生产活动或消费活动,以支持生态保护行为、抑制生态破坏行为的法律制度。① 我国台湾学者陈慈阳教授认为,它是一种间接性的柔性措施,此时,国家对受规范者放弃了严格且强制的控制,而以间接的、柔性的、影响性的手段启动人民的动机,自发地为有利于环境保护的行为。② 美国哈佛大学学者 THEODORE PANAYOTOU 从环境和自然资源管理的角度,认为凡是通过改变市场主体所面对的激励结构而不是改变强制性的标准或技术的方法,诱导企业或个人改变经济活动行为从而使环境成本或资源消耗成本内在化的政策,都属于环境经济政策。③ 丹麦和德国有的学者们从经济学的角度,将其内涵界定为:以相关价格变化或/和污染者与社会之间财政支付转移的形式出现的市场信号象征(PROXIES)。④

上面的定义虽然角度不同,但通过比较与之相对的环境规制手段,我们从中可以看出环境经济手段有 3 个主要特征:

第一,在政策的性质方面,环境经济政策是一种间接的市场诱导性政策。环境经济政策通过对污染和自然资源定价,使生产或消费过程中的污染或自然资源消耗等外部成本内在化,生产者的生产成本函数或消费者的效用函数相应地发生改变,最终在市场上形成环境成本内在化后的价格信号。全面定价的价格用公式表示为:$P = MPC + MUC + MEC$。其中,P 为价格,MPC 为边际生产成本,MUC 为边际使用者成本,MEC 为边际环境损害成本。相关市场主体为达到利润或效用最大化,在采取措施降低成本的同时,减少了污染的排放,保护了自然资源,达到了环境目标;而与之相对的环境规制政策是命令控制性政策。环境规制政策不是通过对污染和资源进行全面定价,而是政府通过法律法规和行政命令,对污染者或资源使用者施加排污总量、使用技术和工

---

① 曹明德、黄锡生主编:《环境资源法》,中信出版社 2004 年版,第 58—78 页。

② (中国台湾)陈慈阳著:《环境法总论》,中国政法大学出版社 2003 年版,第 251—252 页。

③ Theodore Panayotou, "Economic Instruments for Environmental Management and Sustainable Development"(Final Report), Dec, 1994, p. 13.

④ Mikael Skou Andersen & Rolf-Ulrich Sprenger edited, *Market-based Instruments for Environmental Management*, Edward Elgar Publushing Limited, 2000, p. 3.

艺要求和方式等统一适用的、强制性直接控制，并以行政的和/或刑事的惩罚相威胁，迫使被规范的主体遵守这种规定和命令，以达到环境目标。这种差异可以从下图更加直观地观察到。①

第二，在政策实施机制方面，环境经济政策是一种分散决策体制。在实现环境目标的过程中，它赋予了市场主体自由选择权，各个市场主体根据自身条件，可以自主选择达到目标的途径和方法，包括生产技术、工艺、设备，排污者自己处理污染或雇佣他人处理污染或不处理污染而负担相应的费用，自己使用资源或将资源转让给他人，现在使用资源或将来使用资源等等。而环境规制政策是一种集中决策体制。国家或地方以规定或命令的形式，对污染防治和资源管理的途径和方式，包括工艺、设备和技术等做出统一的规定，各个市场主体无权自行选择，必须一体遵守。

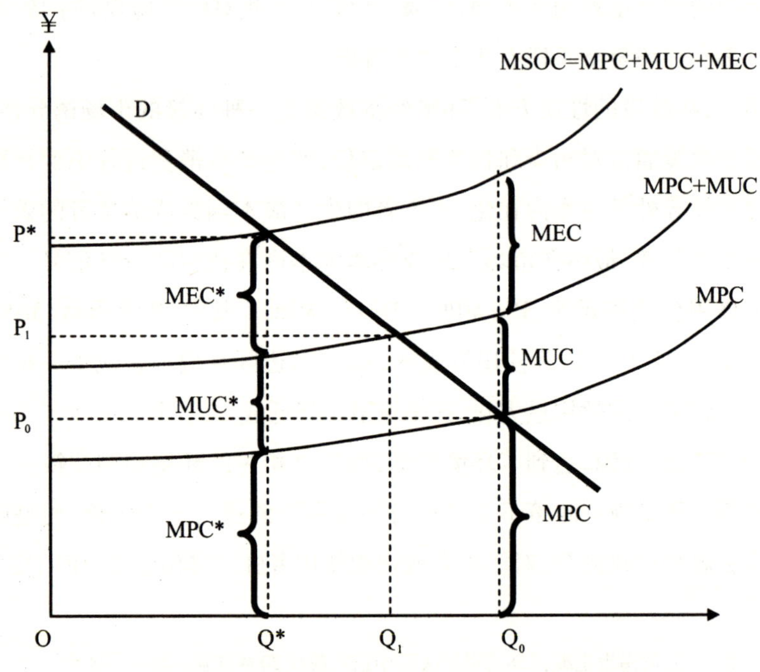

完全定价对环境资源使用者经济行为方式的影响图

① Theodore Panayotou, “Economic Instruments for Environmental Management and Sustainable Development” (Final Report), Dec, 1994, pp. 5-6.

P * 为完全定价时的价格，它将边际生产成本(MPC) + 边际使用者成本(MUC) + 边际环境成本(MEC)完全内在化。

Q * 为完全定价时的产出。

P_1 为免费使用环境时的价格，它由边际生产成本 + 边际使用者成本构成。

Q_1 为免费使用环境时的产出。此时，环境成本没有内在化，所以，产出比 Q * 大。

P_0 为免费使用环境和没有为资源付费时的价格。它只支付生产成本。

Q_0 为免费使用环境和没有为资源付费时的产量。此时，由于无需为环境和资源付费，成本最低，产出最大。

MEC * 为已被内在化的边际环境成本。

MUC * 为已被内在化的边际使用者成本。

MPC * 为已被内在化的边际生产成本。

第三，在政策目标方面，环境经济政策的目标具有双重性。一方面，制定和实施环境经济政策是为了通过环境管理，达到改善生态环境、保护自然资源的环境目标；另一方面，它还追求进行环境管理的经济效益，力图在达到环境目标或在实现环境目标的同时，获取最大的经济效益。因此，在评价环境经济政策有效性时，既要考察该政策实施后的环境效益，同时还要评估该政策实施的成本或产生的经济收益。而环境规制政策的目标是单一的，它只追求该政策的环境效益，而不考虑制定和实施该政策所付出的经济成本或能否取得的经济收益，因此，在评价环境规制政策有效性时，是否达到了预期的环境目标是唯一的标准。

采用环境经济手段进行生态保护，很大程度上减少了生态环境保护和经济发展政策之间的冲突。与环境规制手段相比，它具有自己独特的优势。

第一，减少自然资源的浪费和破坏，激励生态投资并使生态资本增值。①

环境经济手段通过对自然资源和生态系统的价值进行科学的评估，确定

---

① 中国科学技术信息研究所："林业建设与生态补偿"，www. chnagreen. gov. cn/jjy/searchlook. asp? =7230 + ，2005 年 11 月 17 日访问。

自然资源的使用价值,并要求自然资源的使用者支付其价值,从而把环境规制手段中的自然资源无偿使用变成了有偿使用,使环境成本内在化。自然资源使用者在使用成本的约束下,会尽量地节约自然资源,减少或消除生态产品消费中的“搭便车”现象。同时,也为后代留下更多的资源,促进了代际公平。

第二,提高污染防治的经济效率。

环境经济政策可以更低的成本取得与环境规制政策相同的污染控制结果。与环境规制政策不考虑各个相关主体的污染控制成本差异相反,污染控制的边际成本在环境经济政策中处于重要的地位。由于市场主体对本身控制污染的成本的信息掌握得最充分,他们可以选择最优的方式来控制污染。污染控制成本低的主体,通过削减比许可的排污指标更多的排污量并将节余的指标出卖而获取利润;污染控制成本高的主体可以通过向低成本的主体付费购买排污指标而少削减或不削减排污量。美国 EPA 的一项研究表明,由于采用了环境经济手段,美国在环境保护上的开支每年减少 450 亿美元。①

第三,刺激污染防治技术的革新和进步。

环境经济政策赋予污染以市场价值,为污染控制技术革新提供了持续不断的动力。与环境规制政策硬性规定应采用的污染控制技术不同,环境经济政策并不对污染防治技术做出硬性规定,但对将污染减少到比规定的标准更少的行为提供金钱或其他形式的经济利益。污染排放者为获取这些经济利益,就会不断地开发更有效的技术,采用新的工艺或研制更便宜的设备,这样一来,就促进了技术的不断进步。

第四,降低管理部门的监管成本。

环境经济政策通过经济利益,诱导污染者减少污染行为来获取经济利益,这样一来,就大大节省了环境规制政策实施中的报告、检查和对违反行为的罚款等行政管理成本。特别是当污染来自成千上万的小规模分散污染源时,其效果更为显著。环境管理成本的降低为环境保护事业节约了宝贵

---

① Office of Policy, Economic, and Innovation Office of the Administrator U. S. Environmental Protection Agency, “The Unite States Experience with Economic Incentives for Protecting the Environment”, EPA-240-R-01-001, Jan., 2001, p. 26.

的资金。

第五，拓宽环境保护的资金筹集渠道。

环境经济政策通过环境税收、收费和产权、排污许可拍卖等政策工具，可以筹集大量的资金。而这些资金一般都定向(EARMARKING)用于环境保护事业或提供更多的公共物品或减少经济体系中的扭曲，进一步强化环境经济政策的效果。

三、海洋生态价值评估方法与技术

随着社会新的生态伦理和环境道德的形成和人类对自然系统服务和功能研究的加深，人们逐渐认识到，海洋生态系统提供的服务价值，既包含自然界为人类提供的物质和能源的传统自然资源价值，也包含海洋环境容量、水质(主要是舒适性价值)、沙滩(也是舒适性价值)、珍稀物种(存在价值)、景观等海洋环境资源的价值。而且，海洋还提供营养循环、净化污染物(红树林生境的功能)、保护岸线、维护生物多样性、储存二氧化碳，产生氧气、提供海洋生物的生境等许多生态产品。因此，完整的海洋生态价值还必须包含海洋生态产品的价值。

海洋的生态价值就是人们对海洋的上述资源所提供服务的重要性的评价，其衡量的标准有多种，大致可分为货币标准和非货币标准。由于货币测度方法很方便，而货币本身没有内在价值，它只是代表了能购买的其他东西，是一种记账单位，以货币为标准的海洋生态经济价值评估，为海岸带生态系统提供的不同的服务提供了一个可以进行比较的共同尺码。而且，在进行经济选择特别是进行海岸带生态系统资源的配置时，经济价值是最重要的。

海洋生态价值评估方法，根据是否可以观察到交易的市场行为和数据，我们将其分成两大类:市场价值法和非市场价值法。

市场价值法又可以分为直接市场法和间接市场法两类。

直接市场法。可以依据直接市场交易数据进行价值评估的方法。一些海岸带生态系统的服务，如供给服务中提供的鱼类、贝类、建筑材料等，可以直接在市场进行交易。在这种情况下，海岸带生态系统服务的市场价值是这些服务直接在市场上交易的汇率：价格 = 交换价值，基于交换的服务的价值是它的市场价格减去将这些服务带进市场的成本。对于这些服务的价值，可以像评估其他市场产品的价值一样，通过建立他们的消费者剩余或者生产者剩余进行评估。另外一些海岸带生态系统服务，如清洁的水，是作为生产的中间投入品，它们的价值可以通过评估它们对最终产品价值的贡献进行评估。在支配有限的时间和收入时，个人在市场上的选择行为是可以观察的。

直接市场法的具体技术包括市场价格法、生产率变动法、人力资本法等。

间接市场法。对一些不能直接在市场上进行买卖的资源价值，利用人们在市场上对与这些服务相关的产品和服务愿意支付的价格来评估它们价值的方法。如海洋与海岸带的审美价值、娱乐体验等，虽然在市场上没有直接的价格，但通过观察可以发现，人们愿意为可以看到海上风景的房子支付较高的价格，或者愿意花时间和金钱到一个特定的地方去钓鱼、观鸟等。人们的这一类支出可以用来评估景观或者娱乐体验的价值。还有一些海岸带生态系统服务的价值，可以通过人们为避免如果没有这些服务所产生的负面影响而采取行动的支付意愿，或者采取行动所承担的成本，或者重置这些服务的成本来评估。如湿地可以提供洪水防护的服务，在类似的地方，人们为避免洪水的损害所支出的货币的数量可以用来评估湿地洪水防护服务的价值。

间接市场法包括重置成本法、旅行费用法、资产价值法、替代成本法等。

非市场价值法又称为假想市场法。很多海岸带生态系统服务既没有交易市场，又没有任何与之紧密相关的市场产品，如海岸带生态系统服务的存在价值。这样，它们的价值既不能通过直接市场价值法评估，又不能通过间接市场价值法进行评估。在这种情况下，可以借助假想市场法来得到这些海岸带生态系统服务的价值。

非市场价值法包括或然价值法（也被称为意愿调查法）和接受意愿调查法。

新开发出的一个海岸带生态系统价值评估方法是群体价值评估法

(Group Valuation)。① 这种正在发展的技术建立在以下假设上：生态系统产品或者服务的价值需要通过公众公开的讨论程序得到，而不是加总分别估算出的个体的偏好。这种技术与或然价值法很相似，可以将它归于非市场价值法的范畴内。

海岸带生态系统服务价值评估还有一个方法是收益转移法。收益转移法本质上不是一种方法学，而是利用一个地方（通过其他任何方法）已经评估得到的海岸带生态系统服务价值的结果来评价另一个地方的海岸带生态系统服务的价值。例如，在一个公园旅游者观赏野生生物收益的评估结果可以用来评估在不同公园观赏野生生物的收益。

不同的海岸带生态系统服务，其价值最佳评估方法不同。De Groot 等人(2002)根据 Costanza 等人(1997)的综合分析，通过对超过 100 篇文献的研究，对生态系统价值与评估方法的联系进行了全面的评述。② 他们的研究发现，每一种生态系统服务价值常常有好几种评估方法可以使用，而 Costanza 等人的研究中，每一种服务只用了一种或两种评估技术。这也显示出主要的服务与首选的价值评估方法之间的关系：调节服务的首选评估技术是间接市场法的价值评估技术，特别包括成本避免法和重置成本法；生境服务主要通过直接市场价格法进行评估（如为保育目的而捐赠的钱的数量）；供给服务主要通过市场价格法和生产率变动法进行评估；文化服务主要通过或然价值法（精神和宗教服务）、资产价值法（审美服务）进行评估。③ 根据 De Groot 等人的研究成果和海岸带生态系统服务的特点，以及要评估服务的类型、需要的信息以及数据的可得性，可以建立一种最佳评估方法的排列顺序表。

---

① Jacobs, M., "Environmental valuation, deliberative democracy and public decision-making", In: Foster, J. (Ed.), *Valuing Nature: Economics, Ethics and Environment*, London, UK: Rutledge, 1997, pp. 211-231.

② De Groot R. S., Wilson M. A., and Boumans R. M. J., "A typology for the classification, description, and valuation of ecosystem functions, goods, and services", *Ecological Economics*, 2002, 41 pp. 393-408.

③ Costanza R., d'Arge R., de Groot R. S., Farber S., Grasso M., Hannon B., Limburg K., Naeem S., O'Neill R. V., Paruelo J., Raskin R. G., Sutton P. and van den Belt M., "The value of the world's ecosystem services and natural capital", *Nature*, 1997, 387, pp. 253-260.

遵循以上的价值评估的方法和技术，可以开发出具体的海洋生态价值评估模型。厦门大学《厦门海洋生态环境资源价值评估技术与环境经济政策创新研究》课题组针对厦门海域生态系统的特点，已研究出气体调节价值、稳定岸线与洪水防护价值、养分调节价值、废物处理价值、生态控制和食物供给价值、海水养殖价值、生物多样性价值、旅游娱乐价值、港口航运价值等海洋生态各种价值的评估模型以及海洋生态总价值评估模型。①

四、制定海洋生态价值评估规程

制定海洋环境资源生态价值评估规程是建立海洋环境资源生态补偿机制的前提。一些重视保护环境资源的国家都根据本国的实际情况，制定了相关的法定规则。国外的实践为我们制定海洋环境资源生态价值评估规程提供了有益的经验。

美国内政部于 1996 年根据《综合环境反应、赔偿和责任法》（CERCLA，即 The Comprehensive Environmental Response，Compensation and Liability Act）颁布了《自然资源损害评估最终规则》（NADA 即 Final Regulations on Natural Resource Damage Assessment），对评估的范围、方法技术、程序，取样调查的方法和程序，评估结果法律效力等进行了全面的规定，并将评估模型的应用实例作为附录一并规定在该最终规则中。同时，美国国家海洋与大气管理局（NOOA）也在 1996 年根据 1990 年的《油污法》（OPA，即 The Oil Pollution Act of 1990）制定了关于油污的《自然资源损害评估》的最终规则（NADA，即 Final Regulations on Natural Resource Damage Assessment），规定了类似的评估规则。

前苏联制定了海洋环境污染事故通过数学公式评估环境生态损失的规定。②

---

① 厦门大学海洋政策与法律中心：《厦门海洋生态环境资源价值评估技术与环境经济政策创新研究》，2005 年 12 月，第 20—24 页。

② 杨文贵等：“船舶溢油事故中环境损害的赔偿范围”，载中国海商法协会编：《第 6 届海商法国际研讨会论文集》（2005）。

（一）关于应予评估的生态系统及服务的类型

首先，应明确必须进行评估的生态系统的种类。它除了应当包括沙滩或泥滩、湿地、近海等海域不可缺少的主要生态系统外，还应根据各个海域的特殊环境资源禀赋，对某个海域特有的红树林、珊瑚礁、滨海湿地、海岛、海湾、入海河口、重要渔业水域等具有典型性、代表性的生态系统，珍稀、濒危海洋生物的天然集中分布区，具有重要经济价值的海洋生物生存区以及有重大科学文化价值的海洋自然历史遗迹和自然景观的生态价值，也必须进行评估。① 例如厦门海域，就有红树林、珍稀海洋物种保护区等，我们在进行海洋环境资源的生态价值评估时，就必须对其进行评估。

其次，应明确必须进行评估的生态服务的种类。它应当包括食物、原材料、水供给、空间资源等供给服务，气体调节、水调节、废物处理等调节服务，娱乐、旅游等文化服务以及初级生产力、养分调节等支持服务。此外，还应对各海域特有的生态系统，珍稀、濒危海洋生物的天然集中分布区，具有重要经济价值的海洋生物生存区以及有重大科学文化价值的海洋自然历史遗迹和自然景观等生态价值进行评估。如在评估厦门海洋环境资源的生态价值时，就必须对该海域特有的红树林生态系统的服务价值和珍稀海洋物种的生态价值进行评估。

（二）关于可采用的评估方法和技术

首先，应当按照海洋环境资源提供的生态服务的性质，明确规定对可以直接在市场进行交易的服务，应当采用直接市场方法进行评估。具体技术可以选择市场价格法、生产率变动法或人力资本法。

其次，对虽然不能直接在市场上进行买卖的生态服务，如果可以根据人们在市场上对与这种服务紧密相关的产品或服务愿意支付的价格或者根据人们为获得某种生态服务所愿意支付的成本来评估其价值的，应采用间接市场法进行评估。具体技术可选择重置成本法、旅行费用法、资产价值法或替代成本

① 《中华人民共和国海洋环境保护法》第 20 条。

法等。

再次，如海洋生态系统提供的服务既没有交易市场，也没有任何与之紧密相关的市场产品，其生态价值就是其存在本身，可以采用假想市场法进行评估。具体技术可选择意愿调查法、接受意愿调查法、群体价值评估法。

最后，如果由于技术条件或时间、费用的原因，采用前述的方法进行评估，其成本大于收益，可以采用收益转移法进行评估。

对可采用的各种评估技术的选择，应根据其数据资料的可获得性和其与特定海洋生态系统服务的可适性，规定选择的顺序及各种技术的评估模型。

（三）关于采集处理数据资料的标准

进行海洋生态价值的评估，需要丰富的数据资料，这些数据资料有的可以通过现有的统计资料来采集，例如海域养殖方面的数据。但是，大多数数据资料必须通过实地取样分析、野外出海和问卷抽样调查等方式采集。

为保证数据的科学性，应当明确取样分析、野外调查的时间要求，调查频次及其间隔要求，抽样调查的最低样本等数据采集规则。对数据采集后的处理，要规定取舍标准。对采集处理的数据应进行分析汇总，建立各个海域的环境资源数据库。

（四）关于评估程序

首先，要规定海洋污染事故损害的预评估程序。明确损害预评估由相关的海洋污染监督管理部门组织进行，依据初步采集的数据按照规定的方法和技术对损失进行评估，初步估算对生态系统的损害程度。

其次，根据对海域环境资源生态系统影响大小规定普通评估程序和简易评估程序。

普通评估程序，要严格按照上述的应予评估的生态系统及服务的类型、评估可采用的方法和技术、采集处理数据资料的标准各项规则进行。对大型用海项目和污染事故，适用普通评估程序。具体范围包括根据《中华人民共和国海域使用法》规定，由国务院审批的用海项目以及通过预评估确定为大型的海洋污染事故。

适用简易评估程序时,对上述规则的数据资料的采集处理可以进行适当的简化,在评估技术上可以不受选择顺序的限制。除适用普通程序之外的其他用海项目和小型污染事故,适用简易评估程序。

(五)关于评估结果的确认和法律效力

首先,要规定评估机构应具备的条件。根据评估机构从业人员的专业水平和技术设备,将各个评估机构分为甲、乙两种不同的资质等级。

甲级评估机构的从业人员应当由海洋与环境科学、经济、法律等专业技术人员,其中的2/3以上应当具备高级技术职称并应当具有3年以上的相关工作经验,具备出海调查和实验分析的技术设备。甲级评估机构既可从事普通的生态价值评估,也可从事简易的生态价值评估。

乙级评估机构在从业人员和技术设备两个方面的要求都可以比甲级评估机构适当降低,但它只能从事简易的生态价值评估。

其次,要明确规定各个评估机构的评估结果,必须经过专家评审合格才能予以认可。对乙级评估机构超出其从业范围按普通评估程序进行的生态价值评估结果不予认可。

最后,明确规定经过认可的生态价值评估结果,应当作为海洋环境资源生态补偿的依据。而且,还应赋予该评估结果的损害赔偿诉讼中索赔方的诉讼证据法律效力(Rebuttable Presumption),明确规定在损害赔偿诉讼中,在对方不能证伪该评估结果的情况下,法院应直接依此做出裁判。

法定的海洋环境资源生态评估规程,是生态价值评估结果权威性的有效保证。前述美国、前苏联的评估规则就是直接以法律法规的形式或者由法律授权相关的主管部门制定规章来制定颁布的。

在我国的实践中,农业部于1996年10月8日以农业部部门规范性文件的形式颁布了《水域污染事故渔业损失计算方法规定》。虽然它也对污染事故渔业损失量和包括天然渔业资源经济损失量在内的经济损失量调查方法、计算公式做出了规定,但由于《中华人民共和国渔业法》和《中华人民共和国海洋环境保护法》等法律都没有明确的授权主管部门制定污染损害评估规则,而农业部又没有以规章形式颁布《水域污染事故渔业损失计算方法规定》，导致其科学性和权威性受到了挑战。①

因此，必须将海洋环境资源生态价值评估规程以法规或规章的形式颁布实施。如果近期内国家制定全国性的评估规程条件还不具备，可以由有条件的地方如厦门市先行以政府规章或地方法规的形式制定地方性的评估规程。经过一段时间的实践，条件成熟后，由国家海洋行政主管部门制定和颁布全国性的海洋环境资源生态价值评估规程。

五、完善海域使用金的定价制度

《中华人民共和国海域使用法》规定，我国的海域属于国家所有。国家实行海域有偿使用制度。单位和个人使用海域，应当交纳海域使用金。据此国家海洋管理局和一些地方政府制定了海域使用的收费标准。但是，这个收费标准只是以海洋的空间资源和其中的自然资源价值为依据确定的，并没有反映海域环境资源的生态服务价值。以《厦门市海域使用费征收管理办法》为例，该办法第 4 条明确规定，海域使用费征收标准按海域综合功能区、海域水深及项目类别确定。

各类海域的使用费征收标准见下表。②

这种收费标准根本不可能对海域的生态服务价值给予补偿。这在围（填）海工程和港口建设用海两个项目中最为突出。对围（填）海工程用海项目，其收费标准最高为 60 元/平方米，最低为 1.5 元/平方米。按照我们的评估，厦门海域的生态服务价值为每年 10.33 元/平方米，按《中华人民共和国海域使用法》规定的最短使用期限 15 年计算，厦门海域的生态服务价值最少也

① 在“塔斯曼海”轮溢油污染损害赔偿案中，被告提出原告根据我国农业部 1996 年 10 月 8 日颁布的《水域污染事故渔业损失计算方法规定》计算出的天然渔业资源损失，不是实际损失，而是理论推导的结果的主张。虽然天津海事法院否定了被告的这一主张，判定农业部的《水域污染事故渔业损失计算方法规定》是以国家规章的形式确定的评估方法，依据该规定计算的渔业资源损失不是纯理论计算，而是对天然渔业资源经济损失的客观评估，并据此判定被告赔偿我国渔业资源损失 1,465.42 万元。但这一判决能否得到二审法院的支持，目前还不得而知。见《中华人民共和国天津海事法院民事判决书(2003)津海法事初字第 184 号》。

② 见厦门市物价局、厦门市财政局、厦门市农民负担监督管理办公室（厦价 1997 费字[110]号）关于实施《厦门市海域使用费征收管理办法》的通知。

厦门各类别海域使用费征收标准(厦价1997费字[110]号)

海域使用项目	计价单位	西部海域			东部海域			同安湾海域			大嶝海域		
		Ⅰ	Ⅱ	Ⅲ	Ⅰ	Ⅱ	Ⅲ	Ⅰ	Ⅱ	Ⅲ	Ⅰ	Ⅱ	Ⅲ
填(围)海工程	元/平米	30.0	45.0	60.0	30.0	37.5	45.0	7.50	15.0	22.5	1.50	2.25	3.00
码头、港池	元/平米.年	0.30	0.75	1.50	0.75	1.50	2.25	0.25	0.45	0.75	0.15	0.30	0.45
海底管线	元/平米	6.00	4.50	3.00	7.50	6.00	3.00	4.00	3.00	2.50	3.00	2.50	1.50
造船、修船、拆船	元/年	0.45	0.75	1.50	1.50	3.00	4.50	0.45	0.75	1.50	0.25	0.40	0.45
采矿	元/平米.年	1.50	0.75	0.45	4.50	3.00	1.50	1.50	0.75	0.45	0.45	0.40	0.25
海上运动、游乐场	元/平米.年	1.50	1.20	0.75	0.75	0.40	0.45	0.15	0.25	0.25	0.15	0.15	0.15
娱乐、餐宿场所	元/平米.年	1.50	3.00	4.50	1.50	2.25	3.00	0.60	0.90	1.20	0.30	0.45	0.60
水产养殖 1 网箱养殖	元/平米.年	3											
水产养殖 2 浅海吊养	元/亩.年	30											
水产养殖 3 滩涂养殖	元/亩.年	8											

达到 154.95 元/平方米。收费水平最高才达到生态服务价值的 1/3，最低的仅 1/100。而围填海对海洋生态系统的影响往往是十分巨大的，特别是填海，它使被填海域永远不复存在，大规模的围填海会导致生态严重破坏，15 年甚至更长的时间也可能难以恢复其原来的生态系统。对港口建设用海项目，其最高标准为每年 2.25 元/平方米，最低的每年 0.15 元/平方米。而本研究评估的港口提供的生态服务价值为 3.74 元/平方米。这就是说，即使是按最高标准收费，也无法补偿厦门港口提供的生态服务价值。①

因此，要尽快制定新的海域使用金征收标准，把海域环境资源的生态服务价值作为收费标准确定的重要依据，确实建立起通过征收海域使用金，使海域使用者对其获得的海域生态服务支付成本的生态补偿机制。

在海域有偿使用制度中，还存在的一个突出问题就是，没有对从陆地向海域排污的行为征收海域使用金。《中华人民共和国海域使用法》虽然没有对使用海域的方式做出直接的规定，但该法第 3 条规定，单位和个人使用海域，必须依法取得海域使用权。第 4 条规定国家严格管理填海、围海等改变海域自然属性的用海活动。第 25 条规定了养殖、拆船、旅游、娱乐、盐业、矿业、公益事业和港口、修造船厂等用海项目的使用权最高期限。从这些规定可以看出，该法没有把向海域排污作为海域使用的方式，相应地就没有对向海域排污的用海收取使用金。而事实上，利用海域的自净功能，从陆地向海域排放人类生产和生活所产生的污染物，是人类使用海域的重要方式之一。特别是随着我国工业化和城市化的快速发展，沿海地区的工业和生活污染物大量增加，更加需要利用海域处理陆源污染物。由于直接向海域排污主要是对通过占用海域的环境容量而获得了生态服务，必须制定并实施对直接向海域排污的排污者征收海域使用金政策。海域使用金的征收标准应依据海域的废物处理服务价值确定。例如，在厦门同安湾，每年约有 51071 吨工业和居民生活污水直接排入同安湾。② 假设其中 30000 万吨为达标排污，扩散面积为 1 平方公里，余

---

① 厦门大学海洋政策与法律中心：《厦门海洋生态环境资源价值评估技术与环境经济政策创新研究》，2005 年 12 月，第 27 页。

② 见《厦门日报》，2005 年 12 月 14 日，第 2 版。

下的21071万吨为超标排污，扩散面积为1.5平方公里。根据本研究中评估模型(4)计算出的厦门海域污染处理与控制服务价值为每年60万元/平方公里，同安湾达标排污的每年污染处理与控制服务的总价值为60与1的乘积，即60万元，那么同安湾向达标排污提供的每吨污水处理的价值为600000/30000，即20元/吨，这就是对向同安湾达标排污应当征收的海域使用金标准；而同安湾超标排污的每年污染处理与控制服务的总价值为60与1.5的乘积，即90万元，那么同安湾向超标提供的每吨污水处理的价值为900000/21071，即42.72元/吨，这就是对向同安湾超标排污应当征收的海域使用金标准。

海洋生态退化与恢复的法律问题研究*

田其云　阳露昭　陈书全　董　跃**

摘要：海洋生态系统退化妨碍了海洋经济持续发展，恢复退化海洋生态系统不仅是发展海洋捕捞业、养殖业的需求，也是提高海岸工程投资效益、减少海洋灾害、保护人民生命财产和保障人类健康的需求。然而，现行法律制度设计却未能有效遏制海洋生态系统退化的趋势。本文认为海洋生态恢复必须成为法律制度，而且是基本法律制度，在制度设计中注重过程导向的海洋生态恢复模式，规范海洋生态环境质量评价程序，设立海洋生态恢复技术引导机制，加强对海洋生态恢复过程的监测。

关键词：退化海洋生态系统，海洋生态恢复，法律制度

Abstract: In view of the fact that the marine ecological degeneration disturbs the sustained development of the marine economy, how to restore the marine ecological system is becoming the urgent requirement in various fields of marine, including developing the marine catch and culture, raising the economic benefit of the seacoast project, reducing marine disaster and safeguarding the people's interests, etc. Examining the current law, we think it cannot effectively contain the marine ecological degeneration. In this paper, we hold that the marine ecological

---

* 本文为国家社会科学基金项目《我国海洋生态恢复法律制度研究》(06BFX064)的阶段性成果。

** 田其云：博士，中国海洋大学副教授；阳露昭：博士生，中国海洋大学副教授；陈书全：博士生，中国海洋大学副教授；董跃：硕士，中国海洋大学讲师。

restoratioin must become the legal system. In the legal system designing, we need to select the marine ecological restoration model, standardize the proedure of evaluating marine ecological environment quality, establish the guiding mechanism of the marine ecological restoration technology and supervise the course of the marine ecological restoration.

Key words: Degeneration marine ecological system, marine ecological restoration, legal system

地球作为已知的唯一有海洋的星球,其表面的70.8%被海水所覆盖,海洋在生态环境中占有重要地位并对人类生活有巨大影响。人类利用和开发海洋已有几千年的历史,从早期的沿海渔业、盐业发展到20世纪对深海海底资源的开发,可以说人类在利用海洋资源、发展海洋经济方面取得了长足的进步,提高了人类的生活质量。跨入21世纪,作为人类生存空间的海洋更加受到人们的关注,世界各国为争夺海洋资源而占有海洋空间的争端时有发生。占有不是目的,开发利用海洋资源、发展海洋经济、提高国民生活水平才应是人们关注海洋的实质,而保障海洋经济可持续发展的基础则在于保持海洋生态系统的良性循环。然而,人类在开发海洋的进程中却导致了海洋生态系统非良性循环,其后果是海洋生态系统失衡、结构破坏、物质能量循环出现障碍、功能减弱、海洋生态系统退化。退化海洋生态系统的生产能力下降,渔业资源衰竭,海洋生物多样性减少,一些海域甚至出现无生物区等,①这对海洋经济可持续发展是极为不利的。恢复退化海洋生态系统,维持海洋生态系统良性循环,保障海洋经济可持续发展是人类需要认真对待和迫切解决的问题。

---

① 如在我国胶州湾东海岸的潮间带底栖生物,在20世纪60年代有120种左右,目前仅余20种,在辽东湾、大连湾等一些污染严重的海域,甚至出现无生物区。参见相建海主编:《中国海情》,开明出版社2002年版,第118页。

一、恢复退化海洋生态系统的迫切需求

恢复退化海洋生态系统是发展海洋捕捞业的需求。人类长期过度捕捞海洋渔业资源，后果之一是渔业资源衰竭，多数优质鱼类资源量大幅度下降，已经形不成鱼汛，而低值鱼类数量增加；渔获个体也越来越小，资源质量明显下降。如我国渤海传统的经济鱼类以小黄鱼、带鱼等为主，但由于捕捞过度，到20世纪60年代则为杂鱼所替代，70年代大型杂鱼进一步没落，被黄鲫鱼、青鳞鱼等小型鱼类代替。80年代以来，渔获量再度趋劣，目前渤海渔业是以虾、蟹类和小杂鱼等为主。① 后果之二是剧烈减少海洋中目标种类的生物量，结果导致群体遗传多样性降低，威胁到物种的生产能力和对环境的适应能力。② 上述两种后果都会使得海洋生态系统生物成分减少或消失，直接影响到海洋生态系统结构的稳定性，结构不稳定妨碍了物质能量的良性循环，进而导致系统功能削弱，生产能力下降，海洋生态系统退化而最终危及海洋捕捞业的发展。如何恢复退化海洋生态系统，恢复渔业资源，已成为发展海洋捕捞业的迫切需求。

恢复退化海洋生态系统是发展海水养殖业的需求。在海洋捕捞业举步维艰的情况下，渔业资源的开发利用在未来将更多地关注海水养殖业的进程。已有学者认为从我国渔业的现实看，以捕捞业为主的传统渔业模式已经改变，已逐渐形成了以养殖业为主的格局。③ 我国近年来养殖业发展迅速，养殖产量已占渔业总产量的一半以上。但是养殖对象单一，生物组成简单，生态系统稳定性低，自身调节能力弱，其结构和功能容易受到破坏。不合理的养殖方式，如高密度、大量投饵的养殖方式，导致大量养殖污染物（如残饵④和个

---

① 参见相建海主编：《中国海情》，开明出版社2002年版，第119页。

② 参见赵淑江、吴常文等："大海洋生态渔业理论与海洋渔业的持续发展"，《海洋开发与管理》2005第3期。

③ 参见微月："完善渔业权法律制度，切实保障渔民基本权益——访中国社会科学研究院法学研究所民法室主任孙宪忠"，《中国水产》2003年第3期。

④ 据统计，每生产1吨对虾，平均需投饵3—5吨，其中大约有40%—90%的饵料未被利用。参见江航宇、王延青："南海区海洋资源开发与生态保护对策"，《海洋科学》2003年第9期。

体排泄物等)在养殖水域水体内不断地增加或沉积至海底中,水体质量下降、沉积环境恶化,生物多样性降低,导致养殖生态系统退化。海水养殖中的营养盐(氮、磷)污染导致海水富营养化,直接导致了赤潮的频繁发生,赤潮的发生直接破坏了养殖海域生态系统的物质能量循环,引发生态系统完全崩溃,养殖损失极大。如1997年10月至1998年4月,广东、香港水域相继发生了多起赤潮,其规模之大、持续时间之长为历年少见,共损失网箱养殖鱼类2000多吨,价值约2亿元人民币。① 如何恢复退化海洋生态系统,维持海水养殖系统良性循环,是保障海水养殖可持续发展的重要环节。

恢复退化海洋生态系统是提高海岸工程投资效益的需求。实践中,人工填海造地、筑坝等海岸工程对海洋生态系统的物质能量循环产生了巨大的影响。一些违背海洋生态规律的工程破坏了海洋生态系统的良性循环,导致海洋生态系统退化,使鱼、虾、贝类失去繁殖的良好环境,造成严重损失,在很大程度上降低了海岸工程的投资效益。如1983年辽宁省庄河县修筑的人工蛤蜊岛大坝连屿工程,耗费120万元,由于工程违背自然规律,改变了水动力条件,淤积严重,破坏了生态环境,致使闻名于世的万余亩"东方蚬库"毁于一旦而不复存在。② 海洋生态系统退化也影响到海岸工程的使用效率和使用寿命。如广西北海码头港池严重淤积,造成船只进出停靠困难,使用单位投入大量资金进行清淤工作也无济于事。据有关单位组织专家"会诊"认为造成这一现象的主要原因是近两年在码头附近岸段进行的大量填海工程改变了原来海域的海水动力场,减少了纳潮量,致使潮流所携泥沙在港内淤积。③ 在海岸工程建设中如何做到防止海洋生态系统退化,采取措施恢复退化海洋生态系统,对提高工程的投资效益具有重要意义。

恢复退化海洋生态系统是减弱海洋灾害、保护人民生命财产的需求。海洋灾害是一种自然现象,给沿海居民的生产生活带来危害,不仅是财产损失,也会造成人身伤害。人类对海洋的影响越来越深刻的一个表现就是强

---

① 参见蔡文贵、贾晓平等:"地理信息系统在海水养殖环境研究中的应用",《台湾海峡》2004年第2期。

② 参见史同广:"论海洋渔业资源的保护问题",《国土与自然资源研究》1995年第1期。

③ 参见陈波:"增强海洋环境保护的忧患意识",《海洋信息》1997年第5期。

化了海洋灾害的后果，如海水富营养化引发的海洋生态系统退化加速了赤潮灾害的发生。一些特殊海洋生态系统在减弱海洋灾害中发挥着重要的作用，如红树林生态系统对防灾减灾贡献显著，其防风、抗浪、护堤、促淤和造陆功能非常突出。据估算，自然发育在 10 年以上、平均树高 3 米以上的红树林可减少台风暴潮灾害损失 60%，降低海堤工程维修费用 70%。① 然而人类对红树林生态系统的破坏相当严重，我国红树林的面积曾经达到 25 万 km^2，目前只剩下 1.4 万 km^2。② 恢复退化海洋生态系统，控制海水富营养化过程，恢复红树林等特殊海洋生态系统，对减弱海洋灾害危害、保护人民生命财产具有积极的效果。

恢复退化海洋生态系统、提高海洋生态系统降解污染物的功能是保障人类健康的需求。退化海洋生态系统降解污染物的功能减弱致使人类活动向海洋排放的各种污染物经过海洋生态系统的物质能量循环而富集到海洋生物中，特别是持久性的有机污染物，如有机氯农药、多氯联苯等，以及海洋石油开采运输过程中泄漏的油类污染物最终通过食物链进入人们食用的经济鱼、贝体内，危害人类健康。恢复退化海洋生态系统，发挥海洋生态系统降解污染物的功能，这是保障人类健康的重要内容。

二、现行法律制度设计不足以恢复退化海洋生态系统

为应对日益严重的海洋生态问题，人类已将保护海洋生态系统的行动纳入法律调整的范围。1982 年《联合国海洋法公约》宣布了世界各国有保护和保全海洋环境的义务，③要求各国承担起保护海洋环境的责任。④ 世界各国或联合地或单独地对保护海洋生态系统进行立法，他们更多地是将保护陆地

---

① 参见王忠："海洋生态保护与防灾减灾"，《海洋开发与管理》1998 年第 4 期。

② 参见吕彩霞著：《中国海岸带湿地保护行动计划》，海洋出版社 2003 年版，第 6 页。

③ 《联合国海洋法公约》第 192 条规定：各国有保护和保全海洋环境的义务。蔡守秋先生认为这是人类历史上第一次规定了各国有保护和保全海洋环境的一般义务。参见蔡守秋、何卫东著：《当代海洋环境资源法》，煤炭工业出版社 2001 年版，第 198 页。

④ 《联合国海洋法公约》第 235 条第 1 款规定：各国有责任履行其关于保护和保全海洋环境的国际义务。各国应按照国际法承担责任。

生态系统的法律法规、法律制度向海洋延伸,逐步形成了现行的“涉海”法律体系。

正如蔡守秋先生所指出的那样,各国的海洋环境立法是根据实际需要立法,即急用先立,需要什么法就制定什么法,立到什么程度就算什么程度。这样的法律体系,不仅各国的发展很不平衡,而且很不全面、合理、健全,甚至漏洞百出。① 这种头痛医头、脚痛医脚地根据海洋生态问题的严重性来有选择地立法,未能从保护海洋生态系统角度来进行立法,对某些单个海洋生态要素的法律保护虽然在某种程度上遏制、减缓了海洋渔业资源被破坏和某些特殊海洋生物灭绝的过程,相对减少了各种污染源对海洋的污染,遏制了海洋环境污染加重的过程,但并未做到也不可能做到恢复海洋渔业资源和生物多样性,彻底扭转海洋渔业资源衰竭、海洋生物多样性下降、海洋环境污染日益严重、海洋生态系统退化的趋势。

在我国,“涉海”的《渔业法》虽然规定了捕捞总量控制制度,但过度捕捞而导致的渔业资源衰竭在各大渔场普遍存在。有学者对闽东渔场进行研究,估算该渔场鱼类资源的生态容量为 630807 吨,最大可持续开发量为 326800 吨。然而,该渔场 1994—2002 年实际年渔获量平均为 426700 吨,已连续超过了最大可持续开发量。该学者进一步分析指出,在当前已经呈现明显过度捕捞的时候即使实施“零增长”制度,渔业资源也是不可能得到恢复的。② 相对海洋其他资源来说,我国围绕海洋渔业活动安排的法律制度体系是较为完善的,从海洋渔业资源总量确定、计划、控制、分配、监督到法律责任都有了相关的制度,但是一个不可否认的事实是海洋渔业资源仍在衰竭！这除了与制度的实施不严、各种制度之间协调还需要完善有关外,更重要的是这个制度体系本身仍不完善。从生态系统的观点来看,海洋渔业资源衰竭引发的是海洋生态系统退化问题,恢复退化海洋生态系统、维持海洋生态系统良性循环不容忽视,而现行法律制度安排正好忽视了这个问题。此外,关于如何防止由于过度

① 参见蔡守秋、何卫东著:《当代海洋环境资源法》,煤炭工业出版社 2001 年版,第 17 页。

② 参见林法玲:“闽东渔场鱼类资源生态容量和最大可持续开发量”,《海洋渔业》2004 年第 2 期。

捕捞而引发的海洋生物多样性下降现象,《渔业法》却只字未提;如何防治海水养殖中的环境污染,《渔业法》也未能进行具体规定。这些法律制度设计上的缺陷不解决,海洋渔业资源衰竭、海洋生物多样性下降、海洋生态系统退化也就在所难免。

同样,将《森林法》适用于保护红树林也未能有效防止红树林消失的过程,我国红树林的面积曾经达到 25 万 hm^2,目前只剩下 1.4 万 hm^2。① 更为重要的是,红树林本是"海底森林",是海洋生物资源的宝库之一。② 红树林区是海水鱼类和贝壳类重要种类育苗场,也是热带、亚热带地区许多河口性种类的索饵场,软体动物如牡蛎、乌蛤等一些种类的生境与红树林呈密切关系,对虾科的若干经济种类的早期发育阶段也离不开红树林生境。③ 很明显,红树林属于海洋生态系统,如何将红树林作为海洋生态系统来保护和恢复,《森林法》没有相关规定,用《森林法》来保护红树林生态系统是难以有效防止其退化的。

建立海洋自然保护区,恢复特殊海洋生态系统日益受到重视,联合国教科文组织人与生物圈计划将世界各国的一些特定的海洋自然保护区联系起来统一协调保护行动。我国《海洋环境保护法》、《自然保护区条例》、《海洋自然保护区管理办法》等关于海洋自然保护区的规定建立起了海洋自然保护区制度。我国修改后的《海洋环境保护法》特别强调了对特殊海洋生态系统的保护,增加了"海洋生态保护"一章,要求国务院和沿海地方各级人民政府采取有效措施,保护红树林、珊瑚礁、滨海湿地、海岛、入海河口、重要渔业水域等具有典型性、代表性的海洋生态系统。要求凡具有典型性的海洋自然地理区域,有代表性的自然生态区域以及遭受破坏但经保护能恢复的海洋自然生态区域,海洋生物物种高度丰富的区域或者珍稀、濒危海洋生物物种的天然集中分布区域,具有特殊保护价值的海域、海岸、岛屿、滨海湿地,入海河口和海湾等,具有重大科学文化价值的海洋自然遗迹所在区域和其他需要

① 参见吕彩霞著:《中国海岸带湿地保护行动计划》,海洋出版社 2003 年版,第 6 页。

② 参见蓝宗辉、詹嘉红等:"红树林及其在海洋生态系统中的作用",《韩山师范学院学报》2002 年第 2 期。

③ 参见陆忠康:"关于红树林生态系保护利用的探讨",《现代渔业信息》1996 年第 12 期。

予以特殊保护的区域，都应当建立海洋自然保护区。① 海洋自然保护区的适用范围是极少数已严重退化的特殊海洋生态系统，采取严格保护、自然恢复的模式，而且维持这样的海洋自然保护区需要政府大量投资，我国的海洋自然保护区早已存在资金投入严重不到位的现象。② 海洋自然保护区制度对那些仍需要开发而生态系统又确实在退化的海域并不适用，在大多数既要开发又要保护的海域，指望政府大量投资并严格保护来恢复海洋生态系统也是不现实的、不可能的。

我国实行的禁渔区、禁渔期制度和休渔区、休渔期制度对一定时段、一定海域的鱼类生长和渔业资源恢复有一定作用，在一定程度上达到了海洋生态恢复的目的。③ 1955 年国务院就发布了《关于渤海、黄海及东海机轮拖网渔业禁渔区的命令》，在渤海、黄海和东海建立了一个机轮拖网渔业禁渔区，从中朝边界一直向南延伸到浙江省。1980 年又划定了南海与福建省沿海禁渔区。我国政府于 1995 年正式宣布对东黄海域实施伏季休渔制度。有学者研究了闽南、台湾浅滩渔场从 1999 年起实行的伏季休渔，即 5—6 月禁止张网作业，6—7 月禁止拖网作业，研究结果认为伏季休渔五年来缓解了渔场的捕捞压力，提高了渔业经济效益，改善了渔业生态环境。④ 通过实施禁渔区、禁渔期制度和休渔区、休渔期制度来恢复海洋生态系统是依靠强大的行政力量在特定海域特定时段进行的，在大多数既要开发又要恢复的海域，指望政府投入大量的行政力量来进行海洋生态恢复是不现实的，也是不可能的。

综上所述，现行法律制度设计未能有效遏制海洋生态系统退化的趋势，对局部海域和特定时段的海洋生态恢复并不代表海洋生态系统的整体恢复，现行法律制度不足以恢复退化海洋生态系统。

---

① 参见王灿发："论修订后的《海洋环境保护法》的特点"，《环境保护》2000 年第 4 期。

② 参见王艳香："海洋自然保护区建设与管理问题探讨"，《海洋开发与管理》1998 年第 4 期。

③ 参见肖方森："闽南、台湾浅滩渔场拖网伏季休渔效果分析"，《现代渔业信息》2005 年第 1 期。

④ 参见肖方森："闽南、台湾浅滩渔场拖网伏季休渔效果分析"，《现代渔业信息》2005 年第 1 期。

三、设计海洋生态恢复法律制度的几个问题

恢复退化生态系统的科学研究给海洋生态恢复提供了科学基础，海洋生态恢复技术的研究为恢复退化海洋生态系统提供了技术保障。然而，令人遗憾的是，人们利用科学技术开发海洋的能动性却大大高于恢复退化海洋生态系统的能动性，这一问题的关键就在于利益驱动。人们从开发利用海洋中获益，在海洋生态恢复中却要支付更多的成本。如何在海洋开发与恢复中平衡各方利益，如何使开发者确信投入的海洋生态恢复成本能带来长期的收益，如何调动开发者利用海洋生态恢复技术的能动性等都需要法律来保障，海洋生态恢复必须成为法律制度。

（一）海洋生态恢复法律制度的生态学基础

恢复退化生态系统的科学研究逐步发展成一门独立的学科——恢复生态学，[①]有关生态恢复原理与模式的研究炙手可热，目标导向和过程导向的生态恢复模式为海洋生态恢复提供了技术保障。目标导向的恢复着重于重建具有功能的生态系统。1992 年，美国国家研究协会（National Research Council，NRC）将目标导向的恢复定义为一个系统向接近未干扰的自然状态的回归。[②]目标导向的恢复重视了将退化生态系统恢复到一个自我维持和持久的生态系统。应用于海洋生态系统恢复，着重于重建具有自然结构和功能的海洋生态系统，向接近未被干扰的自然状态回归，即恢复自然界海洋生态系统具有的动态变化特征，尽管存在物种周转，仍具有生态学上可接受的结构和功能，并将恢复的特定海洋生态系统整合到大的整个的海洋生态系统中。目标导向的恢复模式适合于需要严格保护、彻底恢复海洋生态系统原貌的海域，海洋自然保护区就属于这种恢复模式。

---

① 恢复生态学的发展已历经了几十年，到 20 世纪 90 年代已被认可为一个独立学科。参见孙书存、包维楷主编：《恢复生态学》，化学工业出版社 2005 年版，第 1 页。

② 参见孙书存、包维楷主编：《恢复生态学》，化学工业出版社 2005 年版，第 2 页。

过程导向的恢复将生态原则与人类社会系统融合，修复人类对当地生态系统多样性和动态的损害的过程。① 过程导向的恢复不强调必须复制干扰前的海洋生态系统状态，而强调采取必需行动保证海洋自然生态状态的回归，包含了目标导向的海洋生态系统功能和海洋生态整体性的恢复，实现人与海洋协调发展。过程导向的恢复有效地避免了目标导向的恢复所面临的核心问题，即：①应该用什么样的参照框架来建立未干扰前的海洋生态系统这一目标状态。因为没有详细的生态学记录，一个真正的未干扰状态的海洋生态系统恐怕永远也发现不了。②选择什么样的生态系统特征来比较恢复的海洋生态系统和参照系统。选择不同的特征可能产生恢复是否成功的结论差异极大。在大多数既要开发又要恢复的海域，在海洋生态恢复法律制度设计中选择过程导向的恢复模式是可取的，它有效地避免了目标导向恢复模式要求恢复到未受干扰前的海洋生态系统目标给制度目标设计带来的困难。② 过程导向的恢复要求总体上保证自然回归，长远上实现人与海洋协调发展，但在具体海域各种恢复周期上则可以灵活处理，考虑轮流恢复的方法，即对不同的需要恢复的海域或一个大的需要恢复海域的不同的小海域采取以 3 年、5 年、10 年等不同周期的开发、限制开发、禁止开发轮流作业的方法，做到在恢复中开发，在开发中恢复。在具体海域结合具体的海洋生物采取灵活多样的恢复方式。如秦皇岛市文昌鱼保护海域，主要集中在新开河口以南、滦河口以北负 5m 至负 15m 等深浅海区，主要保护措施是限制资源开发活动，治理沿河污染源。鱼虾、蟹类幼稚仔增殖保护海域、保护范围为负 10m 至负 15m 等深海域，主要对策是延长休渔期、渔业资源捕捞量控制在其资源可利用量范围内。③ 选择过

---

① 有学者将过程导向的恢复定义为修复人类的损害，形成原始生态系统的多样性和动态的过程。参见孙书存、包维楷主编：《恢复生态学》，化学工业出版社 2005 年版，第 2—3 页。

② 如有学者对胶州湾海洋生态系统恢复进行了研究后认为将海洋生态系统恢复到原来平衡点是不现实也是不科学的，宏观控制的目标是限制捕捞与治理水质污染，治理的方法是利用水域生态系统恢复力高的特点进行治理，为达到持续利用生物资源、限制捕捞量，增殖放流措施是必不可少的手段。参见黄勃、刘瑞玉："胶州湾海洋生态系统动态量化模型及其行为特征分析与调控对策"，《海洋科学集刊》1999 年 10 月。

③ 参见杨俊："秦皇岛市海洋生态系统环境保护与建设探讨"，《中国环境管理干部学院学报》2003 年第 1 期。

程导向的恢复模式，在海洋生态恢复法律制度设计中将短周期的开发和恢复与长远的自然回归有机地结合起来。

（二）海洋生态恢复法律制度的定位

本文第一部分对海洋生态恢复的需求分析证实海洋生态恢复不是个别人、少数人的需求，而是海域大多数人的需求，是一种公益的需求，涉及国家利益、公共利益和大多数人的利益。海洋生态恢复渗透到海洋资源开发、海洋环境污染防治、特殊海洋生态系统保护等保护海洋生态系统的方方面面，设计的海洋生态恢复法律制度也必须考虑将其适用于海洋开发的各个领域，因此我们认为应将海洋生态恢复法律制度定位于基本法律制度。

作为基本法律制度，在海洋生态法律中明确规定从事海洋开发的单位和个人，如果引起海洋生态系统退化的，应该采取具体措施予以恢复，并作如下详细规定：从事海洋开发活动的企业单位在向有关部门提出用海申请时应对其开发资源、工程建设、排污等活动对海洋生态系统的影响进行海洋生态影响评价和海洋生态风险评价，提出预防海洋生态系统退化的措施，对不可避免地引起海洋生态系统退化的过程必须采取一定的补救措施，或者易地重建海洋生态系统；从事海洋监督、监测、监视的部门在发现海洋生态系统退化时应即时向海洋行政管理部门提出海洋生态恢复的建议，海洋行政管理部门在一定的期限内组织对海洋生态系统进行健康评价和稳定性评价，落实引起海洋生态系统健康恶化、稳定性弱化、生态系统退化的责任人，责成其承担评价费用，必须尽量恢复原有的海洋生态系统，如确实无法恢复的，必须采取一定的补救措施，或者易地重建海洋生态系统；有关部门在审核发放排污证、养殖证、捕捞证、采矿证等许可证过程中，组织海洋生态系统承载力评价，提出恢复海洋生态系统的措施，并将防止过度开发、恢复海洋生态系统的义务落实到许可证中；对一些严重退化需要严格保护的海洋生态系统，由社会团体、地方政府、相关部门向有关部门提出恢复海洋生态系统，建立海洋自然保护区或特别保护区的申请。海洋生态恢复由海洋行政管理部门统一审批，并组织进行海洋生态安全评价，提出防止危害国家海洋生态安全活动的措施以及全局性的、战略性的海洋生态恢复方案，报国务院审批。

在制定各种具体的保护海洋生态系统各个组成成分的法律中,结合各个海洋生态要素的恢复,分别将海洋生态恢复法律制度具体化,如在渔业法中规定渔业资源恢复法律制度等。

(三)规范海洋生态环境质量评价活动

海洋生态环境质量评价是海洋生态恢复的科学依据。海洋生态环境质量评价就是根据特定的目的,选择具有代表性、可比性、可操作性的评价指标和方法,对生态环境质量的优劣程度进行定性或定量分析和区别。① 海洋生态环境质量评价包括六种类型:一是海洋生态安全评价,对海洋开发中重大的、影响全局的、整体性的具有战略性的活动从维护国家安全和社会稳定的高度进行评价。二是海洋生态风险评价,强调海洋开发中不确定因素的作用,对在一定开发海域内不确定性的事故或灾害对海洋生态系统的作用进行评价,这些作用的结果可能导致海洋生态系统结构和功能的损伤,从而危及、导致海洋生态系统退化。三是海洋生态影响评价,对人类开发海洋活动将来所可能导致的海洋生态系统变化进行预测和评估。四是海洋生态系统健康评价,强调海洋生态系统的良好状态,对海洋生态系统是否能保持化学、物理及生物完整性,维持正常结构和功能的状态以及维持其对人类社会提供的各种服务功能进行评价。五是海洋生态系统稳定性评价,强调海洋生态系统在自然因素和人为因素共同影响下保持自身生存与发展的能力。六是海洋生态系统承载力评价,强调在某一时段某一海域某种环境条件下海洋生态系统对人类社会经济活动的支持能力,这个支持能力存在一个极限边界。

在设计海洋生态恢复法律制度时需要对上述各种类型的海洋生态环境质量评价的主体、客体、内容、责任等进行规范,以保证评价的规范性、有效性以

---

① 如有学者从海水水质、海水营养结构与营养水平、初级生产力水平、现存生物量水平等4个方面诊断与评价了我国南海北部海域渔业生态环境质量。参见贾晓平、李纯厚等:"南海北部海域渔业生态环境健康状况诊断与质量评价",《中国水产科学》2005年第6期。

及评价的效力。可行的做法是要求通过法定程序建立起一支具有资质的海洋生态环境质量评价队伍，该队伍中包括海洋环境学家、生态学家、经济学家、社会学家、法学家，明确规定该队伍所隶属的机构的法律地位。对海洋生态环境质量评价程序、评价项目及其收费标准等进行规定，对机构及其评价人员对评价后果所承担的法律责任进行规定，并明确规定评价机构及评价人员的权利、义务、责任等。为了国家利益和公共利益，海洋管理部门在海洋生态恢复中举足轻重，海洋生态恢复法律制度设计仍需注意解决海洋生态环境质量评价的审批依据和标准的掌握、审批程序与评价程序相结合等问题。在具体法律规定中对海洋生态环境质量评价的管理机构的审批、监督、管理程序以及管理机构在海洋生态环境质量评价中的权力、义务、责任等进行规定。与此相适应，在地方政府和管理部门实行海洋生态恢复目标责任制，要求落实各阶段、各海域的生态恢复目标、实现目标的措施、未达目标的责任等，强化其参与海洋生态恢复的职责。通过上述一系列法律规范，尽量保证海洋生态恢复的科学性和规范化。

（四）海洋生态恢复技术引导机制

人类对海洋生态系统的有些破坏是自然恢复难以完成的，科学技术在生态恢复中起着至关重要的作用，这需要根据海洋生态系统的负反馈机制，利用生态恢复技术来达到恢复海洋生态系统的目的。早在 1935 年学界就开始了真正的生态恢复实验，20 世纪 70 年代，生态恢复研究就取得了较大进步，80 年代以来人们开始在不同区域先后实施了一系列生态恢复工程，并加强了对退化生态系统演化、退化与恢复机理和恢复方法与技术的研究，取得了一定的成绩。① 生态恢复的科学研究为海洋生态恢复提供了科学依据，海洋生态恢复技术的研究则为海洋生态恢复提供了技术支持，从海洋生态系统重建（即去除干扰并使生态系统恢复原有的利用方式）、改良（即改良立地条件以便使原有的生物生存，一般指原有景观彻底破坏后的恢复）、改进（即对原有的受损系统进行改进，以提高某方面的结构与功能）、修补（即恢复部分受损的

---

① 参见任宪友："生态恢复研究进展与展望"，《世界科技研究与发展》2005 年第 5 期。

结构)、更新(指生态系统发育及更新)、再植(即恢复生态系统的部分结构和功能)①等角度开发海洋生态恢复技术,恢复退化海洋生态系统。

如何保证人们自动将海洋生态恢复技术应用于海洋生态恢复中,有效的途径是在海洋生态恢复法律制度设计中确立海洋生态恢复技术引导机制。

第一,确立海洋生态恢复技术研究和开发的专业机构或专业公司的法律地位,明确其提供海洋生态恢复技术服务的内容及其在提供技术服务中的权利、义务、责任。

第二,充实、完善现行海洋技术法律规范。为防止海洋生态系统退化,我国已形成一系列海洋技术法律规范,引导人们实施保护海洋生态系统的正确行为。海洋标准给人们对海洋生态系统的影响活动划定了明确的边界,能有效维持海洋生态环境质量,保障海洋生态系统再生产能力。如规定保护的渔业资源品种及其可捕捞标准和捕捞渔具标准,将有效保持渔业资源再生产能力。禁止性规定能对一定时段一定海域的海洋生态系统进行严格保护,自然恢复。如禁渔区、禁渔期的规定就要求人们在一定海域一定期间不得从事捕鱼行为,以养护海洋渔业资源;而关于红树林、珊瑚礁、海岛等海洋自然保护区的设置则禁止人们在自然保护区内,特别是核心区内开发利用海洋资源行为,以保护一些特殊海洋生态系统,通过自然恢复为人类留下一些能反映海洋自然过程的海域。操作规范化就是在海洋生态法制建设中制定相对优化的符合海洋自然规律要求的合理利用和保护海洋生态系统的操作规程。如我国《海洋环境保护法》对海洋功能区划的操作过程的规定;《渔业法》对海水养殖规范化运作过程的一系列规定要求科学确定养殖密度,合理投饵、施肥、使用药物,不得使用含有毒有害物质的饵料、饲料,不得造成水域的环境污染,县级以上人民政府渔业行政主管部门应当加强对养殖生产的技术指导和病害防治工作。这些海洋技术法律规范从不同角度防止海洋生态系统退化,在海洋生态恢复法律制度设计中需要充分重视其作用,从恢复海洋生态系统角度出发不断对其加以充实、完善,以引导人们防止海洋生态系统退化、恢复退化海洋生态系统的行为。

---

① 参见任海、彭少麟编著:《恢复生态学导论》,科学出版社 2001 年版,第 4 页。

第三，实施鼓励海洋生态恢复政策。国家通过税收优惠、财政援助等方式扶持海洋生态恢复技术的研发和推广应用。国家通过税收减免、低息贷款、财政补贴、奖励等方式激励海洋开发者恢复海洋生态系统的行为。如过量捕捞一种鱼类会影响另一些鱼类的消长，使生态群落结构发生改变，海洋生态系统退化，国家可以通过补贴鼓励渔民捕捞其他鱼类资源，给已衰退的某种渔业资源以生息、恢复的机会。国家以奖励、补贴等方式鼓励渔民通过开展生态养殖、利用工厂化（集约化）养殖技术循环利用资源，减少养殖污染而引发的海洋生态系统退化；鼓励渔民通过人工种植大型海藻、在海水养殖中投放海洋细菌等利用海洋生物修复技术恢复因富营养化而退化的海洋生态系统；鼓励渔民通过建设人工底栖环境、建造人工渔礁等提高养殖能力，增加渔业收入，缓解捕捞压力，给已过度捕捞的海洋渔业资源以生息、恢复的机会。国家以减免税收、低息贷款等方式鼓励海洋开发者在海洋工程建设中应用海洋生态恢复技术，如在海岸工程建设中设置特殊构造物改变水动力条件，或将堤坝建成“亲水护岸”，这些技术应用的最终结果都是营造适合海洋生物生存的栖息环境，使受到人类活动强烈影响的海洋生态系统得到很大恢复。

第四，适用惩罚手段。对破坏海洋生态违法者进行严格的制裁，我国《海洋环境保护法》对此规定了具体的制裁措施。① 在海洋生态恢复法律制度设计中除了进一步充实、完善制裁措施外，尚需规定海洋生态恢复成功的标准②，对达不到标准者，特别是造成海洋生态系统退化者加大处罚力度，规定高额的经济责任，从而引导海洋开发者自动寻求海洋生态恢复技术的应用。如海洋开发者为避免因被制裁、处罚而增加的支出，相对减少海洋开发的成本，在海岸工程建设中选择特殊构造物以改变水动力条件等海洋生态恢复技术营造适合海洋生物生存的栖息环境，在海洋污染防治中和海水养殖中选择

---

① 参见王灿发：“论修订后的《海洋环境保护法》的特点”，《环境保护》2000 年第 4 期。

② 关于恢复成功的标准，不同的研究者有不同的看法。如果将海洋生态系统恢复纳入法律调整范围，也需要认真考察恢复成功的标准，将成熟的有益于海洋生态系统持续发展的标准引入法律中，如可考虑从可持续性、不可入侵性（像自然群落一样能抵制入侵）、生产力（与自然群落一样高）、营养保持力、具有生物间相互作用等方面来确立恢复成功的标准。参见任海、彭少麟编著：《恢复生态学导论》，科学出版社 2001 年版，第 19 页。

海洋生物修复技术治理污染物以恢复海洋生命支持子系统，提高海洋生物子系统的生产能力等。惩罚不是目的，通过惩罚手段的应用引导海洋开发者自动寻求海洋生态恢复技术，最终恢复海洋生态系统功能才是海洋生态恢复法律制度的目的。

第五，培育海洋生态恢复技术市场。在市场经济下，每个开发者都会根据自己的开发能力关注海洋开发利用权利所带来的收益，海洋生态恢复实用技术具有广阔的前景。寻求适合的海洋生态恢复技术来提高收益的需求和海洋生态恢复技术研发成果的供给必将促使海洋生态恢复技术市场的形成和发展。为保障海洋生态恢复技术交易健康、有序进行，在海洋生态恢复法律制度设计中需要对培育海洋生态恢复技术市场进行相关规定，包括交易规则、管理体系等方面的规定。

（五）海洋生态恢复监视监测规范

在海洋生态恢复法律制度实施过程中掌握海洋生态环境质量变化是进行海洋生态恢复的重要环节，海洋监测监视具有重要的意义。现行“涉海”法律法规中有关监测监视海洋环境的规定也有不少，如我国《海洋环境保护法》规定国家海洋行政主管部门会同有关部门组织全国海洋环境监测、监视网络，定期评价海洋环境质量，发布海洋巡航监视通报等。为规范海洋环境监测、监视的规范化操作，我国也发布了一些监测、监视操作规程，如《海洋生物质量监测技术规程》、《海水增养殖区监测技术规程》、《海洋生态环境监测技术规程》等。

现行“涉海”法律法规从各个方面重视了对海洋生态环境质量的监测、监视规范。但是由于国家管理体制的限制，管理部门之间长期未能进行有效协调，一直存在海洋监测工作上的重复和缺漏现象，监测项目不全，站点布局不合理，尚未形成灵活高效、有机结合的监测运转系统。① 在海洋生态恢复法律制度设计中以现有海洋监视监测系统为基础建立海洋生态恢复监视监测体系

① 参见赵章元编著：《中国近岸海域环境分区分级管理战略》，中国环境科学出版社 2000 年版，第 156 页。

是很重要的。考虑到海洋生态系统自身的自然属性，考虑到各级人民政府的行政管辖范围和各行政管理部门行业管理的界限，可以按分区、分片、分层次监视监测的思路组成一个监视监测网络系统。分区分片监视监测设置按地域进行，我国可分成渤海监测区、黄海监测区、东海监测区和南海监测区，在各个监测区内再按相对完整的海域进行分片监测。每个监测区、监测片配置相应的组织管理机构。分层次监视监测主要根据我国“涉海”管理机构的设置划分为国家级、省级、地市级、县级等四个层次的监测机构，组成对所辖海域的监测网络。① 国家海洋环境监测中心研究制定全国海洋生态恢复监测技术与评价的方法、规范及标准，为全国海洋生态恢复监测提供技术指导，建立全国海洋生态恢复信息系统，对全国海洋生态恢复状况进行分析和评价。各海区海洋环境监测中心实施区域性海洋生态恢复监测，完成各类技术与方法条件要求较高的复杂的海洋生态恢复监测项目，指导本海区各级海洋生态监测站开展工作，对本海区海洋生态恢复状况进行评价与预测。省（自治区、直辖市及副省级的市）级海洋环境监测中心实施近海海域及重点区域各类海洋生态恢复监测项目的监测。市和较大的县级海洋环境监测站实施近岸海域及重点区域主要海洋生态恢复监测项目的常规监测。

随着科学技术的发展，以计算机技术为支撑的“3S”技术（GIS、RS、GPS）应成为现代海洋生态恢复监视监测的主要手段。特别是卫星遥感（RS），因其具有迅速、同步、重复和大面积测量的特点，为大尺度的海洋生态系统退化、恢复的监视监测开辟了一条崭新的途径。对范围较小的具体海域的生态系统退化、恢复的监视监测还是采用常规监视监测与全球定位系统（GPS）相结合的方法。借助于地理信息系统（GIS）和数据库软件，对海洋生态系统退化、恢复的监视监测中获取的资料进行动态存储、提取和高效管理，建立规范、统一格式的数据库，并与因特网结合，为海洋生态系统恢复空间数据的共享和信息服务提供良好的平台，避免重复调查、监视监测而造成的人力、物力和财力的极大浪费，促进海洋生态系统恢复管理的科学化和高效化。

---

① 参见赵章元编著:《中国近岸海域环境分区分级管理战略》，中国环境科学出版社 2000 年版，第 157—158 页。

赤潮预警、监控的立法进程

姜 国 建①

摘要：赤潮灾害已经逐步成为世界性问题。本文通过对“全球有害藻华海洋生态学计划”和《联合国海洋法公约》框架下的赤潮防控机制以及美国的赤潮预警、监控的立法进程的研究，结合中国建立预警和监控制度可行性和必要性分析，勾勒出中国进行赤潮预警、监控立法的基本框架。

关键词：赤潮，预警监控，立法

Abstract: The issue of the red tide disaster is becoming worldwide. The article has studied the mechanism of the warning and control of red tide of GEOHABs and UNCLOS and the process of the legislation of warning and control of red tide in U. S, then in association with the analysis of the feasibility and necessity of constructing the institution of warning and control of red tide in China, we outline the framework of the legislation on warning and control of red tide in China.

Key words: Red tide, warning and control, legislation

赤潮是海水中某些浮游植物、原生动物或细菌在一定环境条件下，短时间内突发性增殖而引起水体变色的生态异常现象。它是发生于近海的一种生物性灾害，其危害主要有：(1)恶化局部海域的生态环境；(2)对渔业的损害；

① 姜国建(1969—)，男，山东烟台人，博士，中国海洋大学海洋法学研究所助理研究员，主要从事环境资源法学研究。

(3)对人类健康的危害。水体的营养盐主要来自于陆源——陆地的人类活动,外来有害藻种是由引种、引入水产动物时或国际航运船舶偶然带来的。目前,赤潮在世界范围内对各沿海国家的社会经济和国民的身体健康和生命安全造成很大的危害,并且其发生的频率和范围逐年增加。[①] 为此,世界各沿海国家投入了大量的人力和物力进行赤潮的预警和监控。与此同时,国际社会和各沿海国家在赤潮研究的科学技术的基础上进行行政、法律、法规的管理。以下以国际组织和美国的赤潮预警、监控的立法进程为例对比研究中国进行赤潮预警、监控法制化管理的可行性和必要性。

一、全球有害藻华海洋生态学计划(GEOHABs)[②]

XLF 有关赤潮(有害藻华)的国际监测、预报系统主要由国际科学理事会(ICSU)的海洋研究科学委员会(SCOR)和联合国教科文组织的政府间海洋学委员会(IOC)建立的“全球有害藻华海洋生态学计划(GEOHABs)”进行的。

(一)全球有害藻华海洋生态学计划的由来

将有害藻华作为一门学科进行研究始于 1974 年在美国马萨诸塞州的波士顿举行的第一届国际有害甲藻藻华会议。此后,全球的科学界十分关注对有害藻华的研究,到 2000 年有来自世界 50 个国家的 500 多名科学家参加了在澳大利亚 Tasmania 举行的第九届国际有害藻华会议。

“全球有害藻华海洋生态学计划(GEOHABs)”则始于第四届国际浮游植物大会,大会的议程是“人类活动可能涉及藻华的密度及其全球分布”。会后,联合国教科文组织的政府间海洋委员会的成员国建立有害藻华的国际计

① Anderson, D. M., P. Andersen, V. M. Bricelj, J. J. Cullen, and J. E. Rensel. 2001,“Monitoring and Management Strategies for Harmful Algal Blooms in Coastal Waters”, APEC 201-MR-01.1, Asia Pacific Economic Program, Singapore, and Intergovernmental Oceanographic Commission Technical Series No. 59, Paris.

② http://www.jhu.edu/scor/GEOHAB_2001.pdf./2006-01-10; http://ioc.unesco.org/hab./2006-02-17.

划——“政府间海洋委员会的有害藻华计划”,在此计划下,政府间海洋委员会的有害藻华小组(IPHAB)于 1992 年成立。IPHAB 的任务是开展赤潮的科学研究和管理工作,以搞清产生赤潮的原因、预报其发生和减少其影响。海洋研究科学委员会和政府间海洋委员会于 1998 年召开了赤潮的生态学和海洋学研究专题学术讨论会,与会的来自于生物学、化学、物理学学科的科学家认为有必要成立多学科合作的国际赤潮研究计划。会议建议并通过了由海洋研究科学委员会和政府间海洋委员会联合建立“全球有害藻华海洋生态学计划(GEOHABs)”。

(二)全球有害藻华海洋生态学计划的任务、目标和策略

全球有害藻华海洋生态学计划的任务是:促进赤潮研究的国际合作、产生赤潮关键藻种的比较及海洋学过程对其种群动力学影响的合作研究;目标是:通过对海洋环境的生物、化学、物理因素的观测和建立模型的研究深化对赤潮生态学和海洋学机制的认识,最终达到对赤潮发生的准确预报;策略是:通过对生物学方面的引起赤潮的藻种在亚细胞水平、细胞、种群、群落、生态系统水平的比较研究和物理学方面的海浪、潮汐和海流等多项时空变化的过程研究,深入理解诱发赤潮的客观原因,运用多学科的技术全面理解生物、物理、化学因子对引发赤潮及其动态变化的影响,通过现场、实验室和模拟小生境的研究检验气候和人为因素对赤潮的分布和趋势的影响,改善赤潮全球观测系统。

(三)全球有害藻华海洋生态学计划的实施

“全球有害藻华海洋生态学计划”的“科学指导委员会(SSC)”协调计划的实施,其任务是:(1)限定研究范围;(2)制定科学计划;(3)与国际计划办公室(IPO)协作实施计划。“全球有害藻华海洋生态学计划”限定了 5 个优先研究领域作为科学计划。这 5 个优先研究的领域是:

1. 生物多样性和生物地理:评价有害赤潮藻种的遗传多样性与毒性、生物地理和种群动力学的关系;确定因人类活动和自然机制引起的有害赤潮藻种的生物地理学上的变化范围;确定环境变化后,与之相应的微藻组成和多样性的变化。

2. 营养盐和富营养化:确定由于人类活动和自然过程产生的对赤潮藻有重要作用的营养盐;确定赤潮藻种和非赤潮藻种对特殊的营养盐的生理反应;确定营养盐浓度对赤潮藻毒性的影响;确定营养盐循环对赤潮藻的影响。

3. 采取的策略:确定赤潮藻种的内在生长和抗性潜力;量化赤潮藻种的生物物理相互作用;量化影响赤潮藻种相互作用的生物化学过程;确定赤潮藻种细胞性质的功能作用。

4. 比较生态系统:量化赤潮藻种对自然生态系统的环境因子反应;确定和量化物理过程对赤潮藻种聚集和转移的影响;确定和量化群落之间的相互作用对赤潮藻动力学的影响;确定群落中包含赤潮藻的各种群的功能和作用。

5. 观测、建模和预报:发展现场观测赤潮藻性质和影响其演变过程的能力;发展能定量描述赤潮的生物、化学和物理过程的模型;建立长期监测赤潮藻的评价体系;发展能够描述和预报赤潮的实际模型的能力;发展实时监测和预报赤潮的观测系统的能力。

（四）全球有害藻华海洋生态学计划的优势

全球有害藻华海洋生态学计划是建立在国家、区域和国际合作基础之上的全球计划。它可以组织不同国家和学科的科学家进行技术、概念和学科发展方面的交流,使先进技术成果迅速应用到赤潮的研究、观测和建模的实践中。现在全球有害藻华海洋生态学计划不仅仅是一项研究计划,它通过国家之间的合作使赤潮观测方法的发展和共享、数据和信息的标准化管理达到全球整合。通过生态系统的比较研究、营养盐和富营养化因素的过程研究弥补观测不连续的缺点。通过全球有害藻华海洋生态学计划,在世界范围内,已经实现了运用最先进的遥感观测系统监测赤潮动态和各成员国的实验室联网,达到数据和信息的收集和发布的全球管理。全球有害藻华海洋生态学计划运用目前世界上最先进的监测系统和风险评价系统,对赤潮规模、时间和影响的预报得到明显的提高。全球有害藻华海洋生态学计划将赤潮的生物学、化学、物理学等基础学科的研究与生态系统动力学和人类影响,将各国机构和国际组织紧密结合在一起,在很大程度上提高了赤潮监测、预报和防治的效率,将科学研究有效地运用于提高经济效益和保护海洋生态环境的实践中。

二、《联合国海洋法公约》框架下的赤潮防控机制

目前世界上主要通过规范有害赤潮藻种的引入，基于国家、区域和国际三个水平上间接地实施对赤潮预防、赤潮灾后海洋环境的恢复和改善的政策。这些法律手段和制度的操作是在《联合国海洋法公约》（以下简称《公约》）的框架下进行的，《公约》规定的沿海国家海事区域的权限和与生态学意义上的边界有明显区别。《公约》赋予沿海国家对其海洋生物资源和海事区域活动的权利，但也给予其他国家在此海事区域航行的权利，要解决由航运引起有害藻种的引入的问题，需要在《公约》的规定下进行协商。《公约》要求成员国采取一切措施来预防、减少和控制外来物种的偶然引入，以避免对海洋生态环境的破坏（《公约》第 196 条第 1 款）。《生物多样性公约》也是一个限制赤潮发生的重要国际法律，《生物多样性公约》的成员国大会对外来种引入造成海洋生态环境的破坏进行了多次决议，如（COP Decision II/10，1995）、（COP Decision IV/5，1998）、（COP Decision V/8，2000）。① 联合国国际海事组织（IMO）负责预防、控制和减少在国际航运中由于船只中废水的倾倒造成的污染。联合国国际海事组织于 1997 年 11 月通过了《管理和控制船只压载污水以减少有害水生生物和病原体的传播方针》（以下简称《方针》），《方针》对限制在赤潮频发区采集压载水有明确规定，IMO 的海洋环境保护委员会于 2003 年将《方针》实施于解决压载水的具体问题中。

三、美国的赤潮预警、监控的立法进程

迄今为止，在世界各沿海国家中，美国的赤潮监测、预报技术最为先进，管理系统最为完善。2004 年 10 月美国在墨西哥湾和佛罗里达沿海建立了赤潮

---

① Jeroen C. J. M. et al.，"Exotic harmful algae in marine ecosystems：an integrated biological-economic-legal analysis of impacts and policies"，*Marine Policy*，No. 26 (2002)，pp. 59-74.

监测、预报系统——通过卫星追踪、现场取样和生物物理建模相结合提供近岸海域可能发生赤潮的轨线（图 1）。美国是首先通过国家立法来调整各部门在赤潮预警、监控管理方面的社会关系，并走在世界前沿的。1998 年，美国国会通过了《有害藻华和低溶解氧研究与控制法（1998）》（PUBLIC LAW 105-383—NOV. 13, 1998）。这部法律的形成基于国会发现在美国的沿海地区发生了大面的"西加毒藻"赤潮，对海洋生物和人体健康造成很大的危害，随后在墨西哥湾、东南沿海、缅因湾、纽约州、夏威夷、得克萨斯等地区均发生了由其他赤潮藻种引发的大面积赤潮（第 602 节）。①《有害藻华和低溶解氧研究与控制法（1998）》规定在赤潮频发的墨西哥湾和佛罗里达沿海建立低溶氧（主要是水域的富营养化造成，富营养化是形成赤潮的主要因素）监控区（第 604 节）。这部法律的核心就是建立了赤潮及其形成的评价制度。第 603 节第一条规定：建立由商务部、环境保护署、农业部、内务部、海军部、卫生部、自然科学基金、航空航天管理局、食品药品管理局、科技政策办公室、环境质量理事会以及总统认为其他有必要的组织共同组成评价委员会，主席由商务部担任。第二条规定：评价委员会必须与沿海各州、印第安部落以及当地政府协作完成由赤潮灾害导致的生态和经济方面的后果以及减轻、防治和控制赤潮灾害的报告，报告必须提交国会，国会通过后由联邦政府执行，评价委员会不履行其职责或工作效率差的，由总统解散评价委员会。进行赤潮和低溶氧防控以及科学研究的经费由评价委员会作出预算，交商务部长批准（第 605 节）。根据此法律的主旨，美国的赤潮预报由商务部的国家海洋与大气管理局（NOAA）的国家海洋中心的海洋产品与服务操作系统（NOS）管理。NOAA 以咨询通报的形式提供在报告前鉴定赤潮的信息以及评价当前赤潮的规模是否有必要进一步取样、监测。咨询通报经政府部门和大学监测程序收集的 NOAA 在各观测站的数据、政府和商业卫星观测的叶绿素浓度的影像信息以及现场数据后，经专家分析、整合以确定赤潮藻在现今和未来的位置和密度，然后以赤潮通报的形式由国家和地方的管理部门发布赤潮预报。系统每天收集一次信息，每

① Harmful Algal Bloom and Hypoxia Research and Control Act of 1998[E], http://www.cop.noaa.gov/pubs/2006-03-26.

周在互联网上发布两次预报。美国颁布的是对其赤潮预报机制高效运行的法律保障。美国国会于2004年对该法进行修订,它是目前最完善的赤潮预警、监控和科学研究的单行性法律。①

图1　墨西哥湾赤潮预报系统

(资料来源:http://tidesandcurrents. noaa. gov)

四、中国建立赤潮监控、预警制度的必要性

(一)海洋赤潮在我国发生的频率和规模以及危害的范围和程度呈逐年上升的趋势

我国是世界上赤潮灾害的多发国之一。近年来,海洋赤潮在我国发生的频率和规模以及危害的范围和程度呈逐年上升的趋势。纵观我国赤潮发生的动态,危害较大的赤潮在20世纪60年代以前只记录了4次,70年代为6次,80年代为16次,90年代为120次。进入21世纪后,赤潮的发生频率更是成倍增长。2000年,我国海域共发现赤潮29起,赤潮面积超过了5800平方公里,到2003年,我国海域共发现赤潮119次,累计面积约14550平方公里。赤

① Harmful Algal Bloom and Hypoxia Amendments Act of 2004[E],http://www. cop. noaa. gov/pubs/habhrca/2004_publ456. 108. pdf/2006-04-16

潮的频发不仅严重地影响海域的生态环境和滨海景观，而且危害渔业的自然资源，对水产养殖业造成巨大的经济损失，甚至威胁人民的身体健康和生命安全。如 1989 年间，渤海发生大面积赤潮，波及 7 县市，持续 72 天，造成渔业经济损失达 4 亿元人民币。其中，河北省黄骅市对虾减产上万吨，经济损失达 2 亿元人民币。1986 年，福建省东山岛居民因食用赤潮毒素污染的水产品造成 136 人中毒，1 人死亡。

（二）赤潮及其造成的危害引起了社会各界越来越广泛的关注

国务院领导多次就加强海洋赤潮的预防、控制、治理工作作出专门批示，国民经济和社会发展第十个五年计划中也提出“加强近岸海域水质保护，研究预防、控制和治理赤潮”的要求。《国务院关于进一步加强海洋管理工作若干问题的通知》（国发〔2004〕24 号文件）规定，做好赤潮的防治和减灾工作。海洋局要会同环保、科技、农业等有关部门做好赤潮的预防、控制和治理工作，在赤潮频发海域划定重点监控区，加大监测力度，及时发布赤潮预警报信息。沿海地方人民政府要建立由海洋、渔业、环保、质检、卫生、工商等部门组成的赤潮灾害应急反应机制，确保在赤潮信息发布 24 小时内对相关海域采取管制与防范措施，最大限度减轻赤潮灾害对渔业和旅游业等造成的损失，严格控制受赤潮毒素污染的水产品进入市场。科技部门要加强对赤潮发生机制、预防及治理的研究，加快科技攻关进程，研究提出治本措施。这对于改善我国的海洋环境质量，加强赤潮管理和减轻赤潮灾害，保护海洋生态环境，促进海洋经济可持续发展，保障人民生命财产安全都具有非常重要的意义。

（三）在赤潮管理和减灾方面仍然面临着许多问题

主要表现在：

1. 由于赤潮的发生和危害涉及海洋环境、渔业资源、水产养殖、人民健康、水产品上市和出口，而对其监控和防治是以科学理论和科研成果为依据的，所以对其监测、预报和防范应该由海洋、渔业、科技、环保、质检、卫生、工商等部门协同进行。但是各部门之间在配合与协调方面存在一定的问题，如相互封锁研究成果和监测预报数据造成监测预报资料不能共享。

2. 赤潮监测预报的能力和手段不足。一些地方未将赤潮的监控和预报服务工作列入政府工作计划，由于投入不足，基础设施不完善，监测与预报的手段陈旧，效率低下，时效性差。

3. 海洋环境监测预报资料的管理落后。

4. 赤潮信息发布管理不严格，存在多部门发布现象。

五、中国建立赤潮预警、监控制度的可行性

（一）我国在赤潮的科学研究方面取得了重大成果

近年来，由国家自然基金“七五”、“九五”重大项目，国家重点基础研究规划“973”项目和908赤潮专项研究计划等的资助，我国在赤潮发生机理与机制的基础研究中取得了重要进展。在863模块化赤潮卫星遥感监测技术（项目编号：2001AA636020）的支持下，模块化赤潮卫星遥感监测技术研发工作取得了较大的技术突破。我国赤潮灾害预报，经过“十五”国家科技攻关计划重点项目——“赤潮灾害预报技术研究”的一期研究已取得重要进展。其他如人工神经网络的赤潮预报方法、赤潮统计预报模型、赤潮诊断技术指标等的建立是我国建立赤潮预警、监控制度的科技基础。

（二）我国在建立赤潮预警、监控制度方面已积累了一定的经验

国家海洋局于1984年成立的“全国海洋环境监测网”（简称全海网）就开始开展赤潮及与其形成有关的水质、生物、入海污染源等方面监测。此后，随着《赤潮监测报告》制度、《中国海洋灾害公报》发布制度、赤潮监控区制度、赤潮预警试点工作等趋于完善，使我国在建立赤潮预警、监控制度方面已积累了丰富的经验。

（三）我国进行赤潮预警和监控的体制建设初步形成

目前，我国的海洋、渔业、环保、科技等部门将有效减轻赤潮灾害造成的损失当作一项十分重要和紧迫的任务，以赤潮灾害监测为基础，统筹规划，突出重点，标本兼治，形成了国家与地方相结合的全国赤潮防治体系；全面深入开

展海洋赤潮灾害预警和监控，形成中央与地方相结合，专业与群众相结合，多种监测技术手段相结合的全国综合性监测、监视网络和全国赤潮预警预报体系和管理体系。国家海洋局依据《中华人民共和国海洋环境保护法》的有关规定，于 2002 年 1 月 22 日颁布了《海洋赤潮信息管理暂行规定》作为赤潮信息管理的法律依据。

六、中国进行赤潮预警、监控的立法框架

目前，我国已经具备对赤潮预警、监控进行立法管理的条件。在已有的技术平台和管理体制基础上，借鉴国外和国际社会的立法经验，我国进行赤潮预警、监控的立法框架可以包括以下几个方面：

1. 形成由海洋、渔业、环境保护、科技等行政主管部门相互协调、分工协作的管理体制（监测预报的程序和制度、信息发布和管理、数据管理和共享、应急预案等）。

2. 加强对赤潮预警、监控的应用性研究，建立将科研成果快速转化为管理手段和制度的体制。

3. 在各海区赤潮监测网的基础上建立全国网。

4. 制定海上所有船舶、平台和民用航空器监视和报告赤潮发生的制度。

5. 强化对压舱水排放和引进外来水生生物物种的管理，防止外来赤潮藻种入侵中国海域，发生赤潮灾害。建立赤潮藻毒素检测程序和标准体系。

6. 将赤潮的预警纳入全国水污染应急计划中。

7. 将中国的赤潮预警、监控体制和管理模式与 GEOHABs 接轨。

8. 建立赤潮预警、监控立法和执法的评价体系，考察立法和执法的效率。

关于制定渤海环境保护单行法必要性的思考

周　珂　吕　霞①

摘要:环渤海经济区的建设要求加强渤海的环境保护,而我国现行的环境保护一般法和为治理渤海环境所实施的多种专门行动计划等不足以有效地解决渤海环境污染问题。国外和国际上大都通过建立专门法的办法治理闭海、半闭海环境,且取得了良好的效果。渤海的自然状况、渤海在我国经济和社会发展中所处的地位,渤海环境治理的特殊需要,都要求为治理渤海环境建立专门法。

关键词:渤海环境,环境保护,单行法

Abstract: The construction of the Bohai Sea economic zone calls for the strengthening of the Bohai Sea environmental protection, while the current general law on environmental protection and many special action plans implemented to cure the Bohai Sea environment are insufficient to solve the Bohai Sea environmental pollution effectively in China. The usual way used overseas and internationally to solve the environmental problems of the close sea or semi-close sea is enacting separate laws, which has obtained good results. Bohai Sea's natural status, its role in the economic and social development of our country, and the special require-

① 周珂(1955—),男,辽宁辽阳人,中国人民大学法学院教授,博士研究生导师,中国人民大学法学院环境法研究所主任、环境资源法学教研室主任,中国法学会环境法学会副会长。主要研究领域:环境与资源法、经济法、房地产法、土地法。吕霞,(1977—),山东济宁人,中国人民大学法学院博士研究生,研究方向:环境资源法学。

ment for handling the Bohai Sea environment all request for the enactment of the serperate law.

Key words: The Bohai Sea environment, environmental protection, seperate law

刚刚通过的《中华人民共和国国民经济和社会发展第十一个五年规划纲要》（以下简称《十一五规划》）要求包括京津冀在内的城市群在“国民经济和社会发展”上“继续发挥带动和辐射作用”，①并决定“推进天津滨海新区开发开放”，②这预示着天津滨海新区和这个新区所在的京津冀城市群将成为更具活力的经济中心，并带动被称为“我国经济增长第三极”③的环渤海经济区的发展。在这样的情况下，我们既有理由期盼经济增长的硕果，也有必要为环渤海经济区所“环”绕的渤海的环境状况担忧。为了保护渤海环境，也为了确保实现环渤海经济区经济和社会发展目标，我们认为应当为渤海制定专门的环境保护法。④

一、环渤海经济区建设与渤海环境压力

从曹操东临碣石诗篇中的“日月之行，若出其中，星汉灿烂，若出其里”，人们能够想象的渤海一定是一个蔚蓝色的神秘而圣洁的所在。而在现实生活中，人们从实际所见的渤海中却很难找到这种感觉。2004 年 7 月份，中华环

---

① 《中华人民共和国国民经济和社会发展第十一个五年规划纲要》（以下简称《十一五规划》）第二十一章第二节。

② 《十一五规划》第十九章第四节。

③ 刘强：“环渤海经济圈的新增长极——天津滨海新区建设”，《宏观经济管理》2006 年第 2 期。

④ 如果说以往也有专家提出过为渤海立专门法的建议，比如，杜碧兰等代表在第九届全国人大五次会议上就提交了“关于制定‘渤海资源环境综合管理法’的议案”（参见《中国人大网 www.npc.gov.cn》），那么，今天，我们则更有必要认真地研究这个问题，并力争把学术上的论证转化为国家的立法行动。

保世纪行渤海记者团来到渤海沿岸的辽宁、天津、河北和山东省市进行实地考察，他们所见的渤海以及影响渤海环境的情况是这样的：

(记者)来到了被伟人毛泽东赞誉过的"秦皇岛外打鱼船"的地方。沿着渤海路行驶发现，条条河流通渤海，但几乎没有一条河的水是清洁的。污染程度不同的河流，水面大多呈灰白黑绿等浑浊色。生产化肥、造纸、皮革、化纤、铝业、橡胶等污染源企业，加工面粉、食品油的企业，生产核能源和火力发电等企业，以及煤码头等一批现代化企业，一字排在渤海岸边上，有的距海不过千米。经过处理和未处理的工业废水顺着几条小河、沿着地表流入渤海。①

在辽宁葫芦岛市内的五里河，河道内放置着许多用玉米秸制成的篱笆，这是人们用来收集石油的"土武器"。这条通往渤海的不起眼的小河，每年要收纳炼油厂、化工厂、石化厂等当地企业排放的2000吨污水，个别河段面的浮油厚度竟达2至4毫米。②

记者在山东省滨州市无棣县的一个渔村看到了触目惊心的一幕：酱油色的污水正泛着白色的泡沫无情地流入渤海，漳卫新河河水满得都快溢出河道，寂静的河面上看不到任何动物，哪怕是飞在天空的虫子；破旧的渔船无精打采地横躺在岸边；刺鼻的腥臭味令人发呕；在入海口，海水呈深褐色，浅滩上布满了贝类的尸体；放眼望去，昏暗的海浪，卷起层层灰色的泡沫扑面而来，一堆堆漂浮物由远而近推至脚下……③

这些并非个别现象，它们是渤海污染的缩影，是具有代表性的典型性的事例。据记者调查，"环渤海地区共有地级城市26座，沿岸有大小港口近百个，黄河、小清河、海河、滦河、辽河等40余条河水流入渤海，年平均径流量约792亿立方米。此外，沿岸有217个排污口，不分昼夜地向渤海倾泻着污泥浊水。与此同时，大量的工业及生活污水沿地表、河口也一起涌入渤海。无奈的渤海，年收纳的污水竟高达28亿吨，占全国排污水总量的32%，年收入腹内的

---

① 辛文："渤海会变成'空海''死海'吗"，《新闻周报》2004年5月11日。

② 孟华、赵晓辉："中国唯一的内海面临死亡危机"，《经济参考报》2004年6月5日。

③ 穆易："渤海会成为死海吗?"，《中国经济周刊》2004年第37期。

污染物则超过 70 多万吨，占全国每年入海污染物的 48%。"①来自国家海洋局的统计数字也证明，"渤海的入海排污口共 105 个，年入海污水量 28 亿吨，占全国排海污水总量的 32%，各类污染物质 70 多万吨，占全国入海污染物质总量的 47.7%。"②无数条流经像秦皇岛的"渤海路"的小河，无数条像葫芦岛的"五里河"的河，无数条"漳卫新河"造就的就是这样的渤海。

"空海"、"死海" 诸如此类的字眼在记者们的报道中比比皆是。也许记者们的语言在一些人看来有些危言耸听，但实际上他们却客观地表达了自己的所见所闻，那就是渤海近岸海域的污染非常严重，渤海的海洋环境形势非常严峻，就像国家海洋局的统计数字所显示的那样。正是有感于记者们所见所闻的那些情况，正是依据国家海洋局及其他系统的观测和探察，中国海洋检测专家发出警告：渤海的环境污染已到了临界点，如果再不采取果断措施遏止污染，渤海将在十年后变成"死海"。那时，即便不向渤海排入一滴污水，单靠其与外界水体交换恢复清洁，至少也需要二百年！③记者们的呼吁，专家们的警告告诉我们，渤海环境治理已经到了刻不容缓的程度，我们不能只顾利用渤海，而应把对渤海环境的治理放到重要的议事日程上来。

从实践来看，渤海的环境污染主要由陆源污染、船舶和海洋养殖污染所造成。④ 不管是陆源污染，还是船舶污染和海洋养殖污染，都是人类经济活动和社会活动造成的。非常明显，在管理水平和技术条件等不变的情况下，环渤海区和发生在渤海上的人类经济活动和社会活动越频繁、规模越大，对渤海的污染就会越严重，渤海的环境就会越差。现在，渤海正面临更加频繁且规模更大的人类经济活动的压力。

在我国的经济发展战略中，环渤海经济区或环渤海经济圈的概念越来越

---

① 辛文："渤海会变成'空海''死海'吗"，《新闻周报》2004 年 5 月 11 日。

② 罗晖："海洋监测专家痛心警告：渤海可能变成地球上第一个'死海'"，《科技日报》2004 年 8 月 26 日。

③ "不能承受污染之重　渤海十年后将成'死海'"，《华商晨报》2004 年 9 月 21 日。（http://news.sina.com.cn/c/2004-09-21/08153723995s.shtml）

④ 根据政协全国委员会科教文卫体、经济委员会联合调研组的报告，渤海的陆源污染约占整个海洋污染的 80%，船舶污染约占 15%，海洋养殖、海洋矿藏开发污染约占 5%。（见"关于渤海黄海海洋环境保护的调查报告"，《中国软科学》1997 年第一期）

明确。天津滨海新区处在渤海湾的顶端，而国家已经把这个新区列为建设的重点。这是一个具有战略意义的安排。正如国家发改委副主任张平在2005中国企业五百强发布暨高层论坛会议上所指出的那样，天津滨海新区的开发建设是"环渤海地区乃至全国发展战略布局中重要的一步棋"。① 它代表的是中国自改革开放以来继珠江三角洲、长江三角洲之后的又一个经济快速增长的区域。滨海新区"立足天津，依托京冀，服务环渤海，辐射三北，面向东北亚，建成高水平的现代化制造和研发转化基地、北方国际航运中心和国际物流中心"的定位已经充分反映了这个新区在环渤海经济区中的重要地位。专家认为"滨海新区将发展为环渤海经济圈的龙头"，正像"深圳带动了珠江三角洲经济圈的崛起"、"浦东新区成功引领了长江三角洲经济圈的崛起"②一样。可以预见，环渤海区将迎来经济建设的高潮。

环渤海经济区的建设将给国家和社会带来巨大的经济成就，同时也必然给已经不堪重负的渤海带来新的更大的环境压力。毫无疑问，不管是填海造地，还是开工建厂等等，都会产生环境影响，而这种环境影响必将或快或慢地传递给渤海。被列为对北京环境"施暴"的四大杀手之一的首钢的涉钢产业正东迁河北唐山的曹妃甸，这对渤海环境绝非佳音。以后还会有被称为"首铜"、"首铁"等的企业落户渤海之滨，它们对渤海环境治理都是挑战。如果说我们以往对改善渤海环境所作的努力没有产生理想的效果的话，那么，面对这些压力和挑战，我们要想有效治理渤海环境，必须采取更加有力的措施。如果说以往的为渤海环境治理单独立法的建议可以遭到"杞人忧天"的讥笑的话，那么，今天，为渤海建立环境保护的专门法律已经是燃眉之急。

二、渤海的特殊性与环境保护的特殊要求

当我们面对诸如记者在环保世纪行活动中所披露的渤海严重污染的情形

---

① 《国家发改委：滨海新区可先试行重大开放措施》，http://finance. sina. com. cn/g/20050826/11261919789. shtml.

② 刘强："环渤海经济圈的新增长极——天津滨海新区建设"，《宏观经济管理》2006年第2期。

时，不能不产生这样的疑问：环境保护法能保护渤海环境吗？

我国 1979 年颁布《中华人民共和国环境保护法（试行）》，1982 年制定专门保护海洋环境的《中华人民共和国海洋环境保护法》（以下简称《海环法》）。在这之后，我国还陆续颁布实施多项与海洋环境保护有关的法律、法规，其中包括《中华人民共和国渔业法》（1986 年 1 月 20 日通过，同年 7 月 1 日起实施；2004 年 8 月 28 日第二次修订并实施）、《中华人民共和国港口法》（2003 年 6 月 28 日通过，2004 年 1 月 1 日实施）、《中华人民共和国海域使用管理法》（2002 年 10 月 27 日通过，2002 年 1 月 1 日起实施）、《防止陆源污染物污染损害海洋环境管理条例》（1990 年 8 月 1 日颁布实施）、《海洋石油勘探开发环境保护管理条例》（1983 年 12 月 29 日颁布实施）、《海洋倾废管理条例》（1985 年 3 月 6 日颁布实施）、《防治船舶污染海域管理条例》（1983 年 12 月 29 日颁布实施）、《防治海岸建设项目污染损害海洋环境管理条例》（1990 年 6 月 25 日发布，1990 年 8 月 1 日实施）等等。这些法律法规的颁布实施对治理渤海环境发挥了重要的作用，对此，我们深信不疑。但是，我们也不得不面对另外一个严酷的现实：自 1983 年 3 月 1 日《海环法》实施到今天，已经过了二十多年，渤海环境未见有效改善，这从渤海变死海的警告中已可见一斑。

面对渤海的污染问题，不管是研究环境问题的专家学者还是国家环境保护职能部门都给予了足够的关注，国家为保护和治理渤海环境制定并实施了一些规划，采取了一些措施。从 2000 年起，国家有关部门先后制定了《渤海沿海资源管理行动计划》、《渤海综合整治规划》和《渤海环境管理战略》。2001 年，国务院又批复了《渤海碧海行动计划》（以下简称《行动计划》）。《行动计划》是针对渤海环境污染治理举行的一次大战役，它第一阶段的目标是：到 2005 年渤海海域的环境污染得到初步控制，生态环境破坏的趋势得到初步缓解，陆源 COD 入海量比 2000 年削减 10% 以上，磷酸盐、无机氮和石油类的入海量分别削减 20%。当然，第二、第三阶段的目标更令人向往。但结果怎么样呢？

我们还是不要去检验《行动计划》的具体执行情况吧。以下几组数据可以在一定程度上反映《海环法》等法律法规和《行动计划》等渤海环境治理行动的实施效果。

下表列举了渤海2001—2005年未达到清洁海域水质标准的面积(平方公里):①

	较清洁	轻度污染	中度污染	严重污染	合计
2001	15610	1300	710	1370	18990
2002	28220	2140	460	1010	31830
2003	15250	3770	850	1470	21340
2004	15900	5410	3030	2310	26650
2005	8990	6240	2910	1750	19890

通过对上表一组数据的分析可以看出:2005年,除了较清洁海域面积比2001年有所减少外,轻度污染、中度污染、严重污染和未达到清洁标准总的海域面积比2001年都有大幅上涨,轻度污染的海域面积竟然增加了近5000平方公里,数字触目惊心。《2004年中国海洋环境质量公报》对渤海环境质量的描述反映了渤海环境的总体变化趋势:"(2004年)污染范围比上年扩大。未达到清洁海域水质标准的面积约2.7万平方公里,占渤海总面积的35%,较上年面积增加约0.6万平方公里,增加约29%。其中,轻度污染、中度污染和严重污染海域面积较上年分别增加了44%、256%和57%,污染程度明显加重。……近年来的连续监测结果显示,进入21世纪以后,渤海环境污染仍未得到有效控制,污染海域面积仍然较大,轻度、中度和严重污染海域的总面积呈上升趋势。其中,2004年严重污染海域面积较2001年增加了近1000平方公里,中度污染海域面积增加了2300多平方公里。"②

渤海海区2001—2005年赤潮发生情况大致如下表:③

① 此表根据《中国海洋环境质量公报》2001—2005卷提供的数据制作。

② 《中国海洋环境质量公报》2004卷。

③ 2002—2005年的数据来自《中国海洋质量公报》,2002年以前的数据来自《中国海洋灾害公报》。

年份	2000	2001	2002	2003	2004	2005
赤潮发生次数	7	20	14	12	12	9
累计发生面积（平方公里）	2000	4000①	300	460	6520	5320

这组数据明确地告诉我们，即使有诸如《行动计划》的治理，渤海发生赤潮的次数总体上是呈上升趋势。上表显示，2005 年发生赤潮次数是 2001 年以来最少的一年，而就是这最少的一年也比实施上述若干治理计划之前的 2000 年多了两次。从赤潮累计发生面积上来看，2004 年比 2000 年增加二倍多，2005 年比 2000 年增加一倍半多。2004 年《中国海洋环境质量公报》对渤海海区赤潮发生情况做了这样一段描述："赤潮发生次数与 2003 年持平，但累计面积较上年增加约 13 倍。其中，6 月 11 日黄河口附近海域棕囊藻赤潮面积约 1850 平方公里；6 月 12 日天津塘沽附近海域至渤海湾中东部海域米氏凯伦藻赤潮发生面积约 3200 平方公里。棕囊藻与米氏凯伦藻均为有毒藻类，在渤海引发赤潮尚属首次。"

在这段描述中，我们首先捕捉到的是这样的信息：赤潮累计发生面积较上年增加"约 13 倍"，6 月 12 日一次发生赤潮面积就达 3200 平方公里，棕囊藻与米氏凯伦藻等有毒藻类"首次"在渤海引发赤潮。这些信息所反映的海洋污染难道不足以让人有触目惊心的感觉吗？

当然，环境的变迁是一个漫长的过程，或许一次或两次的检测结果并不能代表环境的本来面目。渤海的生态变化也不是短短的一两年就能看出来。但通过对以上两组数据的分析，我们可以坚信这样的结论：渤海的污染并没有得到有效的治理，渤海的环境状况没有达到明显改善。不管是从未达到清洁海域的水质标准的面积，还是从赤潮发生情况的比较来看，在从 1999 年到 2005 年的这六年的时间里，虽间或有一定好转，但总的发展走向却是逐步恶化的。

这是有科学根据的结论，这一结论在一定程度上反映了《海环法》等与渤

① 该数据取自《人民日报》题为"污染面积下降海水赤潮减少，渤海环境质量正好转"的报道。（见 http://tech.sina.com.cn/o/2003-02-17/0815165684.shtml）该报道使用的数据与《中国海洋质量公报》数据不完全一致。

海环境治理有关的法律法规、《行动计划》等渤海环境治理计划在渤海环境治理上的"成就"。面对这样的"成就",我们不能不在肯定这些法律和治理计划在渤海环境治理上所发挥的作用[①]的同时,从渤海本身寻找影响环境治理的原因。

渤海是我国唯一的半封闭性的内海,也是全球21个典型的闭海之一。[②]渤海海域面积为77284平方公里,平均水深仅18米。[③] 从平面看,渤海呈"C"型,内径大出口窄,仅靠渤海海峡与外海相通,海水的交换持续时间长。据专家估计,渤海完成一次海水交换需要16年。[④] 渤海的这种自然状况决定了它的环境特点——自净能力差,环境容量低,海域环境具有明显的敏感性和脆弱性。简单一句话,渤海承受环境压力的能力低下。另一方面,渤海地处温带,不仅海洋里物产丰富,而且其周围地区从古至今都是经济发达、社会繁荣。沿海三省一市及其所属13个城市的发展都得益于渤海。在经济全球化的今天,渤海位于欧亚大陆桥东桥头,是我国东北、华北和西北地区进入太平洋、走向世界的最佳对外通道,也是这些地区同隔海相望的朝鲜、韩国、日本进行经济和社会往来的必经之路。这方面也可以概括为一句话,渤海托举着环渤海区的经济,承受着来自环渤海区经济、我国三北地区对外交流以及环渤海区和三北地区同朝鲜、韩国、日本等的经济和社会往来的压力。渤海的这两个特点交织为"有限"与"无限"的矛盾,即渤海环境容量的有限与以渤海为依托的经济和社会发展给渤海带来的无限的污染压力的矛盾。这一矛盾既反映了渤海的特殊性,也说明了渤海环境保护的特殊需要。这个特殊需要就是为特殊的渤海制定专门的(也可以说是特殊的或特别

① 这样说并不虚伪,不是给没有给渤海环境带来根本好转以及按照学者们的评判又存在许多不足的《海环法》和上述计划、规划唱言不由衷的赞歌,而是出于这样的考虑:如果没有这些法律、法规,这些计划、规划,渤海的环境状况一定会更差。

② 据总部设在日本的"国际闭海环境管理中心"统计,世界上共有21个最需要给予高度重视的"闭海"。其中有15个是跨国边界的区域海,6个为跨省州边界的国内海。

③ "渤海:我们的蓝色家园",http://www.southcn.com/news/community/shzt/ENV/hyzy/200406010811.htm,最后访问:2004年6月1日。

④ 全国人大环资委委员杜碧兰研究员认为渤海海水的更新周期为15年左右,见周泉:"开发海洋宜放眼量",《上海环境热线环境新闻》。

的）环境保护法。

我们认为，制定渤海单行法基于以下几个方面的特殊要求：

第一，如前所述，渤海的主要污染是陆源污染，而环渤海经济区经济的腾飞将不可避免地给渤海带来更多的污染源。治污必先治源，这是环境治理的最显见的道理。要想改善渤海环境，实现对渤海环境的有效治理，必须把治理工作的注意力投向污染渤海的陆上源头。仅仅针对海洋本身的治理远不足以解决渤海的环境问题，仅仅或主要规范海里行为的环境法无法保证渤海环境的有效治理。从环境治理活动上来说，必须对环渤海径流和海岸工程建设项目以及其他可能给渤海带来污染的人类活动进行统一的治理，①才能使渤海环境发生根本的改变。从立法的角度来看，它必须按照陆海一体②的总体思路，把影响渤海环境的各种生产、生活活动，尤其是发生在陆上的活动纳入其调整范围之内，才能为改善渤海环境提供有效的法律保障。作为一般法的《海环法》只有防止陆源污染的一般规定，无法对陆海结合的环境治理加以规范。这是《海环法》不能有效治理渤海环境的重要原因之一。

第二，渤海作为一个整体的有明确边界的环境管理对象，对其进行治理的最有效的办法是实行排污总量控制。这里所说的总量控制并不是一个临时措施，不是一次活动，而是需要长期坚持的制度。这项制度的确立、执行需要落实为系统的法律规范，这项制度的调整与完善也需反映在法律中，否则，它将失去制度的意义。我国《海环法》虽也有“建立并实施重点海域排污总量控制制度”③的规定，但这种表态和许可不足以支持总量控制制度的运作。我们可以说它为总量控制制度提供了依据，但却没有为具体的总量控制提供行为规范。有关排污量分配及其依据④、具体污染物的排放总量的确定及其依据、排

---

① 参见滕祖文：“渤海环境保护的问题与对策”，《海洋管理》2005 年第 4 期。

② 参见徐居敬、侯金义、赵俊胜：“加强渤海湾的海洋环境保护管理”，2000 年《海洋信息之窗》。

③ 《中华人民共和国海洋环境保护法》第三条。

④ 在污染物排放数量的安排上，必须遵循海水自净的规律，比如在海流活跃区可以排放比海流滞缓区更多的污染物。（参见赵章元、孔令辉：“渤海海域环境现状及保护对策”，《环境科学研究》2000 年第 2 期）

污总量及具体污染物排放数量的削减计划及其实施、管理机构和管理手段、具体控制方式等等，只能由专门法来规定。①

第三，渤海作为一个特殊的有清楚边界的海洋，其环境治理需要的是关于如何具体操作的办法，而不是更多的一般原则、制度。《海环法》只提供了一般原则，没有也不可能提供如何具体治理的办法。整体的渤海由若干海湾、若干具有不同功能特点的海区构成，这不同的海湾、海区承受污染，降解污染的能力等都各不相同。要想尽快改善渤海环境，最有效的办法显然不是用同一个标准要求所有的海湾、海区，而是对不同的海湾、不同的海区提出不同的要求。显然，《海环法》不是这种最有效的办法。渤海沿岸有山东、河北、辽宁、天津三省一市和隶属于它们的13个城市，由于各地都努力追求经济发展，而环境保护与经济发展之间又存在着明显的矛盾，所以，在渤海环境治理上，各地很难采取一致行动。如果说我国海上执法存在"五龙闹海"的不良状况，那么，沿海地区在渤海环境治理上则存在"十三太保"各自为政的局面。仅仅有《海环法》等一般法的规定，各地市之间很难形成治理渤海环境的合力。可以这样说，渤海目前的环境治理需要的不再是一般法律原则，而是下达给各地的具体任务、各地应承担的具体责任。②

三、国外闭海半闭海环境治理的经验借鉴

为渤海建立特别法不只是分析渤海特殊性以及渤海环境保护特别需要的逻辑结论，从国外和国际上闭海和半闭海环境治理的经验来看，我们也应该做这种选择。

世界上跨国边界的闭海和半闭海共有15处，其中除海域面积比较大的黄海、东海、南海、日本海、墨西哥湾、孟加拉湾等外，大多都有为治理环境而签订

① 《海环法》第三条关于由国务院"制定"针对"重点海域"的"主要污染物排海总量控制指标"等的"办法"的授权也告诉我们，在"重点海域"实行总量控制制度需要制定专门法。

② 早就有学者主张把"渤海的治理从原则规定转化为具体实施，从定性落实到定量即具体的量化指标"。参见张向冰："立法能给渤海带来什么"，《中国海洋报》第1346期。

的条约、协定、公约等。北海沿岸国家签订的《防止船舶和航空器倾倒废弃物造成海洋污染的公约》（亦称《奥斯陆公约》）、《防止陆源污染物质污染海洋的公约》（亦称《巴黎公约》）的适用范围是北海，而海湾地区沿岸 8 国签订的《关于保护海洋环境防止污染的科威特区域合作公约》的适用范围则是 8 国共同关心的海湾。《保护波罗的海区域海洋环境的公约》、《保护地中海防治污染的公约》、《关于保护红海和亚丁湾的地区公约》、《保护和开发泛加勒比海地区海洋环境的公约》、《保护黑海免遭污染的公约》都是治理相关海域的专门性法律文件。也就是说，北海、地中海、波罗的海、红海、加勒比海、黑海等都有专门的环境治理公约，这些海洋沿岸国都采取了制定专门公约的形式谋求有关海洋环境的改善。

世界上属于单一主权国家管辖但又跨省州边界的闭海共有 6 处，除哈德逊湾因面积较大又接受污染少而没有得到专门法的照顾外，日本的濑户内海有《濑户内海环境保护特别措施法》，美国的切萨比克湾有《切萨比克湾协议》、旧金山湾有《法案》等专门法律文件。现在美国虽然还没有专门为加利福尼亚湾的环境保护立法，但要求建立加利福尼亚湾环境保护特别法的呼声早已十分强烈。

毫无疑问，不管是跨国界的还是跨省州边界的闭海、半闭海，它们原本都不需要专门的环境保护法，甚至不需要人类为其环境担心。因为原本它们都不存在环境问题，都没有遭遇环境压力。这与我国在历史上原本没有保护渤海的环境法，甚至也没有能同渤海产生关联的环境法一样。从针对闭海或半闭海的环境治理专门法的形成过程，我们大致可以发现以下三个变化：第一，从一般法到专门法；第二，从临时措施到永久措施；第三，从简单的或单一项目的规定到复杂的系统的规定。

在出现了环境问题之后，国际间和国家建立的与闭海或半闭海环境保护有关的法律法规最初基本上都是一般法，而在一般法不足以解决有关闭海或半闭海的环境保护问题时，有关国家或一国才为闭海或半闭海制定专门的法律或签订专门的公约。比如日本在 1970 年 12 月制定的《水质污染防治法》、1972 年 6 月制定的《海洋污染及海上灾害防治法》实施的情况下，又于 1973 年 2 月根据濑户内海的实际情况制定了《濑户内海环境保护临时措施法》，并最终于1978年通过决议,将《濑户内海环境保护临时措施法》改为永久性的法律,更名为《濑户内海环境保护特别措施法》。也就是说,为跨国界或跨省州边界的闭海或半闭海制定专门的环境治理法律法规是应对闭海或半闭海环境污染的最后的也是最有力的办法。在出现了用其他办法难以应对的环境问题时,人类处理闭海或半闭海环境问题的最好选择就是为之制定专门的法律,用专门法规范闭海或半闭海的环境治理活动。

在出现了海洋污染的情况,国际间和一国内首先作出的反应是采取临时措施。当临时措施在实施过程中产生了治理成效或没有达到治理目的时,立法者们又把临时措施转变为永久措施,或不得不放弃临时措施而采用永久措施。要想彻底解决一个海区的环境保护问题,必须把临时措施持续地实施下去,也就是把临时措施作为一个制度使其转变成一个永久性的治理措施。日本的《濑户内海环境保护特别措施法》就经历了这样一个转变过程。日本政府根据濑户内海的实际情况制定了《濑户内海环境保护临时措施法》,最初规定有效期3年,后又延期了2年。5年期满后,日本国会又通过决议将《濑户内海环境保护临时措施法》改为永久性的法律,并且改名为《濑户内海环境保护特别措施法》。①

人们对海洋环境污染的最初的关注集中在具体种类或具体来源的污染物上,比如石油污染、海洋倾倒污染,相应地人们为治理海洋污染而制定的规划和立法也经历了从控制单一污染物或单一污染源到综合整治海洋污染的变化过程。比如说当海洋出现了船舶漏油的污染时,人们就会根据出现的油类污染物进行特别的规划和立法。而随着时间的推移,人们利用海洋的活动越来越频繁,也就产生了更多种类的活动产物。当原来的法律文件已经不能适应新型的污染物的出现和海洋环境治理的时候,人们就会向规定更多种类和更能适应新出现的污染源的法律文件寻求帮助。北海地区的区域合作来自于1969年针对1967年"托雷·卡尼翁"号油轮事件签署的《关于处理北海油污事件的合作的协定》。随后,北海沿岸国又先后签订了《奥斯陆公约》和《巴黎公约》,尽管这两个公约在防止海上倾倒和陆源污染方面取得了"积

① 《渤海综合整治规划》。

极的结果”①，但“不能充分控制一些主要的来源的污染”②，因此有必要“在区域层面采取更严厉的措施来防止和消除海洋环境污染”③，这就是《奥斯陆巴黎公约》签订的原因所在。

① 《奥斯陆巴黎公约》序言第八段。
② 《奥斯陆巴黎公约》序言第十段。
③ 《奥斯陆巴黎公约》序言第九段。

海域国家所有权的生成及其合理性*

徐祥民 梅 宏**

摘要:海域国家所有权是由法律创设的而非先法律而存在的权利,这种权利设定于近世大多数沿海国家的法律中。海域国家所有权的实质,是国家对海域这一有限资源、稀缺资源的垄断。法律上创设海域国家所有权,旨在以国家对海域的垄断阻止私人用海主体对其占有海域的控制,保障海域之上公共利益的实现。

关键词:海域国家所有权,国家垄断,海域价值

Abstract: In modern times, laws of costal countries stipulated state ownership of sea area which was the right born after the establishment by laws. The essence of state ownership of sea area is that state monopolizes sea area as kind of limited resources. Laws established state ownership of sea area to prevent private entities controlling sea area occupied by them and safeguard public interests in sea area through state monopolization of sea area. It is reasonable for state to own sea area and the conclusion can be demonstrated at different points.

Keywords: State ownership of sea area, state monopolization, interests in sea area

---

* 本文系教育部人文社会科学研究规划基金项目《中国海域有偿使用制度研究》的阶段性成果,项目编号:D2120-3。

** 徐祥民,又名徐进(1958—),历史学博士,法学博士,中国海洋大学教授、博士生导师、法学院院长,教育部人文社会科学重点研究基地中国海洋大学海洋发展研究院研究员、基地主任。梅宏(1973—),中国海洋大学2004级博士生,研究方向:环境资源法学。

海域国家所有权是我国现行法律确定的一种所有权，是权利主体、客体、内容都十分明确的一项财产权利。自《中华人民共和国海域使用管理法》生效以来，人们基本上是把海域国家所有权当成法定权利来对待，对此少有疑问。①《物权法》起草过程中发生的海域物权取舍的问题引发了人们对海域所有权问题的关注。从完善立法的愿望出发，我们认为有必要对在世界各国似乎普遍设定的海域国家所有权的立法理由等多问几个为什么。比如，近世法律为什么要设定海域国家所有权？海域国家所有权这种权利的实质是什么？本文就是思考这些问题的一点心得。

一、海域国家所有权的生成

物权法的研究早已阐明，物作为所有权的客体至少需要两个要件：其一，具有使用价值，或经济价值，能够满足人们生活、生产的需要；其二，具有客观实在性，能够独立为一体，为人力所支配。根据对物权客体的这一分析可以推知，最早成为所有权客体的物显然不能是海域，尽管我们可以从海域中寻找到上述两个"要件"。因为最早进入人们视野的海是流动的海洋，而不是可以用经纬度界定的海域——一种可为人力所支配的客观实在的区域，或一定区域覆盖下的物体（水体）。事实上，即使很早就以海为生的民族，或者利用海洋从事生产、生活活动的民族，即使在这些民族已经建立了比较完整的所有权制度之后，海洋也依然没有得到民法或物权法的眷顾。海洋的最直观的特点是广大和流动。广大，使其难以勾起个人的占有欲；流动，使海洋即使在局部上也无法被具体的所有者所控制。在相当长的历史时期里，人类利用海域的方式主要是航行、捕捞，因此，海域之上没有建立所有权制度。罗马法时代，海洋被认为与空气、阳光一样，属于依据自然法而为公众所共有的物。②这里所说

① 尹田教授曾经非常坦诚地告诉读者，《中华人民共和国海域使用管理法》虽然宣布了国家对海域的所有权，但这部法律的颁布却"照例没有引起民法学界的特别注意"。参见尹田主编：《中国海域物权制度研究·序言》，中国法制出版社 2004 年版，第 1—5 页。

② ［罗马］查士丁尼，张企泰译：《法学总论》，商务印书馆 1989 年版，第 48 页。

的"公众所共有"显然不是对所有权的宣告,①相反,它是把海洋从所有权领域中排除出去。

随着利用海洋的活动的增加,人们逐渐学会了把海域从海洋中"分离"出来,就像把此国的海洋与彼国的海洋划分开来一样。海洋上的此疆彼界的形成为海域进入所有权领域克服了海洋不可控的障碍。②然而,海域所有权制度发展的历史上书写得更显眼的却不是站在此疆彼界之间的私人的所有权,而是国家的或代表公众的某种主体的所有权。

1857 年的《智利民法典》明确规定了国家对领海及水体的所有权,该法典第 589 条规定,国有财产是指所有权属于整个国家的财产。其中,近海及其海滩的使用属于全体国民,为公用国有财产或公共财产。该法还在第 593、594 条对近海、海滩做出界定。③在英国,国家管辖海域作为一类特殊的国家"地产",1949 年经议会授权,全部由皇室地产委员会统一管理。④ 1961 年英国公布的《皇家地产法》规定潮间带和 12 海里宽的海域(领海)为王室地产,由王室地产委员会进行管理。这一规定中的皇室看起来似乎是私人主体,但"实际上也是按照海域国家所有的原则来立法的。"⑤在美国,1894 年的舍费利诉鲍尔比案中,美国最高法院阐述了公共信托原则的基本原理:水下土地不能用高潮线以上土地的开发方式进行开发。这些土地对公众从事贸易、航行和捕捞具有很高的价值。在被批准的前提下由个人进行的开发是零星的并且应当

① 罗马法上的物权有所有权、役权、地上权、永租权、质权、抵押权六种,从中看不出对海洋的权利。罗马法上的所有权具有绝对性、排他性、永续性的特点,而海洋的"公众所共有"恰恰拒绝了"排他性"。参见龙斯荣著:《罗马法要论》,吉林大学出版社 1991 年版,第 119—120 页。

② 国家海洋局的研究者认为,海域"如同土地一样,特定海域位置固定,不能移动,表现为特定的立体物质形态,不仅可以为人力所控制,而且可以通过标明经纬度加以特定化"。参见国家海洋局:"关于《中华人民共和国物权法(草案)》的修改意见",载尹田主编:《中国海域物权的理论与实践》,中国法制出版社 2004 年版,第 391 页。

③ 周珂、吴国刚:"海域物权立法的若干理论与实践问题",载尹田主编:《中国海域物权的理论与实践》,中国法制出版社 2004 年版,第 62 页。

④ 国家海洋局、财政部赴英考察组:"考察英国海域使用制度报告",载尹田主编:《中国海域物权的理论与实践》,中国法制出版社 2004 年版,第 336—338 页。

⑤ 刘保玉、崔凤友等:"海域使用权研究",载尹田主编:《中国海域物权的理论与实践》,中国法制出版社 2004 年版,第 129 页。

服从公众的使用和权利的需要，因此这些土地的所有权和控制应当赋予代表全体人民的君主。1953 年，美国公布了《水下土地法》和《外大陆架土地法》，明确了沿海各州拥有领海水下土地及资源的所有权，联邦政府对领海以外的大陆架土地和资源拥有所有权。这里的所有权不管是归联邦还是归各州，其性质都是国家所有权。

其他许多国家的立法也都以明确的或隐含的方式宣布海域的所有权归国家。韩国《公有水面管理法》规定，海域、河流、湖泊、沼泽、滩涂等是公有的，由海洋水产部和地方政府行使所有权。① 1963 年法国发布的《关于海洋国有地产的法律》（第 63—1178 号）规定，领海的海床及其底土、未来的冲击地、淤积地以及在海浪冲击作用下人为地减少的土地，都属于海洋国有地产（公产）。②所有权的代表人主要是中央政府、省政府、自治港当局和自治团体。

从目前各国海域立法规定的情况来看，海域所有权的基本主体是国家，而不是个人。③

1993 年 5 月 21 日，我国财政部、国际海洋局联合颁发《国家海域使用管理暂行规定》。这一行政规章的第 4 条第 1 款规定："海域属于国家所有。"2001 年 10 月 27 日，我国立法机构全国人大常委会审议通过的《海域使用管理法》以法律的形式宣示国家对海域的所有权。④

不管是中国《海域使用管理法》中的国家海域所有权，还是外国法宣布的海域归国家所有，⑤它们都不是对社会生活中的实际占有或习惯占有状况的

① 国家海洋局海域管理司：《国外海洋管理法规选编》，海洋出版社 2001 年版，第 1 页。

② 王名扬：《法国行政法》，中国政法大学出版社 1988 年版，第 309—310 页。

③ 瑞典海域立法中明定有海域私人所有权的条款。根据瑞典法律规定，从海岸线外推 300 米是私人沿岸陆地拥有者的私有海域。但由于非濒临私人海岸的全部主权海域和濒临私人海岸的 300 米以外的主权海域，皆由国家享有所有权，故由国家享有所有权的海域仍占绝对优势的比例。参见张志华："论海域物权在我国民法物权体系中的地位"，载尹田主编：《中国海域物权的理论与实践》，中国法制出版社 2004 年版，第 173 页。

④《中华人民共和国海域使用管理法》第 3 条第 1 款规定："海域属于国家所有，国务院代表国家行使海域所有权。任何单位或者个人不得侵占、买卖或者以其他形式非法转让海域。"

⑤ 世界上大多数沿海国家都将海域所有权的主体确定为国家，也有国家根据其立法政策和法律理论，宣布特定海域为公有物，或对海域的权属不予界定。

法律确认,而是国家法律的强行规定。如果说这种强行的设定还有一定的现实生活依据的话,那么这个依据就是海洋的公共利用。日本法不把海域当成所有权的对象就说明了这一道理。日本最高法院在一宗判决中指出,“海,自古以来,以自然状态,供一般公众共同使用,即所谓的公用物”;“海不是土地,不是所有权的对象”。①因为海域是为“公众所共同使用”的,所以,国家以主权者的身份加以管理并进而宣布为自己所有,便没有太多不合理。国家强行地把海域宣布为自己所有之所以没有遭到太多的反对,在我国甚至没有遭到什么反对,是因为海洋这个长期为公众所共同使用的物在实际的社会生产生活活动中没有在事实上与个人利益建立足以产生法律影响的联系,比如长时期的排他的使用。②

二、国家垄断:海域国家所有权的实质

近世各国为什么不约而同地将海域宣布为国家所有?国家海域所有权的实质是什么?我们认为,海域国家所有权的实质,就是国家对海域这一有限资源、稀缺资源的垄断。

概括起来看,世界各国在海域上设定所有权与创设海域国家所有权基本上是同时发生的。也就是说,当人类产生了在海域上设定所有权制度的要求的时候也就同时开始了海域国家所有权建设的历史。这两者之所以“不约而同”地出现在近代,而不是古代,也不是拖延到今天,是由人类开发利用海洋的程度决定的,是由海洋对于人类经济和社会发展的意义的大小决定的。说

① 参见张志华:“论海域物权在我国民法物权体系中的地位”,载尹田主编:《中国海域物权的理论与实践》,中国法制出版社2004年版,第173页。

② 有的国家之所以承认一定范围内的私人海域所有权,是因为在那里已经形成了这种排他使用。瑞典海域立法中有海域私人所有权的条款。法律规定,从海岸线外推300米是私人沿岸陆地拥有者的私有海域。但非濒临私人海岸的全部主权海域和濒临私人海岸的300米以外的主权海域,皆由国家享有所有权。(参见张志华:“论海域物权在我国民法物权体系中的地位”,载尹田主编:《中国海域物权的理论与实践》,中国法制出版社2004年版,第173页)这一规定反映了私人占有与国家对海域国家所有权的强行设定之间的“讨价还价”。

得更直白一点，是由海域对人类需求的供给能力决定的。海域所有权，同时也就是海域国家所有权发生的时候，是人类大范围、高频率、深度利用海洋的时期，是近代工业和由此带来的各种海洋产业大踏步前进的时期，是各种用海需求发生了这样那样一些冲突的时候。是用海冲突，是不同主体在海域使用中的利益冲突催生了海域所有权，而这种所有权从一开始就以国家所有权为基本形态。

正如经济学家所注意到的，特定物的稀缺性是在该物上设定所有权的客观基础。“若是一种东西预期会非常富裕，人人可以取得，不必请求任何人或者政府同意，它就不会成为任何人的财产。若是供给有限，它就会成为私有的或公有的财产。”①在古代社会之所以没有产生海域所有权，也没有出现今天所讨论的海域国家所有权，不是因为海域没有使用价值，也不是因为人们没有学会利用海洋，当然更不是因为那时海洋里可利用的资源比今天少，而是因为在人类低下的生产力水平条件下，在人类还无力给海洋以较明显的开发性影响的情况下，海洋对于人类仍然是一个可以供人们尽情享用而绝不会枯竭、不会发生短缺的对象。所谓“取之不尽，用之不竭”用在当时人对海洋的评价中是最合适的。

近代工业文明不仅带来了陆地上的经济繁荣，同时也引发了人类开发利用海洋的高潮。海洋对资源的保有或赋存，海洋对航运的承载能力，海洋的某些特殊区位作为港口码头的特殊用途，海洋的其他空间价值等等，都吸引人们投身开发利用之中。随着陆地开发强度的增大而引起的资源不足、现代的海洋农牧化等等，更把人们寻找商机、开发资源的注意力吸引到海洋，主要是近岸海域上来。这一切，彻底改变了海洋原有的“取之不尽，用之不竭”地位。海域逐渐成了人们争夺的对象，成了多种利用形式之间、多个利用主体之间矛盾的焦点。海域所有权，同时也就是海域国家所有权就是在这个时候产生的，是为解决海域利用中的矛盾而由国家创设的。

对稀缺的特定物需要设定所有权，但不必然设定国家所有权，事实上作

---

① 康芒斯：《制度经济学》（上册），商务印书馆 1962 年版，第 298 页。

为所有权对象的绝大部分物都首先是作为普通的生产者或消费者的所有物进入法律的。然而,海域不是普通的、具有稀缺性的特定物。非常明显,海域是具有公共利用价值的一种资源。比如,海水可承载船舶,海域可以向人们提供航行的便利。这是一种可供公众利用的便利。如果说人类利用海洋的初期这种公共利用的价值还只是作为一种事实存在的话,那么,在资源日渐短缺、人类生存空间日渐狭窄的今天,这种公共价值越来越具有决定命运甚至生死存亡的意义。这样一种财产不应该交给私人,因为把它交给私人也就相当于让私人控制了公众的命运。正是因为这一点,"海域本身不能亦不应成为商品或者被商品化",①不能把海域变成个人所有权的对象,任凭私人处置。

海域既是可供公共利用的空间,同时又具有稀缺性,而大凡稀缺的资源都容易引起垄断。如果允许把海域变成私人的财产,容忍私人对海域资源的垄断,那就等于宣布可以由私人来垄断公共的命运。

阮春林先生在谈海域国家所有权的特征时使用了国家"独占的垄断支配权"的提法。② 这一提法充分反映了海域国家所有权的性质,即国家垄断。这种国家垄断是抵制私人垄断的最便利的办法,也是可以最有效地保证海域的公共利用价值得以实现的办法。

国家并非私人所有者,把国家宣布为海域所有者并没有把国家变成私人所有者。国家并不能直接地使用、消费海域,最后使用海域的还是个人,不管是用转让使用权的方式,还是用租赁等方式。把海域的所有权交给国家,实际上就是借助于国家的垄断为海域的公共利用提供方便,为更有效地进行海域资源的配置提供制度基础。尹田先生认为,海域"国家所有权的设置目的,绝对不能是国家对于这些自然资源的最大限度的利用和收益","海域所有权的设定,从根本上讲,不应当是一种新的控制、支配权的诞生,而应当是一种更为

---

① 尹田主编:"中国海域物权的理论与实践",《海域物权的法律思考(代序)》,中国法制出版社 2004 年版,第 4 页。

② 尹田主编:"中国海域物权制度研究",中国法制出版社 2004 年版,第 10 页。

严格和具体的国家责任的诞生”。① 他这里所说的国家责任可以说就是防止海域的私人垄断的责任，是为海域的公共利用提供便利的责任。

三、海域归国家所有的合理性

海域国家所有权的实质是国家对海域的垄断。这种垄断合理吗？在市场经济的条件下，这种显然不利于交易的制度安排的合理性在哪里呢？

我们认为，海域归国家所有的合理性，实质上就是国家对海域实行垄断的合理性。对此，至少可以从以下方面加以认识。

第一，国家对海域的垄断并不违背自然规律。

海域生态系统范围广、规模大，与陆地生态系统相比较，整体性更强，从水面、水体、海床到底土，纵横交错，相互影响，生态结构和层次更为复杂。海域是一个无法截然分开的空间整体，具有功能多宜性、资源的多样性和开发利用的立体性等特点，这些特点决定了海域不存在陆地、林地、草地上存在的功能单一、区域独立、界线明确的区块。这要求我们必须以整体、全局、协调的观点对待海域资源的开发利用，对海域进行整体规划，按照海洋功能区划，统筹安排海域开发活动和海洋自然保护区、特别保护区的建设，使海域资源开发与海洋环境保护得到有效协调，使海域的整体效益得以发挥。立法上规定由国家作为海域所有权的单一主体，有利于提高规划的科学性和规划的贯彻落实，也有利于海域生态保护的法律法规以及海域生态保护措施的执行。

海域作为自然存在的物，是一种集多种复合资源和功能于一身的统一体。海域资源的复合性很强，生物资源、矿产资源、港口资源、旅游资源、潮汐能资源等交叉重叠在一起，没有明确的分界限。这一属性决定了海域资源开发的多宜性、用海活动的多样性和用海活动的相互交叉性的特点。同一海域可用于养殖、航运、旅游、海洋矿产资源开发及军事用海等多种活动，使用方式在空

---

① 尹田主编：“中国海域物权的理论与实践”，《海域物权的法律思考（代序）》，中国法制出版社 2004 年版，第 4—5 页。

间和时间上不是固定不变的。各类用海活动之间不可避免会相互影响,甚至会引发矛盾和纠纷,处理不好将会严重影响各涉海行业的协调发展,甚至会带来灾难性后果。①海域归国家所有,更容易形成海域利用的统一规划,有利于减少各类用海活动之间的冲突。

第二,确立海域国家所有权有利于海域主权的行使。

海域不仅是所有权的对象,更是一国的主权范围。海域的国家所有权显然比把海域所有权交给私人更便于国家对海域行使主权。

海域多处于一国海防前沿,在国防建设中地位突出。国家对海域实行垄断,对海域权属进行统一管理,能更好地从宏观上控制其他用海活动的规模和位置、类型,更好地协调军事用海与一般用海的冲突,保证军事用海的需要和安全。

全球海域彼此相连,在相互依赖、相互制约的自然环境要素之间,触一"发"而动全身,一国海域管理不善所造成的影响并不止于该国主权海域的疆界,此国不当使用海域所造成的严重后果会危害到相邻的彼国甚至更广泛的国家。基于《联合国海洋法公约》等国际公约为沿海国家设定的义务,国家应从国家整体利益的高度处理有关涉海事务,统一行使海域所有权,维护国家尊严和利益,保证海防的巩固与发展。

第三,集体经济组织不宜成为海域所有权的主体。

无论是从必要性上考虑,还是从可行性上分析,均可排除将集体经济组织列为海域所有权主体的考虑。主要原因是:其一,海域"是一个无法截然分开的空间资源整体",②是一种集多种复合资源和功能于一身的统一体,这与土地资源的分布范围相对明确大不相同;海域也不像陆域那样,有明显的行政区划界限,就自然特点而言,不能对海域分割确定主体。海域的整体性、有限性

---

① 我国辽宁省庄河市为连接海岛和大陆,修建了一条连岛大坝。仅从便利岛陆交通的角度考虑,是必要的,但是,由于该项海洋工程没有经过海域使用可行性论证,也没有纳入海域使用权的统一管理,结果导致大坝隔断了该海域海水的正常循环,严重改变了大坝两侧水域的生态环境,使该海域丰富的滩涂贝类资源枯竭,造成不可挽回的经济损失。参见王铁民:《海域使用管理探究》,海洋出版社 2002 年版,第 31 页。

② 王铁民:《海域使用管理探究》,海洋出版社 2002 年版,第 5 页。

和稀缺性等特点，客观上决定了它在法律上应采取专属所有权的形式，所有权的主体只能是国家。其二，规定海域的分别所有权会增加产权的界定成本。我国现今的物权立法采取自然资源由国家和集体组织分别所有的形式，这种立法方式在实践中造成了自然资源权利滥用及权利冲突等现象的发生。“不同主体利益上的差异及可能产生的地方保护现象都会给资源的权利界定带来许多人为的麻烦。人们会把许多精力用在资源权利的界定上而不是资源如何开发利用上。”①

第四，海域国家所有权制度是创设海域使用权制度的基础。

海洋经济蓬勃发展的今天，人类对海洋资源的需求极大地增加。海洋利用技术提高，海洋开发能力增强，使海洋（尤其是近岸海域）成为国家之间、用海主体之间争夺的对象。如果海域的权属关系不明确，势必引发因争占海域而发生的纠纷。我国《海域使用管理法》颁行之前，即因法律上缺乏海域使用权取得条件的明确规定，导致海域开发秩序十分混乱，养殖与港口航道、滨海旅游、油气开采等用海的矛盾以及擅自开发海域影响国防安全的问题都很突出。构建海域使用权制度，必须首先明确海域的所有权归属。海域的所有权关系明晰，是海域得以利用和增值的前提。我国是政府配置自然资源的国家，从国家主权支配与自然资源归全体人民所有的政治观念出发，我国现行宪法规定重要的自然资源属于国家所有，在私法尚未对具有财产性的自然资源（如土地、水资源、海域等）的所有权做出明确规定之前，《土地管理法》、《水法》、《海域使用管理法》等自然资源行政管理法在规范自然资源行政管理活动的同时，确定或者创设了土地物权、水权、海域物权等自然资源权属制度。为了及时澄清社会公众在海域所有权问题上模糊不清的认识，纠正沿海居民误认为海域属于本县、本乡或本村的错误观念，《海域使用管理法》宣示国家享有海域的单一所有权，并以海域所有权为基础权利，通过海域使用过程中的权利分配实现相关主体的利益平衡。海域所有权是法律对一国海域资源支配方式进行的最高选择，是一国海域产权制度中最核心的部分。立法上确立海

① 杨利雅：“自然资源的专属性研究”，《天津市政法管理干部学院学报》，2005 年第 2 期，第 29 页。

域国家所有权制度,不仅是建立海域行政管理秩序的需要,也是创设海域使用权制度不可缺少的前提条件。

第五,明确国家对海域的所有权,有利于保护海域、全面实现海域价值。

海域具有极其重要的社会价值。所谓海域价值,是指海域所具有的满足人类需要的各种属性。这些属性包括了自然属性和社会属性,它们构成海域价值的客观基础。海域的自身属性即资源性是其价值的直接源泉,而人类劳动是其价值形成的间接源泉。海域价值与人们的需要联系在一起,依其满足人们需要的具体内容,整体的海域价值可分解为政治价值、军事价值、经济价值、生态价值、科学价值、文化价值等多个方面。随着人类在海域开发利用海洋资源的活动不断深入、广泛,海域特有的战略性、稀缺性、立体性、环境脆弱性等特点,使海域的经济价值、生态价值在海域利用的过程中充分显现。海域产权制度的变迁反映出法律对海域使用由"无偿"到"有偿"的观念转变。国际关系上,海域是国家权利义务指向的对象,具有重要的主权意义,其政治价值早已引起国际社会的重视。几个世纪以来,沿海国家有关海洋归属的竞争与博弈持续不断,各国政府运用政策、法律等手段维护本国海域权益,加强海域使用管理,保护海域环境,促进海域的合理开发和可持续利用。海域产权制度安排的目标值应是海域可持续满足一国经济和社会的可持续发展。可持续发展当然是有效率的发展,这样,产权的架构必须充分考虑到海域价值的实现。在产权制度的安排中,所有权制度的安排是基础。促进海域价值的实现,当然要重视海域的权属问题。海域的社会属性要求海域所有权必须为一个强大的、同时又能为社会全体服务的主体所享有。国家既是海域主权的享有者、海域开发利用的管理者,又是国有财产的所有者,有强大的宏观调控能力和社会控制力;国家的各种行政机关的设立和权力的行使也在组织上保证了海域所有权的实现。因此,国家是海域所有权的当然主体。

综观世界各国的海域管理制度,海域的国家所有从来都是普遍的制度选择。海域国家所有权是一国行使海域永久主权,通过法律对本国海域支配进行制度安排的财产法权利,是一国完全和充分行使海域永久主权的结果。明确国家对海域的所有权,有利于澄清过去在海域权属上"谁占领,谁所有"的错误观念，从根本上理顺国家、用海主体之间海域所有权与使用权的权属关系，从而维护国家的所有权权益；有利于国家对海域的统筹安排，规范用海秩序，保证海域资源的合理利用和持续开发，从而促进海洋经济的协调发展。

国外环境法研究 

GUOWAI HUANJINGFA YANJIU

日本环境侵权民事责任
因果关系论的创新

罗　丽[1]

摘要：因果关系作为侵权法上的核心问题，与受害人能否得到救济息息相关。本文试图通过对日本环境侵权诉讼中判例和学说关于因果关系理论的系统梳理，探求日本环境侵权因果关系论的创新，为完善我国环境侵权行为法理论提供借鉴。

关键词：相当因果关系，事实性因果关系，因果关系举证责任

Abstract: Causality takes up a kernel role in every country's tort law and influences the profit of victim. This paper on the basis of analyzing the historical development of the theories of the causality in environmental tort actions in Japanese judicial precedent and studies, researches the innovation of the causality in environmental torts. It is valuable for us to perfect and develop the theory of environmental tort law in our country.

Key Words: Adequate causality, factual causality, burden of proof

一、引　言

侵权法上的因果关系，是侵权行为及损害赔偿法的核心问题。[2] 与一般

---

① 罗丽，北京理工大学人文社会科学学院法律系副教授，法学博士。主要研究方向：民商法学、环境法学。北京理工大学基础研究基金赞助（BIT-UBF-200509G4204）。

② 王泽鉴：《侵权行为法（1）》，中国政法大学出版社2001年版，第187页。

侵权行为中加害行为与损害后果之间的因果关系一目了然、不证自明的特点相对，在发生环境侵权行为的场合，除在噪音、振动、妨害日照等直接环境侵权事件中，因果关系较为明显之外，在通过大气、水等自然媒介物而产生或由于多种原因聚积、竞合而产生的环境侵权事件中，因受产生侵害结果的原因物质种类繁多、来源形形色色、危害途径潜伏而隐蔽等因素影响，环境侵权行为与损害后果之间的因果关系，变得错综复杂而难以证明。不仅如此，在证明问题上，由于受高科技发展、企业独占相关专业科技资料以及科技发展水平制约等因素影响，由受害人承担举证责任极为困难。在环境侵权事件中，如果依然根据一般侵权行为责任论的要求，由受害人承担因果关系的举证责任，则受害人通常会因无法证明因果关系而面临败诉风险，这样，受害人试图通过民事诉讼途径获得救济的可能性荡然无存，这种结果与传统民事法律制度所追求的公平与正义的价值理念是背道而驰的。因此，为实现侵权行为法救济受害人、强化加害人民事责任目的的需要，探索减轻环境侵权受害人因果关系举证困难的有效途径，已成为世界各国法学理论与实践的新课题。

长期以来，在损害赔偿事件中加害行为与损害后果之间因果关系的证明问题，一直是困扰日本法学理论与司法实践的重要问题。自日本大审院 1926 年 5 月 22 日富喜丸事件判决以来，“相当因果关系”论便成为日本判例、学说的通说。但是，自 20 世纪 70 年代以来，在围绕如何解决以“四大公害”诉讼为中心的环境侵权诉讼受害人关于因果关系举证问题的过程中，日本理论界和实务界突破了传统侵权行为法理论，对传统因果关系理论进行了创新，探索了与环境侵权行为特征相适应的新因果关系理论，真正实现了充分发挥环境侵权民事责任之功能及迅速、及时救济受害人之目的。

二、日本环境侵权诉讼中事实性因果关系举证责任的理论与实践

与“相当因果关系说”的通说相对，日本有力说①结合日本民法第 709

① （日）泽井裕：《公害的私法研究》，一粒社 1971 年版，第 221 页。

条的规定，认为该条所规定的因果关系包括两种情况：一是由侵权行为与权利侵害相结合而构成的关于侵权行为成立要件的因果关系，是纯粹客观、自然的因果关系，即"事实性因果关系"；二是权利侵害与损害相结合而构成的关于加害者应该赔偿损害的范围内的因果关系，是在承认侵权行为与权利侵害之间事实性因果关系的基础上，对加害者应该赔偿受害人损害的法的价值判断，即"相当因果关系"。有力说的主张，一度并未引起广泛关注，但在环境侵权诉讼日趋频繁、因果关系越来越成为此类诉讼的关键的情况下，"事实性因果关系"理论得到了日本理论界和实务界的广泛关注。

（一）20 世纪 60 年代中期以前

20 世纪 60 年代前半期，在侵权行为因果关系的理论研究上，一方面，判例所涉及的公害事件因果关系的证明，多属于较容易证明的情况，另一方面，对于现实中存在的因果关系难以证明的公害事件，学说上并不探究现实被害的原因，而通常从相邻关系纠纷出发进行研究。因此这一时期的学说理论，很少从公害因果关系难以证明出发来研究如何救济公害受害人。

这一时期最引人注目的理论，当属 1961 年德本镇教授提出的有关矿害赔偿中的盖然性因果关系理论。德本镇教授结合矿害损害内在因果关系的特殊性、难于证明等特征，主张为减轻受害人的举证责任，应该降低因果关系的证明程度。具体而言，盖然性说理论的主要内容包括：第一，在形式上仍然由原告受害者负担因果关系存在的举证责任；第二，受害人表示出"相当程度的盖然性"的证明即可；第三，实质上的证明责任，由受害人转换至加害人承担，采取德国矿害赔偿法中的精确专业证明法理，只要被告不能证明不存在因果关系，就应该认定存在因果关系。①

这一时期的判例中，存在少数关于公害事件因果关系的有意义的判决。其一，是著名的"大阪强碱事件"判决。针对不能直接证明的大气污染公害的因果关系，本判决显示出其特色：收集各种间接事实，采取经验法则的证明手

① （日）德本镇：《企业的不法行为责任研究》，一粒社 1974 年版，第 51—63 页。

法，认定了被告企业与受害人之间的事实性因果关系。① 其二，是“甲府天神川污染事件”判决。② 针对本案原告鲤鱼憋死现象是否与两被告所排废液有关的争论，本判决采取的通过收集各种间接事实，认定污染路线，在鲤鱼憋死机理并未特定的前提下，认定了因果关系，明确了原告鲤鱼死亡主要原因在于甲府化纤原料制造业者。本判决的这种将法的因果关系与科学原理理论区别对待的特点，曾引起日本理论界和实务界的广泛关注。③

（二）20 世纪 60 年代后期至 70 年代

1. 学说

在“四大公害”诉讼事件中，日本有关减轻受害人“事实性因果关系”证明责任的理论，得到了充分展开。

（1）盖然性说的发展

针对明确生活妨害中因果关系困难的问题，1965 年德本镇教授进一步发展了其盖然性说理论。德本镇教授认为，“受害人一方，以特定企业的行为为基础，就该生活妨害进行了相当程度的盖然性举证之后，如果企业一方不能反证的话，则即使采取因此就认定存在因果关系的方法，也不能说其不妥”④。

德本镇教授的盖然性说主张一经提出，立即得到众多学者的支持。早在 1964 年，加藤一郎教授就认为，公害的公法规制和私法救济上的因果关系，不一定要经过严格的证明，在此基础上提出了将盖然性说作为公害的一般理论的主张。⑤ 之后，1967 年加藤一郎教授结合“四日市哮喘诉讼”事件，提出了“优越证据说”理论。⑥ 牛山积教授也认为，要求受害者对事实性因果关系作严格的证明，对受害者来说过于苛刻；此外，基于企业就其生产活动拥有众多

① （日）淡路刚久：《公害赔偿的理论（增补版）》，有斐阁 1978 年版，第 3 页。

② 日本甲府地方法院 1958 年 12 月 23 日判决，《下级民事判例集》，第 9 卷第 12 号，第 2532 页。

③ （日）吉村良一：《公害・环境私法的展开与今日的课题》，法律文化社 2002 年版，第 220 页。

④ （日）加藤一郎编：《注释民法 19》，有斐阁 1965 年版，第 174 页。

⑤ （日）加藤一郎：“《日本的公害法》概括”，《法学家》（东京）第 310 号，第 104 页。

⑥ （日）加藤一郎编：《公害法的生成与展开》，岩波书店 1970 年版，第 29 页。

技术人员、提出反证所必要的财政实力雄厚以及通过加重企业方面的责任能期待其努力防止公害等理由，牛山积教授也提出了转换因果关系举证责任，减轻受害人举证责任的主张。①

（2）关于“相当程度的盖然性”内容

德本镇教授提出盖然性说时，由于只注重论述了减轻受害人举证责任以及导入盖然性说的必要性，而没有具体涉及实体法上、程序法上的问题以及盖然性说在法技术上的意义等问题，因此，德本镇教授关于盖然性说理论的内容并不十分明确，以至于日本民法理论上关于公害诉讼中盖然性说的理解，呈现出了以下见仁见智的局面：

第一，优越证据说

加藤一郎教授在主张采取盖然性说的同时，受英美法上“证据的优越性”理论影响，提出了“优越证据说”理论。加藤教授试图从“证据的优越性”（preponderance of evidence）的观点来说明盖然性说。他认为，法律上的证明程度，因事而异。民事事件的举证，只要盖然性程度较大即可。即使是同样的诉讼事件，如为刑事事件的话，由于涉及人权问题，必须对犯罪证明达到毫无疑问的程度，才可以认为有罪；而民事事件的场合，则存在使原告与被告哪一方胜诉、哪一方所主张的事实能被认为是真实的问题。从数学角度而言，为是否超过50%盖然性的问题，根据这些问题就可得出结论。此外，加藤教授还主张，在从常识上来看就能够判断具有因果关系的程度的场合，并不一定需要严格的证明就应该确定具有因果关系而认定责任的存在；而在如果确实从常识来看，虽然好像具有因果关系但实质上不具有因果关系的场合，则由被告进行举证证明即可。②

优越证据说提出后，曾遭到日本学者的批评。楠本安雄认为，证据优越说没有注意到日本与美国法中有关审判制度的差异性。在美国法中以证据的优越作为判断基准，其前提条件是，在审判中无法期待那些对诉讼不具积极权限且只能默默观看法庭上攻防辩论的陪审员，对所争议事实作出具有高度确信

---

① （日）牛山积：《公害裁判的展开与法理论》，日本评论社1976年版，第26页。

② （日）加藤一郎编：《公害法的生成与展开》，岩波书店1970年版，第29页。

度的认定；相反地，职业法官积极地对审判发挥作用，并能够最终得到双方理解的大陆法类型的事实审理结构，是不允许通过证据的优越来认定事实的。① 泽井裕教授也认为，主张民事诉讼中举证只需盖然性的程度，与日本证据法的原则相违背，承担举证责任者的举证即使相对于他方而言较为优越，但是在其举证价值较低的场合（没有达到盖然性的程度的场合），将其视为已经举证的做法并不妥当②。

从优越证据说理论来看，该学说最终与“原告如果作出了相当的盖然性程度的举证，而被告对此不能作出足够推翻该证明的反证，则因果关系举证成立”的主张，在实质上是一致的。

第二，事实上的推定说

盖然性说认为，因果关系的举证责任虽然仍由原告承担，但原告没有必要作严格的证明，只需就盖然性作证明即可，而被告在不能反证的情况下就不能免责。德本镇教授认为因果关系是“事实上的推定”，被告只要不能证明不存在因果关系，就不能推翻事实上的推定。

事实上的推定说，一方面将盖然性说作为法官自由心证范围内的问题来处理；另一方面从公害诉讼中因果关系的特殊性出发，主张公害事件中应成立与一般事件不同的心证，即主张借鉴利用学说、判例上已形成的有关“推定过失”的所谓“大概充分的证明”方法，“将此置于自由心证范围内，理论上并不需要承认形成特别心证，只要在事实上有意识地进行必要的、最小限度的举证即可……。在公害诉讼中因果关系举证的活用，并不存在任何理论上的障碍，所谓盖然性说也应作如此理解，盖然性说不可能存在其他的法律上的解释论”。③

当然，事实上的推定说，是以经验法则为前提的。因此该理论因无法解释在缺乏经验法则情况下该如何适用事实上的推定理论而遭到了部分学者的批

① （日）楠本安雄：“因果关系的费用与问题”，《判例时报》第 635 号，第 8 页。

② （日）泽井裕：《公害的私法研究》，一粒社 1971 年版，第 226 页。

③ （日）东孝行：“公害法的诸问题——因果关系的举证（四）完”，《司法研修所论集》1971 年 1 号，第 3 页。转引自[日]淡路刚久：《公害赔偿的理论（增补版）》，有斐阁 1978 年版，第 5—6 页。

判。如森岛昭夫教授认为,通常,事实推定是以"在一般事实A存在的场合下事实B也存在的'经验法则'的场合"为前提,通过在对B事实予以证明的情形下,能够推定A事实的存在;但是在A、B间并不存在上述经验法则的情况下,即使是基于"政策性考虑",也不能进行事实上的推定。①

第三,间接反证

间接反证,是由不负有举证责任的一方当事人进行反证的一种。与直接反证不同,间接反证不是对承担证明责任的当事人所证明事实本身存在分歧,而是对能够推定主要事实不存在的间接事实进行证明,在间接反证中,相对方就该事实证明承担举证责任。

在公害因果关系论中适用间接反证的主张,是以富山痛痛病判决和新潟水俣病判决为契机而提出的。好美清光、竹下守夫教授于1971年发表"关于痛痛病第一次诉讼第一审判决的法律探讨"一文,以痛痛病第一次诉讼判决见解为基础,将公害事件的因果关系分解为如下证明主题,对其中的证明状态分别予以探讨。他们认为:"在证明公害因果关系时,根据各种类型来看,都必须由被告企业的生产过程中产生的特定物质(A)→排出外部(B)→通过媒介扩散(C)→到达原告身体、财产(D)→发生损害(E)"等各个事实以及各个前者事实向后者事实推进过程所构成的复合证明主题为对象。只要承认原告对存在因果关系承担举证责任,原告就必须对A→B→C→D→E的全过程进行举证,但是上述所列举证主题之中,还存在从与其他举证主题相关的事实和经验法则出发,就能够证明的情形。如在河流受污染的场合,倘若就上游被告企业排放有害物质的事实(B)与下游原告因该物质导致的损害的发生事实(E)或该物质达到原告地域的事实(D)进行证明的话,则根据经验法则,可推断出B→C→D→E或B→C→D的过程。如果被告以存在'特别情况'而主张经验法则不妥当的话,则由于必须完全证明存在该'特别的情况'以排斥经验法则的适用,因此,存在该'特别情况'的证明责任,须由被告承担"。②

① (日)森岛昭夫:《侵权行为法讲义》,有斐阁1987年版,第295页。

② (日)好美清光、竹下守夫:"痛痛病第一次诉讼第一次审判的法的检讨",《判例评论》第154号,第114页。转引自[日]淡路刚久:《公害赔偿的理论(增补版)》,有斐阁1978年版,第7页。

第四,盖然性说的再构成

淡路刚久教授在分析、探讨盖然性说的各种见解之后,提出了盖然性说再构成理论。盖然性说再构成论主要内容包括:首先,将构成因果关系的事实分解为被害发生的原因物质乃至其机制(病因论乃至原因论 = 事实 A),原因物质到达受害人乃至被害地的路线(污染途径 = 事实 B),企业中原因物质的生成、流出(事实 C)。其次,以间接反证理论为基本视点,在此基础上,淡路刚久教授展开了其独特的盖然性说再构成理论:①当事实 A、B 得到证明的场合。原告如果能证明被害发生的原因物质(事实 A),是经过企业污染途径到达原告门前(事实 B),而企业者方却不能就其不能成为污染源的事实进行举证的话(间接反证),则肯定因果关系成立。②在事实 A、C 得到证明的场合。如果原告在就被害发生的原因物质事实 A、同种类的原因物质在被告企业方生成、流出的事实 C 进行证明,并且,就被告企业排出的原因物质具有到达被害地域的可能性进行证明的情况下,被告企业方如不能就其不能成为污染源的事实进行举证的话(间接反证),则肯定因果关系成立。③在事实 B、C 得到证明的场合。如果原告在就企业流出的原因物质事实 C、该原因物质到达受害人乃至被害地的事实 B 进行证明的话,企业者方如不能就其不能成为原因者的事实进行举证的话(间接反证),则肯定因果关系的成立。①

(3)疫学的因果关系

在这一时期,极力主张应该导入疫学方法以证明公害事件因果关系的疫学因果关系论,作为因果关系举证的证明方法之一,也得到了充分展开。

其一,关于疫学因果关系说

疫学因果关系说,是将疫学的考虑方法,引入事实性因果关系的法的判断之中的见解。自 1964 年至 1965 年间,加藤一郎教授曾在公害研究会上提到过,但真正具体提出该理论的当属戒能通孝教授。② 以疫学研究者的研究成果为基础,疫学因果关系论认为,如果通过疫学方法对被害结果与被告企业排

---

① (日)淡路刚久:《公害赔偿的理论(增补版)》,有斐阁 1978 年版,第 9 页。

② (日)戒能通孝等:“(座谈会)法律学与疫学”,《法律时报》1968 年第 40 卷 2 号,第 26 页。

除的物质之间的因果关系举证成功的话，就意味着法律上的因果关系得到了证明。疫学因果关系论，最初是通过疫学与法律学的对话而引入法律学领域的。在司法实践中，疫学因果关系论自从在富山痛痛病诉讼判决等公害诉讼中得到主张以来，不仅在下级审判决中被采用，而且也得到了环境法学研究者的一致支持。

但是，在采用疫学方法来证明因果关系时，通常会产生如何处理集团与个人之间的关系问题。在采用疫学方法证明因果关系的场合，要进行集团观察，即使在疫学上证明了某因子与该疾病之间的因果关系，但据此可以明确的，也仅仅是该因子与该疾病集团之间发生的因果关系；在诉讼上，还存在判明各原告的被害与该因子之间的个别因果关系问题。特别是在大气污染公害中，发生慢性支气管炎等所谓非特异性疾患①的场合，由于考虑诸如过敏体质之类的其他原因，因此，在因果关系的判断上存在较大问题。对此，一方面，有力说严格区分集团水准的因果关系（称为“集团因果关系”）和属于集团内部的个人水准的因果关系（称为“个别因果关系”），认为虽然在特异性疾患②的情况下，可以认定存在个别的因果关系，但在非特异性疾患的情况下，置身于污染物质之中的集团的罹患率与没有置身于污染物质的集团的罹患率之比，如果不存在相当大的程度上差异的情况下，则不可能推定为具有个别的因果关系；③另一方面，与此相对，日本也存在认为应该将法律上的因果关系与科学上的因果关系区别对待，在假定不存在该大气污染就不可能罹患该疾病的举证不能成立时，对于非特异性疾患，则从存在集团因果关系推定出存在个别因果关系即为合理的学说见解。④

疫学因果关系论的意义在于，使受害人摆脱了证明病理机能的困难性，并

① 非特异性疾患，是指“某种炎症或疾患，其发病原因并未完全明确的场合；或者原因有多种可能性，但不能特定其原因的场合”。

② 疾病由该污染物质引起，并且存在如果没有该污染物质，则没有患该疾病的可能的特异关系。

③ （日）森岛昭夫：“因果关系的认定与赔偿额的减额”，《现代社会的民法学的动向（上）》，有斐阁 1992 年版，第 235 页；（日）加藤雅信等编：《民法学说百年史》，三省堂 1999 年版，第 621—622 页。

④ （日）淡路刚久：“公害环境问题与法理论（之一）”，《法学家》1985 年，第 828 页。

为受害人通过追究加害人的民事责任以获得救济提供了可能。

其二，盖然性说与疫学因果关系论的关系①

随着将疫学方法作为因果关系的证明手段在公害诉讼中广泛运用，疫学因果关系与法的因果关系之间存在何种联系，便成为必须面对的理论和现实问题。在疫学因果关系得以证明的场合，是否就能够承认法的因果关系？相反，如果疫学因果关系不能得到证明的话，是否就意味着不能承认法的因果关系？

关于这一问题，日本主要存在两种不同的见解：第一种观点，主张将疫学的因果关系论作为盖然性说的具体化，作为减轻原告举证责任的一种手段。如野村好弘教授认为，盖然性说虽然并未明确盖然性的程度，但"作为明确因果关系的手段，疫学因果关系的思考方法，极为有效"，通过导入疫学因果关系的思考方法，"能够明确有关法的因果关系的盖然性说的具体内涵"；②第二种观点，主张如果承认了疫学上的因果关系的话，则不必说是盖然性论，即使是法的因果关系也应该得到承认。③ 上述两种观点，因在认识论上存在以下缺陷而有待完善。首先，第一种观点，一方面以疫学为科学方法论，另一方面却又以该方法论并不十分科学为前提，因此，在理论构成上有矛盾之处；而第二种观点，却将疫学看成是无所不能的"超人"，有夸大疫学功能的倾向。④

在认识到上述观点的缺陷的基础上，淡路刚久教授提出了一种全新的主张。淡路教授认为，法的因果关系与疫学的因果关系是两种不同的因果关系，并且在明确通过疫学方法在何种程度上证明了法的因果关系的基础上，主张盖然性因果关系与疫学因果关系可以合并考虑。其理论依据在于：第一，疫学因果关系的考察方法与经验法则一致。根据疫学因果关系的考察方法，在以下四个条件充足的场合，该因子与疫病之间就存在因果关系。即：①该因子在

---

① （日）淡路刚久：《公害赔偿的理论（增补版）》，有斐阁 1978 年版，第 38 页。

② 牛山积教授也赞同此说。参见（日）牛山积：《公害裁判的展开与法理论》，日本评论社 1976 年版，第 26 页以下。

③ （日）牛山积："痛痛病判决的因果关系论"，《法律时报》第 635 号，第 7 页。

④ （日）淡路刚久：《公害赔偿的理论（增补版）》，有斐阁 1978 年版，第 38 页。

发病前的一定时期起着作用;②该因子作用的程度极为明显地提高了该疾病的罹患率;③从该因子分布消长的情况来看,与记载疫学上所观察的流行特性并不矛盾;④该因子作为原因而作用的机制,能够毫无矛盾地在生物学上得到说明。淡路教授从疫学因果关系考虑方法入手,认为该考虑方法与"集团因果法则=经验法则"的考虑方法是一致的,疫学是通过采取近代统计学的高度手法的实践性方法进行的,因此,疫学的因果关系被证明,则可以认为在法律上该被害发生的原因物质(事实A)当然被证明。与此同时,病理学上的机制的研究,具有补充证明该被害发生的原因物质(事实A)的作用。因此,应当注意的是,只要该疾病在病理学上的机理没有被解明,则被害发生的原因物质也无法解明。第二,疫学研究还可采取其他方法进行。即在发现上述因子的问题上,现实中从环境中的诸条件出发,可以采取一定假说,寻找有关污染源和污染经路。即如果污染经路明确,则根据该污染经路,就可寻找到污染企业(原因物质到达受害人和被害地=事实B得以证明);即使在不能明确企业产生、排放原因物质的事实(被告企业产生、流出原因物质=事实C),只要企业不能证明自己不能成为污染源,则推定承认法律上的因果关系(间接反证)。第三,在考察疫学因果关系与法律上因果关系之间的关系时,重要的是必须明确通过疫学能够证明什么的问题。因此,不应该简单地认为疫学因果关系得到证明的话,法的因果关系的证明就已充分;或者认为只要采用疫学因果关系来证明法的因果关系的证明手法,就具有降低因果关系证明度的效果。从日本痛痛病事件、新潟水俣病事件、四日市事件等判决中可以发现,疫学借助临床、病理学、外国文献、动物实验等科学力量,成功地证明了事实A、B、C。这样,通过疫学方法所作出的有关因果关系的证明,是完全妥当的。第四,即使疫学证明采取了统计手法,也并不能直接认为其证明程度低。因为,通过疫学的举证,事实上能够证明超过"相当程度的盖然性"。当然,由于现实的疫学调查有时会受到各种条件的制约,该证明程度则会存在精确与粗略之别,因此,也不能完全排除存在证明程度低的情况。

以此为基础,淡路教授认为,达到何种程度就表示具备因果关系,这种证明是盖然性说存在的问题。在因果关系的证明方法中,疫学因果关系论与因果关系证明程度相关的盖然性说,在基准上是不同的,二者应能够合并考虑。①

2. 判例

在事实性因果关系的证明方面，采取疫学因果关系论的“四大公害”诉讼判决更为引人注目。

(1)富山痛痛病事件诉讼判决

富山痛痛病事件诉讼第一审判决②通过疫学因果关系的证明手法，承认了加害行为与损害之间的事实性因果关系。第二审判决③更为注重疫学与法的因果关系之间的关系，法院根据疫学、临床以及病理学、动物实验等，对具体的因果关系进行判断，最终否定了被告方提出的抗辩理由。

富山痛痛病判决，将疫学调查研究成果第一次有意识地运用于公害诉讼中，对明确因果关系、有效救济受害人具有极为重大的意义。同时在关于被害发生的机理上，富山痛痛病判决认为，只要达到大概能认可的程度即可，这样便将受害人从科学论争的泥沼中解救出来，因而也具有其重要意义。④

(2)四日市公害诉讼判决⑤

四日市公害诉讼判决，因为在关于共同侵权行为、因果关系的证明、采用疫学等统计手法等方面，具有其特色而受到肯定。

在因果关系的认定方面，本判决将对因果关系判断分阶段进行，以证明原告罹患疾病与被告排放行为之间的因果关系。首先，法院根据被告工厂的地理状况、污染状况、工厂的劳动时间、矶津地区的硫磺酸化物浓度的年度变化、被告工厂排除硫磺酸化物的年度变化对应、风向的变化、污染浓度变化等情况，认定了污染物质是从被告工厂到达原告居住地区的；其次，判决在概述了疫学方法基础上，进一步明确了疫学证明与法的因果关系之间的关系。最后，以此为基础，判决承认了该大气污染是原告罹患疾病的原因。

---

① 淡路教授认为，二者是不同的证明方法。详细参见(日)淡路刚久：“公害环境问题与法理论(之一)”，《法学家》1985 年，第 828 页。淡路刚久：《公害赔偿的理论(增补版)》，有斐阁 1978 年版，第 38 页。

② 富山地方法院 1971 年 6 月 30 日判决，《判例时报》第 635 号，第 17 页。

③ 名古屋地方法院金泽支部 1972 年 8 月 9 日判决，《判例时报》第 674 号，第 25 页。

④ 淡路刚久：《公害赔偿的理论(增补版)》，有斐阁 1978 年版，第 21 页。

⑤ 津地方法院四日市支部 1972 年 7 月 24 日判决，《判例时报》第 672 号，第 30 页。

(3)新潟水俣病诉讼判决①

本案是"四大公害"诉讼之中没有进入控诉审程序就作出确定判决的第一例。在加害行为与损害之间的因果关系的证明方面,本判决因显示了注重当事人之间的实质上的衡平关系的立场而引人注目。

为科学判明因果关系,本判决将因果关系分为:①被害疾病的特征与原因物质(病因);②原因物质到达受害人的路线(污染途径);③加害企业排放原因物质的机制(产生、排除原因物质的机制)等三个阶段,并指出"在诸如本案的化学公害事件中,要求原告受害人对事实性因果关系进行'自然科学的解明',从作为侵权行为制度基础的衡平的观念来看,是不恰当的",因此判例基于当事人之间实质上的衡平观念的立场,认为原告方如果就①、②的情况,通过证据的收集进行了举证,并将污染源追及至"企业门前"的话,则被告方只要不能证明自己的工厂不能成为污染源,就能从事实上推定被告产生、排出了污染物质。

本判决的显著特点在于:首先,将因果关系分为三组事实,并进行类型化,是盖然性说理论在实践上的发展。② 其次,将间接反证的理论运用于实践中,使因果关系举证责任部分由被告人承担,对救济受害人具有重要意义。本判决采取了从患者的个体出发,再到企业加害行为的逆向的证明方法。③ 从将企业内部的操作过程看成是企业秘密而不容易举证的立场出发,本判决采取的这种证明的方法,具有一定的妥当性。

(三)20世纪70年代后的大气污染公害因果关系的理论与实践

由于日本环境公害对策、环境政策在1970年代开始出现倒退倾向,以至于20世纪70年代以后的日本,依然发生了极为惊人的、广范围的大气污染公害事件。为寻求救济,自20世纪70年代后期开始,受大气污染影响而罹患呼吸疾病的千叶、大阪西淀川、川崎、名古屋南部、仓敷、尼崎等地受害居民,相继

---

① 新潟地方法院1971年9说29日判决,《判例时报》第642号,第96页。

② (日)淡路刚久:《公害赔偿的理论(增补版)》,有斐阁1978年版,第29页。

③ (日)吉村良一:《公害·环境私法的展开与今日的课题》,法律文化社2002年版,第230页。

提起了大规模的公害诉讼。

在大气污染公害诉讼中，最大争论点也在于因果关系。围绕大气污染公害诉讼的因果关系，日本的学说、判例展开了激烈的讨论，并形成了各种理论。

1. 千叶诉讼判决①

在千叶诉讼中，关于因果关系的认定，千叶地方法院分以下几个步骤进行了考察：首先，法院将因果关系分为“发病的因果关系”和“到达的因果关系”。基于本案疾病属于“非特异性疾患”，法院在考虑被害人的年龄、性别、居住经历、职业经历、吸烟经历、遗传、变态反应体质、既往病史等因素之后，认为从本案疾病的临床特征、千叶县以及千叶市等地所进行的疫学调查的结果、环境基准以及补偿制度以及患者的具体情况等方面，考察原告的健康被害后果与大气污染之间因果关系，是恰当的。其次，关于间接反证的运用。判决认为：“如果能肯定患者原告以及死亡患者所遭受的健康被害与大气污染之间的因果关系，则即使其他因素与发病以及症状恶化存在联系，也不能否认大气污染与患者发病之间的因果关系。因此，要想否认与大气污染之间的因果关系，必须证明其他因素是该疾病的发病以及症状恶化的原因，而并非是遭受大气污染的影响。”再次，关于疫学调查研究的作用。判决认为，根据中央公害审查委员会的“关于大气污染与健康被害之间关系的评价等专门委员会报告”，不能说大气污染总体上对慢性闭塞肺疾病没有任何影响。最后，关于个别因果关系的认定。判决认为，如果参照患者个人症状、主治医生诊断结果、大气污染状况，应承认被告的侵权行为与本案疾病之间具有相当因果关系。

本判决的主要特色在于：将因果关系分为“到达的因果关系”与“发病的因果关系”，并在因果关系认定上，将疫学的事实作为主要决定因素，直至直接认定个别因果关系。

对于本判决关于因果关系认定方法，日本学说上存在以下意见分歧。牛山积教授认为，如果根据疫学调查以及其他间接证据、经验法则推定个别因果关系存在的话，被告方或者通过反证证明发病、症状加重等完全是由于其他因素引起的而推翻推定，或者如本判决所认定的一样，被告如不能对同样命题举

① （日）森岛昭夫、淡路刚久主编：《公害环境判例百选》，有斐阁 1994 年版，第 42 页。

证成功,则就承认个别因果关系。据此,牛山积教授认为本判决的判断方式,应该予以肯定。① 与此相对,森岛昭夫教授认为,本判决从具有疫学调查的结果关联性出发,在非特异性疾患的情况下,从存在集团的因果关系推定出个别的因果关系的判断,是错误的。②

2. 西淀川第一次诉讼判决③

关于因果关系,西淀川第一次诉讼判决从主要污染源、大气污染与本案疾病之间的因果关系、原告罹患本案疾病等方面入手,进行了论述。判决认为,在民事诉讼因果关系的证明中,高度盖然性程度的证明是必要的。同时,判决认为,对大气污染与慢性闭塞性肺疾病发病之间的因果关系的判断,是医学、公众卫生学的专门领域问题,以该领域的专家的研究、见解为依据,判断是否存在相当因果关系的方法,是恰当的。在此基础上,判决根据 1986 年中央公害审理委员会的报告,认为从 1975 年初期开始至发病为止,推定本案患者所罹患的疾病是因二氧化硫与浮游粉尘所致。④ 关于个别原告,除该疾病的罹患之外,判决结合原告的居住经历、职业经历、认定的状况、发病时期、病状的经过等因素,进行了个别的认定。⑤

本判决的主要特点在于:第一,将因果关系区分为"集团水准的因果关系(集团因果关系)"与"个别水准的因果关系(个别因果关系)",关于前者,明确采取推定方式进行证明。第二,关于因果关系的判明,本判决认为应该依据"该领域专家"的研究、见解进行判断。

对于本判决的上述观点,日本学者中也存在不同见解。新美育文教授认为,与从前的判例相比,本判决在显示"试图调和自然科学的见解与法的判断之间关系的稳定的立场"方面,具有积极意义。⑥ 与此相对,泽井裕教授认为,

---

① 参见(日)淡路刚久:"公害环境问题与法理论(之一)",《法学家》1985 年,第 828 页。

② (日)森岛昭夫、淡路刚久编:《公害环境判例百选》,有斐阁 1994 年版,第 42 页。

③ 大阪地方法院 1991 年 3 月 29 日判决,《判例时报》第 1383 号,第 22 页。

④ 但是,另一方面,关于二氧化氮,判决没有认定该物质本身或与其他物质的混合物与该疾患之间的因果关系。

⑤ (日)吉村良一:《公害·环境私法的展开与今日的课题》,法律文化社 2002 年版,第 234—235 页。

⑥ (日)新美育文:"西淀川公害第一审判决的因果关系论",《法学家》第 981 号,第 58 页。

本判决"放弃了独立的司法判断。法的因果关系的证明，与自然科学的因果关系的证明相异，本判决显示出其消极的态度，因而存在疑问"。[①] 在对本判决的反思中，吉村良一教授认为，即使是作为法的要件的因果关系，其基础是自然的因果关系，而且，在判断这种自然的因果关系中，虽然不可否认专家判断所具有的重要作用，但是，裁判中有关因果关系的认定，是法的判断，因此，从这点出发，本案判决的考虑方法，存在过度重视自然科学的判断的问题。

此外，还有关于非特异性疾病场合的个别原告与大气污染之间的因果关系问题。在1970年代前半期，"关于非特异性疾病，由于存在变态反应、吸烟等大气污染以外的其他原因，通过疫学的手法，即使明确了有关集团的因果关系，并不能直接认定个别原告与大气污染之间的因果关系"的观点，在日本也得到了广泛展开。由于这一观点对于救济受害人并没有什么益处而遭到了批判。如吉村教授认为，地域的人口集团由包括原告在内的居民构成，由于该集团的属性也是各个原告的属性，因此，完全将二者割裂开来是十分错误的。因此现在的问题是，通过集团因果关系的证明，能够在多大程度上证明个别的因果关系。对此，吉村教授主张应该考虑以下问题：第一，通过集团因果关系的证明，推定个别因果关系。而且，在决定推定程度时，疫学上的相关程度是重要的要素，不仅如此，对疫学以外的各种展示了有关各个原告呈现在该集团中的属性的生活经历、污染的暴露过程、疾病过程等个别的事情的证据资料进行综合判断，并判定其程度。而且作为这种判断的结果，在个别因果关系推定的程度超过高度盖然性的场合，被告只有在通过证明其他原因单独作用而产生了该疾病的情况下，才可以否定因果关系。第二，考虑其他因素如变态反应、吸烟等与大气污染竞合所发挥的作用。由于个别因果关系推定停留在事实上推定的程度上，则被告可以主张存在其他因子来推翻推定。但必须明确的是，仅凭存在其他因素并不能推翻推定，而应考虑其他因素如变态反应、吸烟等与大气污染竞合所发挥的作用，如果其他因素影响巨大，则有必要就其所具有的增加大气污染的程度的

---

① （日）泽井裕："关于对西淀川公害判决的考察"，《法律时报》第63卷6号，第6页。

影响进行证明。①

3. 西淀川第二次至第四次判决②

有关西淀川事件的第二次至第四次判决明确指出，公害诉讼中因果关系的证明，并不要求必须是自然科学的证明。此外，判决还区别了一般的因果关系与个别的因果关系，认为对有关大气污染以外的引起非特异性疾患的因素的证明，虽然困难，但因此而全面否定损害赔偿，则与侵权行为的基本理念相悖。根据疫学方法，在能够承认存在统计上乃至集团方面一定比例的事实性因果关系的场合，“即使是所谓集团的缩影的各个患者，将大气污染集团的联系本身作为加害行为，在上述比例限度内，认为其各自的被害与大气污染集团相关联，以此为由而请求的损害赔偿，应该被允许”。③

对于这一判决，学说给予了肯定。认为在因果关系判断问题上，本判决明确了因果关系的证明“应该对科学证明的困难性程度或其他原因、当时现实的证明手段、加害与被害形态等进行综合判断”，将“高度的盖然性自身”作为具有一定范围限制的概念，显示了比较灵活的考虑态度。本判决所显示的根据证明的难易程度、证据的多少等特殊性质进行灵活的判断的主张，是妥当的。

4. 尼崎诉讼判决④

本判决，采取了集团水准的因果关系与个别水准的因果关系的二阶段的因果关系的判断方法。在此基础上，关于集团水准的因果关系，判决虽然一方面认为，证明尼崎市的二氧化氮浓度就是引起指定疾病的发病、恶化病症的因素的证据，并不十分充分；但是，另一方面，判例根据千叶大学调查的结果，⑤肯定了干线沿途的健康被害与道路排烟之间的因果关系。

---

① （日）吉村良一：《公害·环境私法的展开与今日的课题》，法律文化社 2002 年版，第 243 页。

② 大阪地方法院 1995 年 7 月 5 日判决，《判例时报》第 1538 号，第 17 页。

③ （日）吉村良一：《公害·环境私法的展开与今日的课题》，法律文化社 2002 年版，第 236 页。

④ 神户地方法院 2000 年 1 月 31 日判决，《判例时报》第 1726 号，第 20 页。

⑤ 即根据千叶大学的调查，与不存在沿线污染的地域相比，沿线的污染地域支气管哮喘的新发症率是其 4 倍。

本判决最大的特点是，明确承认了自动车排气与健康被害之间的因果关系，并承认了侵害排除请求。①

三、日本环境侵权因果关系论的特点

第一，减轻受害人因果关系举证责任，成为救济受害人的主要途径。根据日本《民事诉讼法》的有关规定，在环境侵权损害赔偿诉讼中，应由原告受害人承担因果关系的举证责任。但是，在认识到环境侵权行为及公害诉讼的特点的基础上，日本学说与司法实践都认为，对于原告而言，由原告承担事实性因果关系举证责任极为困难，不利于救济受害人；同时，从当事人之间公平的观念、侵权行为法救济受害人目的等观念出发，认为有必要寻求克服由受害人举证困难的方法。这种观念已在日本民法、环境法学理论和司法实践中达成共识，并成为日本环境侵权民事责任因果关系论发展和完善的理论基础。

第二，在环境侵权民事诉讼中，日本法学理论与判例理论一致认为，关于因果关系举证的意义在于，作为法的责任发生要件的因果关系，与自然科学上的因果关系毫无关系，是决定由谁承担损害赔偿义务的要件，受害人就有关因果关系证明的程度，在达到能充分判明应当由谁承担损害赔偿义务的程度就够了，而没有必要特别地对被害发生的病理学上的病理机制逐一进行判明。正因为如此，盖然性说的提出与发展、疫学因果关系证明的活用等成为这一时期判明因果关系的主要方法。

第三，1960 年代以来，在以“四大公害”诉讼判决为代表的环境侵权诉讼中，因果关系理论得到了极大创新。高度盖然性因果关系、疫学因果关系、间接反证、因果关系推定等因果关系证明方法，对于减轻受害人因果关系举证责任，发挥了积极作用。

---

① 名古屋南部诉讼，名古屋地方法院 2000 年 11 月 27 日判决，也采取了同样的立场。

欧洲国家环境法典化运动评述*

李 挚 萍**

摘要:20 世纪 90 年代,部分欧洲国家出现了环境法典化运动,这一运动代表环境立法向着综合化、统一化的方向发展。促成这一变化的主要动因是可持续发展战略在各国的实施。此外,环境立法的飞速发展和环境法体系的日益庞大也对环境法典化提出了要求。研究欧洲国家环境法典化运动对完善我国环境立法有非常积极的意义。

关键词:欧洲环境法,环境法典,法典化

Abstract: Since 1990s, The environmental codification appears in many European countries, such as France, Germany, Sweden . This movement means that environmental legislation move towards more comprehensive and united. The main reason for this is the implementation of the strategy of sustainable development. The rapid development of environmental law also requests the reorganizing the legislation body. The study of these trends is very meaningful to further improve Chinese environmental law.

Keywords: European countries environmental law, environmental code, codification

---

* 教育部人文社会科学重点研究基地重大项目:《环境资源法典化基础研究》,编号:05JJD820005。

** 李挚萍,广东茂名人,中山大学法学院教授,主要研究领域为环境资源法。

一、欧洲国家环境法典化运动

（一）环境法典化趋势的出现

欧洲国家的环境立法主要起源于19世纪末，但其迅速发展则始于20世纪70年代，特别是进入20世纪90年代以来，欧洲国家环境立法无论是立法内容、立法体例和立法技术，都进入了一个新阶段。1995年2月21日到22日，在比利时城市根特召开了一个关于环境法法典化的国际会议，根据提交会议的报告显示，许多的欧洲国家已经开始对本国的环境法进行重新整合，其共同特点之一就是进行环境法法典化。①

20世纪90年代以来，开始编纂环境法典的国家有瑞典、德国、荷兰、丹麦、法国、波兰、捷克、立陶宛、卢森堡、爱沙尼亚等国家；此外，还有比利时的佛兰德地区、瓦龙地区等。②

瑞典于1993年开始《环境法典》的起草，草案于1998年获得通过，1999年1月1日生效。现行的法国《环境法典》于1998年颁布，2001年生效。波兰、卢森堡等国家完成了本国环境法的统一编纂。③ 荷兰、丹麦分别于1995年和1997年颁布了类似于法典的环境综合法——《环境管理法》和《环境保护法》。

颁布了环境保护基本法的国家有芬兰、希腊、意大利、波兰、荷兰、葡萄牙、卢森堡、斯洛文尼亚、英国等。

可以认为，欧洲国家20世纪90年代以来环境立法突出特点之一是环境立法趋向统一化和综合化，集中表现为各国普遍完成环境保护基本法的制定，部分国家颁布了或者正在起草《环境法典》。

---

① Hannes Veinia, Codification of Environmental Law: Major Challenges and Options. *Juridica*, I 2000. pp. 58-67.

② Hannes Veinia, Codification of Environmental Law: Major Challenges and Options. *Juridica*, I 2000. pp. 58-67. Luc Lavrysen, The Role of National Judges in Environmental Law, available at http://www.inece.org/newsletter/12/lavrysen.pdf. Last visited at 10, April, 2006.

③ Luc Lavrysen, "The Role of National Judges in Environmental Law", available at http://www.inece.org/newsletter/12/lavrysen.pdf. Last visited at 10, April, 2006.

（二）环境法典化含义的新变化

法典编纂的含义在两大法系中的界定原本有严格的区别。

对于大陆法系而言，法典编纂，亦称"法律编纂"，是在审查某一个法律部门的全部现行法律规范的基础上，制定一个新的该法律部门的系统、完整的规范性法律文件的活动。其特点是可以改变原来的法律规范的内容，即可以删除已经过时的或者不恰当的内容，消除其中矛盾重叠的部分，还可以增加新的内容。它是根据某些共同的原则形成的一个有内在联系的、和谐统一的规范性法律文件。因此，它是国家的一项重要的立法活动，只能由国家立法机关依照法定的职权和程序进行。① 大陆法系的法典是基于理性的设计和计划，以一种综合、系统的形式对同一法律部门的规范加以崭新、完整和系统的阐述。它规定了大量的一般性和抽象性原则，一经颁布便取代过去所有的同类规范法律文件，成为法律发展的新起点。②

普通法系的法典编纂通常在体系上和结构上缺乏系统性、逻辑性和完整性，在内容上缺乏抽象性和一般性，除了名称、外观之外并没有表现出欧洲大陆法典同样的文化内涵，它们往往是对先前制定法的汇编或判例法的成文化，实现的是对以往法律和法规的系统整理、集成和分类组合，并常常以法律汇编的形式表现出来，不是严格意义上的法典。③

美国的法典编纂处于大陆法系和普通法系法典编纂范畴的边缘或交叉地带，它虽然更贴近于普通法系的做法，但在编纂法典的过程中也融入了大陆法系法典编纂的系统性、全面性和确定性精神，特定领域的法规经过一定的技术处理之后才汇集公布，但它仍然属于法律汇编而不是法典编纂。④

从严格意义上讲，法典编纂和法律汇编有明显的区别，前者包括了修改与创新，后者不包括法律实质内容的改变。

---

① 曾庆敏主编：《法学大辞典》，上海辞书出版社1998年版，第1077页。

② 封丽霞著：《法典编纂论——一个比较法的视角》，清华大学出版社2002年版，第108页。

③ 封丽霞著：《法典编纂论——一个比较法的视角》，清华大学出版社2002年版，第108—109页。

④ 封丽霞著：《法典编纂论——一个比较法的视角》，清华大学出版社2002年版，第132页。

然而，大陆法系和英美法系关于法典编纂的区别已日益模糊化，体现出两大法系逐渐融合的特点。现在在欧洲国家中反复使用或者翻译为“法典化(codification)”一词与大陆法系语境中对“法典化”的传统界定已经不完全一致，而且各国之间的差异也相当大。

德文关于法典化的定义是将一个领域的法律规范集中于一部综合的法典之中，而且一般地认为法典单独地规范一个领域而不需要其他的法律。① 德国对法典的界定仍坚守着大陆法系的传统。

法语中的法典化指的是同一领域中的法律根据不同主题进行系统化，但并不改变法律规范的本质。② 法国是法典化程度很高的国家，19 世纪初，以《拿破仑法典》命名的 5 部法典开创了伟大的法典化运动，影响欧洲乃至全世界。但其正实施的法典，除了举世闻名的《法国民法典》以及同时代的几个法典具有明显的原创性外，其他 20 世纪后出现的法典，如《劳工法典》、《农业法典》、《消费法典》、《海关法典》、《国家财产法典》、《市镇行政法典》、《税收总法典》、《知识产权法典》等，最初颁布时都是属于对原有法律的简单汇集。③ 只不过是以一个统一的有法律效力的法律文本取代原有的、分散的单行法。《环境法典》也是如此。而后来对法典的修改及补充则使其体系日益完整和逻辑结构日益完善。

英文字典中的法典化是指，编纂是将法规和程序编入一个系统，从而使之清楚地被表述。《布莱克法律辞典》关于“法典化”的定义在近二十年发生了少许变化，1979 年版的定义为，指对一个州或国家的法律、或者某个特定领域的法律或实践进行系统地收集和编排的过程。通常按照主题进行分类。④ 2004 年版的定义为，指对特定司法领域的法律或者法律的一个分支进行汇

---

① Hannes Veinia, “Codification of Environmental Law: Major Challenges and Options”, *Juridica*, I 2000. pp. 58-67.

② Hannes Veinia, “Codification of Environmental Law: Major Challenges and Options”, *Juridica*, I 2000. pp. 58-67.

③ 法国法典发展的晚期情况参见：(捷)维克托·纳普主编，高绍先、夏登峻等译：《国际比较法百科全书》第 1 卷——《各国法律制度概况》，法律出版社 2002 年版，第 473—474 页。法国 1992 年 7 月 1 日颁布的《知识产权法典》基本上是将当时 23 个与知识产权有关的单行立法汇集在一起形成，体例上仍然保持相互独立。见黄晖译：《法国知识产权法典》(法律部分)，商务印书馆 1999 年版，第 12—15 页。

④ *Black's Law Dictionary*, Fifth Edition, St. Paul Minn. West Publishing Co., 1979, p. 234.

编、整理和系统化的过程。① 增加了法典化的一些技术含量。

欧盟议会和欧盟理事会对法典编纂的理解是将某一领域的法律及其后修订的内容编纂于一部统一的有法律约束力的文本之中,以新的法律形式取代原先的立法。此外,它还有"法律汇编"和"法律重铸"的提法,分别代表了不同程度的法典化。②

可见,目前欧洲国家所指的"法典化"包含了传统大陆法系语境中的法律汇编和法典编纂。但是与大陆法系国家通常理解的"法律汇编"不同,这些以"法典化"名称出现的法律汇编产生了一个有法律效力的文本,并取代原来的法律;也与普通法系国家以法典化名义出现的法律汇编不同,它以新的法律文本取代了原来的法律。

法典化在欧洲还可分为原创式的(真正的)法典化(authentic codification)和强化性的(简单的)法典化(consolidation-codification)。前者涉及法律的实质更新,后者仅涉及现有立法的分类和排列。欧盟实行的法律汇编、法典编纂属于简单的法典化,法律重铸是原创性的法典化。

大部分欧洲国家对环境法的重组活动主要是对现行环境法律的系统化或者合并环境法,即属于法律汇编的范畴,只有瑞典、德国、爱沙尼亚和佛兰德地区进行的是确切意义上的环境法典编纂。

(三)尚无定式的环境法典结构

法典化的另一个特征是法典完全排除同一领域的其他法律,这一点在环境法领域恐怕永远做不到。一方面,因为环境法包含有大量的技术规范、标准和有毒物质及活动清单等,将它们编入法典不可能。一为篇幅所限,二是由于这些规则会由于科技发展和环境质量要求的提高要经常进行修改和调整。另一方面,与环境保护相关的立法非常多,在选取编纂的法规范围时需要考虑许多因素,如与其他法律部门的协调统一。许多法规是多个法律部门的交叉,如

---

① *Black's Law Dictionary*, Eighth Edition, Thomson West, 2004, p. 275

② The Action Plan "*Simplifying and improving the regulatory environment*" (COM (2002) 278 final).

民法与环境法、行政法与环境法、刑法与环境法等，如果将相关的立法都纳入环境法典，会被认为“太霸权”，所以，各国在确定本国环境法典范围时，都从本国国情出发，小心处理这些关系。由于环境法典是一个新生事物，怎样的体系才算科学合理仍在探索之中，目前人们对环境法典结构的认识不像对民法典、刑法典一样，已经形成一个相对统一的看法，各国的环境法典结构都是根据本国的特点和实践需要来构建的，差别甚大。

法国《环境法典》共有 7 卷，第 1 卷为通则，第 2 卷为自然环境，第 3 卷为特殊自然区域，第 4 卷为动物和植物，第 5 卷为污染、风险和其他公害的预防，第 6 卷为适用于新喀里多尼亚、法国波利尼西亚瓦利斯群岛、法国南部及南极领地和马约特岛的规定，第 7 卷为保护南极环境。① 由于法国《环境法典》是环境立法的汇编，所以其体系非常庞大，法规数目也非常多，1998 年已经生效的条文约有 1082 条。②

瑞典《环境法典》由 7 大部分组成：总则、自然保护、有关特定活动的特别规定、案件和事项的考虑、监督、处罚、赔偿，共有 33 章约 500 个条文。③

德国环境部于 1998 年公布的《环境法典》草案，分为总则、分则两部分，共 17 章。第一章为总则，包括立法目的、基本原则、基本措施、环境保护上的权利义务、环境指导性计划、环境结果的监测、环境责任、环境保护团体参与、公众参与程序及在环境领域中的立法与命令制定；第 2—17 章为分则，内容涉及规划，项目，产品，干预措施和监督，公司的环境保护、环境责任和其他经济手段，环境信息，跨境环境保护，自然保存、景观管理和森林保存，土壤保护，水管理，排污控制和能源供应，核能与放射性保护，交通基础项目和设施，基因工程及其他生物技术，危险物质，废弃物等。④

---

① 本文作者引用的法国《环境法典》条文是由法国政府与马斯诸彻大学比较和国家环境法教授迈克·法勒合作翻译的英文文本，该文本不具有法律约束力，仅供研究参考。

② 该数目为笔者所做的统计。

③ 本文作者所引用的瑞典《环境法典》条文是瑞典政府法律翻译办公室翻译的英文文本，该文本不具有法律约束力，仅供研究参考。

④ *Environmental Code*, Duncker & Humblot publishes, 1998. Available at http://www.duncker-humblot.de/? mnu = 1100&cmd = 1105&tid = 12&typ = 1101&did = 29830. Last visited at 15, April, 2006.

荷兰于1995年制定的《环境管理法》一向以综合性著称，包括总则、环境管理机构及其职能，环境规划和计划的制定，环境功能区划，环境质量标准，环境影响评价，许可证，废弃物的回收与处理，化学品的使用和管理，产品的包装和标识，环保项目的财政支持，环境行政法庭的设立和运行，污染损害的赔偿，环境污染破坏的法律责任等。①

无论哪个国家的环境法典都没有包括环境保护领域的所有立法，法国《环境法典》虽然内容最多，但是有关森林、城建、矿产资源的立法却不包括在环境法典内，只进行单项立法。由于法国至今没有确立“危害环境犯罪”的罪名，因此法国环境法典中没有刑罚的规定。但是，在法国环境法典中有轻犯罪的规定，例如在环境法典中的每一章后都有针对违反环境法典规定的处罚规定，但这种处罚类似于中国的行政处罚，而不是制裁犯罪。在环境污染损害的赔偿责任方面，法国环境法典目前也没有涉及，主要依据法国《民法典》来处理。② 瑞典《环境法典》以自然保护法为重点，其中又以水和自然资源立法占最大的篇幅。瑞典《环境法典》中还有关于环境法庭和大量环境刑罚的规定，但是有关污染防治的立法却相当单薄，没有形成专章。

从以上列举的环境法典结构来看，共同具有的内容一般包括自然资源保护、自然保护区域、危险物质和废弃物的管理、许可证制度和环境影响评价制度、污染防治、环境保护中的经济手段、法律责任等。部分环境法典包含了环境法庭、环境犯罪、转基因工程和技术等内容，但是尚未形成固定模式的法律结构。

二、欧洲国家环境法典化的原因

（一）实施可持续发展战略是最主要的动因

1992年联合国“环境与发展”大会后，可持续发展原则被国际社会广泛接受。1997年的《阿姆斯特丹条约》将可持续发展原则确立为欧盟的一个主要

---

① 赵国清：《外国环境法选编》第一辑（下册），中国政法大学出版社2000年版，第868页。

② 汪劲、骆建华：“法、意环境之行”，《世界环境》2002年第3期，第38页。

目标，欧洲各国开始将该原则转化为具体的措施和行动。可持续发展战略要求所有的政府决策必须综合考虑经济、社会和环境的长远影响，社会各方面的活动都要承担相应的环境责任。要实现这些目标，可持续发展必须从一个原则声明变为构建具体社会行为规则的原则，这一步骤只能通过立法来完成。可持续发展战略作为一个新的总体发展战略，其实施会引起法律制度的重大变革。它确立了许多新的行为准则，如强调发展过程中的代内平等和代际平等、国际平等和区际平等，着重解决发展中的不合理因素，纠正经济活动中的“外部不经济性”，人类必须在地球承载能力范围内活动，保护生物物种多样性等。这些准则涉及社会不同阶层、不同地区间利益的重整，会引起法律规则的相应改变。为了实施可持续发展战略，对一国法律特别是环境法进行重整是必要的，重整包括内容上的更新和体系上的完善，法律体系化是迄今为止发现的最有效的实现法律目标和贯彻法律理念的方法。可持续发展包括经济可持续发展、社会可持续发展和生态环境可持续发展三大部分，涉及政治、经济、社会活动的各个领域，相关立法的体系化和综合化更有利于保证其全面实施。

各国编纂环境法典都是以推动和实现可持续发展为最终目的。瑞典《环境法典》第一章第一条开宗明义地宣告：“法典的目的是推动可持续发展，以确保当代人和后代人有一个健康和健全的环境。这种发展是建立在承认自然值得保护的事实和我们改造及开发自然的权利必须与明智地管理自然资源的责任相结合的基础之上。”①法国的《环境法典》在其第一卷第一编第一条明确宣示：“自然区域、自然资源、栖息地、场所、风景区、空气质量、动植物物种、生物多样性及其平衡是国家共同财富。对国家共同财富的合理保护、开发利用、修缮恢复及良好管理是全国人民的共同利益并有助实现可持续发展，即确保当代人在满足其健康和发展需要的同时，不危害后代人满足他们需要的能力。”②

可持续发展战略对立法的总体要求是依法促进环境与发展融合，为此提出了综合原则。综合原则的含义是将环境保护全面纳入经济和社会发展进

---

① Section 1 of Chapter 1 of Swedish Environmental Code.

② Article L110-1 of Common Provisions of Book 1 of France Environmental Code.

程,在有关决策中考虑环境的要求。

世界环境与发展委员会于1987年发表了《我们共同的未来》的报告。报告对那种传统的将环境与发展分隔开来进行决策的体制进行了批判,报告认为机构职能上的分隔造成了从根本上消除环境问题的困难,因为负责发展和开发的那些机构,无论在规模、能力和强度上,都远远大于负责环境事务的机构,只要环境与发展的职能是分隔的,那么环境得到改善和恢复的速度就注定要远远落后于环境受到影响和破坏的速度,其总的结果就是环境危机不断加重并可能发生总的爆发。报告把这种机构或制度上的缺陷视为环境退化的根本性原因,并将改革现行机构的职能、完善环境与发展综合决策机制放在首要的位置。报告提出:“经济和生态系统互相关联的现实世界将不会变化,但有关的政治和机构必须变化。”“要让中央部门和专业部门对由于其决策所影响的人类环境各方面的质量负起责任,并赋予环境机构更大的权力对抗非持续发展带来的影响。”“在制订政策时,既考虑经济、贸易、能源、农业和其他方面,同时也考虑生态方面。它们应放在相同的日程上,并由相同的国家和国际机构加以考虑。”“可持续发展的目标必须纳入那些负责国家经济政策和计划的国会和立法委员会的职权范围,也应纳入关键的部门和负责国际政策的机构的职权范围。进一步说,政府的主要中央经济和专业部门,现在就应承担直接的责任和义务,保证它们的政策、项目和预算不但促进经济上的持续发展,而且也促进生态上的持续发展。”①

1992年联合国“环境与发展”大会的主题是促进环境与发展的融合,实施可持续发展战略。大会通过的《里约环境与发展宣言》的原则三指出:“为了实现可持续有发展,环境保护工作应是发展进程的一个整体组成部分,不能脱离这一进程来考虑。”联合国《21世纪议程》提出:“为了有效地将环境与发展纳入每个国家的政策和实践中,必须发展和执行综合的、可实施的、有效的并且是建立在周边的社会、生态、经济和科学原则基础上的法律和法规。”

为了实施可持续发展战略,欧盟在《建立欧洲联盟公约》第6条规定:

---

① 见世界环境与发展委员会编著:《我们共同的未来》,世界知识出版社1989年版,第25—26页及第300页。

"……环境质量必须融入欧盟政策之中并且根据可持续发展的原则加以确保。"①在《欧盟基本权利宪章》第 37 条还规定:"高水平的环境保护和改善环境质量必须融入欧盟的政策之中并且根据可持续发展的原则加以确保。"②

一般而言,综合原则包括两个方面的含义:一是环境保护政策法规的综合;一是环境保护政策法规与其他领域政策法规的综合。为了达到这个要求,综合的手段贯穿于宏观到微观的各个层面。宏观层面包括将环境保护的要求写入宪法和其他基本法律,重新整合环境保护法律的内容和体系,如制定环境保护基本法、综合法和环境法典;中观层面包括决策的综合、管理制度的综合,如建立综合决策程序、变分散的许可证管理为综合的许可证管理,环境影响评价由项目评价扩展到战略评价;微观层面包括执法的综合和实施机制的综合。环境法典化是综合原则的要求之一。

（二）环境法的快速发展产生了进行法律系统化和简化的客观需要

20 世纪 70 年代以来,世界上许多国家,尤其是欧洲国家的环境立法经历了爆炸式发展,环境法是法制建设中最活跃的一个领域,单行法规数量激增,法律内容急剧膨胀。其积极影响是给环境保护提供了较充分的法律依据,但是法规多也会导致混乱的现象,在不同时期、不同原则指导下、不同的经济社会基础下产生的环境法规在单独使用时也许有效,但在交叉或者共同使用时不免产生相互的冲突、重叠、排斥等情况。对经历了快速发展的环境法进行重整和更新已经成为许多国家的紧迫任务。

环境法律主要由非法律界人士如公众、企业等应用,立法的增多而且分散的局面也使获取法律的难度增加,实施法律的成本增大,妨碍经济发展和就业,欧洲国家和欧盟正受到这个问题的困扰。欧盟因而发起了简化法律运动。其对策之一是法典化。编纂法典可以避免割裂法律的现象出现;通过设立总则部分可以避免对相同的问题重复规定,从而相应地减少法条数目;以统一的指导思想代替和简化复杂的法律规定,可使法律简单易学,进而使其易于应用

① Article 6 of the Treaty Establishing the European Community.

② Article 37 of the Charter of Fundamental Rights of the European Union.

和实施。

（三）加强环境保护要求提升环境法的地位

环境质量恶化的严峻形势使环境保护在各国的重要性提高，从而也有提高立法地位的必要性。为了提升环境保护在国家政策中的地位，稳定环境政策，使其免受政府更替和领导人变化的影响，各国纷纷制定了本国的环境保护基本法和综合法。法典化作为成本法立法的最高形式，也在这一趋势下产生。如爱沙尼亚，独立的历史还很短，环境立法总体上仍不够成熟，法典化的条件没有完全具备，但是国家对环境保护非常重视，加上法学家的大力支持，法典化也提上了日程。

（四）环境管制发展的需要

20 世纪以来，环境管制的发展大致经历了 3 个时代：第一代环境管制从 20 世纪 60 年代末至 80 年代中，其特征是政府全面介入，强制性手段绝对主导，管理手段以许可、审批、标准控制等命令—控制型的手段为主。第二代环境管制从 20 世纪 80 年代末到 90 年代中，其特征是引入了市场机制，注重管制成本和效率，大量的以市场为导向的经济刺激手段被采用。第三代环境管制始于 20 世纪 90 年代，其特征是倡导广泛参与、共同合作和手段多元化，命令—控制型、经济刺激型、自愿型的手段协同采用，重视公众参与，重视民事救济。① 现代环境立法应为多种管制手段的结合运用提供依据。为此环境立法应融合公法手段、私法手段，成为公法和私法的结合点。

（五）整体性保护代替分割性保护

20 世纪 70 年代，环境问题的迅速恶化及复杂化，使许多国家政府认为有效地处理这些复杂环境问题的方法是将问题分类，每类问题通过单独立法来解决，这称为环境问题的分类处理方法。② 于是有关水污染、空气污染、土壤

---

① 李挚萍："20 世纪环境管制的三个演进时代"，《学术研究》2005 年第 6 期，第 72—78 页。

② 赵国清：《外国环境法选编》第一辑（下册），中国政法大学出版社 2000 年版，第 865 页。

污染、废物处理、噪声污染、放射性污染的立法等被迅速制定出来。不久人们发现这种处理方法的局限性也是明显的：如某些环境问题如被限定在某一方面，对环境问题的单独处理与贯穿于水、空气和土壤的生态过程不相符；某一环境问题的单独处理由于缺乏对其他方面可能产生的负面影响的认识，在处理这一问题时可能导致新的环境问题；难以将企业作为一个整体来看待和管理；分散的立法使行政管理更为复杂和高成本。从 20 世纪 90 年代开始，对环境的分散保护逐步转向整体保护，将环境作为一个整体看待，认为自然保护是环境保护的基础，污染防治必须与自然保护纳入一个系统中综合考虑，相关的环境保护措施如风险预防、控制治理、事后救济等应该有机地结合起来。整体保护需要高度综合协调的立法。1995 年荷兰颁布的《环境管理法》是综合立法典型，1996 年 9 月欧洲理事会颁布的《综合污染防治指令》①也是一个好的榜样，这个指令对成员国的环境立法综合化提出了明确的要求，对各国环境法典也起着推动作用。

（六）环境权的构建

20 世纪 90 年代以来的环境法也被称为第三代环境法，这个阶段的法律出现了一个特征，即从“个人”角度出发的环境保护和风险控制机制。②环境法更为强调公众个人的权利及其在环境中的利益，并发挥公民在环境保护中的作用。20 世纪 90 年代以来，公民环境权已被确立为许多国家的基本人权，这项权利不仅仅涉及个人及其财产，也涉及受影响地区、国家甚至全世界的公众的整体利益。因此，环境权兼具公权和私权的双重属性，使其实现方式除了运用公民一般私权的实现方式外，更重要的是依赖公权的实现方式。③ 而这种公权的实现方式要求改善政府管制和更多的公众参

---

① *Integrated Pollution Prevention and Control*，简称 IPPC 指令，IPPC Directive，Directive 96/91：[1996] OJL257/26.

② Hannes Veinia，Codification of Environmental Law：Major Challenges and Options. *Juridica*，I 2000. PP. 58-67.

③ 李挚萍：《环境法的新发展——管制与民主之互动》，人民法院出版社 2006 年版，第 259—261 页。

与。欧洲理事会1998年通过《在环境事务中获取信息、参与决策和诉诸司法的公约》(简称《奥胡斯公约》)是引发这种法律变化的转折点。《奥胡斯公约》比任何时候更为强调个人在环境中的利益和权利,公约将环境知情权、参与环境决策权和诉诸司法权确立为公众在环境保护领域的三项支柱性权利,公众不仅利用这些权利来保护个人利益,也用来保护公共利益,如清洁的环境。

将经济手段引入环境保护,这一机制或多或少地依赖于消费者和企业在市场中所做的选择以及这些选择背后的市场信号。这种管制的有效性是以消费者充分知情,从而能够做出有利于环境的决定为基础,公众参与意识和能力的提高也有助于实现环境法的综合原则,即将环境考虑纳入各种政策之中。所以,环境权是其他环境管制手段的基础或前提。公民环境权的提出要求对传统环境法中的权利架构进行重新考虑,欧洲国家目前通过三种立法方式改善公民环境权:一是单行立法方式,特别是主要通过颁布环境信息公开法来确保公众环境知情权;二是修改宪法和基本法方式,有关公众参与决策特别是参与环境立法、参与环境影响评价、参与环保许可制度等,主要是通过完善基本法的形式保障;三是法典化方式,如法国,将环境知情权、参与决策权都放在《环境法典》里明确。但是,由于公民的上述环境权利是体现在社会生活的各个领域的,基本法和法典化方式最为合适。

三、影响环境法典化的障碍分析

(一)部分国家国内的立法分权体制的影响

有关环境事务的管理,各国权力分配有所不同,一些联邦制的国家有关环境事务的立法权在联邦和州之间分享,给统一立法带来很大的难题,如德国和比利时。

德国是世界上最早启动环境法典编纂的国家之一,从法学界到政府都相当积极进行这项工作。1988年至1993年,一个由法学教授起草的《环境法典》(教授草案)完成。1998年另外一部草案问世。1992年至1997年,联邦环境、自然保存和核安全部也成立了一个独立的专家小组起草了一个《环境法典》草案，1998 年联邦环境、自然保存和核安全部公布了这部有 775 条法律条文的草案。① 但是草案至今仍未在议会通过，主要原因之一在于联邦和州之间立法权的配置，州占据了环境保护这个领域的主要立法权，联邦的法律主要涉及污染防治，然而有关水、自然资源的管理和保护立法主要由州进行。②联邦层面上的立法如果包括具体的水管理和自然保护方面的内容是有违宪法规定的。所以，德国环境部认为，要使《环境法典》获得通过，就必须先修改宪法。③

2005 年上任的德国新政府继续推进环境法典的工作。新政府正在提起一个环境法改革方案，这个方案包括两方面的内容：一是提交新的《环境法典》，加强对环境的综合管理与保护；二是对宪法进行修改，其中影响环境领域的立法权将做重大改变，在集中联邦立法权的同时，授予州一种"偏离立法权"，即州在水管理和自然保存方面有"偏离"联邦法律规定的立法权。④ 但是这一改革会导致水和自然资源保护方面产生更大的不确定性，其效果有待检验。

比利时的环境法典化也遇到类似的难题。该国部分环境法内容，如城乡规划、环境卫生、建筑及自然遗产及其保存等方面已被编成法典，但是没有统一的环境法典，原因也是国家在中央与地区之间的立法权限划分使之不可能。⑤ 比利时虽然是单一制国家，但是该国根据民族和语言不同，将国家分为三大地区——布鲁塞尔、佛兰德和瓦隆。根据 1970 年的《宪法修正案》，涉及

---

① （德）弗兰茨-约瑟夫·派纳："公法法典化的思考——以环境法和营业法为例"，史仲阳、乔文豹译，范健等主编：《中德法律继受与法典编纂》，法律出版社 2000 年版，第 258 页。

② （德）罗尔夫·斯特博著，苏颖霞、陈少康译：《德国经济行政法》，中国政法大学出版社 1999 年版，第 131—131 页。

③ Johannes Z? ttl, "Towards Integrated Protection of the Environment in Germany", *Journal of Environmental Law* Vol 12 No 3 2000. p. 290.

④ "Germany Environmental Law Reform, Environment, planning and regulation news", *Freshfields Bruckhaus Deringer* December 2005/ January 2006. Available at http://www.freshfields.com/practice/environment/publications/newsletters/. Last visited at 1, May, 2006.

⑤ Hannes Veinia, "Codification of Environmental Law: Major Challenges and Options", *Juridica*, I 2000. pp. 58-67.

地区利益的经济、文化和环境事物的许多决策权下放给上述地区设立的地区机构,[①]于是国家难以就这些事物制定内容系统、详细的法典。由于各地区的立法权很大,在统一环境法典难以产生的情况下,现在该国佛兰德和瓦龙地区都各自进行本地区的环境法典编纂。[②]

(二)普通法传统对法典化的传统抵触

欧洲的英国和爱尔兰等国是普通法系国家,虽然普通法国家也有法典这种法律形式,但是法典是排在判例法之后的第二位法律渊源,法官并非必须在法典中寻找依据,他们也经常依据其他渊源。英国早期的法律改革也包含了简化和系统化普通法的要求。英国资产阶级革命后,要求对数量庞杂、内容模糊、人民难以认知理解的普通法进行法典化改革的呼声更高,著名的法学家培根和边沁都是法典化的积极倡导者,但是英国始终继续保留判别例法的传统,将大陆法系法典编纂的做法拒之门外。进入现代社会后,英国虽然也颁布了不少成文法,它们只是有条理地重述普通法法院所发展起来的现行规则,不是大陆法系意义上的法典。关于英国法典化进程缓慢的原因,有人认为是英国独特的地理环境以及文化上的保守和重行动、轻虚理的现实主义国民性格使然。[③] 更多人则把它归结为现有知识结构的拥有者法律家们的反对,因为如果继受了罗马法,他们的知识将从此失去价值。正如法学家茨威格特所说的:"英格兰最终还是没有全面接受罗马法。如上所述,其原因之一就是,英国的法律家阶层已有300余年的历史,它已经形成了严密的组织结构,较强的职业内聚力和政治影响,他们致力于维护普通法,为了原则,也为了利益。"[④]英国

① (捷)维克托·纳普主编,高绍先、夏登峻等译:《国际比较法百科全书》第1卷——《各国法律制度概况》,法律出版社2002年版,第123页。

② M. Paques., "Codification of Environmental Law in Walloonia. -*The Codification of Environmental Law*", Proceed of the international Conference in Ghent, February 21 and 22, 1995. *Kluwer Law International*, 1996. pp.51-70.

③ 腾毅:"从英国民族性看英国法特征",载《比较法研究》,2000年第2期,第219—223页。

④ (德)K. 茨威格特、H. 克茨,潘汉典、米健、高鸿钧、贺卫方译:《比较法总论》,贵阳人民出版社1992年版,第355页。转引自封丽霞著:《法典编纂论——一个比较法的视角》,清华大学出版社2002年版,第114—115页。

本土反对法典化的力量依然很强大，在欧盟简化法律运动的推动下，能否推进法典的进程依然令人怀疑。

（三）法律发展水平的差别

欧洲国家的法律发展水平参差不齐。部分西欧国家的环境立法发达，而部分新独立的中欧和东欧国家的环境立法还较粗糙和简单。环境立法已经相对发达的国家面临的对法律进行重整、更新和现代化的要求较紧迫，法律的系统化、稳定化是现实要求；而环境立法尚不够发达的国家的主要任务是进行法律空白的填补和制度的建立，法律的成熟度不高，仍处于经常变动之中，环境法典化的条件尚具备。所以，各国在完善环境法制建设中的任务是不同的。

四、欧盟简化法律运动与欧洲国家环境法典化展望

2002 年，欧盟委员会启动了一个“更好的管制”（Better Regulation）运动，对欧盟现行法律的组织方式、表述和比例性进行总体的回顾和评价，其目的是为了市民、工人和产业界的利益而确保一个可依赖的、跟上时代步伐的和对用户友好的欧盟法律体系，减轻市民、工人和产业界的负担，促进欧洲的发展。①欧盟委员会为此提出了一个政策框架：

1. 在不改变法律的地位的前提下清除现行法律中的已废弃和过时的条文，减少法律的数量。

2. 在不改变法律的地位的前提下改写法律文字，使之更清楚易懂。

3. 改善欧盟法律的表述形式，建立更符合用户友好的方式咨询和使用法律。

4. 开始一个长期的计划，逐步对现行法律和政策进行现代化和简化。

---

① Communication from the Commission to the Council, the European Parliament, the European Economic and Social Committee and the Committee of the Regions, *Updating and Simplifying Community acquis*. COM (2003) 71final.

这个过程并不解除管制或削弱现行法律,而是用更合适的手段取代过去的政策方法。①

欧盟提出了一个3年计划来对其222个基本立法及超过1400个相关的法律进行更换、编纂、重铸或者修改。欧盟委员会在其2002年颁布的《简化和改善环境管制》的文件中,提出了4项法律简化的措施:法律汇编(Consolidation)、法典编纂(codification)、法律重铸(recasting/redrafting)和法律简易化(simplification)。②

法律汇编是指将同一领域的原始立法及其后的修改文本汇编为一个统一的、无法律约束力的文本,尽管这个汇编文本没有法律约束力,但是它为用户、行政机关和产业提供了一个更容易获得、更透明的法律框架。

法典编纂是将某一领域的法律及其后修订的内容编纂于一部统一的有法律约束力的文本之中,以新的法律形式取代原先的立法。法典化的过程也是清除废弃、过时、重叠的法规,协调法律用语和法律定义,更正错误的过程,但并不对原有法律做实质性改变。法典编纂为用户提供一个更容易理解的有法律约束力的法律文本。这个过程也是一个削减法律容量的过程。欧盟委员会从2001年开始密集的法典化工作,计划到2005年基本完成欧盟法的必要的法典化工作。但是法典的通过和公布推迟了几个月,原因是为了避免增加新成员国的负担而暂时保持原有法律的形式。

法律重铸是指对某一领域的法律进行必要的实质性的修改,将修改后的条文与未修改的条文一起编纂到一部统一的有法律效力的文本中,以新的法律形式取代原先的立法。法律重铸的主要目的是在编纂法律的同时对其进行实质性的修改。法律重铸与前面提及的法典编纂的主要不同是:法典编纂不包括政策法律的实质改变,法律重铸则包括法律的实质性改变。法律重铸开始并未列入欧盟委员会2001年的法典化计划。2004年欧盟委员会通过一个并列的法律重铸计划,开展系统的法律重铸工作以确保立法的简化。此外,法

---

① The Action Plan "Simplifying and improving the regulatory environment" (COM (2002) 278 final).

② The Action Plan "Simplifying and improving the regulatory environment" (COM (2002) 278 final).

律重铸将来主要伴随着法典化进行。

法律简易化是指力求每一个法规的实质内容更简单及更适合使用者的要求。①

欧盟简化法律运动主要针对欧盟立法，但是为了保证这个计划的实施，各成员国必须承担大量的义务。除了他们在欧盟理事会中的工作外，各成员国还要负责实施欧盟法律，将欧盟法律转化为国内法，保证法律的正确和有效适用。为了尽可能实现欧盟法和成员国国内法律的协调，有理由相信，欧盟的简化法律运动对各成员国会产生直接影响。

① The Action Plan "Simplifying and improving the regulatory environment" (COM (2002) 278 final).

欧盟气候变化政策和立法及其对我国的启示

杨　兴　张式军*

摘要：为了应对气候变化问题，国际社会先后制定了《气候变化框架公约》、《京都议定书》等国际法文件，欧盟则出台了一系列以温室气体的排放控制为导向的气候变化政策和立法。通过考察欧盟的气候变化政策和立法，我们不难获得如下启示：一、以温室气体排放控制为导向的气候变化政策和立法的基本目标应当与发展的需求有机地结合起来；二、气候变化政策和立法应当大力推进可再生能源的开发和利用；三、气候变化政策和立法应尽可能覆盖到所有温室气体和所有利害关系方；四、气候变化政策和立法应当重视多元化的温室气体排放控制手段的运用。

关键词：气候变化，政策和立法，启示

Abstract: The international society has successively formulated "Framework Convention on Climate Change" and "The Kyoto Protocol" etc. in order to deal with the climate change problems. At the same time, EU has made a series of policies and legislations on climate change oriented towards the controlling of greenhouse gas (GHG) emissions. Studying the policies and legislations on climate change in EU, we can easily get the following enlightenments: Firstly, the primary goal of policies and legislations on climate change oriented towards the controlling

* 杨兴(1972—　)，男，汉族，湖南攸县人，湖南师范大学法学院副教授，法学博士；张式军(1966—　)，男，汉族，山东青岛人，山东大学法学院副教授，法学博士。

of greenhouse gas (GHG) emissions should be flexibly combined with needs during the process of development; Secondly, policies and legislations on climate change should try their best to vigorously promote the development and usage of recyclable energy resources; Thirdly, policies and legislations on climate change should make great effort to refer to all the kinds of greenhouse gas (GHG) as well as all the parties within the interest relationship. Fourthly, policies and legislations on climate change should take the use of different ways in the controlling of greenhouse gas (GHG) seriously.

Keywords: Climate change, policy and legislation, enlightenments

气候变化问题是目前世界上最严重的全球环境问题之一，为了应对气候变化问题，国际社会先后制定了《气候变化框架公约》、《京都议定书》等国际法文件，欧盟则出台了一系列以温室气体的排放控制为导向的气候变化政策和立法。作为一个负责任的发展中大国，中国也应当制定相应的气候变化政策和立法，从而为应对气候变化问题做出贡献。有鉴于此，借鉴欧盟的经验以构建我国的气候变化政策和立法无疑具有积极的意义。

一、欧盟的温室气体排放状况及其排放控制目标

欧盟经济发达，其温室气体排放的基本特征表现为：温室气体排放总量大，人均排放量很高，各国排放量不均衡。1999年的数据显示，欧盟六种温室气体排放量为40.3亿吨，其中二氧化碳排放占80%，甲烷（CH_4）排放占9%，氧化亚氮（N_2O）排放占8%。而根据国际能源机构（IEA）的统计，1997年欧盟的人均二氧化碳排放量为8.58吨，高出世界平均水平（3.97吨）和发展中国家的水平（1.95吨）数倍。① 欧盟内部的排放状况不均衡，少数国家的排放

① 郑爽："欧盟将如何履行《京都议定书》"，《中国能源》2002年第10期。

量比重较大,如德国、英国、意大利、法国和西班牙五国的排放量占总排放量的四分之三。自1990年以来,只有芬兰、法国、德国、卢森堡和英国五国的排放量有所减少,其他国家的排放量持续增长,如葡萄牙、爱尔兰、希腊等国的排放增长率均为两位数。

而欧盟温室气体排放控制的整体目标为:到2010年为止,在1990年的排放水平基础上降低8%,这相当于削减大约5.5亿到6亿吨的温室气体。① 1998年,欧盟成员国就此目标通过了一项责任分担协议,即所谓的“欧共体泡泡”。该协议允许欧盟成员国之间的温室气体控制目标有所区别,如英国需要削减12.5%的温室气体排放量,德国和丹麦的减排量为21%,荷兰的减排量为6%,爱尔兰和葡萄牙可以增加的排放量分别为13%和27%。②

二、欧盟温室气体排放控制的代表性政策

(一)提高能源效率和促进可再生能源发展的SAVE和ALTENER规划

欧洲委员会的规划是欧盟温室气体排放控制政策的重要组成部分,目前,有两项主要的欧洲经济共同体规划促进了欧盟温室气体排放控制政策和立法框架的发展。

第一项规划是《关于积极的能源效率的特别行动规划》(SAVE),SAVE的实施期为1991年1月1日—1995年12月31日。该规划主要包括四个方面的内容:(1)理事会能源效率的指令和标准的发展;(2)为成员国能源效率方面的基础设施建设提供财政支持;(3)能源效率问题的信息交流网络建设;(4)发展能源效率标准的子规划。③ 由于SAVE规划的成功实施以

① European Commission, Commission Communication to the Council and the Parliament: Preparing for Implementation of the Kyoto Protocol, Com(1999), 230, 19 May, 1999, p. 8.

② David Pocklington, “European Emission Trading: the Business Perspective”, *European Environmental Law Review*, July 2002, p. 210.

③ EC Communication under the UN Framework Convention on Climate Change, Brussels, 30 March 1995, SEC(95)451 final, p. 9.

及能源效率问题和温室气体排放控制问题的极端重要性，欧共体决定启动 SAVE II 规划。① 规划的总体目标为：(1)鼓励所有相关部门的能源效率措施的发展；(2)鼓励私人、公共消费者和企业在节能方面投资；(3)创造条件以改善终端消费的能源紧张状况。

第二项规划是《促进可再生能源发展规划》(ALTENER)。最初的 ALTENE 计划为欧共体的可再生能源发展确定了三项目标：(1)将可再生能源的市场份额从 1991 年的 4% 提高到 2005 年的 8%；(2)将可再生能源的发电量增至三倍；(3)生物燃料在机动车消费中获取 5% 的市场份额。②

1998 年，理事会决定实施 ALTENER I 计划，并批准了 ALTENER II 计划，③该计划的实施期限为 1998 年到 2002 年。计划的实施包括如下行动和措施：(1)旨在实施和补充共同体和成员国为开发可再生能源潜力的研究和行动；(2) 为可再生能源的开发而采取的旨在创设或者拓展机构和手段的试验性行动；(3)为可再生能源的发展而采取的旨在开发信息、教育和培训机构的措施；(4) 促进可再生能源和技术秘密的市场渗透的有目的的行动；(5) 为可再生能源的开发而实施的监测和评估行动。④ 通过 ALTENER II 计划的实施以及可再生能源的利用，到 2020 年，欧盟能够达到削减 16% 的二氧化碳排放量的目标。⑤

(二)提高能源效率和促进可再生能源发展的其他政策文件

1998 年 4 月，欧洲委员会通过了一项关于能源合理利用的综合战略，⑥该

---

① Council decision 96/737/EC of 16 December 1996 concerning a multi-annual program for the promotion of energy efficiency in the Community in 1996.

② Commission of the European Commission, the EC Communication under the UN Framework Convention on Climate Change, Brussels, 30 March 1995, SEC (95)451 final, p. 10.

③ Council Decision of 18 May 1998 concerning a multi-annual program for the promotion of renewable energy sources in the community (ALTENER II) (98/352/EC).

④ Article 2, Council Decision 98/352/EC, Official Journal of the European Communities, L 159, 3 June 1998, p. 53.

⑤ EU, Second Communication under the UN Framework Convention on Climate change, p. 37.

⑥ Energy Efficiency in the European Community-Towards a strategy for the Rational Use of Energy, COM (1998) 246 final, 29 April 1998.

战略为共同体提出了一项每年 1% 的改进能源密度的指导性目标。① 欧盟理事会则在 1998 年 12 月通过了一份关于能源效率的决议以表示对此战略的支持,②并要求委员会尽快地主动响应欧共体关于确定能源效率的优先事项的共同体行动计划的提案。欧洲委员会还在 2000 年 4 月提出了一份关于提高共同体能源效率的行动计划,③该行动计划提出了一些措施以进一步提高能源效率,如热电联产(CHP)、能源效率的技术发展措施、信息的传播和培训等。

另外,为了促进可再生能源的发展,欧盟于 1997 年通过了《未来的能源:可再生能源》的白皮书。④ 白皮书的目标为:将可再生能源在现行能源结构中所占的 6% 的份额在 2010 年提高到 12%。该白皮书还提出了许多促进可再生能源发展的措施,主要包括:(1)国内市场措施,如为可再生能源的供应商提供公平的电力市场准入机会、财政和金融措施;(2)巩固共同体的政策,包括:环保政策、发展政策、提高竞争力和就业的政策;国家资助政策;技术、开发和示范性政策;区域性政策、一致的农业政策和对外关系政策;(3)加强成员之间的合作;(4)支持性措施,如目标性促进、市场接纳性和消费者的保护、可再生能源在制度上和商业金融市场的更优的定位;(5)开展可再生能源的开发活动。发展 1000000 光伏发电系统,10000 MW 的大型风力农场,10000 MWth 生物质能设施以及在 100 个社区进行可再生能源的整合。到 2010 年为止,此举将可以为欧盟每年削减 4.02 亿吨 CO_2 排放量。

(三)欧洲气候变化计划(EPCC)

2000 年 6 月,欧洲委员会发布了欧洲气候变化计划。该计划覆盖了所有

---

① EU Commission, Communication to the Council, the European parliament, the Economic and social Committee and the Committee of the Regions, Actions Plan to Improve Energy Efficiency in the European Community, Brussels, 26 April 2000, COM(2000) 247 final, p.3.

② Official Journal C 394/01, 17 December 1998.

③ EU Commission, Communication to the Council, the European parliament, the Economic and social Committee and the Committee of the Regions, Actions Plan to Improve Energy Efficiency in the European Community, Brussels, 26 April 2000, COM(2000) 247 final, p.3.

④ EC, Communication from the Commission, Energy for the future: Renewable Sources of Energy, White Paper for a Community Strategy and Action Plan, COM (97) 599 final, 26 November 1997.

与温室气体排放控制有关的利害关系方，其工作内容包括在温室气体排放控制的政策和措施方面的预备工作的合作。为实施该计划，欧洲委员会推出了一系列新政策和措施，欧洲通讯（COM〈2000〉88/7）附件三列举了 8 个领域（32 项）的政策和措施，择其要者有：（1）能源供应；（2）企业部门；（3）在国内和第三产业的能耗；（4）运输领域的能耗；（5）运输政策和基础设施；（6）废弃物；（7）科学研究；（8）国际合作。①

欧盟还建立了指导委员会，负责欧洲气候变化计划的全面管理和协调。迄今为止，指导委员会已经组建了七个工作组，涉及下述领域：能源供应、能源消费、交通、工业、科研、《京都议定书》的三机制、农业。

（四）关于碳税和能源税的政策动议

引进碳税和能源税是欧盟整体能源效率战略中的重要内容，这对于促使人们更多地使用低污染的能源是十分必要的。自 1992 年以来，委员会就此主题先后向欧洲理事会提交了三份提案。理事会就前两份提案并未达成一致意见。② 委员会于 1997 年提交了第三份提案。该提案建议理事会通过一份对共同体能源产品的现行税收框架进行重构的指令，根据该指令，将共同体最低税率制度从矿物油料扩大到所有的能源产品，具体包括用于供暖系统、机动车燃料或者发电的矿物油、天然气、固体燃料（煤炭、泥煤、褐煤）。这种适用范围的扩大将使欧共体征收二氧化碳排放税的产品的范畴从 40% 拓宽到 90%。③

---

① European Commission, Communication on Policies and Measures proposed by the EU to reduce greenhouse gas emissions: towards a European Program on Climate Change (EOCC), (COM) (2000) 88/7, European Service, European Environment, Document, supplement to European Environment, No. 566, April 18, 2000, pp. 11-12.

② 1992 年 6 月，欧洲委员会提交了第一份关于碳税的提案，该提案建议在提炼天然能源产品及其派生物时征收碳税。James Cameron and Ruth Mackenzie, "Environmental Law and Policy Developments in the European Community after Maastricht", see Ben Boer, Robert Fowler and Neil Gunningham, *Environmental Outlook: Law and Policy*, 1994 by the Federation Press, Sydney, p. 103.

③ EU, Second Communication under the UN Framework Convention on Climate change, p. 33.

(五)与交通有关的政策动议

交通领域的温室气体排放量大约占了欧盟1990年排放量的20%。① 而在新的控制交通领域排放的温室气体的相关政策手段缺位的情况下,交通领域2010年的CO_2排放量的增长幅度将是最大的。因此,交通领域是欧盟控制其温室气体首当其冲的一个领域。

例如,公路运输业的二氧化碳排放量在欧盟运输业中占据了大约85%的比例。到2005年底,客运业的排放量有望超过1990年水平的30%;货运业的排放量年增长约25%。② 为应对客运业的CO_2排放问题,欧洲委员会于1995年通过了《关于客车的二氧化碳减排以及促进燃料节约的共同体战略》,③理事会于1996年6月25日批准该战略。该战略将新登记的客车的CO_2排放目标是设定为:到2005年,使每辆客车的CO_2平均排放量达到120g/km,至少在2010年达到此目标。

又如,为了控制航空业的二氧化碳排放,欧洲委员会在一份名为《1999年航空运输业和环境:面临可持续发展要求的挑战》的通报中提出了一项战略。该战略的根本目的是将对环保问题的关注,整合在航空运输业的部门政策之中。战略的主要内容包括:(1)关于噪音和气体排放的环境技术标准的改进;(2)强化经济和规范化的市场刺激;(3)对机场在环境保护方面的努力予以支持;(4) 推进长期的技术改进。④

---

① European Commission, Communication from the Commission to the Council and the European Parliament-Climate-change-towards an EU post-kyoto strategy, Brussels, 3 June 1998, COM (1998) 353, p. 11.

② EU, Second Communication under the UN Framework Convention on Climate change, p. 41.

③ European Commission, Communication from the Commission to the Council and the European Parliament- "A Community strategy to reduce CO2 emissions from passenger cars and improve fuel economy" of 20 December 1995. COM (95) 689 final.

④ European Commission, Communication from the Commission to the Council, the European Parliament, the Economic and Social Committee of the Regions, Air Transport and the Environment: Towards meeting the Challenge of Sustainable Development, Brussels, 1 December 1999, COM (1999) 640 final, p. 6.

（六）关于欧盟内部温室气体排放贸易的政策动议

温室气体排放贸易是欧盟气候变化政策的重要组成部分，欧洲委员会在 COM (00) 87 绿皮书中阐述了欧盟温室气体排放贸易问题。绿皮书对排放贸易作了定义，①并界定了排放贸易方案的适用范围、交易额度的价格、欧共体内部市场与多边贸易协定之间的关系、欧共体和其成员国在排放贸易方案中的作用。绿皮书还讨论了其他问题，如内部市场扭曲的最小化，现行环境立法的协同作用的最大化，与《京都议定书》的国际排放贸易机制的兼容性，配额分配的方法，排放贸易方案与能源税之间的关系以及监测、跟踪和报告的要求。

欧盟排放贸易方案于 2001 年 10 月 23 日通过。该方案提出了一些新的法律要求：(1)通过一体化的污染防治方案以确立二氧化碳排放的强制性管理框架；(2)2005 年开始建立能源密集型工业的特别集团（该集团包括发电业，不包括化学工业）；(3)设立单个公司的“限额和贸易”制度，该制度以二氧化碳排放的绝对水平为基础；(4)成员国所分配的可交易配额免于收费，直到 2007 年；(5)对超过配额的惩罚。方案规定，起初，超过一吨罚款 50 欧元或者处以配额平均市场价的两倍的罚款，2008 年之后，罚款将翻倍。②

（七）关于削减 N_2O 和 F 类气体的动议

欧盟在削减议定书所要求控制的其他温室气体方面也通过了一些基础性动议。

例如，为控制氧化亚氮（N_2O）的排放，欧洲委员会通过了《有关欧盟气候

① 绿皮书将“排放贸易”界定为：“排放贸易，是指一种根据政府总体的环境目标，分配公司的温室气体排放份额的方案，借此，公司可以相互之间连续地交易其排放份额。” See European Commission, Green paper on greenhouse gas emission trading within the European Union, COM (00) 87, 8 March 2000, European Environment, No. 565, April 4, 2000, Document, p. 3.

② David Pocklington, “European Emission Trading: the Business Perspective”, *European Environmental Law Review*, July 2002, pp. 210-211.

变化的后京都战略的通报》。该委员会所提出的建议包括:(1) 通过2000年议程所提出的降价而减少肥料的使用;(2) 加强对农业环境措施的支持以确保肥料的使用效率;(3) 维护和提高低投入的农业系统和其他可持续的农业实践。①

又如,氢氟碳化物(HFCs)、全氟化碳(PFCs)和六氟化硫(SF_6)是另一组议定书要求控制的温室气体。关于F类气体,委员会启动了ECOFYS研究,该项研究报告于1999年4月发布,报告确定了控制F类气体的范围:(1) 在使用、安装、维修和重装过程中,减少和防止气体的泄漏;(2) 废弃物质的回收和利用;(3) 替代物质的应用;(4) 开发更少地使用HFCs、PFCs和SF_6等气体的改良设施(或者设施的部件);(5) 其他方法,如焚烧。该报告估计,通过最大限度地运用减排措施,欧盟能以500亿欧元的代价削减这三类气体的85% 的排放量。② 此报告还明确了欧盟削减F类气体的障碍并提出了相应的政策方案。

三、欧盟温室气体排放控制的代表性立法

(一)提高能源效率的立法

欧盟根据SAVE和ALTENER规划制定了大量的提高能源效率的立法文件。理事会《关于锅炉能源效率的92/42指令》规定,③成员国必须确保锅炉在交付使用前符合指令确定的能效标准,成员国应委任相关的机构就锅炉是否达标进行检验。该指令针对能源效率的检验规定了一整套标准化的程序,检验合格的锅炉应当贴上欧共体统一的"CE"标志,才可以在欧盟成员国之间

① European Commission, Communication from the Commission to the Council and the European Parliament-Climatechange-towards an EU post-kyoto strategy, Brussels, 3 June 1998, COM (1998) 353, p. 15.

② ECOFYS, Reduction of the emission of HFC's, PFCs and SF_6 in Europe, Climate Network Europe, p. vi.

③ Council Directive 92/42/EC of 21 May 1992 on efficiency requirements for new hot-water boilers fired with liquid or gaseous fuels, Official Journal of the European Community, No. L167, 22 June 1992, pp. 17-28.

自由流转。

理事会《关于家用电器能源效率的 96/57/EC 指令》是一项与温室气体排放控制直接相关的法律文件。该指令强调,必须采取更为强硬的措施,将欧共体 2000 年的 CO_2 排放量控制在 1990 年水平的目标。指令适用于新的家用电冰箱、食物冷冻柜、食物制冷器及其混合体。指令要求上述所有的电器设备必须与最大允许电耗值相符,并具有 CE 标志。指令还要求成员国采取一切必要的措施和手段,以限制或禁止不符合上述要求的产品在市场上销售,或者确保这些产品被市场所淘汰。类似的能源效率标准也将在洗衣机、电视机和录像机等其他电器设备中得以应用。①

理事会 93/76/EEC 指令②旨在通过提高建筑物的能源效率来达到限制 CO_2 排放的目的。该指令指出,住宅业和第三产业在共同体最终能源消费中占了将近 40% 的比重,这些产业的迅速发展必将造成能源消费量的激增,并导致 CO_2 排放量的增加。③ 于是,成员国决定在如下领域制定和实施计划:(1) 建筑物的能源认证;(2) 以实际消费量为基础的供热、空调和热水方面的开支;(3)在公共领域内,为能源效率方面的投资提供第三方贷款;(4) 新型建筑物的热绝缘;(5) 锅炉的常规性检验;(6)高能耗企业的能源审计。④

理事会《关于一体化污染防治的 96/61/EC 指令》⑤则规定,成员国实施最佳可得污染控制技术时,必须同时考虑其能源效率问题,这无疑将促进污染

① Directive 96/57/EC of the European Parliament and of the Council of 3 September 1996 on energy efficiency requirements for household electric refrigerator, freezers and combinations thereof, Official Journal of the European Community, No. L236,18 September 1996, pp. 36-43.

② Council Directive 93/76/EEC of 13 September 1993 to limit carbon dioxide emission by improving energy efficiency, Official Journal, No. L237, 22 September 1993, pp. 28-30.

③ Council Directive 93/76/EEC of 13 September 1993 to limit carbon dioxide emission by improving energy efficiency, Official Journal, No. L237, 22 September 1993, p. 28.

④ Council Directive 93/76/EEC of 13 September 1993 to limit carbon dioxide emission by improving energy efficiency, Official Journal, No. L237, 22 September 1993, p. 29.

⑤ Council Directive 96/61/EC of 24 September 1996 concerning integrated pollution prevention and control, Official Journal of the European Communities, 10 October, 1996.

防治方面的最佳可得技术在节能方面的应用。成员国必须采取必要的措施，以确保所有企业的固定设备的运转处于“能源被有效利用”的状态。经营者在申请许可证时，必须向成员国的主管部门报告其设备的能源利用或者设备能源发电量的情况。①

79/530/EEC 指令、79/531/EEC 指令和 92/75/EEC 指令均系针对能源标志问题。92/75/EEC 指令取代了 79/530/EEC 指令，并对 79/531/EEC 指令进行了修改，该指令进一步扩大了能源标志的适用范围，适用于电冰箱、制冷器及其组合物、洗衣机、干衣机及其组合物、洗碗机、电烤炉、热水器和热水储存设备、照明设备和空调设备。② 新指令要求所有销售上述产品的经销商必须根据相关实施指令和语言文本的要求，将能耗标志粘贴在醒目的位置。理事会 92/75/EEC 指令对欧盟能源标志的立法有着深远的影响。

（二）促进可再生能源发展的立法

2001 年，欧盟理事会通过了《关于促进可再生能源电力发展法令》。该法令是欧盟促进可再生能源发展战略的重要组成部分，也是欧盟为履行《京都议定书》的承诺所迈出的重要一步。该法令重申了欧盟实现可再生能源占能源总消费量 12% 的目标，还要求到 2010 年，实现可再生能源电力份额占欧盟总电力消费的 22% 的目标。③ 为了实现这一目标，该法令确立了一些新的鼓励可再生能源电力发展的机制。如可再生能源电力的原产地保证制度，这将使购买者确信所购买的电力是从可再生能源产生的；又如，该法令还要求各成员国采取措施，确保输电系统和配电系统的经营者在各自的供电范围内给予可再生能源电力在输、配电方面的优先地位。

---

① Council Directive 96/61/EC of 24 September 1996 concerning integrated pollution prevention and control, Official Journal of the European Communities, 10 October, 1996, p. 30.

② Article 1, (1), Council Directive 92/75/EC of September 1992 on the indication by labeling and standard product information of the consumption of energy and other resources by household appliances, OJ No L 297, 13 October 1992, p. 16.

③ 参见何建坤:《国外可再生能源法律译编》，人民法院出版社 2004 年版，第 110—117 页。

四、欧盟形成统一的气候变化政策和立法的原因

（一）以温室气体的排放控制措施为主导的气候变化政策和立法对欧盟的经济影响利大于弊

虽然，温室气体的减排不可避免地增加了欧盟各成员国的经济负担，但总的来说，气候变化政策和立法对欧盟的经济影响是利大于弊。具体来说：其一，温室气体的减排措施和行动有利于欧盟减少对外的能源依赖。欧盟能源供给不能自给，是仅次于北美的世界上能源第二大消费地区，也是世界上最大的能源净进口地区，能源安全向来是欧盟能源政策中最重要的考量因素。而温室气体的减排措施和行动将提高欧盟的能源利用效率，减少对石油、天然气和煤炭的需求，降低对进口能源的依赖，对欧盟具有战略意义。其二，减排措施和行动将使欧盟的能源结构更加优化。如减少煤炭使用，增加天然气供应，发展热电联产，将使欧盟的发电效率继续提高。而增加可再生能源，特别是生物质能和风能，使欧盟的能源结构得到进一步优化。其三，减排温室气体的措施和行动，将从本质上加速欧盟的技术升级并提高其整体竞争优势。这种驱动力不仅使其领先的技术（如可再生能源技术、发电设备制造技术等）继续保持先进，而且对其贸易和技术设备出口也产生了有利影响。①

（二）欧洲绿党政治的蓬勃发展促进了欧盟统一的气候变化政策和立法的发展

绿党是 20 世纪 80 年代在西方国家（尤其是西欧）兴起的一股新的政治力量。到 20 世纪 90 年代末，它已经在欧盟许多国家进入议会，如在芬兰、法国、意大利、比利时和德国，绿党加入了全国政府。在欧洲议会，绿党已经成为仅次于欧洲社会党、欧洲人民党和欧洲自由民主党的第四大政治力量。② 绿

---

① 郑爽："欧盟将如何履行《京都议定书》"，《中国能源》2002 年第 10 期。

② 李景治等：《政党政治视角下的欧洲一体化》，法律出版社 2003 年版，第 188 页。

党从诞生到成长的过程与欧洲一体化进程是密不可分和相互促进的,绿党应对气候变化问题的政治主张对于在欧盟形成统一的气候变化政策和立法产生了重要影响。如欧洲绿党联盟在1999年欧洲选举竞选宣言中呼吁:气候紊乱已经降临到我们头上,现在,减少温室气体排放已是迫在眉睫。[①] 而针对欧盟提出的到2010年将温室气体排放量减少到比1990年水平低15%的目标,绿党联盟表示,这虽然是一个值得欢迎的良好开端,但力度还不够。他们提出,要通过立法来约束欧盟各国,到2005年将排放量减少到比1990年水平低20%,到2010年低25%,到2025年低50%。[②] 毋庸置疑,绿党这些积极的政治主张为欧盟形成统一的气候变化政策和立法起到了积极的推动作用。

(三)日益严峻的气候变化问题客观上要求欧盟制定统一的气候变化政策和立法

虽然欧盟各成员国在经济和技术水平等方面存在着一定程度的差异,但大多数欧盟国家在地理位置上相当接近。如最初的欧盟15国中绝大多数国家邻近大西洋或北海,这些国家很容易受到气候变化问题的影响。这一客观现实在很大程度上使得欧盟必然要形成统一的气候变化政策和立法。加之气候变化问题作为一种典型的跨国环境问题,仅靠一国的努力根本无法解决,必须有相关各国的共同参与。而欧盟作为一个高度一体化的区域性经济和政治组织,不可避免地要制定与其一体化的总目标相匹配的统一和协调的气候变化政策和立法。

五、启　示

通过考察欧盟的气候变化政策和立法,我们不难获得如下启示:

其一,以温室气体排放控制为导向的气候变化政策和立法的基本目标应

① European Federation of Green Parties, *Common Green Manifesto for the 1999 European Election*, Brussels: Information Office EP-BEL, 1999, Sec. 3.

② 刘东国:《绿党政治》,上海社会科学院出版社2002年7月版,第271页。

当与发展的需求有机地结合起来。如前所述，欧盟的气候变化政策和立法能够增强其经济和技术实力。而中国作为一个发展中国家，必须以加速经济社会发展和消除贫困为首要任务，只有这样，中国才有可能在温室气体的排放控制方面积累更多的资金乃至投入更多的资金，因此，中国的气候变化政策和立法必须充分地考虑到经济发展的基本需求。

其二，气候变化政策和立法应当大力推进可再生能源的开发和利用。可再生能源的广泛使用对于降低化石燃料的使用从而确保能源结构的优化和实现温室气体的排放控制是不可或缺的。有鉴于此，中国应加快本国的可再生能源立法的进程，为中国可再生能源的发展奠定坚实的基础。

其三，气候变化政策和立法应尽可能覆盖到所有温室气体和所有利害关系方。一方面，温室气体的具体范围的厘定对于实现《气候变化框架公约》和《京都议定书》的目标是不可或缺的，否则，某种温室气体减排的效果可能由于其他温室气体排放量的增加而被抵消。另一方面，温室气体的排放控制力求涉及所有潜在的温室气体排放源，这对于实现温室气体的有效减排是十分必要的。如前所述，欧盟温室气体的排放控制政策不但重视二氧化碳的减排，也未忽视 N_2O 和 F 类气体的排放控制。

其四，气候变化政策和立法应当重视多元化的温室气体排放控制的手段。众所周知，“命令和控制”手段在传统的环境管理方面发挥了积极的作用。长期以来，中国环境管理手段也多属于政府的“命令和控制”类型的范畴。然而，这类环境管理手段由于其严格性和强制性等特点所决定而难以真正调动人们治理污染和改善环境的积极性和主动性。温室气体的排放控制方面也存在着类似的难题。于是，多元化的温室气体控制手段是大势所趋，经济手段更是在温室气体的排放控制方面得到了越来越广泛的运用，例如，碳税是欧盟所确立的一项重要的控制温室气体排放的措施。目前，芬兰、瑞典、丹麦、挪威和荷兰等国都已经征收了碳税。[①] 芬兰于 1990 年就开始实

① Jean-Philippe Barde：“环境保护的经济手段：OECD 成员国的经验”，参见王金南等主编：《中国与 OECD 的环境经济政策》，中国环境科学出版社 1997 年版，第 15—16 页；经济合作和发展组织编：《国际经济手段和气候变化》，中国环境科学出版社 1996 年版，第 66 页。

行二氧化碳税，[①]瑞典在1991年引入了二氧化碳税，[②]丹麦于1992年开征了二氧化碳税，[③]挪威则于1991年引入二氧化碳税，二氧化碳税使得该国的一些固定的燃烧工厂的二氧化碳排放量降低了21%。[④] 可见，二氧化碳税这一经济手段在温室气体的排放控制方面能够起到一定的作用。但客观来说，碳税并非是万全之策，它不具备普遍的适用性，对发展中国家尤其如此。我国在是否引进二氧化碳税的问题上更加应该慎之又慎，不宜盲从。[⑤] 总之，中国应当根据本国的基本国情，运用行政、经济、法律等多元化的手段实现温室气体的减排。

---

① Jean-Philippe Barde："OECD成员国的环境税的现状和发展趋势"，参见杨金田等编：《环境税的新发展：中国与OECD比较》，中国环境科学出版社2000年10月版，第21页。

② Stefan Nystrom and Agneta Berqvist："财政改革和与环境有关的税收：瑞典的政策和经验"，参见王金南等主编：《中国与OECD的环境经济政策》，中国环境科学出版社1997年版，第137页；经济合作和发展组织编，张山岭等译：《税收与环境：互补性政策》，中国环境科学出版社1996年版，第36页。

③ 欧洲环境局著，刘亚明译：《环境税的实施和效果》，中国环境科学出版社2000年版，第33页。

④ Jean-Philippe Barde："OECD成员国的环境税的现状和发展趋势"，参见杨金田等编：《环境税的新发展：中国与OECD比较》，中国环境科学出版社2000年10月版，第19页。

⑤ 如国家统计局的专家指出：征收碳税将使中国经济状况恶化，但二氧化碳的排放量将有所下降。从长远看，征收碳税的负面影响将会不断弱化。对中国这样一个发展中国家，通过征收碳税实施温室气体的减排，经济代价十分高昂。参见魏涛远等："征收碳税对中国经济与温室气体排放的影响"，《世界经济与政治》2002年第8期。

美国环境影响评价制度中的替代方案研究

于 铭*

摘要：美国《国家环境政策法》规定在进行环境影响评价的过程中必须考虑建议行动的替代方案。替代方案被奉为美国环境影响评价制度的核心。文章探讨了在环境影响评价制度中确立替代方案的重要意义，介绍了美国法律对替代方案的规定，并重点研究了替代方案的分类和替代方案的范围。为了验证替代方案在环境影响评价中的作用，文章还评析了美国农业部和林务局为修改弗兰克·丘奇—无返河荒地管理计划制作的环境影响报告书。

关键词：环境影响评价制度，替代方案，环境影响报告书

Abstract: The National Environmental Policy Act (NEPA) prescribed that the Environmental Impact Assessment (EIA) must consider the alternatives to the proposed action. The alternatives are described as the heart of EIA in U. S. A. This article discusses the importance of alternatives, introduces the provisions on alternatives listed in American laws, and focuses on the category of alternatives and the scope of alternatives. In order to prove the value of alternatives in the EIA process, this article also analyses an EIS prepared by the Department of Agriculture and Forest Service of U. S. A. for revision and consolidation of Frank Church—River of No Return Wilderness management plan.

---

* 于铭（1980— ），女，山东青岛人，中国海洋大学法学院环境与资源法专业博士研究生。

Key words: Environmental impact assessment, alternatives, environmental impact statement

20世纪70年代初,我国引入环境影响评价概念,并在1979年颁布的《环境保护法(试行)》中初次规定了环境影响评价制度。现行《环境保护法》(1989)第13条和其他环境法律、法规对该制度作了进一步规定。在此基础上,1998年11月颁布的《建设项目环境保护条例》对建设项目的环境影响评价作了修改、补充及更明确的规定。经过近二十年的实践与完善,环境影响评价制度作为我国的环境管理制度之一被确立下来,并在环保工作中发挥着越来越大的作用。在立法条件相对成熟之后,全国人大于2002年10月28日通过了《中华人民共和国环境影响评价法》。该项专门立法吸收了美日等国在环境影响评价制度立法方面的诸多成就,但是对被国外的专家学者奉为环境影响评价制度核心的替代方案①却没有规定。相比之下,替代方案的设计与评价却是美国的环境影响评价制度中的重要环节。美国1977年的第11991号总统行政命令指出,制定《环境政策法》的目的在于"强调将注意力集中在真正的环境问题和替代方案上的必要性"。② 为此,环境质量委员会(Council on Environmental Quality, CEQ)为实施《环境政策法》颁布的《关于实施国家环境政策法程序的条例》(National Environmental Policy Act-Regulations: Implementation of Procedural Provisions, 以下简称CEQ条例)要求环境影响报告书"必须让决策者和公众知道可避免或可将有害影响减至最低程度的或可提高人类环境质量的合理的替代方案。"所以我们有必要对替代方案加以深入研究。因为环境影响评价制度起源于美国,所以本文将以美国的环境影响评价法律制度中对替代方案的规定为研究对象。

---

① 本文所指的替代方案按照美国环境法教科书中给出的定义是指除建议行动之外,行政机关可以选择的能达到建议行动的目的的其他方案。所谓建议行动包括行政机关建议实施的工程、项目、立法、规划等活动。

② 王曦:《美国环境法概论——执行与管理》,台湾汉兴书局有限公司1999年版,第297—298页。

一、确立替代方案的必要性

依照美国的法律规定，联邦行政机关在提议立法或建议实施其他的对人类环境质量有重大影响的重大联邦行动前，必须准备一份环境影响报告书(Environmental Impact Statement, EIS)。准备环境影响报告书的过程就是进行环境影响评价(Environmental Impact Assessment, EIA)的过程。法律规定环境影响报告书中必须包含建议行动的环境影响和所建议行动的替代方案。其中，建议行动(Proposed Action)指行政机关建议实施的工程、项目、立法、规划等活动；替代方案(Alternatives)指除建议行动外，行政机关可以选择的能达到建议行动目的的其他方案。作为本文研究对象的替代方案并非仅指可选择的其他方案，也包括设计和评价可选择的其他方案的动态过程。

(一)替代方案与环境影响评价的目的

替代方案是美国环境影响评价中的关键一环，所以在对替代方案的论证中我选择首先探讨替代方案与环境影响评价的根本目的之间的关系。环境影响评价制度最初规定在《国家环境政策法》中，因此该法的立法背景及内容可以帮助我们准确地把握设立环境影响评价制度的根本目的。

从二十世纪六七十年代开始，美国人民对环境问题的关注在很大程度上推动了环境立法的发展。① 当时的美国社会正经历着生产力的高速发展和大规模的城市化运动，然而发展和运动的附属物便是环境问题的接踵而至。许多人开始有意识地关注政府活动对环境造成的破坏。他们认为正是由于政府在制定决策时仅仅考虑经济和技术因素而忽略环境因素，才造成这些对环境有破坏性的项目得以开工建设。同时，由于环境问题牵涉面很广，战后国会针对单个的环境问题颁布的一系列法律并没有阻止环境质量继续恶化。美国国会意识到采用单纯的“头痛医头、脚痛医脚”的片面、局部的调整方法不足以

① Cary Coglianses, “Social Movements, Law, and Society: The Institutionalization of the Environmental Movement”, http://papers.ssrn.com/abstract=297161, p.6.

应对环境与经济、政治、社会等问题之间的错综复杂的矛盾。在这种形势下，国会于 1969 年通过《国家环境政策法》①，并将此作为缓和经济建设和环境问题矛盾的手段。当然，这一立法目的也明确地表现在该法的内容之中。

《环境政策法》在第一部分宣布了国家环境政策和环境目标，它要求政府必须运用"一切切实可行的手段"来保护和改善环境，必须"调整、改善和协调政府的现行计划、项目和职能"。《环境政策法》宣布的国家环境政策反映了美国政府已经认识到环境问题的重要性和紧迫性，企图通过《环境政策法》调整国家发展策略，由过去的偏重经济、忽略环境的策略向经济、环境、社会三方面协调发展的策略转移。

《环境政策法》的第二部分作为实现环境政策的手段之一，规定了环境影响评价制度。环境影响评价的基本目的就像 CEQ 条例中规定的那样，"是作为一种强迫行动的手段以保证把法律（指环境政策法）确定的政策和目标注入联邦政府的现行行动项目"。② 这个"基本目的"包括两层含义：其一，环境影响评价制度是为了实现国家环境政策和目标而设的。其二，环境影响评价制度是实施国家环境政策和目标的强制手段。它通过要求行政机关遵守环境影响评价程序迫使他们在决策过程中考虑和照顾环境价值。

据此，我们可以得出这样的结论，即确立环境影响评价法律制度最主要的目的是通过优化国家政策的决策过程来确保国家环境政策和目标的实现。所以环境影响评价的目的绝不仅仅是评价一两项行动会给环境带来怎样的影响，或对一两项行动做否定性的评价这么简单，它所追求的是通过对各种方案之间的优势和劣势进行比较，综合考虑环境、经济和社会效益，选择对环境损害最小而对经济和社会最有益的行动。所以替代方案是达成环境影响评价制度设计目的的根本，是实现该制度设计的保证。

（二）替代方案与风险预防原则

在环境影响评价制度中考虑替代方案不仅是为了更好地实现环境影响评

① 《国家环境政策法》（NEPA）在 1969 年获得国会通过，在 1970 年经总统签署之后成为法律。由于国会命名法律的惯例，该法通常被称为 1969NEPA。

② CEQ 条例第 1502.1 条。

价的目的，它也是在环境法中贯彻风险预防原则①的要求。

在环境法领域，风险预防原则是针对环境恶化结果发生的滞后性和不可逆转性的特点提出来的，它要求人们对环境风险的发生及后果进行预测，并依据预测采取防止、防范或规避等措施，努力避免造成大规模环境损失的环境风险。在过去的 20 年中，这一原则受到越来越多的关注，其作用和影响力也逐步扩大，成为众多国际条约的主要组成部分，并在 1992 年的联合国大会环境与发展会议上被确定为中心原则。尽管国际公约对该原则的表述都基本传达了面对不确定因素时采取预期的、预防性活动的意思，但对该原则具体含义的认识却并不一致。

以国际公约中对风险预防原则的规定为例，《保护东北大西洋海洋环境公约》和《生物多样性公约》中对风险预防原则的表述只涵盖了面对不确定风险采取预防措施这层意思。《气候变化框架公约》和《里约宣言》在上述意思之外还强调采取的预防措施必须符合成本效益原则，即尽量用最少的经济和社会成本换取最大的环境效益。《关于消耗臭氧层物质的蒙特利尔议定书》将面对不确定风险时采取的预防措施限定在“公平地控制消耗臭氧层物质全球排放总量”这一种方式上，也就是说预防体现在控制排放量这一种单一的方式上，不需要考虑其他的替代方案。而非洲统一组织 1991 年签署的《禁止对非洲出口并控制和管理非洲内的危险废物跨界转移公约》规定“应该采取合适的预防措施，例如采用清洁生产的方法，而不是在同化能力的范围内实行许可排污标准”，它要求预防措施必须是除了许可排污标准之外的其他方法，要求在采取预防措施时考虑替代方案，例如清洁生产的方法。② 很明显，从国际公约的规定中我们很难找到风险预防原则准确的定义，甚至在“是否要考虑替代方案”的重要问题上还存在相反的规定。

对于风险预防原则的认识在不断地深入。1998 年 1 月 26 日在美国的温

---

① 风险预防原则，即 precautionary principle，也被译为风险防范原则。本文采用风险预防原则是因为考虑到了 precautionary 含有预先的意思。

② 上述六个公约中关于风险预防原则的规定出自胡斌所著的“论国际环境法中的风险预防原则”，http://www.riel.whu.edu.cn/show.asp?ID=288，最后访问 2005 年 12 月 20 日。

斯布赖特(Wingspread)召开了讨论和界定如何实施风险预防原则的“风险预防原则温斯布赖特会议”，并发表了“温斯布赖特声明”。声明丰富了风险预防原则的含义，它认为风险预防原则包含四层意思：①人们有义务采取预防性的措施来阻止损害的发生；②证明一种新技术、新程序、新活动、新化学物质无害的责任归属于该技术、程序、活动和化学物质的建议者；③在使用一项新技术、新程序和新化学物质之前，开始一项新活动之前，人们有义务全面考虑建议行动的替代方案，包括不行动方案；④使用风险预防原则的决策必须是公开的、能够提供足够信息的和民主的，必须包括潜在受影响的当事人。[①] 声明的贡献在于建议增加对有效实施风险预防原则极度重要的一部分——替代方案。

分析替代方案对于有效实施风险预防原则有很重要的作用：

(1)替代方案关注结果而不是问题本身。替代方案的最重要作用是将环境保护的讨论从对问题的讨论变成了对结果的讨论，大多数用于制定环境政策的环境科学将研究重点集中在有毒、有害物质对环境产生破坏作用的原因，以及这些物质在多大程度上可以导致对环境多大范围的破坏等具体问题上。尽管这些工作耗资庞大但却不能带来令人满意的环境效果。因为当我们热火朝天地研究危险物质的作用机制时，环境依然处于这些物质的破坏之中。如果科学研究能够集中到辨别、分析并寻找危险物质的替代方案上，结果将大不一样。因为替代方案避开了对问题本身的研究，直接关注是否可以通过其他危害更小更有效的方式达到同样的结果；它关注的不是环境对潜在危害行动的可接受能力，像我们公布的众多环境标准一样，它关注的是寻找可以替代有潜在危险行动的其他行动。考虑替代方案可以使我们在更大范围内寻找解决问题的方法，它允许我们在作出决定时从多角度更为综合、更为全面地考虑有用的信息，而不需要仅仅通过解释产生问题的原因来寻找解决问题的办法。这当然会产生更有预防性、更能有效阻止危险发生的决策。

(2)替代方案能最大限度地减少风险。风险预防原则在环境法领域被确

---

① Wingspread Conference on the Precautionary Principle, http://www.sehn.org/wing.html.

立为中心原则的过程不是一帆风顺的。该原则从确立之初就在争议的漩涡中挣扎。其中一个关键性的争议是它无法解释为避免一个不确定的环境风险而采取的措施是否会带来另一个更严重或同样严重的环境风险或其他风险。如果不考虑替代方案，这个问题确实会存在，例如，为了解决陆地污染的问题，许多国家都将污染物投入海洋，这在减轻陆地污染的同时又带来了海洋污染的潜在可能性。分析替代方案当然不可能完全消除任何环境风险，因为任何行动都是有风险的，只是风险有大有小。考虑替代方案最大的好处就是可以比较众多方案各方面的风险，并且选择一种相对来说风险最小的方案来替代风险相对较大的方案，以实现最大可能地减少对环境的影响，最大限度地发挥风险预防原则的作用。

上述原因说明对替代方案进行分析是有效实施风险预防原则的最佳方式。风险预防原则不仅成为越来越多的国际公约的基础，它也逐渐成为国内环境法律、环境政策的基础。该原则在美国的许多环境政策中有所体现，其中就包括环境影响评价制度。因为环境影响评价正是通过对建议行动及其替代方案的环境影响进行辨别、预测、分析，确定一个对环境影响最小的符合成本效益原则的方案，以减轻建议行动对于未来环境的潜在危害的制度。环境影响评价要考察替代方案也正是实施风险预防原则的要求。

接受风险预防原则，并将其作为环境法的基本原则是我国环境法理论的必然选择，也是贯彻实行可持续发展原则的要求。为了更有效地实施风险预防原则，应该在我国全面推行基于替代方案的环境政策，而在环境影响评价制度中增加替代方案的分析正好为全面推行基于替代方案的环境政策提供了一个良好的平台。

（三）替代方案在环境影响评价实践中的价值

除了上述理论层面的分析，在环境影响评价中采纳替代方案有助于增进环境影响报告书的效力和客观性。环境影响评价一般是在整个建议行动规划阶段的后期进行，这时行动建议者已经为行动的实施做好了各种准备。如果环境影响报告书没有被批准就意味着所付出的努力付之东流。面对这种情况，行动的建议者一定会动用各种关系确保环境影响报告书顺利通过，这样的环境影响评价岂不是成为行动建议者们达到他们目的的官僚绊脚石了吗？如果在环境影响评价中考虑替代方案，就强迫行动建议者在建议行动之外考虑多个替代方案，一旦建议行动不被批准还可以采用替代方案，这样建议者不会被拴于一根绳子上，面对环境影响评价的心情也会坦然很多、认真很多。

在环境影响评价的关系中，行动建议者、公众、报告书制作人或顾问三者之间的关系是很微妙的。这种关系处理不好往往会直接影响环境影响报告书的客观性和独立性。行动建议者为了行动的顺利进行，自然希望报告书上多体现行动的优点，少揭露行动的缺点。行动波及范围内的公众往往很关注行动的环境影响。如果报告书中对行动的优点表述过多，很容易引起公众对报告书客观性和独立性的怀疑。在行动存在重大环境影响时，报告书的制作人或顾问也害怕客观的评价会危及行动的商业价值，而不真实的评价必然会损害公共利益。职业的客观性和公正性的要求与现实的经济利益的冲突会造成他们左右为难的境况。替代方案的存在会适当缓解三方的关系。在行动对环境有重要影响时，行动建议者接受替代方案虽然可能会减少预期的受益，但依然可以获得一定的利益。顾问们也可以客观地表达自己的评价结果而不用担心雇主损失太多不好交差。对公众而言，通过建议行动与替代方案的比较会比较清楚地看出各个方案的利弊，对环境影响报告书的质疑会大大下降，自然乐得积极参与其中。

二、美国环境影响评价制度中的替代方案

不论确立替代方案多么有意义，如果缺乏相应的法律规定，替代方案也不能充分发挥预期的作用，所以有必要把论文的焦点转到对替代方案的具体介绍上。欧洲各国、韩国、日本等国的环境影响评价制度中都有关于替代方案的规定，但是相比较而言，美国关于替代方案的规定和实践是最为丰富的。在《国家环境政策法》制定之前，法院就以判例的形式确定了在实施对人类环境有重大影响的行动时要考虑替代方案。

在《国家环境政策法》颁布实施的 5 年前，考虑建议行动的替代方案就是

哈德逊风景保存委员会诉联邦能源委员会一案（Scenic Hudson Preservation Conference v. Federal Power Commission, 354 F. 2d 608, 1965, cert. denied, 384 U. S. 941, 1966）关注的焦点。在哈德逊风景一案中，争议的焦点集中在美国联邦能源委员会是否应该为纽约州的统一爱迪生（Consolidated Edison）公司颁发许可证，允许它在纽约风景如画同时又有重要历史意义的风暴王（Storm King）山建一个抽水蓄能的水力发电工程。在该案中，法院坚持认为联邦能源委员会忽视了对风暴王山工程的替代方案进行全面的研究。这些替代方案包括使用可以显著降低消费者支出的燃气涡轮、与其他能源设施相连接、在哈德逊河中安装保护鱼类的装置、铺设地下传输设施等。法院并据此判决搁置许可证的颁发。①

在制定《国家环境政策法》时，这一判例所确立的原则被以成文法的形式固定下来，替代方案顺理成章地成为环境影响评价中的重要环节。

《国家环境政策法》第 102 条(2)(c)款规定："在联邦行政机关的提议立法或其他的对人类环境质量有重大影响的重大联邦行动的建议或报告中，必须由负责官员包含一份关于下列各项内容的详细说明：……③对所建议行动的替代方案……"其中第三条特别要求报告书中必须有对建议行动的替代方案的详细说明。由于该法的规定缺乏操作性，环境质量委员会在 CEQ 条例中对环境影响报告书的内容作了更为详细的规定。

CEQ 条例规定环境影响评价包含三项主要内容：(1)包括建议行动在内的所有可供选择方案的环境影响；(2)受影响的环境；(3)环境后果。"包括建议行动在内的可供选择方案"是环境影响报告书的主要内容和核心。CEQ 条例要求环境影响报告书"必须充分而公正地论述重大环境影响，必须让决策者和公众知道可避免或可将有害影响减至最低程度的或可提高人类环境质量的合理的替代方案。"②CEQ 条例规定：环境影响报告书"应以比较的形式陈述建议行动及其替代方案的环境影响，从而鲜明地说明问题并为决策者和公

---

① William A. Tilleman, "Public Participation in the Environmental Impact Assessment Process: A Comparative Study of Impact Assessment in Canada, the United States and the European Community", *Columbia Journal of Transnational Law*. 33 vol. p. 384.

② CEQ 条例第 1502.1 条。

众的选择提供明确的依据。"CEQ 条例规定评价者必须:

a. 周密地寻求并客观地评价一切合理的可供选择方案。对未作详细研究的方案,简要陈述排除它们的理由。

b. 对各项经过详细考虑的可供选择方案予以实质性的对待,以便审查者可以衡量它们的相对优点。

c. 评价不在领导机关管辖权之内的合理替代方案。

d. 评价不行动方案。

e. 认定该机关倾向选择的一个或多个可供选择方案。

f. 说明在建议行动方案或替代方案中未包括的适当的补救措施。①

可见充分报告一切可供选择方案的环境影响是实现环境影响报告书的基本目的的关键。评论者的评论主要针对这一内容,决策者的决策也主要参考这一部分内容。

三、替代方案的分类

依照法律、判例对替代方案的规定和环境影响报告书中设计评价替代方案的实践,替代方案依据不同的标准可以分为如下几类:

(一)按照替代方案的性质,替代方案可分为基本替代方案、二等替代方案和推迟行动三类。

1. 基本替代方案(primary alternative)。基本替代方案指的是以根本不同的方式实现建议行动的目的、可完全代替建议行动的方案。例如,对兴建高速公路行动的基本替代方案有不兴建或更新现有公路。采纳基本替代方案导致放弃建议的行动。

2. 二等替代方案(secondary alternative)。二等替代方案指的是以不同方式实行建议行动的方案。它不排斥建议行动,而是对建议行动方案的修改或变通。例如,对兴建水坝的二等替代方案有兴建不同高度水坝的方案。

3. 推迟行动。它指的是暂缓实施建议行动。当建议行动的某些重大环境

① CEQ 条例第 1502.14 条。

影响不能被科学地确证时，推迟行动乃必要的谨慎。①

（二）按照替代方案的内容，替代方案可以分为不行动方案、环境首选方案、行政机关首选方案和除上述方案外的其他方案。在一份环境影响报告中，建议行动的替代方案至少应该包括不行动方案、环境首选方案和行政机关首选方案。

1. 不行动方案（no action alternative）。CEQ 条例的 1502.14（c）条规定评价者必须评价不行动方案。要求评价不行动方案的目的是为决策者比较建议行动和各替代方案对环境的重大影响提供一个基准点。也就是说决策者可以将其他方案的环境影响与不采取任何行动而保持现状的环境影响相比较。但是《环境政策法》与 CEQ 条例对于什么是"不行动方案"并没有具体的规定。

美国国家环境委员会 1981 年发表的《对〈国家环境政策法〉最常问的 40 个问题》中指出，依据建议行动的性质"不行动方案"可以做出两种不同的解释。如果建议行动是对正在实行中的项目的改变，比如说更新一个土地管理计划，在这种情况下，不行动指不改变目前的管理方向和管理强度。分析不行动方案的环境影响的作用是将更新后的项目的环境影响与现存项目的影响相比较。如果建议行动是兴建新的工程项目，不行动在这种情况下就指不进行建议行动。不采取建议行动的环境影响将与采取建议行动或替代方案的环境影响相比较。②

2. 环境首选方案（environmentally preferred alternative）。CEQ 条例的 1505.2（b）要求，环境影响报告书必须包含所有经过考虑的替代方案，并"详细说明被认为是环境首选的方案"。环境首选方案指将能促进《国家环境政策法》第 101 条规定的环境政策的方案，通常，这意味着该方案对生物和自然环境产生的损害最小，也意味着能够为历史的、文化的和自然的资源提供最佳的保护、保持和促进的方案。

3. 行政机关首选方案（preferred alternative）。行政机关的首选方案是行

① 王曦：《美国环境法概论——执行与管理》，台湾汉兴书局有限公司 1999 年版，第 299—300 页。

② Question 3. NEPA's Forty Most Asked Questions. http://ceq. eh. doe. gov/nepa/reg. /40/40p3. htm.

政机关在综合考虑了经济、环境和其他因素后，认为可以达到它预先期望的目的和需求的方案。行政机关首选方案与环境首选方案通常情况下是不同的，尽管在有些案例中两者可能重合。环境首选方案是环境影响最小、对环境保护最为有利的方案，它是所有替代方案中环境标准最高的方案；而行政机关的首选方案可能并不是环境最优方案，它通常是各种利益、各种因素相互作用、相互妥协的产物。比较环境首选方案与行政机关的首选方案可以比较清楚地看出行政机关的政策导向。

CEQ 条例的 1502.14(e)条要求在环境影响报告初稿或终稿的替代方案部分确定行政机关的首选方案。这意味着如果行政机关在报告起草阶段有首选的方案，它必须在初稿中清楚表明“行政机关首选方案”字样。如果负责起草报告的行政机关在起草阶段尚未确定首选方案，它可以通过公众和其他机关对报告初稿的建议和意见确定一个首选方案，并在环境影响报告终稿中反映出来。当然，即便行政机关确定了首选方案，也必须客观地准备报告，不能有意强调行政机关的首选方案，而忽视其他合理可行的方案。

行政机关的建议行动可能但不一定是行政机关的首选方案。建议行动是在准备环境影响报告之前行政机关的最初设想。如果行政机关在报告的起草阶段就确立了首选方案，则建议行动可能就是最终的首选方案。从另一方面讲，如果行政机关在报告初稿中没有明确首选方案，它可能在准备报告终稿的阶段，基于初稿中对各替代方案的分析和公众对初稿的评价选择一个替代方案作为首选方案，这时这个方案十有八九不是最初的建议行动。

4. 其他替代方案。除了上述替代方案，环境影响报告的替代方案部分还可能包含其他能够达到行动目的和需求的合理方案。编制一份高质量的环境影响报告很大程度上依赖于开发设计出各有侧重、合理可行的替代方案。一个替代方案不需要成功地解决所有问题，也不需要达到能够周密实施的程度，它只要能够有建设性地解决一部分问题就是有价值的。因为它可以启发公众提出更好的建议，集合多人的智慧来完善方案。环境影响报告终稿中分析的替代方案大多是报告书初稿中几个替代方案的优化组合。而且最终行政机关着手实施的行动不一定就是行政机关的首选方案或建议行动，它可能是报告书终稿中其他方案经过优化组合出的新方案。所以说除了不行动方案、环境首选方案、行政机关首选方案之外的其他替代方案也有其存在的重要价值。

四、替代方案的范围

在美国对替代方案的规定和实践中，另一个需要关注的问题是替代方案的范围，它是替代方案部分的重点。替代方案的范围是指需要在环境影响报告中讨论的替代方案，它包括体现在环境影响报告中的方案以及经过讨论被排除在进一步研究范围之外的所有的合理方案。替代方案的多少、合理与否直接关系到决策者作决定时考虑的信息量的大小、决策的难易程度和决策的质量。不难想象，只要有足够丰富的想象力，一项建议行动的替代方案会有很多。其中有些是实际可行的，有些不是实际可行的或至少在当前不可行。对替代方案这个两端可能无限延长的线条必须按照一定的标准截取其中一段作为在环境影响评价中研究讨论的对象。换言之，必须按照一定的标准设定环境影响评价中应当说明的替代方案的范围。否则，人们将无法确定环境影响报告书中分析的替代方案是否足够充分，而且人们可能为毫无价值的替代方案浪费有限的人力和物力。《环境政策法》没有规定选择方案的标准。这个标准最先出现在有关的判例中，然后得到 CEQ 条例的确认。

1972 年的自然资源保护联合会诉莫顿案（National Resources Defense Council, Inc. , v. Morton, 458 F. 2d 827）是《环境政策法》生效后的第一个关于替代方案问题的案件。该案的被上诉方内务部部长莫顿为出卖路易斯安纳州的石油和天然气的租赁权准备了一份环境影响报告。该案的上诉方认为，报告中没有全面地考虑建议行动的替代方案。本案的焦点就是如何界定是否已经全面地考虑了替代方案。哥伦比亚特区上诉法院对该案的判决为适用《环境政策法》的替代方案条款确立了如下五条基本标准：

第一条也是最重要的一条原则就是合理性原则。法院的判决要求“行政机关必须探寻所有合理的替代方案”，这种探寻“不需要穷竭所有可能的方案”，“只需要提供足够的信息以保证有一些可供选择的合理的替代方案”。环境影响报告书不需要“详尽讨论评论者提出的、其影响不能确定的替代方案和仅仅是远离现实的或纯属幻想的可能性的替代方案"。合理性原则要求选择替代方案要从合理的角度,考虑切实可行的、有实际意义的方案。影响不确定的方案、不切实际的方案、与个人喜好相关的方案和纯属幻想的方案不在考虑的范围内。

第二条原则是行政机关应该考虑那些不在其职权范围以内的合理的替代方案,"不能将探寻的范围仅仅限定在该机关的行动权限内"。

第三条原则是"不能仅仅因为替代方案不能够为解决问题提供一个完整的解决方案而舍弃它"。

第四条原则是"如果一个替代方案需要立法上的完善,则不能自动地将它排除到考虑之外",换句话说就是要求完善立法的方案不能自动地被排除到考虑之外。

第五条原则是"当建议行动是一个相关方案的一部分,而这个相关方案是用来处理更大范围内的问题时,必须考虑的替代方案的范围就随之扩大"。也就是说开发替代方案时要充分考虑到建议行动的目的和需求。

评价替代方案的基本原则在随后的判例法中继续得以发展完善。莫顿案中确立的合理性原则在联邦最高法院 1978 年的佛蒙特·扬基核电公司诉自然资源保护联合会案(Vermont Yankee Nuclear Power Corp. v. Natural Resource Defense Council, Inc. ,435 U. S. 519)判决中有了新发展。判决肯定了莫顿案中哥伦比亚特区上诉法院对替代方案条款的"合理性"解释,同时强调必须对替代方案的范围有所限制,正像最高法院在判决书中表达的"……替代方案概念必须被某种可行性概念所限定。"①

国家环境质量委员会在其 1981 年发表的《对〈国家环境政策法〉最常问的 40 个问题》中肯定判例法在这个问题上的发展。它指出:"在决定应考虑的替代方案的范围时,重点应放在合理与否上,不应放在建议人或申请人的个人好恶或实现某一特定方案的能力上。合理的替代方案包括根据技术和经济

---

① 王曦:《美国环境法概论——执行与管理》,台湾汉兴书局有限公司 1999 年版,第 302 页。Steven Ferrey. *Environmental Law: Examples and Explanations.* 中信出版社 2003 年版,第 100 页。

的观点及常识来看切实可行的方案，而非仅仅申请人感到满意的方案。”根据该文件，行政机关在确定替代方案时应考虑三个因素：①技术可行性；②经济可行性；③常识。

在莫顿案中确立的第四个原则也有了更明确的适用范围。在联邦上诉法院第二巡回法庭 1975 年的自然资源保护联合会诉卡拉维案（Natural Resources Defense Council v. Callaway, 524 F. 2d 79）中，法院认为不需要考虑要求政府政策和立法发生重大变化的替代方案，因为本案的环境影响报告书针对的是一项具体的工程。[①] 而在莫顿案中，法院指出要求修改政策或完善立法的方案不能自动地被排除到考虑之外，也就是说要求修改政策或完善立法的替代方案是“合理的”，那是因为莫顿案中的环境影响报告书针对的是在较大范围内适用的政策。换句话说，法院暗示，对一项具体工程的环境影响报告，要求在立法上有重大改变的方案就不是合理的方案。

莫顿案中所确立的基本原则在环境影响评价的过程中被广泛使用，除了合理性原则外，被使用频率最高的是第五个原则，即开发替代方案时要充分考虑建议行动的目的和需要。因为即便一个替代方案符合合理性原则的要求，也切实可行，但它不能达到建议行动的目的和需要，也就是说背离了行动的最初目标，它依然不是合适的方案。而且这一原则是否定一个方案最常用的理由，也是判断一份环境影响报告书中的替代方案是否充分的基本标准，例如亚历山大市诉斯莱特（City of Alexandria v. Slater, 198F. 3d 862 D. C. Cir, cert. denied, 531 U. S. 820）一案。该案的起因是为了缓解交通拥挤问题美国联邦公路管理局计划扩建伍德罗威尔逊纪念桥（Woodrow Wilson Memorial Bridge）的行动。环境影响报告书终稿中确定并讨论的所有替代方案都是以扩建十二车道的新桥为基础设计的。亚历山大市的多个组织联合对联邦公路管理局提起诉讼，声称它违反了《国家环境政策法》，因为它没有考虑扩建十车道新桥的方案。上诉法院认为建议工程的目的是减少纪念桥的交通拥挤状况，并且联邦公路局能提供数据清楚地证明少于十二车道的设计都不能达到缓解交通拥挤的目的，因此所有不能满足行动目的和需要的方案都不能成为合理的替

① Reasonable Alternatives. http://128.242.62.160/NEPAWG/reasalt.htm.

代方案。①

五、对替代方案的验证

《国家环境政策法》从1970年颁行实施到今天已经有35年的时间了，该法所确立的环境影响评价制度也运行了35年。期间，联邦行政机关编制的环境影响报告应该不在少数，报告中设计并分析的各种替代方案估计应该数以万计。我们没有具体数据来证明有多少替代方案的分析是成功的，也无法统计在环境影响评价中增加替代方案为美国带来了多少的环境价值。但是，在实践中，设计、分析替代方案在环境影响评价以及环境决策中起到怎样的作用一直是我关注的问题。在整体分析不可能的情况下，我就从一个具体的环境影响报告书入手，来验证替代方案在环境影响评价中的作用。我选择由美国农业部和林务局为修改弗兰克·丘奇—无返河荒地(Frank Church—River of No Return Wilderness, FC-RONRW)管理计划准备的环境影响报告书作为研究对象，借助对报告书中替代方案的分析展示替代方案在环境影响评价中所起的作用。②

弗兰克·丘奇—无返河荒地位于爱荷达州(Idaho)中部，覆盖了大约200万英亩的土地，是国家森林系统中最大的荒地。该区域植被茂密、山路崎岖、峭壁林立，两条原始的风景优美的河流塞门河(the Salmon River)和塞门河的中岔河(Middle Fork of the Salmon River, MF)穿流其中。大多数到荒地来游玩的人们会选择到塞门河和塞门河的中岔河进行漂流，既惊险刺激又可以欣赏到沿岸原始秀美的自然风光。

无返河荒地分属于六个国家森林公园管辖，每个森林公园对所属地域都制定了详细的管理计划。1994年，美国林务局建议修改现行的无返河荒地管理计划，统一各个计划对荒地的管理规定，并计划为修改无返河荒地管理计划

① Selected NEPA Cases in 1999. http://ceq.eh.doe.gov/NEPA/1999NEPACaselaw.pdf

② 弗兰克·丘奇—无返河荒地的环境影响报告书(Frank Church—River of No Return Wilderness Final Environmental Impact Statement)来自http://www.fs.fed.us/r4/sc/recreation/fcronr/fcronrindex.shtml frank。下文的内容均来自对该环境影响报告的研究。

准备一份环境影响报告书。美国林务局和农业部于 1998 年公布了环境影响报告的初稿,于 1999 年公布了环境影响报告补充稿,随后于 2003 年公布了环境影响报告书终稿。

环境影响报告书的初稿没有制订建议行动方案,它只是分析了 5 个替代方案。环境影响报告书补充稿增加了 6 个新方案,并将其中一个方案确定为建议行动的方案。环境影响报告书的终稿将初稿和补充稿讨论的 10 个替代方案(除了建议行动方案)整合为 4 个新方案,并最终确定了环境首选方案和行政机关首选方案。受到篇幅的限制,我只截取在塞门河的中岔河上商业性使用和非商业性使用漂流船的计划为研究对象,分析该计划的建议行动和替代方案。

1. 目的和需要。环境影响报告书的目的与需要一章指出行动的目的在于管理在中岔河上商业性使用和非商业性使用的漂流船。指出行动目的之后,报告书简要地介绍了中岔河的使用现状以及确立这个目的的原因。使用现状可以概括为以下三方面:

(1)漂流人数增加。1968 年的原始风景河流法(Wild and Scenic River Act)将中岔河划定为原始的未开垦的河流。美国林务局曾要求管理机关必须用一种保护和增加它的原始性特点的方式管理,包括限制与环境不相适应的使用方法以及设计一个保护性的管理计划。目前,漂流船通过许可才可以在中岔河和塞门河中漂流。非商业性使用漂流船的许可要靠抽签的方式获得,而商业性使用漂流船的许可由旅行社申请取得。每年大约有 17000 人在两条河中漂流。中岔河漂流比塞门河漂流吸引了更多的游客,所以中岔河沿岸很难再保持最初的原始状态,有些地方由于人工设施的修建已经降为半原始状态。据统计,在每年的 5 月 1 日到 9 月 30 日的最佳漂流季节来漂流的人数已经从 1985 年的 7723 人增加到 2002 年的 11031 人。在 1995 年夏季旅游高峰时,中岔河沿岸的狭长地带会出现拥挤的状况。游客越来越多,人类活动带来的社会影响就越来越大,河流周边的环境就不那么原始了。

(2)露营地周边环境恶化。中岔河沿岸峡谷陡峭、山路崎岖的自然状况限制了露营地的数量和露营地的规模。人们可以选择的露营地在中岔河的狭长地带只有相对集中的几个。而且河沿岸的露营地还要受到水位的影响,大约20%的露营地在夏季和秋初不能使用,这更增加了在夏季高峰期使用露营地的紧张状况。据统计,在夏季,河流沿岸的露营地每天都被使用。高频率的使用使露营地周边的环境已经出现被破坏的迹象,出现了土壤被侵蚀、土壤硬化、文化资源损失、踩踏产生小径、植被减退、外来物种侵蚀等环境问题。此外,由于旅游团体人数(不论商业还是非商业)有所增加,一些人数较多的团队使用中型和小型的露营地,扩大了露营地的范围,加剧了对露营地周边植被和土壤的踩踏破坏。日渐增多的游客和拥挤的露营地会减少无返河荒地带给人们原始的、休闲的、优美的感觉,会让来此寻找孤独感的人们失望而归。

(3)商业和非商业航次比率不协调。非商业性使用漂流船的许可需要抽签得到。据统计,非商业性游客在夏季要想获得许可的几率是二十三分之一,而商业性游客可以随时报名参加旅游团。许多非商业性游客抱怨几年都没有机会获得许可。目前在中岔河上,商业性和非商业性航次比率是43:57,这大约等于每天发三班商业性的船、四班非商业性的船。但是到中岔河漂流的游客60%的人参加商业团队,40%的人参加非商业团队。换句话说,43%的船承载了60%的商业性游客。所以想依靠减少商业团队航次、增加非商业团队航次来提高获得非商业性许可的几率是不太现实的。

为了解决中岔河漂流中的问题,需要优化对在河中漂流的商业性和非商业性漂流船进行管理的管理计划。所以有必要修改对团体人数、每日航次、停留天数的规定,控制潜在的每日最大游客人数。

2.建议行动。林务局和农业部准备的环境影响报告书初稿中没有确定建议行动的方案。该方案是从环境影响报告书补充稿的第六个替代方案发展而来的,是充分考虑了广大公众对报告书初稿提出的意见和建议之后作出的决定。在报告书的终稿中,为了便于比较,建议行动被作为方案E进行了讨论。我也依照报告书的形式,将建议行动方案与替代方案一起介绍。

3.替代方案分析。环境影响报告书终稿将初稿和补充稿中讨论的10个方案整合为4个新方案,加上建议行动方案,一共讨论了5个方案。分别标为A、B、C、D、E(见图表),下面是五个方案的主要内容:

方案A——不行动方案。不行动方案就是现行的管理计划。①允许全年开展漂流活动。②在冬、春、秋三季每天发 7 班船，不分商业还是非商业，采用客满即止的原则。夏季每天发 3 班商业性船和 4 班非商业性船。③全年商业性团体人数限制在每团 30 人，非商业性团体人数限制在每团 24 人。④所有团体允许停留的最长时间均为 8 天。⑤按照商业性团体算，冬、春、秋三季每日潜在的最大客流量为（航次 X 团体人数 X 停留天数）1680 人，非商业性每日潜在的最大客流量为 1344 人；夏季商业性潜在的最大客流量为 720 人，非商业性为 768 人，合计 1488 人。

方案 B——环境首选方案。该方案是环境最优方案。它强调对环境的原始状态的保护，任何对自然环境娱乐性的使用都要以不改变环境的原始状态为前提。该方案对中岔河使用的管理随季节的不同而有所变化。从每年的 3 月 1 日到 9 月 10 日重点提供漂流活动的机会。从 9 月 11 日到 2 月 28 日，重点为狩猎、垂钓和冬季娱乐性活动提供机会，冬季由于天气寒冷和河流冰冻将不再提供漂流活动。同时，为向游客提供一个更为原始的、野生的旅游经历，方案将按季节限制每天的游客总量。在不超过每日游客总量的前提下，可以根据团体的人数来确定该团体可以停留的天数。①春季每日 4 班船，夏季每日 3 班船，秋季每日 2 班船，冬季没有船。②夏季最多日客流量为 290 人，春季为 170 人，秋季为 170 人，冬季为 0。每日最多客流量是按季节规定的，不区分商业性游客还是非商业性游客。

方案 C——其他替代方案之一。该方案侧重于为非商业性团体提供更多的接近自然界的机会。该方案通过全年额外增加 3 个航次的汽船来照顾非商业性的小团体的游客。①对商业性游客来说，方案 C 基本保持现状不变。全年每日发 3 班船，每团人数限制在 30 人，最长停留时间为 8 天，每日最大潜在客流量为 720 人。②对非商业性游客来说，方案 C 增加了他们获得许可的几率。全年每日额外增加 3 班汽船。原来的 4 班汽船还是通过现在的抽签系统产生；新增的 3 个额外班次，由在第一轮抽签中没有抽中的申请者参加第二轮抽签获得。这样非商业性游客通过抽签得到漂流许可的几率是十三分之一，高于原来十个百分点。③对非商业性游客的团体人数做了调整，原来的 4 班船，每团人数限制在 15 人；新增的 3 班船，每团人数限制在 8 人。④最长停留时间为 8 天，每日最大潜在客流总量为 1434 人。

图表　替代方案的比较

替代方案的比较															
问题		方案 A				方案 B				方案 C	方案 D				方案 E
	季节	冬	春	夏	秋	冬	春	夏	秋	全年	冬	春	夏	秋	全年
商业性使用	每日航次	0-7		3	0-7	0	4	3	2	3	0	7*	3	7*	3
商业性使用	团体人数	30		30	30	0	1-14	1-19	1-10	30	0	30			30
商业性使用	停留天数	8		8	8	0	1-8	1-10	1-14	8	0	6-8			6-8
商业性使用	每日最大客流量	1680		720	1680	0	170	290	170	720	0	1260*	540	1260*	540
中岔河漂流 非商业性使用	每日航次	0-7		4	0-7	在方案 B 中所有的使用不区分商业与非商业。在图表中都标注在商业一栏中				4(+3)	0	7*	4	7*	4
中岔河漂流 非商业性使用	团体人数	24		24	24					15(8)	0	24			24
中岔河漂流 非商业性使用	停留天数	8		8	8					8	0	6-8			6-8
中岔河漂流 非商业性使用	每日最大客流量	1344		768	1344					714	0	1008*	576	1008*	576
每日最大客流总量		1344-1680		1488	1344-1680	0	170	290	170	1434	0	1008-1260*	1116	1008-1260*	1116
						按照团体的人数决定可以停留的最长天数					＊每日不区分商业与非商业最多有 7 班船，如果 7 班船都用于商业，则每日最大客流总量为 1260 人，如果 7 班船都用于非商业，则每日最大客流总量为 1008 人				按照团体的人数决定可以停留的最长天数

方案 D——行政机关首选方案。该方案是在环境影响报告书补充稿中公布的建议行动方案的基础上，考虑了公众提出的意见，进一步修改后得出的。该方案在春、夏、秋三季主要强调将河流用于提供漂流活动；在冬季，重点强调开发非游船的娱乐性活动。①每年冬季从 12 月 1 日到 2 月 28 日不提供漂流活动。②春、秋两季每天发 7 班船，不考虑商业性游客还是非商业性游客，客满为止；夏季每天发 3 班商业性游船，4 班非商业性游船。③实行可调节的旅程系统。商业性的和非商业性的漂流者都可以依据他们想停留的天数选择团体人数。商业性的漂流，每团人数 21—30 人，最长可停留 6 天；每团人数 11—20 人，最长可停留 7 天；每团人数 1—10 人，最长可停留 8 天。非商业性的漂流，每团人数 21—24 人，最长可停留 6 天；每团人数 11—20 人，最长可停留 7 天；每团人数 1—10 人，最长可停留 8 天。④夏季的每日潜在最大客流量为 1116 人，春秋两季的每日最大客流量是 1008—1260 人。

方案 E——建议行动方案。①全年提供漂流活动，每日发 3 班商业性汽船、4 班非商业性汽船。②实行可调节的旅程系统。商业性的和非商业性的漂流者都可以依据他们想停留的天数选择团体人数。具体计划同方案 D 相同。③全年每日最大客流量为 1116 人。

4. 替代方案的比较

环境影响报告书对所有方案进行的比较清楚地展示了每个方案的优缺点，让决策者一目了然。它确定了一个比建议行动方案更好的方案作为行政机关首选方案，为决策者做出科学的决策奠定良好的基础。从以下四方面可以看出几个方案的优劣：

(1) 漂流人数。按照方案 A 计算，春秋冬三季每日最大的潜在客流量为 1344 人到 1680 人之间，夏季为 1488 人。而要想保持中岔河狭长地带的原始状态，每日的最大客流量不应超过 290 人，这样算来方案 A 的客流量接近要保持原始状态的 6 倍。方案 B 是完全按照保持中岔河原始状态的最大客流量来规定的。也就是说每日将游客限定在 290 人之内将使中岔河在现在和将来一直保持原始状态。漂流者将充分地在整个河流的狭长地带分散开。即使在旅游高峰期，在景点、出发点和露营地也不会发生拥挤现象。人们可以最大限度地享受原始的自然风光。方案 C 预计的每日最大游客量为 1434 人，将近原始状态290人的5倍。虽然方案C和方案A的夏季人数相差不大,但方案C的实际游客数会远远高于方案A。这是因为在方案A中非商业性团体的人数被限定在24人,但据统计非商业性团体的平均人数只有11人,通常仅会达到潜在最大量的一半。而方案C减少了非商业性团体的人数,使限定人数与实际人数接近,同时增加了航次,这样很容易就达到每日潜在的最大客流量。所以按照方案C执行,游客人数不但不会减少,反而会有所增加。方案D预计的每日最大游客量1260人,是保持原始状态290人的四倍多。但是该方案的好处是冬季漂流的游客将为零;而且春秋两季在1008人到1260人之间浮动,游客量相比较方案A会有所减少。实行可调节的旅程系统会减少大团队在河中的停留时间,也等于减少了人数。方案E预计的每日最大客流量为1116人,将近原始状态290人的4倍。人数比方案A有所减少,实行可调节的旅程系统会减少大团队在河中的停留时间,也等于减少了人数。

(2)漂流机会。如果继续实行现在的管理计划方案A,在春、秋两季,每天发7班船(不区分商业和非商业),则商业和非商业的游客都可以得到满足,尽管天气和水位通常不是最佳状态。在夏季,每天发4班非商业汽船、3班商业汽船,商业性的游客基本上都可以得到满足,但非商业的漂流者通过抽签得到许可的机会只有1/23。在冬季基本上没有漂流者。方案B由于限制了每日最大的客流量,漂流机会会减少60%,这将导致非商业性的游客获得许可的几率大幅下降,而且将有很大比例的商业性游客无法参加漂流旅游团。按照方案C,商业性的游客获得的漂流机会没有变化。而对非商业性的团体来说,获得许可的机会因为增加了3个航次而提高了近十个百分点。为了防止人数有大幅度的提高,计划调整了团体的人数限制,将非商业性团体的最大人数从24人调整到15人,将增加的3班船的人数限定在8人以内。但是人数的调整使人们无法和更多的朋友一起去漂流。方案D和方案E在漂流机会上与方案A没有太大的区别。方案D比方案E更具有灵活性,因为在春秋两季每天发的7班船都可以自由调整,而不需严守3:4的比率。

(3)露营地的情况。按照方案A,随着漂流人数的增长,露营地的使用频率也越来越高,露营地周边的环境将逐步退化。方案B由于对漂流人数的严格限制,露营地会因为游客人数实质性的下降而保持充足,周边的环境将得到很大的改善，可以预计露营地周边的自然环境和资源将逐步恢复到原始状态。方案 C 由于每日对非商业性游客增加了 3 班船，如果所有的团体都达到最大许可人数，则露营地会处于紧缺状态。现有的露营地的使用频率增加，可能会出现两三个小团共挤一个露营地的情况，周边环境逐步退化。如果执行方案 D，冬季停止漂流活动会稍微缓解露营地周边环境的退化，使环境有一个恢复阶段。同时，实行可调节旅程系统，减少了大团体的停留时间，自然会减少对露营地的使用。减少的游客人数也可缓解露营地的压力。方案 E 与方案 D 相似，大团体的停留时间缩短和游客的人数减少都能缓解露营地的紧张状况，防止周边环境的进一步退化。

(4)经济和就业的影响。报告书分别评估了采取各个方案给经济和就业带来的影响。A、C、D、E 四个方案对经济和就业影响比较相近，实施现行方案 A 每年将给无返河荒地及周边区域带来 1,724,000 美元的收入，增加 176.7 个就业职位。如果实施方案 B 每年只能给该地区带来 430,800 美元的收入，增加 42.8 个就业职位。虽然方案 B 是环境最优方案，但巨大的经济和就业差距也会使决策者们放弃对该方案的支持。由于我只截取了每个方案中关于中岔河漂流的一部分进行研究，所以执行方案 A、C、D、E 和方案 B 的差距不会如此之大，但不可否认的是方案 B 确实会给当地的经济和就业带来太多的负面影响。

5. 结论

环境影响报告书中分析的每个替代方案都有其自身的价值，行政机关将替代方案 D 确定为首选方案是在认真考虑所有替代方案、综合权衡各种因素后的结果。这种选择体现了行政机关的政策导向。虽然方案 B 对环境的价值要优于方案 D，但行政机关倾向于综合考虑经济、社会和环境影响的政策导向决定了方案 B 被舍弃的命运。尽管如此，对方案 B 的分析也是很有价值的，它为比较各种方案提供了环境的参照标准，同时它也为方案 D 提供了取消冬季漂流活动的想法。方案 C 很好地解决了非商业性团体难以获得许可的问题，但实施此方案会增加游客人数和露营地的负担。方案 D 虽不能行之有效地解决非商业性团体获得许可的问题，但它相对来说更好地解决了减少游客人数这一行政机关更看重的问题。方案 E 是方案 D 的原型，但方案 D 比方案 E 具有更大的灵活性,对环境保护更为有利。

一个决策者只有依靠替代方案的分析比较,而不是凭借自己的聪明才智才能做出多方面兼顾的选择。其实这种选择的过程就是优化决策的过程,而优化决策正是环境影响评价的根本目的。我认为这份环境影响报告书是很有价值的,它的价值正是通过对替代方案的分析而逐步实现的。

六、余　论

从以上的分析可以看出,美国环境影响评价制度无论是从法律规定、判例还是具体实践都是为科学决策服务的。而在我国情况则大有不同。我国的《环境影响评价法》对环境影响评价制度的定义是:“对规划和建设项目实施后可能造成的环境影响进行分析、预测和评估,提出预防或者减轻不良环境影响的对策和措施,进行跟踪监测的方法与制度。”①我国的规定显然只是注重对单个规划或建设项目的环境影响进行评估以及采取办法减轻项目对环境的破坏影响。这是因为从 1979 年在《环境保护法》中确立该制度到新的《环境影响评价法》颁布之前,我国的环境影响评价只适用于建设项目,新法颁行后才将规划项目纳入到环境影响评价的适用范围,所以说我国的环境影响评价制度设计仅局限在对某个项目的环境影响进行评价,为行政机关提供一个否定项目的机会,远没有上升到通过评价优化行政机关的决策的层次。我们在引进此制度时显然没有深刻理解设置该制度的意义,仅将它作为保护环境减少环境破坏的一种方式简单地照抄照搬到我们的法律中,没有把它作为制定经济、环境和社会协调发展的决策的一种方式加以运用。从当前的国际、国内形势看,中国要想抓住机遇、赢得挑战,保持良好的发展势头,必须改变现有的发展观,将原来的只重经济、不重环境的发展观改为注重经济、环境、社会协调可持续发展的科学发展观。实现科学发展观的最关键一环就是行政机关转变决策方式。2002 年我国新出台的《环境影响评价法》将规划项目纳入到环境影响评价的范围中就是转变决策方式的一种尝试。但是,如果不在环境影响

① 《中华人民共和国环境影响评价法》第二条。

评价制度中增加替代方案的规定，这种尝试将很难起到预期的作用。即便针对规划进行环境影响评价，也依然不能改变不科学的决策方式。因为环境影响评价的对象还是只涉及行政机关的建议规划方案，而没有将多个规划方案纳入到环境影响评价的过程中。所以说没有替代方案的环境影响评价制度无法实现该制度设立的根本目的。我们大谈特谈完善环境影响评价制度，是不是应该把找回环境影响评价的主要目的、找回替代方案放在众多完善之首呢？

此外，公众参与是近年来我国法律界关注的热点问题。许多专家学者，不仅仅是环境法领域的专家学者，都在研究如何提高公众参与我国法制建设的热情和成效。新的《环境影响评价法》也吸收了学者们对公众参与环境影响评价的研究成果，例如增加公众评议期、规定召开听证会等。但是这些规定的收效并不明显。原因当然是多方面的，但有一点是肯定的，那就是我国国民文化水平不高的现状阻碍了他们参与环境影响评价这一科学含量很高的活动。即使公民有参与的热情，也可能因为想不出比行政机关的建议行动更好的具体方案而放弃参与。如果增加替代方案的规定，那么，行政机关在环境影响报告中就要公布几个方案供公众选择。至少这种选择比公众自己设计方案来得容易。所以增加替代方案有助于降低公众参与的难度，应该对环境影响评价中的公众参与起到一定的推动作用。

徐祥民起草《无居民海岛管理条例》*

第一条 为加强无居民海岛的管理,保护海岛资源,规范无居民海岛开发利用活动,根据有关法律、法规的规定,结合本市实际,制定本条例。

第二条 本条例所称的无居民海岛是指本市行政区域内历史上形成的不作为居民常住户口所在地的岛屿。

第三条 无居民海岛是海域的组成部分和具有经济、生态和社会文化价值的重要资源,属于国家所有。

第四条 本市行政区域内无居民海岛的管理适用本条例,但法律、法规和国家对军事用途或其他特殊用途的无居民海岛的管理另有规定的,从其规定。

对岩礁、低潮高地的管理参照本条例执行。

无居民海岛、岩礁和低潮高地名录由市海洋行政主管部门会同市民政部门编制,市人民政府公布。

第五条 市海洋行政主管部门负责组织无居民海岛的管理,市和区(市)海洋行政主管部门执行对无居民海岛的管理;与无居民海岛管理事务有关的部门协助海洋行政主管部门的工作。

第六条 本市对无居民海岛实行立足保护、严格条件使用的原则。

第七条 领海基点所在无居民海岛实行严格保护制度。

领海基点所在无居民海岛及其周围海域,禁止采石、挖砂、砍伐、爆破、射击等破坏性活动;在领海基点周围1公里范围内的区域,禁止进行除有利于领海基点保护的工程建设项目外的其他工程建设项目。

---

* 这是为青岛市人大起草的条例草案。参加课题研究的有周晨、白洋、许立阳、冀渺一、杨林、韩红蕾等。

第八条 对具有特殊保护价值的无居民海岛，市海洋行政主管部门可依法申报建立海洋自然保护区或海洋特别保护区。

市人民政府可根据需要确定无居民海岛为自然保护区。

第九条 市及区（市）海洋行政主管部门应了解无居民海岛的自然、生态状况及其开发使用状况，建立无居民海岛管理信息系统。

市海洋行政主管部门应建立无居民海岛管理信息中心。

第十条 海洋行政主管部门应按照国家有关规定为无居民海岛设置名称标志。

单位和个人不得擅自移动或损坏无居民海岛名称标志。

第十一条 为加强对无居民海岛的保护，市海洋主管部门应定期或不定期地对无居民海岛实行巡查。

第十二条 单位和个人为经济、社会、文化和科学研究等目的使用无居民海岛必须依法取得使用权。

无居民海岛的使用实行有偿原则。使用人应当交纳无居民海岛使用金。具体办法由市人民政府制定。

前两款的规定不适用于国防和军事用岛的情况。

第十三条 无居民海岛的开发利用实行规划前置原则。

市海洋行政主管部门应会同市规划、土地、环保、林业、农业、旅游等部门，根据全国和本省海洋功能区划制定本市无居民海岛及其所在海域的保护和利用规划。该规划报市人民政府批准，报市人民代表大会常务委员会备案。

无居民海岛的使用必须符合前款规定的保护和利用规划。

第十四条 无居民海岛保护与利用规划，应当包括无居民海岛的资源与环境特征，功能定位，开发使用现状，生态、经济、社会、文化价值分析，环境、生态保护方案，开发利用价值分析和开发利用规划等。

无居民海岛保护与利用规划的编制应广泛征求社会各界的意见；规划经批准后，应当向社会公布，涉及国家秘密的部分除外。

第十五条 无居民海岛使用权最高期限按下列办法确定：

（一）使用海岛须修建大型永久性设施的，50 年；

（二）气象观测以及其他公益事业用岛，40 年；

（三）其他用岛，25 年。

第十六条 有下列情形之一的，禁止使用无居民海岛：

（一）与海洋功能区划、本市无居民海岛保护与利用规划相抵触的；

（二）破坏无居民海岛及周围海域环境、景观和生态平衡的；

（三）导致航道港区淤积及有其他不利于港口建设情况的；

（四）有法律、法规规定禁止开发使用的其他情形的。

第十七条 未经有关行政主管部门依法批准不得在无居民海岛从事下列行为：

（一）采挖砂石、取土、爆破；

（二）砍伐林木、垦荒种植、养殖；

（三）捕鸟、损毁鸟巢；

（四）兴建建筑物和构筑物及其他损害海岛地形、地貌，影响自然生态的活动；

（五）法律、法规规定应当经批准的其他行为。

第十八条 禁止在无居民海岛从事下列行为：

（一）损坏观测台站、导航设施、界碑、领海基线标志、通讯设施；

（二）破坏岛上的军事设施；

（三）烧山、烧荒、炸鱼或挖礁；

（四）将生活垃圾和其他固体废弃物运入岛内倾倒、堆放、填埋和处置；

（五）违反规定向水体海域排放污染物、倾倒废弃物；

（六）法律、法规禁止的其他行为。

第十九条 无居民海岛不得作为公民户籍所在地和法人所在地登记注册，任何人不得申请成为无居民海岛的永久居民。

第二十条 非经营性使用无居民海岛，应当持下列文件和材料向区（市）海洋行政主管部门提出申请：

（一）非经营性使用无居民海岛申请书；

（二）申请人身份证明或法人资格证明和能证明申请人使用和保护无居民海岛能力的其他材料；

（三）使用无居民海岛的方案和相关保护措施。

前款第(一)项规定的申请书,应当载明申请人基本情况,拟使用无居民海岛的位置、面积、用途、使用方式、使用期限及使用项目的名称、投资总额、资金来源等内容;第(三)项规定的保护措施应当包括水土保持、植被保护、废弃物处置、地形地貌和岸线保护以及保障条件等内容。

区(市)海洋行政主管部门应当在接到全部的申请文件和材料之日起三十日内,提出初步审查意见,报市海洋行政主管部门。市海洋行政主管部门在三十日内做出批准或不批准的决定。不予批准的,应当书面说明理由。

第二十一条 非经营性使用无居民海岛的申请人应当对海岛环境保护提供担保。交纳担保金的具体办法比照本条例第三十条的规定处理。

第二十二条 为旅游,避险,科学考察,采拾鸟蛋、果类等目的短时间登临无居民海岛的,不得从事本条例第十六、十七条禁止的活动。

第二十三条 无居民海岛的经营性使用一般实行使用权整岛转让的办法。

无居民海岛使用权人可以承包、租赁等方式将海岛的部分经营项目转让给其他公民、法人,但此项转让不造成使用权人因取得使用权而负有的义务。

前款转让须经原审批机关批准。

第二十四条 本条例生效前,村民或农村集体经济组织、村民委员会已经依法取得林权证、海域使用权证的,其权利应当受到保护。本条例第二十三条规定的使用权整体转让不造成林权证、海域使用权证持证人权利的丧失。

本条例生效前农村集体经济组织或者村民委员会已经取得对无居民海岛上的林地、耕地的所有权的,依照《中华人民共和国海域使用管理法》第二十二条规定的原则处理。

第二十五条 本条例生效前未办理法定手续而使用无居民海岛的,必须停止使用活动;欲继续使用海岛的,必须按照本条例的规定办理相关手续。

村民欲维持历史上形成的对无居民海岛上的土地的耕作使用状态的,应到所在区(市)海洋行政主管部门办理登记手续,并根据土地面积交纳土地使用金。土地使用金的收缴办法由市海洋行政主管部门制定。

前款登记不影响所用权的转让,不能对抗海岛使用权人的权利。

第二十六条 经营性使用无居民海岛,应当向区(市)海洋行政主管部门

提出书面申请。申请人除须提交本条例第二十条第一项和第二项所列文件和材料外,还应提交以下文件:

(一)开发利用无居民海岛的可行性论证报告及专家评估报告;

(二)开发投资计划及相关资信证明;

(三)海岛环境和生态保护方案;

(四)使用期满后的善后处理方案。

第二十七条 审核无居民海岛经营性使用申请除比照本条例第二十条的规定执行外,还应当举行听证会,广泛听取广大市民和企业事业单位的意见。

第二十八条 无居民海岛使用申请经批准后,由批准机关登记造册,向申请人颁发无居民海岛使用权证书。

无居民海岛使用权证书的发放与管理办法由市海洋行政主管部门制定。

第二十九条 无居民海岛使用权除依据本条例第二十八条的规定取得外,也可以通过招标或者拍卖的方式取得。

无居民海岛使用权转让招标或者拍卖方案由市海洋行政主管部门制订,报市人民政府批准后组织实施。

招标或者拍卖工作完成后,依法向中标人或者买受人颁发无居民海岛使用权证书。中标人或者买受人自领取无居民海岛使用权证书之日起,取得无居民海岛使用权。

第三十条 经营性使用无居民海岛,应当根据海岛面积、使用期限、经营项目对海岛自然状况的影响程度等因素交纳海岛环境保证金,具体办法由市海洋行政主管部门制定,报市人民政府批准后执行。

第三十一条 经营性使用无居民海岛中的建设项目应按照有关法律规定向海洋行政主管部门办理审批手续。工程项目应当进行环境影响评价并向主管部门提交环境影响评价报告书。

第三十二条 本条例生效前使用无居民海岛的单位或个人必须依照本条例的规定办理有关手续才能继续使用。

第三十三条 市和区(市)海洋行政主管部门应加强对无居民海岛使用情况的监督,定期巡查,并建立无居民海岛使用情况的年检制度。

第三十四条 无居民海岛使用权人应当严格遵守国家海域和海岛管理的

法律法规和本条例的规定，全面实施本条例第二十四条规定的海岛环境和生态保护方案。

第三十五条 无居民海岛使用权期限届满，使用权人应当清除由其使用活动产生的生活垃圾和其他固体废弃物，恢复海岛植被。使用过程中修建的房屋、道路、码头及其他设施不得拆除、毁坏，应移交给所在区（市）海洋行政主管部门，由海洋行政主管部门给予补偿。补偿办法由市海洋行政主管部门制定，报市人民政府批准后执行。

第三十六条 损害无居民海岛环境的，无居民海岛使用权人应当进行整治；使用权人拒绝整治或虽整治但未能达到要求的，由所在区（市）海洋行政主管部门组织力量整治，整治费用从使用权人缴纳的海岛环境保证金中支付，保证金不足支付的，由使用权人承担。

第三十七条 未按规定取得使用权，擅自使用无居民海岛的，由所在区（市）海洋行政主管部门责令停止使用，恢复原状，没收违法所得，并可处一万元以上十万元以下或本条例第三十条规定的海岛使用金十倍以下的罚款；构成犯罪的，依法追究刑事责任。

第三十八条 违反本条例第二十条、二十六条的规定，擅自改变批准用途或转让无居民海岛使用权的，由市海洋行政主管部门责令改正，恢复原状，没收违法所得，并可处以相当于海岛使用金五倍以下的罚款。

对前款所列情况，可收回使用权。

第三十九条 违反本条例第二十条、二十六条的规定，未按使用海岛的保护方案履行保护义务的，由市海洋行政主管部门责令限期整治，恢复原状，并可处以一万元以上十万元以下罚款；逾期未整治的或虽整治但未能达到要求的，由区（市）海洋行政主管部门负责组织整治，整治费用由利用者承担。

对前款所列情况，可收回使用权。

第四十条 从事本条例第十七条、第十八条规定的禁止行为的，由市海洋行政主管部门责令停止违法行为，赔偿损失，没收违法所得，并可处以二百元以上二万元以下罚款。

第四十一条 违反本条例第十条规定，擅自移动和破坏无居民海岛名称标志，或者有其他违反无居民海岛名称管理行为的，由市海洋行政主管部门责令停止非法活动,赔偿损失,并可处以二百元以上一万元以下罚款。

第四十二条 市海洋行政主管部门和有关行政管理部门违反本办法规定审核批准无居民海岛利用项目,或者对经批准利用的项目不进行监督管理,或者发现违反本办法的行为不予查处的,对直接负责的主管人员和其他直接责任人员给予行政处分;徇私舞弊、滥用职权或者玩忽职守构成犯罪的,依法追究刑事责任。

第四十三条 单位和个人对无居民海岛的保护、管理、使用和本条例的执行有权进行监督。对单位和个人提出的检举、控告,所在区(市)海洋行政主管部门或有直接管理责任的海洋行政主管部门应当做出处理或予以答复。

第四十四条 本办法自　　年　月　日起施行。

环境资源法学研究年度综述

HUANJING ZIYUAN FAXUE YANJIU NIANDU ZONGSHU

积极推进环境法治,全面开展学术研究

——2005 年度环境法学研究综述

梅 宏* 孟庆垒** 陈 阳***

摘要:2005 年度国内环境法学研究生气勃勃,发展势头令人欣喜,研究成果在数量和质量上都取得了好成绩,学者参与国家和地方环境立法活动更加全面、深入,学界交流多,环境法学的研究队伍不断壮大。研究特点是 2005 年的环境法研究注重联系时事、关注热点,积极推进环境法治;重要论题的研究深度和成果质量都有进步;研讨内容广,前沿课题的研究紧跟国际步伐等。研究热点包括循环经济及其立法、环境影响评价的立法与执法、环境公益诉讼研究等。

关键词:环境法学,学术研究,研究综述

Abstract: It's very exciting to see that the study of environmental law developed vigorously in the year of 2005. This is reflected by following aspects: the study acquires great achievements in both quantity and quality; the scholars participate in national and local environmental legislation more comprehensively and intensively; academic exchanges a lot; there are more and more study teams in envi-

---

* 梅宏(1973—)男,陕西安康人,中国海洋大学法学院 2004 级博士生,研究方向为环境资源法学。

** 孟庆垒(1982—)男,山东东平人,中国海洋大学法学院 2005 级博士生,研究方向为环境资源法学。

*** 陈阳(1981—)女,山东德州人,中国海洋大学法学院 2006 级博士生,研究方向为环境资源法学。

ronmental law strengthened increasingly. The features of the study includes: the environmental law study of 2005 puts emphasis on combining the theory with the current affairs and pushes forward the environmental rule by law; great progress is achieved in the study depth and result quality of the important issues; the scope of the study is wide and the study in the advanced issues keeps in pace with the international trend. The important issues include: recycling economy and legislation, the legislation and enforcement of environmental effects evaluation, the study of environmental public interest suits and so on.

Key words: Environmental law, scholarly research, research summary

一、研究概况

2005 年国内环境法学研究生气勃勃，发展势头令人欣喜，表现在：

（一）研究成果在数量和质量上都取得了好成绩。据不完全统计，2005 年期刊公开发表的环境资源法研究论文 350 多篇，出版书籍近 30 部，研究范围广泛，基本上涵盖了当今国内外环境资源保护的一切重大问题。其中，既有学者酝酿多年的理论专著，如《沟通与协调——公民环境权的民法保护》，也有不少紧扣时事的学术新作。

（二）接连不断的重大环境新闻和一系列对环境法制有指导意义的中央决策受到全社会关注，环境法学研究热情高涨。国家环保总局叫停 30 个环评不合格项目、社会各界代表参与圆明园防渗工程环境影响听证会、中央提出建设资源节约型和环境友好型社会、松花江发生严重污染……2005 年的环境新闻和中央决策让尚属朝阳学科的环境法学备受瞩目，当各界人士议论“环评风暴”、“绿色 GDP”时，环境法学人通过参与听证、研讨、立法建议、公益诉讼等活动，切实有效地推动环境法制建设，并在理论研究上深入思考“科学发展观与法律发展”、“环境法法典化研究”等富有时代特色的重大命题。

（三）环境资源法学者参与国家和地方环境立法活动更加全面、深入。环境基本法立法、循环经济立法、水污染防治立法、能源法立法、海岛和海域立法、电子废弃物立法、自然保护区立法等国内环境资源立法各领域，都有学者参与。学者们还对环境损害赔偿立法、环境教育法等现实意义突出的问题进行了超前性的研究,研究成果得到有关部门的重视,推动了国家环境立法的进程。

(四)学界交流多,学术会议规格高,规模大,成效好。本年度环境法学界的学术活动丰富精彩,既有中外专家深入交流的专题研讨会,也有全国学者、研究人员相聚的年会,武汉大学环境法研究所基地会议,还举办了"新中国成立以来规模最大、规格最高的一次环境法盛会"①——环境立法与可持续发展国际论坛,这些学术会议促进了我国环境法学研究水平的提高和环境法制建设事业的发展。

(五)环境法学的研究队伍不断壮大,数高校获得环境法硕博士授予权。2005年,东北林业大学、江西理工大学、香港城市大学、华东政法学院等多所高校成功举办了环境法学术会议,环境法学科影响面越来越大,中国海洋大学、福州大学、重庆大学取得授予环境与资源保护法学博士学位的资格,②江西省实现该学科硕士点零的突破。

二、研究特点

(一)联系时事、关注热点,积极推进环境资源法制建设

与环境法制相关的中央会议精神、政策规划、时事要闻贯穿于2005年,环境法学人担负起社会责任,深入分析环境问题,切实研讨环境法治,积极评介域外先进立法,贡献了不少紧扣时代主题、理论联系实际的佳作。突出表现在,有关循环经济立法、节约型社会立法、科学发展观与生态文明建设以及环境影响评价立法和执法、环境公益诉讼制度等方面的研究论著为相关立法工作的推进、执法水平的提高、司法制度的完善提供了有益思路,发挥了理论指导作用。

---

① 周珂、曹霞:《2005年环境资源法学学术研究回顾》,《法学家》2006年第1期。

② 国务院学位委员会办公室《关于下达第十批学位授权学科专业名单的通知》(学位[2006]3号)。

（二）重要论题的研究深度和成果质量都有进步

知名环境法学者就环境权、环境侵权等重大理论问题继续展开学术争鸣。有学者从民法角度完成了环境权类型化与具体化的基本构想，论证了环境权与民事权利的沟通与协调关系；①有学者呼吁，我国正在制定民法典，环境法应以此为契机与民法实现良性互动，发挥各自的理论优势，共同推动环境问题的解决；②也有学者指出，在民法的法律网络之下，存在无需承担责任的环境侵害结果，要阻止人的利益损害之外的环境侵害结果的发生，制止或减缓造成这种结果的环境行为，只能寄希望于环境法。③ 学者、立法专家、法官、律师以及行政管理人员、专业技术人员分别围绕循环经济立法、水污染防治立法、资源与能源立法、环境诉讼、环境行政执法、海洋生态损害赔偿理论与实践等主题深入探讨，也取得了丰硕的研究成果。此外，教育部人文社会科学重点研究基地重大课题《环境法法典化研究》、《我国民法典制定中的环境法律问题》通过开题，《海洋发展战略研究》通过中期成果验收。

（三）环境法学的研究方法和研究现状受到关注，学科建设更上层楼

环境法具有革命性，以之为研究对象的环境法学也在不断创新研究方法，建立独特的环境法学研究“范式”。环境法学者会同法理学名家研讨法学方法论的创新，提出环境资源法学倡导生态学方法，奉行“主、客一体化”的研究范式；环境法学界津津乐道的“法律生态化”在本年度召开的第五届全国法学重点研究基地主任会议暨法律生态化学术研讨会上为各学科专家所关注；有学者探析了法律生态化的法理学基础，认为环境法在“主、客一体化”范式的引导下，以法律关系的生态化为改良基石，要转变为生态法，传统法

---

① 吕忠梅：《沟通与协调——公民环境权的民法保护》，中国人民大学出版社 2005 年 12 月版。

② 李延荣、王小龙：“制定中的民法典与环境法的互动”，《中国地质大学学报（社会科学版）》2005 年第 2 期。

③ 徐祥民、刘爱军、吕霞：“环境侵权与环境侵害——兼论环境法的使命”，中国环境资源法学网 2005 年 7 月 14 日上传。

学(特别是民商法学)也要绿色化、生态化。① 而采用环境安全范式有助于国际环境法克服和避免现有范式的误区和不足。② 学者还对近年来环境法学的主要问题、环境法学研究状况等做了科学、全面的分析，并提出本学科发展的进路。③

(四)研讨内容广，前沿课题的研究紧跟国际步伐

研讨内容涉及三十多个主题，学科领域的研究基本无盲区。研究者视野开阔，方法多样，各种学术观点正在出现，观点之间既有交流也有争鸣。尤其值得称道的是，本年度一些学者运用新视角、新思路研究环境资源法，如以社会法的观察视角研究无过错污染受害者补偿救济的理论与制度，④以生命的起源和权利的发端为视角论人类中心主义法理念的消解，⑤主张运用综合的理路揭开环境权的神秘面纱。⑥ 还有不少理论创新的论著出现，如有学者提出环境权新论，⑦对环境侵权制度进行再造，建立新型环境侵权制度体系。⑧ 2005 年，我国第一部研究环境权民法保护的著作出版，该书为建立环境法与民法理论的沟通与协调机制提供了全新思维。这一年，有相当多的学者评介国外立法，阐析先进立法经验对我国环境法制建设的启示。产品导向环境政

---

① 刘国涛："法律生态化的法理学基础初探"，《山东省法学会环境资源法学研究会 2005 年年会论文集》。

② 柯坚："论国际环境法的环境安全范式"，《2005 年武汉大学环境法研究所基地会议论文集》。

③ 参见高利红："环境法学的核心理念——可持续发展"，《法商研究》2005 年第 1 期；汪劲："中国环境法学研究的现状与问题——1998—2003 年中国环境法学研究状况调查报告"，《法律科学》2005 年第 4 期。

④ 赵红梅、李修棋："无过错污染受害者补偿救济的理论与制度选择——一种社会法的观察视角"，《环境资源法论丛(第五卷)》，法律出版社 2005 年 2 月版。

⑤ 段凡、郑友德："传统法律的革命：论人类中心主义法理念的消解——以生命的起源和权利的发端为视角"，《环境资源法论丛(第五卷)》，法律出版社 2005 年 2 月版。

⑥ 王小钢："揭开环境权的面纱：综合的理路"，《2005 年环境立法与可持续发展国际论坛论文汇编》。

⑦ 邹雄："环境权新论"，《东南学术》2005 年第 3 期。

⑧ 吕忠梅："关于拓展环境侵权制度的追问"，《第三届环境纠纷处理中日(韩)国际学术研讨会发言提纲》，华东政法学院 2005 年 11 月编印。

策、电子废弃物立法研究等前沿课题的研究在我国也已展开。①

三、研究热点

（一）环境法及其学科的基本理论研究

本年度，学者们继续拓深环境法及其学科的理论之基。学者主张，在不改变传统法学基本理念以及名词概念的基础上论述环境资源法学的基本理念：环境正义、环境安全、环境公平、环境秩序、环境民主和环境效率等，并强调“人与自然和谐相处观”的特征和重要地位。② 学者分析可持续发展对环境法的认识论与方法论意义，讨论环境法的理论更新问题。③ 有学者主张，我国环境法制建设应当以可持续发展思想为指导，以实现人与自然的和谐为出发点和归宿点，重新架构我国环境法体系，调整立法目的、立法原则，真正将可持续发展思想融入环境法律制度中。④ 还有学者指出，科学发展观作为崭新的发展观，是对传统发展观的反思和超越，它推动法律朝着生态化的趋势发展。⑤

环境权理论研究更趋深入、全面。有学者从民法角度完成了环境权类型化与具体化的基本构想；从环境权的人权属性以及对人权的全面保障需要出发，论证了环境权与民事权利的沟通与协调关系，阐明了时代发展对协同性法律规范的迫切需求。⑥ 另有学者主张，环境权是生态性的实体权利，不包括经

---

① 参见申进忠：“循环经济视野中的产品导向环境政策”，收录于徐祥民主编：《中国环境资源法学评论（第一卷）》，中国政法大学出版社 2006 年版。

② 蔡守秋：“环境资源法学基本理念的含义、来源和发展——一论环境资源法学的基本理念”，《河海大学学报（哲学社会科学版）》，2005 年第 1 期；蔡守秋：“环境正义与环境安全——二论环境资源法学的基本理念”，《河海大学学报（哲学社会科学版）》，2005 年第 2 期；蔡守秋：“环境公平与环境民主——三论环境资源法学的基本理念”，《河海大学学报（哲学社会科学版）》，2005 年第 3 期；蔡守秋：“环境秩序与环境效率——四论环境资源法学的基本理念”，《河海大学学报（哲学社会科学版）》，2005 年第 4 期。

③ 吕忠梅：“论可持续发展与环境法的更新”，《科技与法律》2005 年第 2 期。

④ 徐祥民、任庆、孟庆垒：“可持续发展：从发展观到法律制度”，中国环境资源法学网 2005 年 12 月 27 日上传。

⑤ 陈泉生：“论科学发展观与法律的生态化”，《法学杂志》2005 年第 5 期。

⑥ 吕忠梅：《沟通与协调之途——论公民环境权的民法保护》，中国人民大学出版社 2005 年 12 月第 1 版。

济性权利、程序性权利和环境保护义务。① 有学者阐发了环境权新论:环境权是自然人享有适宜自身生存和发展的良好环境的法律权利。② 有学者指出环境权应当是由不同权利形态的权利组成的权利群,是由不同权利样式因素构成的权利束,是由不同主体拥有的权利组成的权利系统。③ 有学者认为,尽管自然体权利论为人们认识世界、改造世界提供了一个崭新的视角,在需要大力提倡环境道德的今天,它对我们抛弃极端的人类中心主义、树立正确对待自然的态度可以起到一定的积极作用,但作为一种理论,由于它在理论根据、内在逻辑性和现实性等方面存在的缺陷,使它很难成为对人们具有普遍指导意义的科学理论。因此,在自然体权利的法定化问题上,应小心谨慎。④

环境侵权理论研究不断创新。有学者在环境立法与可持续发展国际论坛的专题发言中奉献新观点:环境侵权法不是解决环境问题的万应灵药,它只能解决"人的利益损害"问题。要阻止人的利益损害之外的环境侵害结果的发生,制止或减缓造成这种结果的环境行为,只能寄希望于环境法;环境法不仅把包括人的利益损害在内的环境侵害作为防治的对象,而且直接针对环境影响做工作,以防止出现不良环境影响为使命。⑤ 有学者提出并分析了生态型环境侵权在司法与立法上的问题。⑥ 另有学者对生态侵权的基本含义及其法律特征进行研究。⑦ 对于环境侵权的归责原则,既有学者认为应当建立起以无过错责任为主,公平责任、风险责任和过错责任为辅的归责体系;⑧也有学者认为,在环境侵权领域应同时适用无过错责任原则和过错责任原则。⑨

---

① 吴卫星:"环境权内容之辨析",《法学评论》2005 年第 2 期。

② 邹雄:"环境权新论",《东南学术》2005 年第 3 期。

③ 王小钢:"揭开环境权的面纱:综合的理路",《2005 年环境立法与可持续发展国际论坛论文汇编》。

④ 徐祥民、孟庆垒、刘爱军:"对自然体权利论的几点质疑",《学海》2005 年第 3 期。

⑤ 徐祥民、刘爱军、吕霞:"环境侵权与环境侵害——兼论环境法的使命",中国环境资源法学网 2005 年 7 月 14 日上传。

⑥ 吕忠梅:"关于拓展环境侵权制度的追问",《第三届环境纠纷处理中日(韩)国际学术研讨会论文集》,华东政法学院 2005 年编印。

⑦ 刘文燕:"论生态侵权的法律特征",《黑龙江省政法管理干部学院学报》2005 年第 2 期。

⑧ 宋宗宇、孙红梅、刘树利:"环境侵权的归责原则",《河北法学》2005 年第 23 卷第 5 期。

⑨ 胡丹缨:"环境侵权民事责任归责原则研究",《中山大学学报(社会科学版)》2005 年第 2 期。

学者还指出，我国环境民事责任制度应规定和完善环境侵权精神损害的内容。①

2004 年年底至 2005 年，环境法学界的若干知名学者会同法理学名家座谈研讨法学方法论的创新，取得了重要理论成果。学者指出，科学发展观的提出和循环经济的推行，触发了法学方法论及其研究方法的创新和变革。这场法学方法论的创新和变革首先在环境法学领域进行。环境法学以其独特的环境法学研究“范式”来作为推理基础和进行逻辑思维，并提出法学方法论的生态化。② 在学术争鸣中，有学者论述了法学方法论生态化之要旨，提出环境资源法学倡导生态学方法，奉行“主、客一体化”的研究范式；③学者提出，从方法论的角度来探求后现代主义影响下环境法学研究方法之变革，可以阐释传统法学研究方法面临的挑战与重构。④ 因应环境社会系统的一体性，可将传统法律关系改良为生态法律关系，可用“生态三要素说”说明“主、客一体”范式中的法律关系；在“主、客一体”范式的引导下，以法律关系的生态化为改良基石，环境法要转变为生态法，传统法学（特别是民商法学）也要绿色化、生态化。⑤

此外，还有学者分析了制约环境法学术水准朝向纵深发展的外在因素与内在因素，呼吁环境法学者明确现阶段环境法学研究的历史使命，注重自身学术思想的组织形式和研究的价值取向，在研究方法上发挥法学交叉学科研究的综合优势。⑥ 提出环境法学界必须认清主要问题，在价值定位、法理论证和制度建构方面进行系统的研究。⑦

---

① 王宏：“环境侵权精神损害相关问题研究”，《理论界》2005 年第 3 期。

② 陈泉生：“科学发展观与法学方法论的创新”，《东南学术》2005 年第 5 期。

③ 蔡守秋：“法学方法论生态化之要旨”，《东南学术》2005 年第 5 期。

④ 陈泉生、郑艺群：“论环境法学的研究方法”，《贵州师范大学学报（社会科学版）》2005 年第 5 期。

⑤ 刘国涛：“法律生态化的法理学基础初探”，《山东省法学会环境资源法学研究会 2005 年年会论文集》。

⑥ 汪劲：“中国环境法学研究的现状与问题——1998—2003 年中国环境法学研究状况调查报告”，《法律科学》2005 年第 4 期。

⑦ 高利红：“环境法学的核心理念——可持续发展”，《法商研究》2005 年第 1 期。

（二）2005年备受关注的环境问题及相关环境法实务研究

2005年，国内重大环境事件接连不断，环境法学者积极地为推进环境法治贡献智慧和力量。

2005年4月13日，国家环保总局公开举行了我国环境保护领域有史以来规模和影响最大的一次听证会——圆明园环境影响听证会。有学者不仅参加了这一听证会，而且对听证会的法律性质予以剖析，①对我国立法中制定有关环境行政许可听证的启动程序、庭前准备程序、开庭程序和结案程序等提出建议。②"圆明园铺膜事件"的发生以及对该事件的处理过程颇具典型性，在很大程度上是我国环境立法和执法现状的一种折射，并在诸多方面拷问着我国环境影响评价立法和执法。学者指出，我国环境影响评价立法和执法需要进一步健全和完善。同时，应将环境影响评价制度的完善与我国环境法的整体完善有机统一起来。③

这一年，环境公益诉讼研究继续升温。有学者主张在今后制定（修订）的环境与资源保护法律中，增加涉及环境公益诉讼的特别法规定。④环境公益应主要依靠公权体系维护，私人可通过公益诉讼督促公权的行使。环境私益不宜通过"民事公诉"的手段维护。"小额多数"环境私益的保护应主要解决"搭便车"问题。在完善群体诉讼制度的同时，也应从利益衡量的角度尊重私权自治。⑤而构建环境公益行政诉讼制度可在发挥检察机关参与环境公益行

① 竺效："圆明园湖底防渗工程公众听证会的法律性质研究"，《河北法学》第23卷第8期。

② 参见竺效："中国环境行政许可听证首案若干程序问题评析——一种事先解决环境纠纷的法治探索"，《第三届环境纠纷处理中日（韩）国际学术研讨会发言提纲》，华东政法学院2005年编印；于剑华、杨华："环境纠纷处理问题的法律探索——'第三届环境纠纷处理中日韩国际学术研讨会'综述"，《华东政法学院学报》2006年第1期。

③ 王灿发、于文轩："'圆明园铺膜事件'对环境影响评价法的拷问"，《中州学刊》2005年第5期。

④ 汪劲："环境公益侵害及其纠纷：谁有权提起诉讼？——论我国建立公民环境诉讼制度的必要性"，《第三届环境纠纷处理中日（韩）国际学术研讨会论文集》，华东政法学院2005年编印。

⑤ 刘国涛："环境污染中的利益保护"，《法学杂志》2005年第2期。

政诉讼中的主导作用、平衡环境公益保护与行政权行使之间的关系等方面予以制度创新。① 在环境公益诉讼中首先要解决的是原告资格问题，各界研究者从学理、司法实践方面分析了在我国扩大原告资格的依据。② 引人注目的是，有律师基于成功的环境公益诉讼实践，倡导民间环保组织（社团）以及公益律师成为建构与实践我国环境公益诉讼制度的中坚力量；③有学者出于推进中国司法理念的更新和审判制度的改革，特别是推动正在进行修订的《民事诉讼法》增加有关公益诉讼的条款，提起了国内第一起以自然物作为共同原告的环境民事公益诉讼。④

2005 年末，松花江水污染事件震惊全国。环境法学者呼吁，深入研究环境损害赔偿问题，构建跨流域、跨国界污染的责任制度，促进环境损害赔偿立法的生成。⑤ 有学者指出，我国环境损害赔偿立法宜采取实体和程序一体、行政处理与司法处理一体的立法模式，并着重规定环境纠纷处理和环境损害赔偿方面所涉及的一些特殊问题。⑥ 另有学者对环境损害赔偿立法中的环境公益保护予以论述，主张建立环境民事公益诉讼制度。⑦ 学者还提出建立环境损害赔偿社会化机制的完整体系、⑧制定统一的环境损害赔偿法等观点。⑨

---

① 黄锡生、林玉成："环境公益行政诉讼新论"，《重庆建筑大学学报》2005 年第 6 期。

② 郭英华、李庆华："试论环境公益诉讼适格原告"，《河北法学》2005 年第 4 期；张式军："'原告资格'——构建我国环境公益诉讼制度的核心问题"，《环境立法与可持续发展国际论坛论文汇编》；石维斌、潘世钦："环境公益诉讼制度外因探析——兼谈构建我国环境公益诉讼制度之路径"，《环境立法与可持续发展国际论坛论文汇编》。

③ 陈岳琴："中国一个成功的环境公益诉讼案例——华清嘉园小区绿地环境公益诉讼案研讨"，《环境立法与可持续发展国际论坛论文汇编》。

④ 甘培忠、汪劲："鲟鳇鱼、松花江和太阳岛：你们是否有权控诉人类行为对你们的侵害？——一起由北大师生郑重提起，但遭法院拒绝受理的民事诉讼案件起诉情事侧记"，北大法律信息网 2005 年 12 月 30 日上传。

⑤ 参见于剑华、杨华："环境纠纷处理问题的法律探索——'第三届环境纠纷处理中日韩国际学术研讨会'综述"，《华东政法学院学报》2006 年第 1 期。

⑥ 王灿发："环境损害赔偿立法框架和内容的思考"，《法学论坛》2005 年第 5 期。

⑦ 李丹："论环境损害赔偿立法中的环境公益保护——从环境民事公益诉讼的角度"，《法学论坛》2005 年第 5 期。

⑧ 王晓丽："论环境损害赔偿的社会化机制——以环境责任保险制度为例"，《法学论坛》2005 年第 5 期。

⑨ 庄敬华："德国环境损害赔偿法律问题初探"，《法学论坛》2005 年第 5 期。

我国分散的环境纠纷处理立法的构架模式,是在制度根源上导致环境纠纷得不到顺利解决甚至无法解决的原因。有鉴于此,应消除环境法律、法规之间的矛盾,完善调解和行政处理制度,逐步实现环境侵权损害填补社会化。① 学者建议国家有关部门制定一个处理环境纠纷和追究环境责任的政策性框架文件,建立统一、全面、系统的处理环境纠纷和追究环境责任的机制;②有学者主张,我国应当建立统一的环境纠纷行政处理制度,赋予环境行政机关在环境资源纠纷处理中均可行使包括行政裁决在内的完全行政权;③还有学者提出建立具有中国特色的环境民事纠纷解决机制的设想,④提出建立我国环境纠纷仲裁机制等主张。⑤

值得一提的是,本年度环境侵权诉讼研究出现新动向:有学者运用经济学分析方法检视我国现有环境侵害的司法救济制度,提出我国应建立环境诉讼预防机制。⑥ 有学者对环境侵权诉讼举证责任分配问题进行了探索,其观点是,围绕降低受害人证明负担的目标来进行举证责任的合理分配。⑦ 还有学者探讨了复数污染源引起的共同侵权行为责任中的问题点,并结合日本处理环境侵权中共同侵权行为责任的成功经验,为完善我国环境侵权中共同侵权民事责任制度提供借鉴。⑧ 另有学者研究了美国环境侵权司法中比较有特色的制度——惩罚性赔偿。⑨

---

① 张梓太:“中国环境纠纷处理中的制度障碍分析”,《第三届环境纠纷处理中日(韩)国际学术研讨会发言提纲》,华东政法学院 2005 年编印。

② 蔡守秋:“关于处理环境纠纷和追究环境责任的政策框架”,《科技与法律》2005 年第 1 期。

③ 侯茜、宋宗宇:“环境纠纷行政处理的国际实践与借鉴”,《社会科学家》2005 年第 5 期。

④ 幸红:“公益诉讼比较研究及其对我国环境立法的启示”,《学术交流》2005 年第 4 期。

⑤ 张苏飞、杨为民:“试论建立我国环境纠纷的仲裁机制”,《武汉科技大学学报(社会科学版)》2005 年第 2 期。

⑥ 周林彬、冯曦:“我国环境侵害司法救济制度的完善——一种法经济分析的思路”,《中山大学学报(社会科学版)》2005 年第 3 期。

⑦ 马栩生、吕忠梅:“环境侵权诉讼中的举证责任分配”,《法律科学》2005 年第 2 期。

⑧ 罗丽:“环境侵权中共同侵权行为责任研究——以日本法为视角”,《法律适用》2005 年第 2 期。

⑨ 黄锡生:“惩罚性赔偿在环境侵权中的适用研究”,《辽宁公安司法管理干部学院学报》2005 年第 3 期。

(三)2005 年环境法学术会议的研讨主题及相关环境立法研究

近年来,全国人大环境与资源保护委员会与加拿大国际发展局(CIDA)之间开展了“中国环境法修改研究”的国际合作。2005 年 2 月,中、加双方召集部分著名环境法学者、立法机关的代表在北京举行了“中国环境立法研讨会”。会上,专家们对《环境保护法》的存废和修改问题进行了集中、深入的研讨。学者提出的立法建议不尽一致,分歧颇多,主要有以下五种方案:其一,按“法典”模式进行修改,适时编纂系统性、综合性的《环境资源法典》,以取代现行的《环境保护法》。① 其二,按“基本法”模式进行修改。② 其三,按“综合法”模式进行修改,使其成为综合性环境基本法。③ 其四,按“污染防治基本法”的模式进行修改,同时,另行制定一部自然资源利用和保护方面的基本法律,两部环境资源法子部门的基本法律可统合为环境与资源保护领域的基本法。④ 其五,按现行法模式进行修改,待将来条件更成熟以后,再作大的改动。

全国年会上,学者们围绕《水污染防治法》的修订进行了研讨,提出应实现水功能区划与水环境功能区划的立法整合;应充分发挥环境损害的民事赔偿制度在水污染防治中的作用,构建水污染民事法律制度;应重视农村水环境和水污染防治;还提出了改革流域管理体制的具体思路。⑤ 有学者介绍了美

---

① 参见蔡守秋:“关于编纂《中华人民共和国环境资源法典》的思考”,戚道孟:“我国环境保护法要走法典化道路”,张梓太:“编纂中国环境法典的构想”等论著,上述诸文收录于《中国环境立法研讨会论文集》,2005 年全国人大环境与资源保护委员会编印。

② 引自王树义:“关于《中华人民共和国环境保护法》修改问题的几点思考”,见王树义主编:《可持续发展与中国环境法治——〈中华人民共和国环境保护法〉修改专题研究》,科学出版社 2005 年版,第 4 页。

③ 参见吕忠梅:“中国需要环境基本法”,汪劲:“中国《环境保护法》修改的基本思路”,王明远:“《环境保护法》修改若干意见”,曹明德:“关于修改我国《环境保护法》的若干思考”,王夙理:“我国环境保护立法若干问题的思考”等论著,上述诸文收录于《中国环境立法研讨会论文集》,2005 年全国人大环境与资源保护委员会编印。

④ 参见周林彬等:“自然资源(基本)法立法可行性研究报告”,《兰州大学学报》1998 年第 3 期。

⑤ 参见《水污染防治立法和循环经济立法研究——2005 年全国环境资源法学研讨会论文集》(1—3 集),武汉大学环境法研究所(中国法学会环境资源法学研究会秘书处)编;王季震、张美一、胡静秋、葛雷:“对《水污染防治法》中几个问题的思考及建议”,《华北水利水电学院学报(社科版)》2005 年第 3 期。

国以“命令控制”为主、以“经济激励”为辅、以“公众参与”为补充的水污染防治的调控机制。① 学者认为“水污染防治立法”专题研讨有助于拓展水污染防治立法理念、建立水污染防治法律调控机制、推动水污染防治立法的制度创新、完善水污染防治法律责任、协调水污染防治立法与相关法律的关系。②

循环经济及其立法是全国年会的另一主题。有专家在年会的主题发言中,将循环经济的内涵归纳为“一个规律”、“3R 原则”、“五个步骤”、“三个目的”,在学界产生了较大影响。③ 在环境立法与可持续发展国际论坛上,有学者对循环经济与生态经济、节约型社会、清洁生产、节约能源、资源综合利用等近年我国社会不断提及的新语词之间的关系做了辨析。④ 研究者们还热烈讨论了循环经济立法模式的选择与设计、循环经济立法的名称、循环经济的路径依赖、需要确立的具体制度,对我国循环经济法基本法的内容做出种种设计。⑤

2005 年武汉大学环境法研究所基地会议专题研讨了“生态安全”,主要研究成果有:阐明国家生态环境安全的法律意义,认为我国有必要对国家生态环境安全概念重新定位,以适应我国经济发展与环境保护的需要;防治自然灾害是我国生态安全的首要任务,减少环境赤字是我国生态安全的物质

---

① 徐祥民、于铭:“美国水污染控制法的调控机制”,《环境保护》2005 年第 12 期。

② 柯坚、赵晨:“水污染防治立法的创新与完善——中国法学会环境资源法学研究会 2005 年年会‘水污染防治立法专题’综述”,“中国环境法网”《环境法电子期刊》2005 年第 1 期。

③ 孙佑海:“循环经济立法的新视野”,中国环境资源法学网 2005 年 10 月 16 日上传。

④ 王明远:“‘循环经济’概念辨析”,《环境立法与可持续发展国际论坛论文汇编》。

⑤ 参见蔡守秋、蔡文灿:“循环经济立法研究——模式选择与范围限制”,《全国环境资源法学研讨会论文集》,第 322—327 页;蔡守秋:“论循环经济立法”,《南阳师范学院学报》2005 年第 1 期,第 1—8 页;周珂,迟冠群:“我国循环经济立法必要性刍议”,《南阳师范学院学报》2005 年第 1 期,第 9—14 页;孙佑海:“循环经济立法问题研究”,《环境保护》2005 年第 1 期,第 24 页;王树义:“从理念到制度——循环经济立法之管见”,《全国环境资源法学研讨会论文集》,第 730—734 页;肖国兴:“论循环经济的路径依赖及其法律安排”,《华东理工大学学报》2005 年第 4 期;陈豪俊,李希昆:“浅析循环立法”,《全国环境资源法学研讨会论文集》,第 348—352 页;王宗廷:“我国循环经济立法路径之选择”,《全国环境资源法学研讨会论文集》,第 771—776 页;顾向一:“循环经济立法比较研究”,《全国环境资源法学研讨会论文集》,第 438—443 页;周珂、马绍峰、姜林海:“循环经济立法研究”,《武警学院学报》2005 年第 1 期,第 22—25 页。

基础，发挥国家职能是我国生态安全的主导方向，明确公民权利是我国生态安全的法治保证；①生态安全是环境立法的价值目标；②生态安全的法律控制应当适用谨慎原则；③建立全面控制机制，依靠法律维护人与自然的生态秩序，即构建生态法律秩序；④真正贯彻可持续发展理念，并在可持续性发展基本理念指导下，结合国际环境法的发展趋势，以环境安全、生物安全和生态系统安全为生态安全保护法律制度的基本内容，合理建构我国生态安全法律制度体系；⑤从国家安全战略和全球化战略的高度来看待和解决生态安全问题，建立全球化背景下生态安全保护的国内和国际法律体系。⑥ 学者们对生态安全立法研究的现状与主要问题做了归纳，⑦逐一论述了专门性的生态安全和生态保护法律制度；⑧对我国用法律手段保护生态安全的问题提出了具体的设想；⑨建议根据我国的国情，尽快建立社会公众广泛参与的环境灾难预防和救助法律机制；⑩按照法制的基本要求做好基础性工作，比如明确生态安全的利益主体，创新适合生态安全特点的具有可操作性的环境法律制度等等，真正让生态安全由观念变为现实。⑪ 还有学者论述了俄罗斯生态

① 周珂："国家生态环境安全的法律意义"，《2005年武汉大学环境法研究所基地会议论文集》。

② 李广兵："生态安全与中国环境法制"，《2005年武汉大学环境法研究所基地会议论文集》。

③ 郭红欣、彭峰："生态安全之谨慎原则研究"，《2005年武汉大学环境法研究所基地会议论文集》。

④ 赵惊涛："生态安全与法律秩序"，《2005年武汉大学环境法研究所基地会议论文集》。

⑤ 罗丽："日本生态安全保护法律制度研究"，《2005年武汉大学环境法研究所基地会议论文集》。

⑥ 张炳淳："论全球化背景下生态安全的法律保护"，《2005年武汉大学环境法研究所基地会议论文集》。

⑦ 吕忠梅："生态安全立法的远观与近视"，《2005年武汉大学环境法研究所基地会议论文集》。

⑧ 蔡守秋："生态安全和生态保护的法律制度"，《2005年武汉大学环境法研究所基地会议论文集》。

⑨ 王树义："生态安全及其立法问题探讨"，《2005年武汉大学环境法研究所基地会议论文集》。

⑩ 马燕："环境灾害预警及紧急救助法律机制探析"，《2005年武汉大学环境法研究所基地会议论文集》。

⑪ 李广兵："生态安全与我国环境法制建设"，中国环境法网2005年12月31日上传。

安全的立法保障及其对我国的借鉴意义,①研究了日本生态安全保护法律制度。②

“塔斯曼海”轮海洋环境污染损害索赔案是《1992 年国际油污损害民事责任公约》对中国大陆生效后,我国首例根据该公约审理船舶溢油引起的海洋生态损害索赔并做出判决的案件。此案也是经修订的我国《海洋环境保护法》自 2000 年 4 月 1 日开始实施以来,我国海洋行政主管部门首次对油污损害责任人提出海洋生态损失索赔的案件。山东省法学会环境资源法学研究会 2005 年年会以“海洋生态污染损害赔偿理论与实践”为主题,对海洋生态保护、生态损害赔偿等环境法学领域的问题做了集中研讨。

(四)自然资源法与能源法

2005 年,中国环境与发展国家合作委员会流域综合管理课题启动,长江法、黄河法等几部统一流域管理的法律的立法研究也正在进行中。学者们还对全球淡水资源状况进行了分析,并对中国淡水资源保护进行了法律研究,③并提出了要想做好水资源评价工作,必须将政府管制与市场配置相结合,发展循环经济、节约用水以及预防水污染相结合。④

有学者以海洋资源分割与保护为视角阐析海洋资源法的义务本位;⑤有学者以保护生态环境资源为视角,结合现有的法律法规,对无居民海岛的法律定位与特征、立法的基本原则以及若干重要问题进行了学理上的探讨,并对无居民海岛立法提出了思路和建议。⑥ 另有学者从维护我国海洋权益与国家安

① 颜士鹏:“论俄罗斯生态安全的立法保障及其对我国的借鉴意义”,《2005 年武汉大学环境法研究所基地会议论文集》。

② 罗丽:“日本生态安全保护法律制度研究”,《2005 年武汉大学环境法研究所基地会议论文集》。

③ 杨晓玲:“全球淡水资源状况分析”,《2005 年环境资源法学研究年会论文集》。

④ 杨国志:“浅论世界及我国淡水资源的保护”,《2005 年环境资源法学研究年会论文集》。

⑤ 田其云:“关于海洋资源法义务本位的思考——以海洋资源分割与保护为视角”,《学术交流》2005 年第 10 期。

⑥ 徐祥民、周晨、李懋宁:“无居民海岛立法中的几个问题”,《中国海洋法学评论(第 2 卷)》,(香港)中国评论文化有限公司 2005 年版。

全考虑，主张制定一部关于海岛的单行法。① 此外，有学者提出，我国应对具有特殊需要和突出自然与社会价值的海域建立海洋特别保护区制度。②

有学者研究得出，生态化和公益化是森林法的大势所趋。在《森林法》修改中，健全森林生态系统是其主要方向，实现林业的市场调节与政府调控、林业的市场化与公益化等方面的结合是其主要方面。在探索林业新模式时，创新林业经营方式要以可持续发展和依法治林等原则作为指导。③ 提高我国的森林生态效益必须完善现有的森林生态效益补偿制度，如通过立法明确补偿的原则、补偿者与受偿者、资金的筹集与运用、补偿的范围和标准等，建立森林生态社会价值核算评估体系。④ 筹措资金可通过国家拨款、征收生产安全保险金、林业部门补偿、向受益人收取补偿费、生态法人公开募集森林资源生态补偿基金、发行生态彩票、利用 BOT 融资方式与设立全国统一的生态税等方式。⑤

我国迫切需要构建湿地保护的法律制度，为湿地保护提供法律保障。学者认为应制定专门立法，并制定环评制度、开发许可证制度、⑥有偿使用与损失补偿或赔偿制度、用途管制或用途规划制度、调查监测与档案管理制度及建设与保护基金制度。⑦ 学者提出，湿地的保护立法要以科学为依托，充分考虑湿地的适应性、自然与生态价值、湿地缓冲容量等因素。⑧

经历二十余年的制度期待，我国《能源法》立法工作终于再次启动。能源法立法工作事关中国能源法制建设事业的完善，也事关中国经济和社会可持

---

① 郭院："试论国外海岛立法模式的若干问题"，《2005 年环境立法与可持续发展国际论坛论文汇编》。

② 刘惠荣、高威："海洋特别保护区法律制度研究"，《2005 年环境立法与可持续发展国际论坛论文汇编》。

③ 李可："中国森林立法史与《森林法》之修改"，《浙江林学院学报》2005 年第 1 期。

④ 王世进、黄英："完善我国森林生态效益补偿机制的若干思考"，《2005 年环境立法与可持续发展国际论坛论文汇编》。

⑤ 曹明德："森林资源生态效益补偿机制简论"，《政法论坛》2005 年第 1 期。

⑥ 刘振东、杨庆仙："我国湿地保护管理亟需法律规范"，《河北法学》2005 年第 8 期。

⑦ 朱建国："中国湿地资源立法管理的基本原则、制度与措施"，《2005 年环境立法与可持续发展国际论坛论文汇编》。

⑧ 陈求稳："我国湿地保护立法的科学支撑"，《2005 年环境立法与可持续发展国际论坛论文汇编》。

续发展的成败。为使立法工作更富有理性，有学者提出，《能源法》的制度选择应以市场规则与技术规范的契合，进而将能源效率与法律效率契合作为出发点。①

（五）国际环境法

2004年3月10日，欧盟通过了《预防和补救环境损害的环境责任指令》，鲜明地将"环境损害"这一定义规定在该指令中，并且针对环境损害规定了一系列预防和补救措施，具有较强的前瞻性和现代性。我国学者从中获得启示：重视环境，重视预防，公众参与，共同治理。我国的环境保护立法亟待吸收和引进国外先进立法，规定环境损害，确立先进而且更为有效的环境保护观念，将预防环境损害放在第一位，形成全过程、全方位的环境损害民事责任体制，增强对环境及人类的双重保护。②

有学者对跨国环境纠纷解决机制做了论述，提出我国要建立健全国际环境合作组织，成立国际环境责任基金组织，完善国际环境诉讼体制；有学者对当前的废弃物国际贸易的责任机制问题做了研究，主张让相关国家承担国家责任已经成为制约废弃物国际贸易的有效手段之一。③

研究范式对于推动国际环境法这一交叉性、边缘性法学学科的发展具有重要的作用。学者指出，国际环境法的可持续发展范式实质上是一种全球主义范式，它在分析、解释现实国际环境法律现象时存在着误区和不足。而环境安全范式是国际环境法的一个新范式，它在一定程度上可以克服和避免现有国际环境法范式的误区和不足。④

---

① 肖国兴："能源效率与法律制度的理性选择"，《环境保护》2005年第12期。

② 蔡守秋、海燕："也谈对环境的损害——欧盟《预防和补救环境损害的环境责任指令》的启示"，《河南省政法管理干部学院学报》2005年第3期。

③ 参见《第三届环境纠纷处理中日（韩）国际学术研讨会论文集》中的相关论文，华东政法学院2005年编印。

④ 柯坚："论国际环境法的环境安全范式"，《2005年武汉大学环境法研究所基地会议论文集》。

策划编辑:李春林
责任编辑:李媛媛
封面设计:肖　辉
版式设计:程凤琴
责任校对:李毅夫

图书在版编目(CIP)数据

中国环境资源法学评论(2006年卷)/徐祥民主编.
-北京:人民出版社,2007.7
ISBN 978-7-01-006250-1

Ⅰ.中…　Ⅱ.徐…　Ⅲ.①环境保护法学-中国-文集 ②资源法-法学-中国-文集　Ⅳ.D922.601-53

中国版本图书馆CIP数据核字(2007)第113619号

中国环境资源法学评论
ZHONGGUO HUANJING ZIYUAN FAXUE PINGLUN
(2006年卷)

徐祥民　主编

人民出版社　出版发行
(100706　北京朝阳门内大街166号)

北京集惠印刷有限责任公司印刷　新华书店经销

2007年7月第1版　2007年7月北京第1次印刷
开本:710毫米×1000毫米 1/16　印张:23.75
字数:361千字　印数:0,001-3,000册

ISBN 978-7-01-006250-1　定价:38.00元

邮购地址 100706　北京朝阳门内大街166号
人民东方图书销售中心　电话 (010)65250042　65289539